李又寧
張玉法 編

中國婦女史論文集

第二輯

臺灣商務印書館發行

自序

史學是中華文化中的一項瓌寶，綿延數千年，凝集着民族的集體生命和心血。廿世紀的中華史學，融會中西，更有所擴大和提昇。其中新拓的一個領域，是婦女史。

中華婦女史的開拓，有其歷史的條件和時代的因素。近代以前，雖沒有婦女史的名稱，卻不斷累積着豐富的婦女史料。遠自上古，諸般文物和典籍中，刻印着婦女的踪跡。女系時代，有證可考，有論可闡。男系社會以來，正史、地方志、傳記、筆記、文學中的婦女資料，浩瀚似海，包羅萬千，數量雖難以估計，概而觀之，獨步世界！當非誇言。這是因爲中國文化悠久，且素重文史。

豐富的文物和典籍，是研究中國婦女史的得天獨厚的基本條件。有此條件，近人才能以現代的眼光和方法整理國故，探驪得珠。尋探的動機，來之於時代的巨變。簡言之，西潮的湧入，喚醒了民族意識，激起了革命的浪潮，浩浩蕩蕩，波瀾起伏；民主、自由、平等的思想，英揚高號，震動人心。婦女應時而起，突破舊規，參與國事，引起重視。二十世紀的二十年代，學術界開始探討中華婦女的過去，並以社會科學的方法調查現狀，專著和論文相繼出現。不幸，卅年代中葉以後，國難重重，學術蕭然。近三十多年來，婦女史的研究，在臺灣重整旗鼓，尤其最近十餘年，日趨向榮。各大學研究所的碩士、博士論文，以中華婦女史爲題者，數目甚可觀，而且有些內容很充實。「臺灣光復後婦女研究文獻目錄」（姜蘭虹、許美智編，國立臺灣大學人口研究中心印行，一九八五年七月出版），錄了一千五百六十五項文獻，其中有少數國外論著。編者閱覽所及，有些在臺出版的關於中國婦女的文章和專書，尙不見於此目錄。如全部錄入，當不止此數。這數目和這目錄的出現，都標誌着中國婦女史研究的進展。這是集體的成績，應鼓勵我們精益求精，日新又新。

為了保存文獻並方便研究，編者十餘年來曾略盡棉力編集了一些婦女史料。一九八一年，臺灣商務印書館出版了所編的「中國婦女史論文集」。本集是該集的續集，共收論文十六篇。這些論文，不但有助中華婦女史的研究，也為中國史學史提供一些資料。從它們，我們可看出，本世紀的中華史學，無論就內容或文字而言，都是在進步的；婦女史只是其中的一部分而已。

目錄

中華民族的女系時代

陳子怡

人種的由來，按發生學及進化論的路數考查之；由單細胞而複細胞，而魚類，而蛙類，而猿類，而人類；一切動物在現今所到程度，人類的祖先，幾完全遵道而行，步步入勝，始有現在人類的形態，而得首出庶物之榮譽。再查社會的演進，由最野蠻的社會，以至最文明的社會；則文明社會，實從最野蠻社會一步一步而到現在的程度，雖小節不必盡同，而大軌實如出一轍也。中華民族，自然亦是在此路途上飛奔而前者之一耳。

鳥獸之行，多無夫婦之倫，故人類賤之；是以文明社會，夫婦之倫，爲人生履行之義務。但上溯荒古，則不如是。有母無父，在現在吾人所羞稱者，女系時期，實爲經常之大道。此種歷史，爲期之長，比現行社會制度，過之遠矣。在中原民族，當仰韶時期，女子膝蓋骨較沙鍋屯民族女子膝蓋骨爲小，是太古中原女子養尊處優之特證。此時期非在政治上操有大權，義屬正統，烏能得此地位耶？且斯優越地位，非經數萬年之久，烏能影響及於生理，在骨骼上有特異之證耶？

無徵不信，是學術討論的原則。書首唐虞；說者謂唐虞以前，荒渺難稽也。然易言羲農，則唐虞之前，即難稽，亦豈全無可考？吾下文所引各書，如通鑑外紀路史等；原書根本，多自道書而來；謂之難稽，固無疑義。然中國學術萌芽最早者，實開自道家，古代偉人，如黃帝伊尹太公管仲等，皆此界中之人也。

迨孔子大闡儒教，所講正理，仍以道為言，其為襲取舊名可知；而道家源流之長，亦於此可見。起初記載，根據傳聞，筆之於書，如舊約內創世記等作，在吾族祖先，當自不免，太史公所云：「其文不雅馴，搢紳先生難言之」者，殆即此類。搢紳先生，此時當為儒雅之士；而不雅馴之言，當是古初所傳，荒渺的記載也。其書雖為儒者所不取，然而此時未盡消滅可知。道書所述，自然仍是此類古籍也。諺云：「黏着毛兒，四兩線」，此書當是如此。取為信史，自然不可，然而於四兩線中，尋一毛兒，其法亦不謂謬也。路史等書，雖根源於道書；吾今仍取為研究之資料者，正以此耳。如云為何不取翔實之記載，而獨取此多半無稽之言，以為研究對象？則可曰，翔實記載，不言初民之事；生活既有厥初，吾輩不能一筆抹煞；而路史等書，現在尚有一毛之存，故取之。若舍此而外，一毛亦不可得矣。吾今先就不盡可據的古籍內，檢出其所言男女之事。

論衡齊世篇：宓犧之前，人民至質樸；臥者居居，坐者于于；群居聚處，知其母而不識其父。

白虎通德論：未有三綱六紀，民人但知其母，不知其父；臥之呿呿，起之吁吁；飢即求食，飽即棄餘。

通鑑外紀：上古之時，人民無別，群物不殊；未有三綱六紀衣食器用之利；民人但知其母，不知其父；臥則呿呿，飢則吁吁；飢則求食，飽則棄餘。

路史泰皇氏：政教君臣所自起也，飲食男女所自始也。注：飲食男女所自始，則前乎此者，無政教，無君臣，有不男不女不飲食者矣。

亢倉子：几蘧氏之在天下也，人惟知其母，不知其父。鶉居鷇音，而不求不譽。晝則旅行，夜則類處。及其死也，藁舁風化而已。命之曰，知生之民；天下蓋不足治也。

路史几蘧氏：天下之人，惟知其母，不知其父，鶉居鷇音，而不求不譽。晝則旅行，夜則類處。及其死也，稾舁風化而已。命之曰知生之民；天下葢不足治也。

路史遂人氏：人滋反醇，情慾春動，好嗜外迫，則冒禮而忘形以賤其神。乃制男子三十而娶，女子二十而歸。

路史：伏犧正姓娍，通媒妁，以重萬民之麗。麗皮薦之，以嚴其禮。示合姓之難拼，人情之不瀆。

由上文觀之，中華民族有女男之知識，自泰皇氏始；前此野合，莫名其妙也。而確定婚姻關係，則始於伏羲；由女系轉爲男系，當自此立之基也。但伏羲之後，媧皇仍爲女主，則尚未貞爲男系已。男系之成，當成於黃帝之時；前此皆當歸之女系。何以言之？路史前紀各皇，率無父母可稱，當然不是男系。且所云某皇者，歷世之久，爲人類所不可能；各一萬八千歲云云，祇有計民族之存在，可如此說耳。且如此長期，一氏族之興，亦不得如此永久；料想爾時氏族之稱，恐亦無之，祇全種族之號耳。因每一女家，亦祇有一世之存，過此即解散也。其制延長，在紀載中，凡言皇者，皆屬此類。因皇祇有母可稱故。路史後紀太昊伏羲氏，母曰華胥。

路史太昊伏戲氏方牙，一曰蒼牙，是爲春皇包羲，亦號天皇人帝皇雄氏（一作熊），蒼精之君也。母華胥，居於華胥之渚。嘗暨叔嫗翔於渚之濱，巨跡出焉；華胥決履以跉之，意有所動，虹且遶之；因孕，十有二歲，以十月四日降神。他紀載亦如是。

通鑑外紀包犧氏原注母曰華胥，胡注，御覽七十八，引詩含神霧曰：燧人之氏，大跡出雷澤；華胥履之，生宓犧。宋均曰：雷澤地名。華胥伏犧母，御覽七十八引孝經鉤命決曰：華胥履跡怪生皇犧。注曰：跡靈威仰之跡也。禮記月令疏及藝文類聚十，引帝王世紀宋書符瑞志、金樓子、補三皇本紀並云伏犧母曰華胥；燧人之世，有大人跡出雷澤；華胥履之，生庖犧。水經注瓠子河，瓠河又左經雷澤北，其在成陽縣故城西北十餘里，昔華胥履大人跡處。

又查後紀炎帝神農氏母曰安登。

路史炎帝神農氏，姓伊耆，名軌，一曰石年，是爲後帝皇君，炎精之君也。母安登感神於常羊，生神農於列山之石室。生而九井出焉。初少典取於有僑氏。是曰安登。生子二人：一爲黃帝之先，襄少典氏；一爲神農，是爲炎帝。

他紀載亦如是。

通鑑外紀：神農氏姜姓，原注母曰任巳，有僑氏女，名曰女登（女安之省），少典之正妃。胡注，本文，及原注，皆帝王世紀文，初學記九，藝文類聚十一，御覽七十八，並引之。任巳御覽引作任姒。又引孝經鉤命決曰，任巳感龍，生帝魁。注曰，任巳帝魁之母也，魁，神農名，巳或作姒也。御覽一百三十五，路史後紀三，注引春秋元命庖曰，少典妃安登，游於華陽，有神童感之於常羊，生神子；人面龍顏，好耕，是爲神農。晉語：昔少典娶於有蟜氏，生黃帝炎帝。呂覽孟夏紀，高誘注曰，炎帝少典之子，姓姜氏。

再查後紀黃帝母曰符葆。

路史黃帝有熊氏，姓公孫，名荼，一曰軒，軒之字曰玄律。少典之子，黃精之君也。母吳樞曰符葆，注即附寶。河圖云：黃軒母曰地祇之子附寶也，宋書志作符寶。

再查他書：

通鑑外紀：黃帝有熊國君，少典之子，姓公孫，名軒轅。原注母曰阿寶。其先即炎帝母家。有蟜氏之女，孕軒轅，二十四月而生。晉語曰：少典娶於有蟜氏，生黃帝炎帝。胡注：此史記五帝本紀文，無「有熊國君」四字，名下有曰字。集解引徐廣曰：號有熊。譙周曰：有熊國君，少典之子也。皇甫謐曰：有熊今河南新鄭是也。索隱曰：注號有熊者，以其本是有熊國君之子故也。都軒轅之邱，因以爲名，又以爲號。按大戴五帝德曰：黃帝少典之子也，曰軒轅。又帝繫曰：少典產軒轅，是爲黃帝。史記、家語、帝王世紀、金樓子並據之，帝王世紀文見御覽七十八，藝文類聚十一可考也。御覽七十八引河圖握矩起曰：黃帝名軒，北斗黃神之精。路史後紀五，注引王冰黃帝內經序，及難經疏曰軒之字曰玄律，原注曰：母曰附寶二十五字，蓋節引帝王世紀文；初學記九，御覽七，及十三，七十九，一百三十五，並引之。本文曰：黃帝母曰附寶，其先即炎帝母家，有蟜氏之女，世與少典氏婚，故國語並稱焉。及神農氏之末，少典氏又取附寶，見大電光繞北斗樞星，照郊野，感附寶，孕二十五月生黃帝。宋書符瑞志同。惟金樓子以二十五月爲二十四月，劉氏蓋別從是書耳。胡注援引頗富，既詳此注，即不必再檢原書，以歸簡便。炎帝神農與黃帝相距多代，而皆爲少典之子；則少典決非人名，亦氏族名也。以上三大偉人，皆其母有名可稽，而父則無聞；此與後世女子講三從時期，爲父者有名，爲母者無名，適得其反：則三大偉人皆起於女系甚明也。再查其後世：

路史伏羲生咸鳥，咸鳥生乘釐，是司水土，生后炤，后炤生顧相，夅處于巴，生巴人等等。

又炎帝神農氏，納承桑氏之子，子有二人，炎帝柱神農之子也，炎帝慶甲，帝柱之紬也。自帝慶甲至帝臨，書傳蔑記，不得其考。炎帝臨、炎帝魁、炎帝明，帝魁之子也；明生炎帝直，直生釐，是爲帝値。炎帝釐，釐生居，是爲帝來。炎帝居母曰聽訞，桑水氏之子也。居生節莖。節莖生克及戲，戲生器及小帝，器生鉅及伯陵、祝庸等等。

又黃帝子二十五，別姓者十二，祈西滕箴任苟釐結儇依及二紀也。餘循姬姓。元妃西陵氏曰儽祖，生昌意、玄囂、龍苗。帝律（黃帝之子）生帝鴻，母方纍氏。帝魁大鴻之曾孫也，母曰任巳。小昊青陽氏紀姓，其父曰清，黃帝之第五子，方儽氏之所生也。昨土於清，是爲青陽。配於類氏曰娥。生質，稱小昊。帝顓頊高陽氏，姬姓，黃帝之曾孫。祖曰昌意，取蜀山氏，曰景媄，生帝乾荒，是襲若水。取蜀山氏曰樞，是爲河女，生顓頊。帝嚳高辛氏，姬姓，黃帝子玄枵之後也。父僑極取陣豐氏曰裒，履大人跡，而儁生嚳。上妃有駘氏，曰姜原，衣帝衣，履帝履，居期而生弃。

伏羲神農黃帝，此三大偉人者，伏羲神農爲男性或女性，此中須加討論；因中國習慣，女主中饋，而庖犧之號，實司其職，其後一代又爲女媧，明是女性；其孫后炤，亦有女性之嫌，因后字古作[illegible]，乃女子生子之象也。黃帝譜系內，每代皆詳其妻，故知其傳統者系男子。而伏羲之後，則妻氏一無所聞。在女系時代轉爲男系，其來有漸；即時女家一無所聞，情亦不似；故深疑伏羲之後，仍女系也。神農之後，兩性皆詳者寥寥，疑此系統中，僅略有男子傳統，而女統尚佔多數。至黃帝之後，每代皆詳兩性；則純爲男系矣。

太古信史，無成文可見，而有單字可稽；因初民記載，亦祇用單字也。最初道德尚未發達，人格高下，以財產別之；故貴賤字皆從貝。最初知識甚簡，吉凶皆聽命於神；故禍福字皆從示。以此爲例，則帝古作 ▽，祖古作 A；且有阻音，古端知同母，則 ▽ A 皆帝音矣。▽ 果何物耶？讀法與也字同音；也即天地之地所從出也，[illegible] 訓女陰，則 ▽ 爲男陰矣（於鳥爲雙聲）。此蓋野蠻時代，崇拜生殖器習尚之下，所造之字耳。原人無知識，無兩性之分；故普通稱謂，率兩性通用之：如夫字古音逼，與彼同音，亦即與彼通用。女稱男可用之，男稱女亦可用之，稱他人亦可用之，稱子姪輩亦可用之。後世女稱男曰夫子，男稱女曰夫人，論語「賊夫人之子」、「夫人不言」稱他人也。左傳「江芊呼彼夫」，姪輩也。雖加變化，而遺跡尚可考見已。其他類此者，如婆之稱謂，亦男女尊卑同用之。其存於方言。及古書中者：說文婆一曰老母稱，方俗稱舅姑曰公婆。又廣西傜俗，男子之老者，一呰呼之曰婆。又俗語呼少女曰婆娘，故石刻有孟婆姚婆之名（最古之語，多存於最俗之方言中，此人多知之。故此引方言爲證）。

地之一音，兩性通用，亦猶是也（水滸內之「鳥人」或「撮鳥」，其字當依切韻指南讀「ㄉㄧㄠ」男子陰也）。由此崇拜生殖器之習慣推之，▽ 既爲男性，則皇爲女性矣。書「鳳皇來儀」，傳「雄曰鳳，雌曰皇」，皇爲女性之證也。在文字上，皇古作 [illegible]，下半爲火，祭神也。上半是女陰之象。川象毛，〇象陰阜，・象陰核。上古不知取火之術，率於神前保存火種；皇之下爲火，猶是理也，初祇知人爲女生，故崇拜女陰；後又覺悟無男子不能生育，故又崇拜男陰。然帝不從火者，以此時已在燧人之後，有取火之術，神前不留火種也。前既明伏羲之前，是爲女系；今由文字證之，則稱皇者是爲女系，而稱帝者則轉爲男系矣。又宋刑統：「戶令諸男女三歲以下，爲黃」，故世有黃口稚子之語。按赤兒之口，原不爲黃；此必皇字之僞，與稱皇女爲黃女事同一例。蓋赤兒陰現，不爲醜也。方言南楚母謂之媓，例以凰字，女爲後加；則皇爲女性通稱，更有證矣。

再由史蹟證之：

路史女皇氏媧（媧一作去。媧與庖同，出唐文集），雲姓（按洞神部伏羲姓風；女媧姓雲，號女皇，名媧），一曰女希（世紀云，一曰女希，是謂女皇，伏羲之妹）。太昊氏之女弟媧媧立，號曰女皇氏。

通鑑外紀包犧氏沒，女媧氏代立，號女帝，是爲女皇。

路史堯帝初取富宜氏曰皇。生朱（皇即女皇）。世本、帝系、漢書等云，女皇生丹朱。又舜：堯妃以盲，婭以罃（盲即娥皇。字娥娙，皇盲聲相滋也。罃即女英）。

通鑑外紀堯娶散宜氏女，曰女皇；生朱不肖。胡注，御覽八十引帝王世紀曰：堯娶散宜氏之女，曰女皇，生丹朱，又有庶子九人，皆不肖。又堯妻二女，以觀其內。胡注，高誘曰：二女，娥皇、女英。

由此觀之，女媧曰女皇，堯元妃曰女皇，女曰娥皇，母女同以皇爲名，則皇字爲女子通稱可想見，非含特別意味也。猶今人母曰甲妮，女曰乙妮，不以爲嫌云爾。更由其他旁證之：在禪通紀有軒轅氏；此在疏仡紀軒轅黃帝之先之興起者也。後來黃帝因居軒轅之邱，故號軒轅氏。禪通紀之軒轅，在伏羲前，皇古封禪之君也。前云稱皇者屬女系，則此軒轅亦女系矣。試於古籍內查之：

國策趙策前有軒轅，後有長庭。注天文志權軒轅象後宮。此言美人之所處也。

史記天官書，權軒轅，軒轅黃龍體，前大星女主象；旁小星御者後宮屬。注索隱援神契曰：軒轅十二星，後宮所居。石氏星讚，以軒轅龍體，主后妃也。正義軒轅十七星，在七星北，黃龍之體，主雷雨之神，後宮之象也。其大星，女主也。次者一星，夫人也。次者一星，妃也。其次諸星，皆次妃之屬。女主南一小星，女御也。左一星，少民，后宗也。右一星，大民，太后宗也。占欲其小黃而明吉，大明則爲後宮競爭，則國人流迸。東西角大張而振，后族敗。水火金守軒轅，女主惡也。

凡神話故事，率由人事演出。天上軒轅，其象自然取之人間傳說，而加以推衍。軒轅各星，皆象後宮；古時軒轅爲女系，無疑矣。再查其他，尚留女系之蹟者：

路史：地皇馬蹄妝首，十一龍君。注：地皇十一君，皆女面龍顙馬蹄。水經注滎氏云，兄弟十一人，面貌皆如女子而相類，蛇身獸足，出龍門山。

古人邈矣，從何而知其貌？大概得之圖像，兄弟十一人面貌皆如女子，其圖皆女像也。後人不敢認女子爲君，故曰如之云爾。

以上女系史蹟，大略如是；然則今之中華民族，自何族轉來耶？滿清之世，稱中原人曰漢人，自稱滿人；於是滿清之季，治史學者，遂自稱中原之族曰漢族，而以黃帝爲代表。黃帝蚩尤之戰，名爲歷史上，漢苗種族生存之大競爭（見京師大學堂講義）。此等語轟動一時，學者驚爲新見解，至今猶多稱之者。其實此等語之謬而無根，甚易看出，特人不思耳。中國漢族之名，起於漢代，因漢代勢力，大張於東北故。此與印度稱中國曰隋（三藏法師傳，摩訶支那是前朝之號，摩訶大也，支那隋也）。西南稱中國曰唐，事同一例。但東北與中國時多隔絕；至遼人興起，中原人多歸之，於是有契丹漢兒之目，而以宋土爲漢（三朝北盟會編、宗中簡集等書，常見此等字樣）。

元起北方，以江北人爲漢人，江南人爲南人；是漢族之名，爾時尙未確定也。確定時期，自然是清代，滿漢對峙之語耳。漢世，中國民族，久爲混合血液之大民族；因古籍上各姓之興，率有後嗣傳於久遠，而時有達人可以參稽。至漢時互相婚媾，血統上，久無種族之界限；黃帝豈能以古時一部落領袖之資格，在今全代表之？且蚩尤爲炎帝之裔，而炎帝黃帝皆少典之後，在男系本出一家，何有於種族耶？在中國歷史上，祇有仁暴之分，無種族血液之別；夷狄而中國，則中國之，中國而夷狄，則夷狄之；天下一家，中國一人等語，實中華民族組合之大原則。中國人自來稱本國曰華，曰中華，則定種族之名，自以華族二字最爲妥當。

華族自何系來耶？既名曰華，自然是由華而來，此乾脆之語也。今考華氏之源流：太古之時，地皆無名；自有人類居之，則人類之名，亦即地之名也，如魯陽子所居，其地即名魯陽；鄭父之墟，其地即名爲鄭是。如是欲究華族何來，尋出華地所在，即有頭緒矣。

禹貢：華陽黑水惟梁州。注：梁州之境，東距華山之南，華山即太華。晉常璩作華陽國志，後人又立華陽縣，皆以今四川成都等處，當華陽之名。是華地境界，西南已達今四川境內也。秦封華陽君，亦在此處。

周禮職方氏：河南曰豫州，其山鎭曰華山。鄭注：華山在華陰。

爾雅釋山：河南華。郭注：華陰山。

華陰山在今陝西，當是雍州之域，此曰豫州何耶？

國語史伯曰，若前華後河，右洛左濟，主芣騩而食溱洧，可以少固。

按現在地理，右洛左濟後河，居其前者，乃嵩高耳。稱之曰華，實覺矛盾；此中當加討論：查華山主峯在今陝西；迤邐而東，至河南分殺坂熊耳嵩高伏牛四脈，嵩高東迤，至新鄭踰大騩山而止，其地有華陽城。

方輿紀要：華城在新鄭縣東南三十里，亦曰華陽亭；古華國，史伯謂鄭桓公曰，華君之土也。赧王四十二年，趙魏伐韓華陽，秦昭王使白起救韓，敗魏軍於華陽之下，走芒卯，即此。括地志華陽城在鄭州管城縣南四十里。

如是華山起於四川，過陝西，入河南，結嵩高，至新鄭，踰大騩，而始止，故此地猶有華名也。如是知古之華山，乃包岷山、秦嶺、嵩高在內，非僅如今之西嶽也。史伯曰：前華後河，周禮爾雅以華山在河南豫州境；由上說而思其景況，正相合耳。蓋堯時止有四岳，故無嵩高之名，而統名曰華周起西方，會諸侯於東都，始以嵩高爲鎭；故華山之名減縮東方一部，而定位於西。然古籍則仍存舊說，故史家猶引之。周禮爾雅史伯之言，蓋據舊典而言也。今既證明岷華嵩三山，古皆爲華山；則華族之根據地，祇在此三山中耳。

今於討論華族之前，又有一問題當先決者，即華之與莘各書互異，今當考明華之外別有莘耶？抑即華之譌耶？又因何故而互異耶？此問題不先解決，考證華族之眞資料即無法檢出矣。

國語：鄢蔽補丹依畷歷莘，君之土也。若前華後河，右洛左濟，主芣騩而食溱洧；可以少固。

方輿紀要：莘城在州東，國語史伯對鄭桓公所云，依畷歷莘者，此即莘邑矣。

鄭州志：莘城在州東。鄭桓公寄帑於虢。有十邑，莘其一也。

此以歷下之邑爲莘者也，再查別本：

天聖明道本國語，鄢蔽補舟依[illegible]歷華君之土也。若前華後河，右洛左濟，主芣騩而食溱洧，可以少固。

鄭氏詩譜：鄢蔽補丹依疇歷華，君之土也。修典刑以守之，惟是可以少固。

水經注洧水篇：黃水出太山南黃泉，東南流經華城西。史伯謂鄭桓公曰：華君之土也。韋昭曰：華國名矣。史記秦昭王三十三年。白起攻魏，拔華陽，走芒卯；斬首十萬。司馬彪曰：華陽亭名，在密縣。嵇叔夜嘗採藥於山澤，學琴於古人，即此亭也。

此以歷下之邑爲華者也。趙一清水經注刊誤有一段文論此，述之如下：

趙水經刊誤箋曰，鄭語史伯謂鄭桓公曰：鄢蔽補丹依疇歷莘，君之土也，似非華字。按史記鄭世家，虢果獻十邑。注云：虞翻曰，十邑謂虢鄶鄢蔽補丹依疇歷華也。索隱引國語亦是華字。困學紀聞：鄭語依疇歷莘引史記鄭世家注及水經注俱作華字，以證今本之失；蓋宋本原有作莘字者，厚齋故特證之。何焯曰：明道二年國語本，前華後河，正作華字。

此箋似以華爲是；然而確有實據，必須是華，此箋尙未能確定也。吾人於此不得不再求他證矣。華山之陰，有郃陽縣；縣內有有莘氏之遺跡。

方輿紀要郃陽縣：莘城在縣南二十里，古莘國。周散宜生爲文王求有莘氏美女以獻紂。應劭曰：莘國在洽之陽，即此城也。武王母太姒，爲莘國女。詩曰纘女維莘是矣。縣道記：郃陽魏文侯築，古莘國。

華山之東，其地古亦名華者，亦有有莘氏遺蹟。

左傳：有神降於莘。

路史：共工氏之振滔鴻水，以薄空桑，則爲陝莘之間。

此華陰以東之莘也，洛陽之南，曰前華者，亦有莘地。

水經注伊水：昔有莘女氏采桑伊川，得嬰兒于空桑中。

此前華之莘也。山東夙以蓩著，方言華蓩晠也。齊楚間或謂之華，或謂之蓩。今考蓩子所居地點，東昌府有莘縣，曹州有古莘仲國。

方輿紀要，莘縣：莘亭城在縣北。京相璠曰：陽平縣北十里有故亭，道阨險，自衞適齊之道也。春秋桓十六年，衞宣公欲殺公子伋，使盜待諸莘，謂此。

又曹州：莘城，縣北十八里，元和志：古莘仲國，在濟陰縣東南三十里，夏本紀：鯀納有莘氏女生禹，春秋僖公二十八年，晉侯次於城濮，登有莘氏之墟以觀師。杜預曰：古莘國城是也，今爲莘仲集。

由上各證，有華地即有莘地，莘與華在文字上實同體連枝，如殷商之關係，爲古時一複音字。可讀全音，亦可任略去一音，但不能分爲兩意，而別爲兩字。顧全時祇有合於一處，讀爲「華莘」耳。所謂上古複音字者，其例甚多，而讀法亦可考見；如古幣文字，[illegible]曰軒轅，堨曰葛天；路史葛天之後，有葛氏權氏云云。準此例，祝融之後，有祝氏融氏，此時代之文字，固可複可略者也。查軒轅葛天之間，有赫蘇氏者，後世或複音或單音，變爲如路史所云赫蘇氏是爲赫胥，後有赫氏赫胥氏云云者，其情形正合。赫胥一作華胥，按音以推，其於華莘，實是一族稱謂，文字轉變耳。或複或略亦由常例演出焉。故或曰華或曰莘也，其國與黃帝接境；故黃帝夢遊其國云，黃帝與炎帝同系，非華胥族，故當時極歆羡華氏文化，而力事追求，故晚年竟得似之也。

有莘遺蹟，布滿華地，則華胥之族，實中華民族之祖先也。當其興盛時普徧繁殖於黃河流域；偉大可知。考其歷史，太古華胥正在女系強固時代。故莫與之京；且因文化關係，女係舊制，後來亦有莘之族保留最久。因有莘氏所傳事蹟，率爲女子故也。路史：鯀娶有莘氏女生禹，呂氏春秋湯聞伊尹，使人請有侁氏（即有莘氏也）；有侁氏不可，湯於是請娶妻爲婚，有侁氏喜甚，以伊尹爲媵送女。文王后妃太姒，所謂聖女者，亦有莘氏女；故詩云纘女維莘，長子維行，篤生武王。而文王羑里之囚，散宜生求有莘之美女以獻紂：則此族女子，優秀可知。然而竟無一男子顯者何故？爲女所壓故也。賢如伊尹，祗作媵臣；媵臣者，男妾之別名也，故湯與爲婚，而伊尹可得。如是，此中即有偉大男子，爲制度所壓，豈能脫穎而出乎？使伊尹不遇成湯，亦庖厨終身耳。又古時伏羲之母，號曰華胥，則華胥爲女性，更有明文可證。特後人不承認女系，故不以爲通名，認以爲專名耳。若女系中有男子特出，別立男系者，則舊章改變，一定跳出本族，另立一系。但在本系必須嚴守家法，故遲之甚久，降及三代，其風仍存也。

男妾之說，論者得毋謂厚誣古人乎？其實從宜從俗，各有習尚；特久安者不以爲異，乍見則驚奇耳。女子之足，與男子同也。五十年前，鄉村偶見外國婦人天足，未有不奇怪者。此何足奇怪，乃自然如此耳。奇怪者，奇怪其與俗違也。男曰夫子，女曰夫人，一般之稱謂也。夫爲通用之辭，子與人，其專指也。男曰良人，女曰內子，亦一般之稱謂也。今以稱男之人，易夫子下之子；稱女之子，易夫人下之人，則男爲夫人，女爲夫子，於理本不謬也；然而觀者大詫異矣。詫異則詫異矣，於理究無傷也。以無傷之理，詎謂今所不聞者，即不可行之於古初乎？十二面首，特爲禮制所束，故覺醜耳，反是亦常道也。即如婚姻之稱，說文姻壻家也；此與爾雅釋親，婦之黨爲婚兄弟，壻之黨爲姻兄弟，同屬一派，即男爲姻，女爲婚之說也。而白虎通德論云：婦人因人而成，故曰姻，此與禮昏義疏，壻曰婚妻曰姻，同屬一派，與上說適相反者也。究竟孰爲是乎？查壻字又從女作婿；此甚可看出，女系時代女爲婿，男系時代男爲壻也。以女爲婿，男因女成禮，自然是女爲婚而男爲姻矣。男系時代，女因男成禮，男婚女姻，亦理有固然者矣。女既作婿，在此制度之下，男妻男妾，並於男子品行無傷。一時禮教若此，此固習以爲常之事也。

殘殺滅種之事，在中國道德上所不許；故一姓之興，總作一番興滅繼絕之事，上古各族，在歷史上，其後裔得傳久遠者，率可考見。而今不復可分者，彼此渾化無迹也。以華氏一族，徧布國中，竟能吸收各族而同化之；至今女系久改，而華族名稱竟永爲中原人之專稱，此亦不可不研究之事也。在仰韶時期，中國女子程度實高於男子，此固有定評也。仰韶實華莘故地，遺傳及女，禹湯文武之家庭，皆受其賜。太古者不可考；中古之世，莘氏婚姻，多通於外族，此甚明顯之事，由上文云云可證。有此習尚，吸取外族血液，納於其中，而式穀似之；則族類膨脹，自然迅速。並因異族結婚，所生子女聰穎，而種族之地位，又必增高。如是以偉大之聰穎民族，同化其餘民族，其奏效必更易而又速也。在人種上既有榮譽，所生男子，誰不願追隨其母之光榮乎？所以轉爲男系，仍自願爲華人也。如禹與啓及武王周公等，其母親之榮譽，自然亦不能忘也。以此關係，所以傳之久遠，中國人仍自稱中華之人也。

中華民族，起初既混合而成；故自來對於血統之界限，不甚注意。在文化上雖有夷夏之分，婚姻上實無爾我之界。春秋時晉與赤狄潞子爲婚、周以狄女爲后等等，其事常見；此可知華族之由來矣。然此事實根源，由華氏在女系時造成之也。

此外更有一氏族之名，似與華氏無關，而細考亦仍爲華氏者，即空桑是已。新鄭之地，華氏故墟在焉，空桑亦在焉。

路史：軒轅氏作於空桑之北。按此乃上古軒轅，非黃帝也。

史記：黃帝少典之子，姓公孫名曰軒轅。注集解，徐廣曰：號有熊。譙周曰：有熊國君，少典之子也。皇甫謐曰：有熊今河南新鄭也。索隱曰：注號有熊者，以其本是有熊國君之子故也。都軒轅之邱，因以爲名，又以爲號。

軒轅之邱在新鄭，其南之空桑，自然亦在新鄭也。陝縣之西，有莘之遺蹟在焉，空桑亦在焉。

路史共工氏傳：振滔洪水，以薄空桑。注：空桑在莘陝之間，于女媧之都爲近。

此又有一莘，即又有一空桑也，陳留爲有莘故墟，亦有一空桑在焉。

路史：伊尹莘人，故呂氏春秋、古史考等俱言尹產空桑，空桑故城，在今陳留。

此又有一莘，即又有一空桑也，山東西偏，有兩莘地，莘人當日在此散布必廣，而魯北亦有一空桑。

路史：空桑魯北。

此云魯北者，槩而言之，地點不能確指也。然有一空桑，則顯然矣。然二莘一空桑，當亦有關也。此等屢傳改易之史料，故不能得其詳悉明切；然而有莘即有空桑，不亦可異之甚乎？愚謂東方古音既讀華爲侉，則華胥變爲侉胥，再少變即空桑矣，吾謂空桑乃華胥音之別譯者也，又因空桑爲女系，生於空桑者，不知其父，故凡生父有疑問者，則借用之，如顏育空桑是。再後望文生義，指定空桑爲樹，則謬甚矣。

融合各族，以成一大民族；華族之成績，實大有造於全國人類也。但地球上有人類之始，已在百萬年之譜，吾華自新石器時代，人類已布滿全國。據近代所發現者，如山東青州之石鎚、石斧；廣東雲南四川蔚州蒙古之石斧石鏃等；南滿之石斧、石槍頭、石鏃、石刀、石鑽、石鎚、網石、石鋸、石柱、石環等；北滿之石斧、石刀等；東蒙之石斧、石剪、石刀、石剃刀、石鋸、石鎚、石槍頭、石鏃、石劍等；河南仰韶更爲著名。新石器時代，中國已布滿人類矣，且其人種已與現在不殊。現在內地女子，膝蓋骨小，故身體曲線較甚；滿州女子膝蓋骨大，身體挺直：此固屢驗不爽矣。據此，可想見新石器時代之民族，其子孫在今日仍存也，但華族何時來至中國，所吸收者爲某民族，現在實難懸揣。略可考見者，似華族來自西方。蠻族來自南方，夷族來自東北；接觸後，皆被華族同化，此則略可得而考也。

來自西方者，由近數年學者之發掘，以陶器作證。知甘肅所得，置於古西方文化與仰韶文化中間，頗可聯絡其文化路線，故可斷中華民族，由西方遷來之說爲不誣。而仰韶女子，已得優越地位，且與現在北華人種無大殊，故可測其爲女系時代之主體，且爲華族之祖先也。更有他說亦可參證者，即古史多紀西方事，如崑崙山、羣玉、瑤池等，實顯出民族自西徂東之痕跡。道家好言西王母、東皇公；此傳說之由來，自然是因主持西方事者爲女子，主持東方事者爲男子，故如推此演出來，證以近時發掘所得，東北女子，不如中原女子之安適；必其地方酷寒，謀生不易，一切治生之業，盡由男子用力求得；故統系遂入於男而握有大權。中原較暖，謀生較易；女子主持內政，得用其智慧，以造成許多幸福；粗拙之男子，不得不俯首聽命也。有是史蹟，而西王母、東皇公之故事，遂漸漸演成；而西方女系之跡，亦即借此而略可考見云。

其來自東方者，當由東北循海岸而南，而展入內地，此有數證焉。東北民族，以肅愼爲最著。在山東方面，神農時有夙沙氏，黃帝時亦有夙沙氏。皆爲中原所征服；按音當是一族而兩譯名也。入山東者，曰東夷，同化於內地；隔東北者，永保原狀。肅愼之族，以善作弓石著；而夷之一字，取人負弓形，查封父繁弱，國家爲寶，此在技術上，一系傳來，固可證也。古代刀幣之流行，其區域由今出土者計之：自奉天循海而南，至於山東而止，其地界甚爲清楚；內地則不然，此在國寶上固可知其同爲一系也。殺人以祭妖神，沙鍋屯曾發現此證；東夷亦有此俗，故宋襄公用鄫子於次睢之社。此則禮俗上亦有同系之據也。夙沙不但同於肅愼，即成湯之商，吾疑亦沙之轉音，因成湯實東方之民族也。取於有莘，實爲漢、滿通婚之先河。查商之禮俗，原有殺人祭神之實事，除成湯祈雨身爲犧牲，及宋襄公用鄫子之外，近人葉玉森於骨甲文中，又發現許多殺人以祭之證，此固沙鍋屯之遺習也。紂之亡也，東方淮夷，鼓動數十年而不服，及其敗亡周人始得安枕。伐紂之事，孤竹之夷齊，竟不惜舍命以反對之。箕子至朝鮮，土人即奉以爲主；此其種族之界甚鮮明也，東自淮海，北及朝鮮，與殷之關係，非有血緣，烏能如是強固哉。故可決其爲東方民族。此東方男系之民族，遷入內地，與華族融合，固顯然可見也。在文化上又有可證者，即周髀天文之學，非曾至北極附近者，不能有此卓見。在地理上，祇有東北民族，往來於白令海邊，爲可能之事。海外九州之說，南北極半年晝夜之文，亦非此民族，不能有是思想也。此亦東北民族，混入中原之明證焉。其來自南方者，由盤古氏之傳說，可以證明。

後漢書、西南夷傳南蠻：昔高辛氏有犬戎之寇，帝患其侵暴，而征伐不克；乃訪募天下有能得犬戎之將吳將軍頭者，購黃金千鎰，邑千家，又妻以少女。時帝有畜狗，其毛五色，名曰槃瓠（魏略曰：高莘有老婦人居王室，得耳疾，挑之，乃得物大如繭，婦人盛瓠中，覆之以盤；俄傾化爲犬，其文五色，因名盤瓠）。下令之後，盤瓠遂銜人頭造闕下；羣臣怪而診之，乃吳將軍頭也。帝大喜，而計槃瓠不可妻之以女，又無封爵之道，議欲有報，而未知所宜；女聞之，以爲帝皇下令，不可違信，因請行。帝不得已，乃以女配槃瓠，槃瓠得女負而走入南山，至石室中；所處險絕，人不得至。經三年生子十二人，六男六女。槃瓠死，因自相夫妻，其後滋蔓，號曰蠻夷。

干寶晉紀：武陵、長沙、廬江郡，槃瓠之後也。雜處五溪之內，槃瓠憑山阻險，每常爲害。糅雜魚肉，叩槽而號，以祭槃瓠。俗稱赤髀横裠，即其子孫。

任昉述異記：盤古氏夫婦，陰陽之始也，天地萬物之祖也。今南海中，盤古國人，皆以盤古爲姓。

槃瓠是苗族一族之名，今猶如是。盤古之名，自是由此轉來。此種由傳說而變爲紀載，事實如何，今且不論。要之盤古之說，起於南方，由其民族運入北境，此固無可疑也。苗黎之族，由南而北，其中女權當不甚重；因其推初祖爲犬，母即人也，尚不得主位，故知之耳。男系之俗，北上以後，華族當亦受影響焉。總之，以上三族，若論文化，自以華族爲優；而男子主政，則他二族皆較先焉。由女系轉爲男系，似是華族被南北二族所同化。而文化上南北二族，粗悍自不能免；一旦與女系華族遇，酋長相結，兒女情長，自然能使英雄氣短，故不知不覺遂帖服於華族，而爲所改造。所以稱謂之間，永以中華爲名也。由此揣測，華族之改造他族，大槩如是。不以兵力裁制，衹以血緣相混，遂令他族子孫，皆變爲我之子孫；此中華民族之所以坐大也。

（女師大學術季刊，一卷二期，一九三〇年九月出版，國立北平大學女子師範學院）

春秋時代之男女風紀

楊筠如

吾國古代社會眞象，因缺乏詳細之史料，無從考見；而學者又每惑于儒家禮教之宣傳，信古代社會爲一極有禮法之模範社會，而不欲再勞心力以偵考其是非；故講古史學者，專從政治方面著眼，對於社會情形，多不置意。近代以受時間影響，史學家之眼光，似已轉變；而古代社會眞象，亦漸次爲通常人士所知；而對於禮教之起源，頗有人持異議矣。玆篇所論，與禮教有直接之關係，故欲明春秋時代之男女風紀，必先明當時禮制如何；及儒家所謂禮教者，是否已具有重大勢力？據余所見，則其時婚姻制度，雖有納幣親迎種種儀注，如公羊傳莊二十二年云：

納幣不書，此何以書譏。何譏爾？親納幣，非禮也。

穀梁傳云：

納幣，大夫之事也。禮有納采，有納名，有納徵，有告期，四者備，而後娶；公之親納幣，非禮也。

穀梁所舉納采、納名、納徵、告期，是否可信，現尚不論；此條因譏春秋莊公親自納幣于齊而發，則當時有納幣之制，似實確定。又左傳昭元年云：

鄭徐吾犯之妹美，公孫楚聘之矣，公孫黑又使強委禽焉。

聘與委禽，大約卽指納幣而言。至于親迎之禮，在當時雖已不實行，如春秋紀履緰來逆女公羊氏卽云：

「譏始不親迎也」可見。但以前或有此種禮制之規定，所以齊俗不親迎，詩人爲著之詩以諷刺。天子諸侯雖不親迎，亦必使比較尊貴之卿代行。故左傳文四年云：

逆婦姜于齊，卿不行，非禮也。是君子是以知出姜之不允於魯也。曰貴聘而賤逆之，君而卑之，立而廢之，棄信而壞其主，在國必亂，在家必亡。

貴聘賤逆，便有使人不尊敬之意，可見親迎是鄭重其事。姑無論此層可靠與否，而一聘一逆，爲當時必有之禮制，則可斷言。至其社會上奉行如何，又另一問題。又在春秋時代，似確有同姓不婚之禮制；或爲以前相傳之習慣，亦未可知。如左傳僖二十三年鄭叔詹曰：「男女同姓，其生不蕃。」昭元年子產曰：「男女辨姓，禮之大司也」。國語曰：「同姓不婚，懼不殖也」。皆其明徵。但當時固亦不甚奉行此種禮制，其詳待下節論之。吾人確信在春秋時代，或春秋以前，曾有關于男女間禮制之規定；其繁簡雖不可知，大致不至如儀禮禮記所載之完備。至其實在情形，則並不受禮制之束縛；而所謂慘酷之禮教，當時並未夢見，請以四事明之：

㈠同姓可以相婚嫁也　同姓爲婚，在左傳中之資料極多。如莊二十八年：晉獻公娶于賈，無子。……又娶于戎，大戎狐姬生重耳；小戎子生夷吾。晉伐驪戎，驪戎男女以驪姬，歸，生奚齊；其娣生卓子。

此三姬皆晉同姓也。又昭元年子產論晉平公之疾曰：

今君內實有四姬焉，其母乃是也乎？四姬有省猶可，無則必生疾矣。

是平公有同姓夫人四人矣。又襄二十八年傳云：

盧蒲癸臣子之，有寵，妻之。慶舍之士謂癸曰：「男女辨姓，子不辟宗，何也」？曰：「宗不余辟，余獨焉辟之？賦詩斷章，余取所求焉，惡識宗？」

此乃當時確有同姓不婚之禮制，而社會並不實行之鐵證。同時尚有一條可資證明者，如襄二十五年云：

齊棠公之妻，東郭偃之妹也。東郭偃臣崔武子，棠公死偃御武子以弔焉；見棠妻而美之，使偃取之。偃曰：男女辨姓，今君出自丁，臣出自桓，不可。武子筮之：遇困之大過。……崔子曰：嫠也何害，先夫當之矣，遂取之。

武子是明知此種禮制而不奉行，可見此種禮制勢力之薄弱。又如魯爲守禮之邦，昭公又以知禮見稱，而娶于吳爲同姓。雖尚猶知諱，如穀梁傳云：

孟子者何也？昭公夫人也。其不言夫人何也？諱取同姓也。

但可推見其不諱者當時必多，否則昭公不能以知禮獨稱。吾恐也且將舉世而非之曰：「昭公而知禮，孰不知禮」？奚獨一陳司敗乎。右列事實，足明同姓不婚之禮制，在當時少人奉行。反面言之，則同姓爲婚，幾可視爲當時通行之風俗。

(二)男女可自由結合也　禮記云：「聘則爲妻，奔則爲妾。」據左傳成公十一年云：

聲伯之母不聘；穆姜曰：「吾不以妾爲姒。」生聲伯而出之。

奔卽男女之自由結婚，廢去一切聘逆之禮者。聲伯之母以自由結合而被弟婦之賤視，則當時確有聘逆一類之禮制。但考當時之實在情形，男女亦可直接成婚，不必服從此種禮制。如左傳桓三年杜注云：「公不由媒妁，自與齊侯會而成昏。」此男女方面，已不服從此種禮制之證。又莊三十二年云：

公築臺，臨黨氏，見孟任，從之；閟，而以夫人言，許之；割臂盟公，生子般焉。

則全由男女兩方面之同意，直接結合，無所謂聘逆之禮。又如昭十九年云：

楚子之在蔡也，鄖陽夫人之女奔之，生太子建。

又昭九年云：

泉丘人有女，夢以其帷幕孟氏之廟；遂奔僖子，其僚從之。

皆不受禮制之限。又如公羊僖十四年傳云：

季姬及鄫子遇于防，使鄫來朝。季姬曷爲使乎鄫子來朝？內辭也。非使來朝，使來請己也。

何休注云：

使來請娶己以爲夫人，下書歸是也。

雖其名義尚存聘逆，而實則先已成婚；可見當時男女之防，並不如禮記所謂「男不言內，女不言外。」又曰「女子出門，必擁蔽其面。」又曰「男女不同席，不共食。」種種嚴厲限制也。

㈢婦女貞操問題尚未發生也　婦女守節，不再適人，此是後來禮教所提倡。春秋時代，並不如此。共伯之妻，自矢不嫁，而其母尚欲奪其志。而禮記有爲繼父之服；孔氏三世出妻，孟子曾子亦然；在春秋時代，固無夫死不嫁，及不事二夫之限制甚明。觀昭二十八年左傳云：

子靈之妻，殺三夫一君壹子而亡一國兩卿矣。

考夏姬初事御叔，繼事襄老，後歸巫臣，已三嫁矣。此外如齊桓夫人蔡姬之再嫁；聲伯之母出後，再嫁管于奚；更難僕數。韓非子云：

衞人嫁其子而敎之曰：「必私積聚，爲人婦而出，常也；其成居幸也」。

此言雖不必實，要足以表現當時夫婦之關係，不甚固定；後世所謂貞操問題，當時曷嘗夢見耶？

㈣女子在倫理上缺乏尊卑觀念也　春秋時代女子之地位，較男爲低，故當時盛行多妻制度。因此種制度，使女子在倫理上失去尊卑觀念。例如莊十九年公羊傳云：

諸侯娶一國，則二國往媵之，以姪娣從；姪者何？兄之子也。娣者何？弟也。

雖嫡與媵及姪娣之位置各殊；而同事一夫，則在倫理上無尊卑之別。如左傳襄十九年云：

齊侯娶於魯曰顏懿姬，無子，其姬鬷聲姬，生光以爲太子。

卽其實證。又襄二十三年云：

初臧宣叔娶於鑄，生賈及爲而死；繼室以其姪穆姜之姨也。

則當時「媵」制，不限于國君；而女子倫理尊卑問題，當亦貴族階級所同蔑視。又如季武子以襄公姑姊二人同妻邾庶其，卽可推見一般。因此種觀念之發生，故當時男女之婚嫁，每不計及其倫理上之尊卑關係。如左傳昭二十五年云：

季公若之姊，爲小邾夫人，生宋元夫人，生子以妻平子。

據杜注宋元夫人爲平子之外姊，是平子以外姊之女爲妻。蓋當時男女兩方面，本無倫理上之限制，卽至劉漢初年，惠帝猶以其姊魯元公主之女爲后，何況春秋時代，尙未經嬴秦之特別整飭男女風紀之時乎？

由上面四事之證明，則前二者固爲當時禮制，不生效力之據；而後二事，尤可證後世所謂慘酷禮教與女子在倫理上之尊卑觀念，在當時不僅不佔勢力，而當時人或並不曾知有此事。總結一句：卽當時並無後世所謂禮教者發生。而當時之人，因未受禮教之制裁，而所謂男女風紀者，在後世視之固以大糟特糟矣！當時男女風紀，就史籍所可考見者，大抵多係貴族階級之事實；其關於平民階級之現象，雖亦有些許資料可以證明，而大體只能以貴族階級之情形，作一推斷。至貴族方面，則事實甚多。例如左傳桓十五年云：

祭仲專，厲公患之，使其壻雍糾殺之。將享諸郊，雍姬知之，謂其母曰：「父與夫孰親」？其母曰：「人盡夫也，父一而已」。

此處「人盡夫也」一語，頗足以表當時之男女風紀。更以事實證之，史記陳世家云：

厲公娶蔡女，蔡女與蔡人亂；厲公數如蔡淫。七年，厲公所殺桓公太子免之三弟，共令蔡人誘厲公以好女，與蔡人共殺之。

據公羊傳厲公當係五父佗之誤。但就此一端，佗與蔡女，可算是並爲淫亂，彼此同時不相制止，頗有視爲固然之態度。又如田敬仲完世家云：

田常乃選齊國中女子長七尺以上，爲後宮；後宮以百數。而使賓客舍人，出入後宮者，不禁；及田常卒，有七十餘男。

此事幾如近日所倡之「公妻主義」相似。此事不見左傳，人或據以爲疑；實則左傳所載此類事實，亦並不少。例如宣九年傳云：

陳靈公與孔寧儀行父通於夏姬，皆衷其衵服以戲於朝。

十年傳云：

陳靈公與孔寧儀行父飲酒於夏氏，公謂行父曰：「徵舒似女。」對曰：「亦似君」。徵舒病之。

君臣共淫一婦，覥不爲怪，與田子之事，有何分別？又公羊傳昭三十一年云：

當郕婁顏之時，孝公幼，顏淫九公子於宮中。

何注以與淫者九公子解之，其義未明；或係顏使九公子並淫宮中，或子女古本同稱，九公子卽九公主，亦未可知。要皆爲多數人之淫亂。而當時至有「易內」「通室」者。如左傳襄二十八年云：

齊慶封好田而嗜酒，與慶舍政；則以其內實遷於盧蒲嫳氏，易內而飲酒，數日國遷朝焉。

「內實」卽子產所謂「君今內實有四姬焉，」指妻妾言；而慶封與盧蒲嫳竟可易妻而處，自今日視之，豈非咄咄怪事？又昭二十八年云：

晉祁勝與鄔臧通室；祁盈將執之，訪於司馬叔游。

通室與易妻，大致係一事。後祁盈以干涉通室之事，反被滅族之禍；可以想見當時並不以此爲非聖無法之行爲，而當時男女風紀何如，自不必問。最可怪者，乃新婦在途，而與送婦者卽相淫亂。如公羊文十四年傳，齊人執單伯；齊人執子叔姬。釋之曰：

單伯之罪何？道淫也。惡乎淫？淫乎子叔姬。

據何注：「時子叔姬嫁當爲齊夫人，使單伯送之。」是單伯以送婦之使，而道淫新婦；其男女風紀，幾可謂與亂交時代相差不遠。至如昭四年傳云：

穆子去叔孫氏，及庚宗遇婦人使私爲食而宿焉。

邂逅之間，卽可苟合，猶恐或是極普通之情形，未足爲怪。當時淫亂之現象，就余個人之考察，尚可析爲二類如左：

㈠秘密之淫亂　男女間雖可私通，而不敢公然自命爲夫婦，卽有私生子女，亦不敢公然養育；此吾所謂秘密淫亂也。例如左傳宣四年云：

初楚若敖娶于䢵，生鬥伯比。若敖卒，從其母畜於䢵，淫于䢵子之女，生子文焉。䢵夫人使棄諸夢中。

使敢公然令爲夫婦者，則䢵夫人何必棄之？且當時私通者，從未見育有子女，其不敢公然生子，似亦甚確定。此類淫亂者，在當時以奴與主母，或叔嫂之關係最多。玆分七種關係討論之：

(1)叔嫂之關係　此種關係之私通，據史籍所載，約有四事，足資證明。如左傳僖二十四年云：

初甘昭公有寵于惠后，惠后欲立之，未及而卒。昭公奔齊，王復之，又通于隗氏。

據杜預注，及史記周本紀，甘昭公卽王子帶，襄王之母弟；隗氏乃襄王所立之狄后；是王子帶與狄后爲叔嫂私通一也。又閔二年傳云：

共仲通於哀姜，哀姜欲立之。

史記魯世家云：

莊公有三弟，長曰慶父，次曰叔牙，次曰季友；莊公取齊女爲夫人曰哀姜。……先時慶父與哀姜私通，欲立哀姜娣子開。

則慶父哀姜之私通，亦爲叔嫂關係，二也，又左傳成十六年云：

宣伯通於穆姜，欲去季孟而取其室。

穆姜爲成公之母，宣伯爲叔牙之曾孫；據春秋世族譜宣伯於成公爲季父行，則與穆姜，亦可謂係叔嫂私通，三也。又成十七年云：

齊慶克通於聲孟子，與婦人蒙衣乘輦而入于閎；鮑牽見之，以告國武子。武子召慶克而謂之，慶克久不出，而告夫人曰：「國子謫我。」夫人怒。

聲孟子爲靈公之母，慶克爲公子無虧之子，亦爲叔嫂關係，四也。

(2)兄妹之關係　兄妹之私通，僅見於齊。荀子仲尼篇云：

齊桓，五霸之盛者也；前事則殺兄而爭國，內行則姑姊妹之不嫁者七人。

此雖不專是兄妹關係，亦可包括此例之內。不嫁是否卽立爲正式夫人，無從考見；大概只可認爲秘密之淫亂。又左傳桓十八年云：

公會齊侯於濼，遂與文姜如齊，齊侯通焉。公謫之，以告。夏四月，丙子，享公，使公子彭生乘公，公薨于車。

史記魯世家亦有同樣記載云：

桓十八年，齊襄公通桓公夫人；公怒夫人，夫人以告齊侯。……

按文姜，齊襄之妹，而二人私淫無度。故桓公曰：「同非吾子，齊侯之子也」。桓公旣死，而其私會之見於春秋經者凡五：莊二年冬，夫人姜氏會齊侯于禚，一也。四年春，夫人姜氏享齊侯于祝丘，二也。五年夏，夫人姜氏如齊師，三也。七年春夫人姜氏，會齊侯于防，四也。夏，夫人姜氏會齊侯于穀，五也。其不顧形跡如此。故時人作南山敝笱載驅諸詩以諷刺之，詩序所謂「禽獸之行，淫乎其妹」卽指此也。

(3)翁媳之關係　翁媳私通，傳不多見；而父納子妻者，雖然不少，究與私通不同。另詳于後。惟左氏傳襄三十年云：

蔡景侯爲太子般娶于楚，通焉，太子殺景侯。

確屬翁媳私通。但景侯因此被殺；而當時此種關係，比較不多者，或亦有所畏逼；故衞宣楚平納婦，則必殺逐其子，據此約可思其故矣。

(4)叔父姪女之關係　叔父姪女之私通，余於當時亦僅得一人。卽左傳哀八年云：

齊悼公之來也，季康子以其妹妻之。卽位而逆之，季魴侯通焉；女言其情，弗敢與也。齊侯怒。

史記齊太公世家所紀略同。據杜注季魴侯康子叔父，則爲季姬之叔父明矣。

(5)諸父姪婦之關係　如左傳成四年云：

趙嬰通者趙莊姬。

據杜注趙嬰爲盾之弟，莊姬乃盾子朔之妻，是以季父而通于姪婦也。

(6)同姓之關係　如左傳定十四年衞侯爲夫人南子召宋朝。杜注云：

南，宋女也；朝，宋公子，舊通於南，子在宋，呼之。

此種事實，與前面田常陳靈公，同含有公妻意味，本甚離奇。今考南子當與公子朝同爲子姓，是否爲兄妹姑姪之關係，殆不可考；其爲同姓之關係，則可斷言。又如史記齊太公世家云：

初棠公妻好，棠公死，崔杼取之；莊公通之，數如崔氏，以崔子之冠賜人。

按棠公妻爲東郭偃之妹，東郭氏出自丁公，亦姜姓也，是莊公之亂棠公妻，蓋亦同姓關係也。

(7)臣僕主母之關係　此種私通關係，最爲普通。如國語晉驪姬與優人通卽是。又左傳哀十五年云：

衞孔悝取太子蒯聵之姊，生悝。孔氏之豎渾良夫長而美；孔文子卒，通於內。

據杜注豎，小臣也。略如後世之侍童。良夫之通伯姬，是以侍童與主母亂。史記言之更詳。衞世家云：

孔圉文子取太子蒯聵之姊，生孔悝。孔氏之豎渾良夫美好，孔文子卒，良夫通於悝母。太子在宿，悝母使良夫於太子，太子與良夫盟，許以悝母爲妻。

就此一事，一方面可以看出良夫與悝母之私通，大概是少所顧忌，外人知之者，諒必不少；故太子亦知其情，而許以爲妻。在另一方面，亦可看出他倆仍不敢公然以夫妻自居，所以太子提此爲交換條件。又左傳襄二十一年云：

桓子卒，欒祁與其室老州賓通，幾亡室矣。懷子患之。

按欒祁爲欒黶之妻，欒盈之母；室老，蓋老奴也。老奴與主母通，而至於亡室。其毫無顧忌，不可想見耶？又左傳昭二十五年云：

初季公鳥娶妻於齊鮑文子；公鳥死，季公亥與公思展及公鳥之臣申夜姑相其室。及季姒與饔人檀通而懼。……

饔人，卽今之厨役；季姒，公鳥之妻也。是亦奴與主母之關係。以外尙有臣與君母之關係。如左傳昭二十年云：

衞公子朝通於襄夫人宣姜，懼而欲以作亂。

宣姜爲靈公嫡母，公子朝爲衞之公族大夫，是其證也。又宣伯奔齊，不久卽與齊侯之母聲孟子私通；而宣伯之通穆姜，慶克之通聲孟子，亦皆可謂臣與君母之關係。然每云「通而懼」，「懼而欲以作亂」，可見尚懼人之議己，而未嘗全無顧忌。此種私通者之淫亂程度，有時幾爲半公開式，有時亦謹守秘密，但其不敢公然命爲夫婦則同也。

㈠公開之淫亂　此種淫亂，在事實方面，完全與夫妻相同。所生子女，亦可得社會之承認。其與正式婚姻不同之點，則以本非匹偶，而強行侵占；或原係親眷，而亂倫聚麀。或同時幷未經正式之婚姻手續。其情形雖各有不同，而其與正式夫妻之要素相左，則無二致。就其關係分之，亦可得七種如次：

⑴嫡庶子母之關係　此統嫡母與庶子，或庶母與嫡子言之。所謂「上淫曰烝」是也。如左傳莊二十八年云：

晉獻公娶于賈，無子，烝於齊姜，生秦穆夫人及太子申生。

據杜注，齊姜爲武公妾，獻公之庶母，是嫡子與庶母之淫亂，而可公然生子之證。又桓十六年云：

初衞宣公烝於夷姜生急子。

按夷姜亦宣公庶母，以上二者，皆嫡子與庶母之關係。若僖十五年云：

晉侯之入也，秦穆姬屬賈君焉，且日盡納群公子。晉侯烝于賈君，又不納群公子。……

則賈君爲獻公正妻，惠公乃小戎子所生，賈君乃惠公之嫡母也。是庶子烝嫡母之證。又閔二年傳云：

初衞惠公之卽位也少，齊人使昭伯烝於宣姜，不可強之。生齊子戴公文公宋桓夫人許穆夫人。

成二年傳云：

楚莊王以夏姬予連尹襄老，襄老死於邲，不獲其尸，其子黑要烝焉。

據此事，則烝淫之事，必非國君所專有；至少可說當時貴族階級，通有此種風習也。

(2)姪與季母之關係　姪淫季父之妻，漢律謂之報。如左傳宣三年云：

鄭文公報鄭子之妃曰陳嬀，生子華子臧。

據杜注鄭子謂文公叔父子儀，報之與烝，事略相近，亦可公然生子。傳雖不多載，就當時情形觀察，此當非創舉也。

(3)翁媳之關係　父納子妻，可算是倚勢強佔，雖納在未與子成婚以前；而聘逆之禮已備，名分已定，忽一旦奪之，究與淫亂同科。例如左傳昭十九年云：

楚子爲太子建聘于秦，無極與逆，勸王取之。正月：楚夫人嬴氏至自秦。

杜注曰：「王自取之，故稱夫人。」史記楚世家云：

平王三年，使費無極如秦爲太子建娶婦，婦好，來未至，無極先歸。說平王曰：「秦女好，可自娶；爲太子更求。」平王聽之，卒自娶秦女，生熊珍。

此楚平之納子婦，奪在名分已定之後；與強佔人妻，有何異乎？卒使太子廢逐，楚國幾亡，與衞宣事出一轍。左傳桓十六年云：

衞宣公爲急子娶於齊，而美；公取之，生壽及朔。

史記衞世家云：

初宣公愛夫人夷姜，夷姜生子伋以爲太子，而令右公子傅之；右公子爲太子取齊女，未入室，而宣公見所欲爲太子婦，好，說而自取之。

此與楚平事正相類，新臺所謂「魚網之設，鴻則離之」，即刺其亂倫也。又魯世家云：

初惠公嫡夫人無子，公賤妾聲子生子息。息長，爲娶于宋，女至而好，惠公奪而自妻之。

此事雖左傳未載，而以右二事證之，固亦不足爲異。但此種事實，與上面所敘各種情形比較，似其淫亂程度，尚遜一籌，以其尚未入室成婚故也。

(4)諸父姪婦之關係　左傳載晉公子重耳在秦之事云：

秦伯納女五人，懷嬴與焉。奉匜沃盥，既而揮之，怒曰：「秦晉匹也以何，卑我？」公子懼，降服而囚。

按懷嬴爲晉惠公太子圉之妻，重耳爲惠公之兄，是以伯父而納姪婦；而懷嬴且儼然以匹自恃。觀賈季「辰嬴嬖於二君」一語，是懷嬴幷爲文公之寵姬矣。

(5)兄弟娣姒之關係　此例統兄納弟婦，或弟娶兄妻二者言之。如左傳哀十一年云：

冬衞太叔疾出奔宋。初疾娶于宋子朝，其娣嬖。子朝出，孔文子使疾出其妻，而妻之。使侍人誘其初妻之娣寘於犂，而爲之二宮，如二妻。文子怒，欲攻；仲尼止之。遂奪其妻。或淫于外州，外州人奪之軒以獻；恥是二者，故出。衞人立遺，使室孔姞。

據杜注遺爲疾之弟，孔姞卽疾之妻，是以弟納兄妻也。又文七年傳云：

穆伯娶于莒曰戴已，生文伯；其娣聲已生惠叔。戴已卒，又聘于莒，莒人以聲已辭。則爲襄仲聘焉。……鄢陵，登城見之美，自爲娶之。

按穆伯爲襄仲之兄，是以兄而納弟婦之證。右面所敘孔姞及上節晉文之事幾與改嫁可混爲壹，余以其有關於家庭倫理，特標而歸諸淫亂之倫。

(6)庶孫祖母之關係　此種關係，言之頗足駭怪；其事雖不多見，亦足見當時倫理觀念之薄弱也。如左傳文十六年云：

宋公子鮑美而艷，襄夫人欲通之而不可。夫人助之施。昭公無道，國人奉公子鮑以因夫人。

史記宋微子世家亦云：

昭公弟鮑革賢，而下士，先襄夫人欲通於公子鮑，不可，乃助之施於國。因大夫華元爲右師，昭公出獵，夫人王姬使衞伯攻殺昭公杵血。弟鮑革立，是爲文公。

按襄夫人爲鮑嫡祖母，乃百計以求通于鮑，而國人亦公然贊成其事，當時之男女風紀，可於此見一斑矣。

(7)強取他人之妻　上面所敍六種關係，大致足以證明家庭倫理之亂；至於對於外人如何，無相當資料，足以證實，惟常有強取人妻之事。例如史記齊太公世家云：

庸職之妻好，懿公內之，使庸職驂乘。

是君主可任意納臣下之妻。又如左傳成十一年云：

郤至來聘，求婦于聲伯；聲伯奪施氏婦以與之。

可見稍有勢力者，即可強佔人之妻女。其甚者則至殺其本夫，其行爲等於強姦，而其淫亂之責任，當全由男子負之。例如左傳桓元年云：

宋華父督見孔父之妻于路，目逆而送之曰：「美而艷」。二年春，宋督攻孔氏，殺孔父而取其妻。

即其明顯之事實。又如莊十四年云：

蔡哀侯爲莘故，繩息嬀以語楚子；楚子入息，以食，入蔡，遂滅息。以息嬀歸，生堵敖及成王焉。

此滅國而取其夫人，與前事亦頗相似。此種侵佔強娶之風，似尚有掠婚意味。故當時每有娶妻而互相劫殺之事。例如左傳襄二十五年云：

> 鄭游眅將歸晉，未出竟遭逆妻者，奪之以館于邑。丁巳，其夫攻子明殺之以其妻行。

就此一端觀察，當時社會，并不見如何文明；而男女風紀，大致亦人所注意。

當時貴族階級之男女風紀，就上面所分各種關係之淫亂而言，似當時男女方面，并無嚴厲之防，每可任意淫亂；而家庭倫理，亦似毫未顧及。再以個人或一家之關係言之：則如衞宣上烝夷姜，下納伋婦；叔孫僑如在魯既私穆姜，奔齊又通聲孟子；而同時聲孟子本與慶克私通，又忽與僑如淫亂；甚至夏姬則所事三夫，而所淫者計一君二卿一子。男女兩方面，皆極放任，於此可見。再如齊襄公通其妹，其弟桓公亦有姑姊妹不嫁者七人；晉獻公烝于齊姜，其子惠公又烝于賈君；魯文姜淫于其兄，而其媳哀姜又通于其叔；可算是相習成風，司空見慣，當時貴族方面男女風紀，可謂異常紊亂；至平民階級如何，據予個人之意見；凡某種族或某國家文明之進步，平民階級，每較貴族階級進化爲遲。每有貴族階級，已經通行，而平民階級尚未普及。而中國古代之情形，尤顯有此種特徵。如古代學術，掌在官守，而私家無著述，即其一證。禮教之起，當在儒家勢力正盛之時，與荀子極有關係。荀子是主張禮治之人，而禮記中每多竊取荀子之說。觀李斯相秦，即實行其師之學說，如會稽刻石云：

> 飾省宣義，有子而嫁，倍死不貞。妨隔內外，禁止淫泆，男女潔誠。夫爲寄豭，殺之無罪，男秉義程，妻爲逃嫁，子不得母，感化廉清。

正與禮記內則所言，相爲表裡。內則云：

男不言內，女不言外。……內外不共井，不共湢浴，不通寢席，不通乞假，男女不通衣裳。內言不出，外言不入。男子入內，不嘯不指，夜行以燭，無燭則止。女子出門，必擁蔽其面，夜行以燭，無燭則止。道路男子由右，女子由左。……

將男女界限分別綦嚴，故與會稽刻石妨隔內外一語，其精神尤相吻合。足證禮教是春秋以後之產物；在當時之貴族階級，尚未發生影響；則平民方面，更不必說。由此可推見平民方面之男女風紀，大致不至甚好。據史記孔子世家云：

紇與顏氏女野合而生孔子。

按叔梁紇之先，雖爲宋之貴族；奔魯以後，已降爲平民。使史記此言可信，則平民階級之男女風紀，已可想見其大略。又如詩經國風，亦不少描寫當時普通社會情形之作品。如呂南之「有女懷春，吉士誘之。」及「無使也尨吠」一類詞句，或係當時實在情形。其最顯明者，例如鄘風桑中云：

爰采唐矣，沬之鄉矣，云誰之思，孟姜矣。期我乎桑中，要我乎上宮，送我乎淇之上矣。

又如鄭風溱洧云：

溱與洧方渙渙兮；士與女方秉蕑兮；女曰觀乎？士曰旣且。且往觀乎？洧之外，詢訏且樂；維士與女，伊其相謔，贈之以勺藥。

據詩序皆謂「淫風六行，男女相奔」；今揣其詞意，似詩序所說，或非誣蔑。而此自當是代表一般普通社會之情狀，當時平民方面之男女風紀，於此亦可見其不必較貴族階級爲好。國風中似此者亦尙不少，如陳風東門之枌云：

東門之枌，宛丘之栩，子仲之子，婆娑其下。穀旦于差，南方之原！不績其麻，市也婆娑。

穀擔于逝，越以鬷邁，視爾如荍，貽我握椒。

詩序謂係男女棄其舊業，亟會於道路，歌舞于市井。可見男女是無拘束，可以隨時聚會。又衞風氓之詩云：

氓之蚩蚩，抱布貿絲；匪來貿絲，來卽我謀；送於涉淇，至于頓丘，匪我愆期，子無良媒；將子無怒，秋以爲期。

此篇敍私相要約之辭，似足表現當時淫風流行民間，同時如邶風之靜女云：

靜女其姝，俟我于城隅；愛而不見，搔首踟躕。

鄭風之野有蔓草云：

有美一人，清揚婉兮，邂逅相遇，適我願兮。

齊風東方之日云：

東方之日兮，彼姝者子，在我室兮，在我室兮，履我卽兮。

皆不免有男女私奔之意味，卽使非純粹描寫平民階級，而平民階級至少亦當包括在內。

吾人由此可得一簡明之結論：在當時之貴族階級，其男女風紀，因尚未受禮教之束縛，現象頗形混亂，而放蕩者居多；卽在普通社會方面，亦無法證明，較貴族爲好，似可說是一丘之貉，無所謂軒輊于其間也。

禮器曰：「禮時爲大」。凡禮制及一切法度，皆起於時代之要求，不得已而成立，苟非爾爾，則其効力亦不能廣被也。禮書中諸所言男女之防，由今日視之，覺其可笑者甚多，且其妨害社會發展之處，亦不少。又因要求已屬過去，或程度已減殺，而制度遂成殭石，然以此病禮制，禮制不任受也。觀春秋時代男女風紀之紊亂，可知儒家所兢兢之禮防，實當日救時良藥耳。豈惟此一端，凡一切禮制，皆當作如是觀。孟子所謂是以論其世也。

十五年五月廿七日

（國立中山大學文史學研究所月刊，二卷十九期，一九二八年三月）

從漢到宋寡婦再嫁習俗考

董家遵

一　引　論

寡婦係存在於一夫多妻制或一夫一妻制的社會裡，行着群婚制和一妻多夫制的社會，根本沒有寡婦之存在。這是很多社會學者都這樣說過，譬如里受努（Letourneau）就以爲寡婦的特殊地位是風俗習慣的產物，在矇昧未開化的社會中沒有存在，行着雜交或暫時的婚姻的社會也不能存在。在同一階級間男女皆爲共有的澳洲的喀米拉烏露（Kamilaroi）的部落，更沒有存在的道理。㈠的確，父系時代買賣式婚姻確立以後，婦女漸漸變成男子的附屬品。寡婦這個特殊的身份才會產生。

在禮敎的鎖鍊還未束縛着婦人極嚴緊時，寡婦當作所有物的移轉，尙很便利。翻開我國的歷史，我們可以知道古代寡婦的再嫁，不但不是如何可恥的事。而且是先王仁政的一種，因爲天下最可憐的人要算鰥、寡、孤、獨，他們痛苦時無處可告，疾病時無人扶攜，所以眞正要使「內無怨女，外無曠夫。」不能不允許寡婦再嫁，管子入國篇云：

「凡國都皆有掌媒，丈夫無妻曰鰥，婦人無夫曰寡，取鰥寡而和合之，予田宅而家室之，三年然後事之，此之謂合獨。」

這不是寡婦可以再嫁的明證嗎？所以漢代的名儒董仲舒，也以爲春秋之義，寡婦是得再嫁。他在一篇判文裡說：

「甲夫乙將船，會海風盛，船沒，溺死流亡不得葬。四月甲母丙卽嫁甲，欲皆何論？或曰：甲夫死未葬，法無許嫁，以私爲人妻，當棄世。議曰：臣愚以爲春秋之義，言夫人歸于齊，言夫無男有更嫁之道。婦人無專制擅恣之行，聽從爲順。嫁之者，歸也。甲又尊者所嫁。無淫行之心，非私爲人妻也。明于決事，皆無罪不當坐。」㈡

董仲舒是個博學廣識的儒者，他是漢時人距春秋之世亦非甚遠，他的議論，自然較後世「託古改制」的腐儒可靠得多。

其實，古代提倡貞操最熱心的要算大革命家秦始皇。不過他所提倡的貞操和曹大家所謂：「夫有再娶之義，婦無二適之文，」大不相同。秦始皇所提倡的貞操是兩方的，不是偏面的，男女雙方都要看重貞潔。所以史記本紀云：始皇上會稽，祭大禹，望于南而立石，刻頌秦德，其文有：

「有子而嫁，倍死不貞，防隔內外，禁止淫佚，男女絜誠，夫爲寄豭，殺之無罪。」

司馬貞謂：「言夫淫他室，若寄豭之豬也。」（索隱）

妻對于夫的犯姦，可以當他同豬一樣看待，殺之沒有罪過。這種規定和後世大不相同了。

因此，我們再看到秦始皇爲「巴寡婦清」築起女懷清臺，㈢未必是專門提倡婦方的貞操，不過是提倡男女兩方都要守貞潔之一面的紀載吧？至于「巴寡婦清」的守寡，也並非信仰甚麼「婦無再嫁義」，實是她家中有無限數的資財，㈣她要保存或享用這樣大量的財產，不得不這樣。秦始皇以客禮待她，實有「

利其多財」的嫌疑。

風俗習慣是不能以政治力量立刻就把牠變換的。秦始皇這樣曇花一現的獎勵，事實上沒有多大影響。然而這却是後世提倡偏面貞操的種子。

極端主張夫死不得再嫁的，係宋代理學家程伊川先生首先作俑。他在語錄上：

「又問或有孤孀貧窮無託者，可再嫁否？曰：只是後世怕寒餓死，故有是說，然餓死事小，失節事大。」

此種荒謬的誑語，宋以前的文人還不至胡鬧到如此地步。

唐時有名的經學家賈公彥先生，他註解儀禮喪服中之「繼父同居者」的釋文是：

「繼父本非骨肉，故次在女子子之下。案郊特牲云：夫死不嫁，故終身不改，詩恭養自誓不再歸。此得有婦人將子嫁而有繼父者，彼不嫁者自是貞女守志，而有嫁者雖不如不嫁，聖人許之，故齊衰三年，章有繼母，此又有繼父之文也。」㈤

這段精審的疏釋，是古代寡婦可以再嫁之最好的證據，前此竟無人注意，我們讀之確是如獲至寶，不敢疏忽，而「有嫁者雖不如再嫁，聖人許之」一語，尤能道破宋以來學者所掩蔽的消息。因此，我們可以說：古時再嫁的寡婦雖然不能和節婦一樣得到褒獎，然而却是「聖人許可」的行爲。而且是不違背禮教的舉動啊！

二　兩漢寡婦的再嫁

我們知道寡婦要守節的理論是士大夫人們所提倡，那麼寡婦的守節最初必先行于統治階級，後來才漸漸廣播民間，留傳後世。所以我們要看清漢時寡婦可否再嫁？要先清算統治階級裡有否再嫁的事實。「禮不下庶人」是古代被統治者生活的寫眞。這種奢侈品似的寡婦守節，非在貞操觀念極強烈極普遍的時代裡決難深入民間，所以我們要用「射人射馬，擒賊擒王」的方法，須先研究統治階級的情況，才能一針見血，打到問題的中心。

事實勝于雄辯，漢時寡婦可以再嫁有實際的證明，玆據史記漢書列表如下：

再嫁者	初嫁的夫	再嫁的夫	根據書籍
平陽公主	曹時	衛青	史記衛皇后傳及曹參世家
武敬公主	張臨	薛宣	漢書張湯傳及薛宣傳
薄姬	魏豹	高祖	漢書外戚傳
王媼	王更得	王廼始	漢書外戚傳
許孊	龍頟思侯	淳于長	漢書淳于長傳
孝元傅昭儀母	孝元傅昭儀父	鄭翁	漢書外戚傳
藏兒	王仲	長陵田氏	漢書外戚傳
桓帝鄧后母	鄧香	梁紀	後漢書桓帝鄧后傳

前面的史實如果加以詳細分析，至少可以增多十餘倍的篇幅。可是近人談到漢時此種問題的已不乏人。其中吳景超先生以社會學的眼光作有「兩漢寡婦再嫁之俗」㈥，堪稱很有價值的分析。不過前表所列之平

陽公主的再嫁，吳君尚未道及，所以這裡特作簡略的介紹。

史記衞皇后傳云：

「平陽公主寡居，當用列侯尚主，主與左右議列侯中誰可夫者。皆言大將軍可。……于是主乃許之，言之皇后令白之武帝，乃詔衞將軍尚公主焉。」

平陽公主想再嫁時，公開地和左右討論那個人堪作她再醮的對象？擇定對象以後，又是堂堂皇皇奉旨結婚。可見當時寡婦的再嫁實是光明正大的行爲了。

其次吳君謂：「宣帝的女兒敬武長公主，原嫁給營平侯趙欽，欽死後他嫁給薛宣爲續絃。」原文註有（前九三）當是指前漢書九十三的薛宣傳，但薛宣傳裡並未提及敬武長公主原是趙欽的妻。我們在漢書五十九張湯傳却可看到如下的記載：

「臨亦謙儉，每登閣殿常嘆曰：桑霍㊆爲我戒豈不厚哉！且死分施宗族故舊，薄葬不起墳，臨尚敬武公主。（文穎曰：成帝姊也。臣瓚曰：敬武公主是文帝姊也。師古曰：二說皆非也。薛宣傳云：主怒曰：嫂何以取妹殺之，既謂元后之嫂，是則元帝妹也。）薨子放嗣。」

張臨是張湯的元孫，他是閥閱的後嗣，自然有「尚主」的可能，漢書裡又鐵鐵實實毫無含糊地說「臨尚敬武公主」，而吳君以爲是趙欽，當是誤會。抑或別有所據，就不可知了。然而這些偶然的疏忽，並無玷于吳君的全文，他分析漢時寡婦再嫁情形，其細膩週至誠非前人所得及。他說：

「皇室以外的人家，娶寡婦的，以及嫁寡婦的事，史中也可找到。其中嫁人次數最多的，要算陳平娶到的妻子。他的妻子姓張，這位張女士的歷史以及嫁給陳平的經過如下㊇：

『戶牖富人張負，有女孫，五嫁夫輒死，人莫敢娶，平家貧，邑中有喪，侍喪以先往後罷爲助。張負既見之喪所，獨偉視平，平亦以故後去，負隨平至其家，家廼負郭窮巷，以席爲門，然門外多長者轍，張負歸，謂其子仲曰：吾欲以女孫予陳平。仲曰：平貧不事事，一縣中盡笑其所爲，獨奈何予之女？負曰：固有美如陳平長貧者乎？卒與女。』（玆據前漢書陳平傳補正，與原文微有差異）

這個故事，有好幾點可以注意。第一，嫁過五次的女子，她不厭再嫁。第二，寡婦的尊長不但不勸寡婦守節，還時時刻刻在那兒替她物色佳婿。第三，嫁過幾次的女子也有男子喜歡她，要娶她。第四，寡婦的父親，并不以女兒爲寡婦，而低其擇婚的標準。此點從張仲的態度中可以看得出來。張負肯把孫女嫁給陳平，并非降低標準，乃是他有知人之明，看清陳平雖然貧困，將來終有發達的一日。」

至于吳君以爲卓文君的私奔司馬相如㊈，其父張負的大怒，並非大怒他的女兒去再嫁，實是不滿意司馬相如是個窮措大。確是精審之談。

吳君又說：「寡婦有子女者亦可再嫁」，他列述孝景皇后爲王仲妻時生了子女三人還可再嫁。蘇武婦生了兩女一男，因爲聽說蘇武死于匈奴，還要再嫁。此外如新豐富人祁太伯，有一位同母弟王游公，（前九二）可見太伯的母親，生了太伯之後，還再嫁爲王氏婦。又如光武以妹夫李通，有同母弟申徒臣，爲光武的兄升所殺。（後四五）可見李通的母親生了李通後，曾嫁給申徒臣的父親。……接著吳君又舉好幾個的例子說明：「寡婦不嫁者，家屬每勸其再嫁。」他而且說：這是兩漢的人，對於寡婦再嫁的態度，與近代的人，根本不同的一點。便從這點上考察，可以使我們格外相信，兩漢時代的寡婦再嫁，是極普通的，是不失體面的，是不發生貞節問題的。

漢代寡婦再嫁的情形，既經吳君詳盡的檢討，所以本文除加以補充外，僅節作數百言的介紹。

三　魏晉時代寡婦的再嫁

後漢末葉，形成了蜀魏吳鼎峙的形勢，天下的群雄爭相角逐，戰爭與變亂此仆彼繼。男子在這紛擾變亂的社會裡死于刀兵的當然不少。因此寡婦再嫁的史實，眞是俯拾卽得。揭開三國志的妃后列傳，最令人注目的便是魏蜀吳的第一個皇帝都曾娶過再嫁的寡婦。

魏文帝的甄后，本是嫁過袁熙的寡婦。㈠她幼時極喜讀書，她的哥哥曾問她要做女博士嗎？㈡她的家勢亦非低微，本是漢太保甄的後裔，世吏二千石。㈢如果她生于宋元以後，守節的條件這樣俱備，恐怕不能再嫁而作皇后了。

蜀先主的穆皇后本是嫁過劉瑁的寡婦。劉瑁死了，先主因爲聽從群下的勸請納她爲夫人，當時先主對于她是個寡婦並沒有提出甚麼疑問，却因先主與劉瑁本是同族而猶豫不決。當時群下不勸先主娶個年輕的姑娘或美麗的處女，而力勸先主娶着與其同姓的劉瑁的寡婦，㈢可知當時在朝的人士對於寡婦的態度絕無輕視了。

吳主孫權的徐夫人本是陸尙的嫠婦，她的父親徐琨曾以「督軍中郎將領兵從破盧江太守李術，封廣德侯，遷平虜將軍。」孫權爲討虜將軍時娶她爲妃，作吳主後，群臣也並不輕視她是個不能守節的寡婦，都請孫權立她爲后。㈣這又可見到士大夫們對于寡婦的態度了。

統治階級對待寡婦的態度，既如此這般，回頭看看被宰割的民衆的情形究竟怎樣？

魏略曰：

「初畿在郡被書錄寡婦，是時他郡或有已自配嫁；依書皆錄奪。啼哭道路，畿但取寡者故所送少。及趙儼代畿而所送多。文帝問畿，前君所送何少！今何多也？畿對曰：畿前所錄者皆亡者妻，今儼送生人婦也。帝及左右顧而失色。」㊄

這是明明地告訴我們，多數的寡婦是已改嫁的。太祖所倚重的杜畿畢竟是個英明官吏，對于再嫁的寡婦特別體恤，就是他善于收買人心，俯順民情的表示。所以「畿在河東十六年，常爲天下最。」㊅這樣的政績實非專知調兵遣將的軍人——趙儼所得及了。

母親有了兒子亦和漢代一樣可以再嫁。

「正本名纂，少以父死母嫁，單煢隻立。」㊆

郤正的祖父儉左漢帝末葉做過益州刺史，父親揖也做過都督和中書令史。于宗法社會上郤正當然是個官家子孫。可是他母親也免不了作着再醮婦。那實因夫死再嫁「無玷家聲」吧！

再舉一例看看罷！

「駱統，字公諸，會稽烏傷人也。父俊，官至陳相，爲袁術所害。統母改適爲華歆小妻，統時八歲。」㊇

這個故事中再嫁的寡婦，有三點値得注意，第一她的丈夫不是一個無地位的人，是「官至陳相」的政客。第二她去再嫁不是作人的適妻或主婦，實是作人的小老婆。第三她不是一個年齡極輕的姑娘，她出嫁時兒子已經八歲。這三點隨便那一點，在宋元以後都有阻止她再嫁的可能。第一點她去再嫁有礙駱家的聲譽，第二點她去再嫁會降低自己的尊貴，第三點他去再嫁時已是半老徐娘，可是她竟然再嫁了。娶她的不是別人，正是高官顯爵名震一時的華歆。因此我們不得不說寡婦再嫁是當時俗之所趨了。

諸葛恢的女婿被蘇峻害死後，他竟用千般百計迫他女兒再嫁，這個故事可以看出拒絕再嫁的寡婦，多因一時情感的衝動，事後極易動搖，甚至懊悔。

世說新語有一段有趣的紀載：

「諸葛令女瘦氏婦，既寡誓云不復重出。此女性甚正彊，無有登車理。恢既許江思元婚，及移家近之。初誑女云：宜徙於是。家人一時去，獨留女在後，比覺已不復得出，江郎暮來，女哭詈彌甚，積日漸歇。江虨暝入宿，恆在對牀上，後觀其意轉帖，虨乃詐厭，良久不悟，聲氣轉急，女乃呼婢云喚江郎覺，江于是躍來就之曰：『我自是天下男子，厭何預卿事？而見喚耶！既爾相關不得不與人語。』女默然而慚，情義遂篤。」

這一幕風流的喜劇，一個半推半就，又癡又怕；一個裝腔作勢，默默傳情，眞是中國寡婦再嫁史上一段絕妙的佳話了。

三國時代公主再嫁的情形也和漢代一樣。

吳主孫權的步夫人生了兩個女兒都是再嫁的寡婦。

「步夫人……生二女，長曰魯班字大虎，前配周瑜子循循，後配全琮；少女曰魯育字小虎，前配朱據，後配劉纂。」㊈

周循早卒，㊀史有明文，他的夫人大虎再嫁時自然是個寡婦，朱據死時年已五十七㊁，魯育再嫁時是否寡婦無從考證，不過她嫁劉纂作續絃，假如她再嫁時已是一個半老的寡婦，年齡上亦不至和劉纂相差甚遠吧！

晉時赫赫的名臣——李密的母親便是再嫁的寡婦。

「李密字令伯……父早亡，母何氏改醮」㊂。

李胤的母親也是一樣：

「胤幼既孤，母又改行」㊃。

有的因再嫁後，復還前夫之家與前夫合葬的。

「時淮南小中正王式繼母。前夫終更適式父，式父終喪服訖，議還前夫家。前夫家亦有繼子，奉養至終。遂合葬前夫，式自云：父臨終母求去，父許諾，於是制出母齊衰朞」㊄。

卞壺以為王式不能勸阻他的母親歸還前夫之家。竟至與「路人」合葬，「可謂生事不以禮，死葬不以禮。」㊅大加彈劾。其實，這事亦非王式母親的創舉。漢時元后的母親（見漢書元后佢傳）已是這樣做過。後世大為盛行。這在下面當約略論及。

四　南北朝及隋寡婦的再嫁

南北朝是歷史上最雜亂時代，我們敘述這個時代寡婦生活的情形，確是很難集中于菓方，只得用例證的方法，作簡潔的說明。

先看皇家的情形。宋高祖的少女，是嫁過兩次。

「瑀尙高祖少女豫章康長公主，諱欣男公主，先適徐喬，美容色」㉖。

何瑀是晉尙書左僕射何澄的曾孫。他雖然豪競一時，然而對于這個嫁過徐喬的寡婦，愛情却極濃厚。

再看北魏罷！

魏世祖的妹妹，武威長公主，先嫁沮渠牧犍㉗。牧犍雖已「稱蕃致貢」，其實是個極大的野心家。武威長公主嫁給牧犍一方面固然想用婚姻政策連絡蕃屬，另一方面又是派遣一個女偵探去，所以牧犍竟想把武威公主酖殺。而魏世祖却因她有「通密計助」的功績，特詔當時的大臣李蓋和她結婚。

「初世祖妹，武威長公主，故涼王沮渠牧犍之妻，世祖平涼州，頗以公主通密計助之故，寵遇差隆，詔蓋尙焉」㉘。

公主與牧犍感情極壞，牧犍的賜死，自然與公主有關，那麼，牧犍死後公主去再嫁也是極合理的事。可是讀史的人多疑公主沒有。據是：

「崔浩就公主第賜牧犍死，牧犍與公主訣，良久乃自裁。葬以王禮，諡曰哀王。及公主薨，詔與牧犍合葬」㉙。

因爲公主是與牧犍合葬，就以爲公主沒有再嫁。這當因心理上錯覺所致。其實，合葬是一件事，再嫁又是一件事。合葬不過是再嫁後復歸夫之家的表示。前面提過，漢時的元后的母親已是這樣，南北朝時王式的母親再嫁後復歸與前夫合葬。同時蘇宋與孫唐卿，都曾判過「前夫子取母與父合葬」的案件㉚，牧犍與公主的情形無疑的也是這樣。牧犍死時，公主未死，自然可以再嫁李蓋。牧犍葬時公主亦未薨，所以牧犍先葬。後來公主死了，特別下詔令與牧犍合葬。這或是公主的遺意，或是依從俗例，或是優遇死人以表示帝王寬大爲懷罷了！

北魏時公主的再嫁，除武威長公主外，尚有彭城長公主，他先嫁劉昶適子承緒。承緒少時犯了尪疾，死得比其父親更早，所以彭城公主又嫁給王肅。魏書記得很清楚：「詔曰肅尚陳留長公主，本劉昶子婦彭城公主也」㉑。

周文帝的順陽公主，也是曾經再嫁的婦人，文獻通考云：「周文帝順陽公主適隋滕穆玉、楊瓚。」這就是說先嫁滕穆玉，後嫁楊瓚。她嫁時是否寡婦，因史無紀載，無從考證了。

北齊的情形也是一樣。

「孝芬死，其妻元更適鄭伯猷」㉒。

南史記有有孕的婦人也欲去再嫁的事。

「徐孝嗣……父被害，孝嗣在孕，母年少欲改嫁。」

說到隋時，我們可以先簡略地談談以前貞操觀念的沿革，秦漢以來貞節的持倡，都時斷時續地進行着，不過只是紙上談兵，無數實際。漢時褒獎貞順的節婦潔女，亦有行過數次㉓；魏晉南等朝的旌表貞節，亦常見到。這些都只能表現當時一小部士大夫的心理，絕非整個的社會態度，因此影響極微。到了隋時就有人持出實際的制裁，因此辛丑有詔云：

「九品以上妻，五品以上妾，夫亡不得改嫁」㉔。

這是禁止寡婦再嫁的起源，這個破天荒的詔令，不是斷絕寡婦再嫁的符咒，而反是寡婦再嫁尚爲當時風俗所許可的表現。李諤奏請禁止寡婦再嫁就是由於這個風尚的反響，故「諤見禮教凋弊，公卿薨亡，其愛妾侍婢子孫輒嫁賣之，遂成風俗。」[35]便上了一本奏章，大談其世道人心、禮數風化。「上覽而嘉之，五品以上妻妾不得再改醮，始于此也。」可知寡婦再嫁的限制，實是隋時始創的新紀錄。不過這種詔令不是有力的炸彈，僅像一片落葉，不久便飄零無踪。這是有事實爲據，「十三年八月辛巳帝括江都人女寡婦以配從兵」[36]。前面說禁寡婦再嫁，這裡又括寡婦等以配從兵，這樣出乎己反乎己的矛盾行爲；確是暴露了統治階級虛僞的馬脚。

更有一例可以看透虛文的詔令毫無用處。煬帝的姊妹蘭陵公主，「初嫁王奉孝，後來又嫁柳述」[37]。那麼限制再嫁的詔令，不但不能用于「治國」，簡直拿來「齊家」都不夠了。

五　唐代寡婦的再嫁

前面說過唐以前寡婦的再嫁，並不至受社會的非難或批評，把再嫁認爲恥辱，視爲醜事，實是後世腐儒的矯揉造作，絕非古代遺留的習俗，唐書列女傳的前言裡，含有感嘆之意說道：

「……後彤史職廢，婦訓姆則不及于家，故賢女可紀者，千載間寥寥相望……」

其實，重婚再嫁本是「千載間」通行的習俗，要找到特殊形態的節婦烈女，自然是「寥寥相望」的。下面將唐代寡婦再嫁的情形，作解剖的觀察。

㈠先說寡婦再嫁的背景：

人類是社會化的動物，他們底一切行動在不知不覺之間，時時受了社會風俗習慣的影響。——歷史上被支配的婦女，自然不屬于例外，譬如再嫁這一件事，苟使是風俗習慣所絕對否認的，那麼，政府對于再嫁是遏止的，父母對于「再嫁」是阻撓的，同時，男子對于再嫁的寡婦也是不娶的，這樣寡婦雖欲再嫁不是也無去處嗎？反過來說：風俗習慣對于寡婦再嫁是允許的，自然各方對于寡婦再嫁的態度也就大變了。

第一，從律令的規定說——律令是統治階級的護身符，同時也是風俗習慣的反映，所以一面要避免與風俗習慣的正面衝突，一面又要假托「禮義爲政」爲標榜。因此唐代的律令只機械地鼓勵寡婦不去再嫁，卻無嚴重地禁止寡婦不得再嫁，唐太宗貞觀元年的詔書云：

「……及妻喪達制之後，孀居服紀已除，並須申以婚媾，令其好合……」[38]。

唐律疏議上說：

「諸夫喪服除而欲守志，非女之祖父母父母而強嫁之者，徒一年，期親嫁者，減二等，各離之，女追歸前家，娶者不坐。」

從表面上看來，這一項的成文法，對于再嫁有頗嚴的限制，其實卻是承認祖父母父母有強嫁喪服已除之寡婦的權力。就是說：寡婦不願再嫁，祖父母父母縱使強迫他再嫁，也是唐律所許可的。長孫無忌對於此項規定更有如次的解釋。

疏議曰：婦人夫喪服除，誓心守志，唯祖父母父母得奪而強嫁之……[39]。

這樣一來，寡婦的守節或再嫁。本身是無自主的自由，唯以家長的命意爲依歸，不過單據律令上的規定而加以推論，還怕不是十分可靠的，接着有看清當時社會上事實的必要。

第二，從親屬的態度說——很明顯的，當時喪偶的婦人，她的親屬必定勸她再嫁，尤其是她的父母，他似乎不忍心看其兒女空處深閨過着淒涼慘痛的生活，過着無期徒刑生活，總是要她再嫁或迫她再嫁，唐書列女傳上：「崔繪妻盧者，鸞台侍堂獻之女，獻有美名，繪喪，盧年少，家欲嫁之……」又云：

「李德妻裴字淑英，安邑公矩之女，以孝聞鄉黨，……後十年武德末還，矩決嫁之……」

這是士大夫們，勸迫寡婦再嫁的情形，可見當時，寡婦的再嫁與閥閱的聲譽，並無影響，後世視爲汚辱門閭，防礙家風，在于當時似乎不甚注意吧！

年輕的寡婦，親屬勸她再嫁普通的藉口，都是說「青春難守」，但是，已有兒子的母親，情緒有所寄託，親屬也一樣地要迫她再嫁的，唐書列女傳又云：

「樊會仁母敬，蒲州及河東人，字象子，笄而生會仁，夫死，事姑祥順，家以其少欲嫁之，潛約婚于里人，至期，陽爲母病使歸，敬至知見紿，乃僞爲不知者，私會仁曰：吾孀處不死者，以母志兒幼，今舅將奪吾志，你云何，會仁泣，敬曰：兒勿啼，乃伺隙遁去，家追及，半道以死自守，乃罷，……」

此外丈夫因病重或被貶，而勸其妻再嫁的，亦是大有人在，例如，房元齡、董直言都採同樣態度，可知當時人士仍然以寡婦再嫁爲應當的，並不視爲一種可耻的行動了。

(二)次說寡婦再嫁的實況：

唐時寡婦的再嫁，既是相沿成俗，所以事實繁多，無從掩蔽，就是專因褒揚節烈婦女而作的唐書列女傳，竟然也記有寡婦再嫁的實例，如：

「衞孝女絳州夏縣人，字無忌，父爲鄉人衞長則所殺，無忌甫六歲，無兄弟，母改嫁……。」

王桐齡君對于唐代婚俗，曾作肯定的論斷，他說：「喪婚之禮多務華侈，女子不以重婚爲恥，唐代公主重婚有至二十三人之多，宮闈之亂所感化也」㊃。這是確實對于當時社會有透徹明瞭的斷語，尤其是「女子不以重婚爲恥」這句話，說得更爲切當。我們知道士大夫們多是投機的、無恥的，他們口裡不斷地喊着禮教呀！道德呀！其實，都是欺人的把戲，當他自己的女兒喪偶時，就來迫她再嫁。當公主下嫁時，不管她已是再嫁或三嫁的寡婦，他總是「卻之不恭，受之無愧」的。

士大夫階級既是這般趨炎慕勢，社會對于再嫁的寡婦又不十分鄙視，飽煖思淫慾的公主自然不願獨守空房，過着甚麼「從一而終」的生活，所以唐代寡婦再嫁的頻繁，說起來要令多烘先生大爲驚愕。王桐齡君謂：「公主重婚者有二十三人之多。」其實據我們的計算，確實的數目，乃在二十三人以上，這是細看唐書公主列傳，就可以知道，用不着多辯的。當時再嫁的公主係整整地二十八人，其中嫁過二次的佔了二十五人，嫁過三次的也有三人。

玆爲證明前面數字的確鑿和使讀者更爲切實瞭然起見，特將唐代公主再嫁的次數與人數，及高攀公主之士大夫階級的姓名，列成二表，以供參證。

統治階級的婦女是以淫樂爲婚姻的目的，然而假使當時的習尚都以「再嫁」爲有礙風化，有辱門第，他們爲保持某「皇家」的榮譽，和統治者的威信，自難那樣明婚正娶暢所欲爲，同時，更不能像南平公主、新城公主等，尚未正式成爲「無夫之寡」的婦女亦得自由再嫁。這樣看來，當時的貴族婦女，幾乎視「再嫁」和「家常便飯」一樣自由隨便，並不覺失貞及可恥了！

一、唐代公主再嫁表

公主	初嫁的夫	再嫁的夫
1. 高密公主	長孫孝政	段綸
2. 長廣公主	趙慈景	楊師道
3. 房陵公主	竇奉節	賀蘭僧伽
4. 安定公主	溫挺	鄭敬玄
5. 襄城公主	蕭銳	姜簡
6. 南平公主	王敬直	劉玄意
7. 遂安公主	竇逵	王大禮
8. 晉安公主	韋思安	楊仁輅
9. 城陽公主	杜荷	薛瓘
10. 新城公主	長孫詮	韋正矩
11. 太平公主	薛紹	武攸暨
12. 長寧公主	楊愼交	蘇彥伯
13. 安樂公主	武崇訓	武延秀

公主	初嫁的夫	再嫁的夫
14. 薛國公主	王守一	裴巽
15. 郾國公主	薛儆	鄭孝義
16. 常山公主	薛譚	竇澤
17. 衞國公主	豆盧建	楊説
18. 眞陽公主	源清	蘇震
19. 宋國公主	溫西華	楊徽
20. 咸直公主	楊洄	崔嵩
21. 廣寧公主	程昌胤	蘇克貞
22. 萬春公主	楊朏	楊錡
23. 新平公主	裴玲	姜慶初
24. 郜國公主	裴徽	蕭升
25. 西河公主	沈翬	郭銛

現在轉向一方向，看看民間的情形。

當時貧苦的民衆，幾乎對於再嫁的寡婦，無疑的毫無輕視或侮轔，他們只有同情她的不幸，可憐她，

二、唐代公主三嫁表

公主	初嫁的夫	再嫁的夫	三嫁的夫
26.安定公主	王同皎	韋濯	崔銑
27.齊國公主	張垍	裴潁	楊敷
28.蕭國公主	鄭巽	薛康衡	威遠可汗

絕不像宋儒那樣荒謬絕倫，要她餓死，而不許她再嫁，酉陽雜俎云：

「……忽聞船上哭泣聲，皓潛窺之，見一少婦，縞素甚美，與簡老相慰，其夕簡老忽至皓處，問君婚未？某有表妹嫁於某甲，甲卒無子，今無所歸，可事君子，皓拜謝之，卽夕其表妹歸皓……。」

這樣以極簡單的手續，使怨女曠夫兩得其所，不是一件可喜可賀的美事麼？「縞素甚美」的婦人，她的哭泣不是無由的，她是因自傷身世和將來「無所歸」而哭泣的。假使環境迫她必須守節，簡直使她要永遠地哭泣了，簡直使她終身陷入血淚裡過活了。所以強迫婦女守節的人就是桎梏人性的罪人啊！

我們現在再引唐闕史及唐書均有紀載的古事一則，卽把本段暫告結束，下面係據唐書崔元暐傳的原文：

「元暐子渙，渙子縱，縱子碣爲河南尹，邑有賈主王可久轉貨江湖間，値龐勛亂盡亡其貲，不得歸，妻詣卜者王乾夫咨存亡，乾夫名善數，而內悅妻色且利其富，旣占，陽驚曰：乃夫殆不還矣，卽陰以百金謝媒者，誘聘之，妻乃嫁……」

此外尚有很多的事實可作旁證，譬如韓昌黎的女兒，先是嫁給李漢，後來又嫁樊宗懿，都是極好的例證。現爲避免累贅與繁複起見，只得棄而不錄，不過前面的徵引，比較別節爲多了。

六　五代及宋初寡婦的再嫁

五代時梁晉唐的爭奪，和契丹之侵入中國，遍地都呈不安的狀態。英明的郭威，便尋機入主大梁，就是周太祖。這個周祖不是中國政治史上極主要人物，不是中國名將史上極傑出的人才，而是中國寡婦再嫁史上一個重要的主角。我們用不着多引零碎的史實，我們把他個人婚姻史之最精華的一節，提出談談，已夠代表當時寡婦再嫁的情況了。

三國時第一個皇帝都娶了寡婦，算不得歷史上最湊巧的事；唐代的公主二十八人都再嫁，也算不得歷史上最湊巧的事；四個寡婦先後都再嫁給同一個丈夫——周祖，這才是湊天下之大巧。

我國前代最著名史學家趙翼紀過「周祖四娶皆再醮婦」㊃，玆分述如下：

第一次娶到的寡婦：

「周祖初爲軍校，會唐莊崩，明宗出其宮人各歸家，有柴氏者，莊宗嬪也，住逆旅，有丈夫過氏，問逆女此何人，曰郭雀兒也，氏識其非常人，遂以所攜貲半與父母，留其半嫁周祖，資其進身㊂，卽世宗之姑也。後歿，周祖卽位追謚爲聖穆皇后。」

第二次娶到的寡婦：

「有楊氏者，已嫁石光輔，光輔卒，周祖之柴夫人適棄世，遂聘之。氏初不肯，使其弟廷璋見周祖。廷璋歸爲言周祖姿貌異常，不可拒，乃嫁之。卒追册爲淑妃。」

第三次娶到的寡婦：

「周祖又娶張氏，張氏亦先嫁武從諫之子而寡，適周祖之楊夫人歿，乃納爲繼室。周祖起兵於鄴，張氏與兒俱在京邸，爲漢所誅。後追册爲貴妃。」

第四次娶到的寡婦：

「周祖既爲帝，有董氏者，舊與楊夫人爲鄉親，楊常譽其賢，已嫁劉進超，適嫠居。周祖憶楊之言，又娶焉，是爲德妃。」

趙翼最後的結語謂周祖「統計前後四娶皆再醮婦，亦不可解也。」其實，自有史直至北宋初葉，寡婦可以再嫁是一貫的風俗，雖然其中曾經士大夫們的刁難，但影響甚微，所以五代時寡婦的再嫁，祇是沿襲前代而已。這個「亦不可解也」的疑問，這樣一看，可以完全冰釋了。

不過風俗制度，都是隨著社會態度逐暫變動，而社會變遷，時時呈現一種惰性現象，儒家對于寡婦要守節的理論倡議很早，但其影響最大的不在古代而在近世，因爲宋中葉以後寡婦應當守節的觀念才逐漸養成，而宋初的婦女再嫁並不少于前代，那時的儒者對于寡婦再嫁的態度亦無鄙視之意。

范仲淹先生是宋初的名儒，他不僅言論上不反對寡婦再嫁，且行動上很坦白地優遇再嫁的寡婦，他在「范氏義莊規矩」定着：「再嫁者，支錢二十貫。」又在范氏正義定着「再嫁者三十千」。這樣恤寡濟嫠的精神，確非以後腐儒所得及。他是個「純孝」兒子，他母親也是再嫁過「長山朱氏」的孀雌㉓。他或因愛其母施及寡婦罷！不但如是，他嘗嫁他的寡媳（純祐的妻）給他的門生王陶作續弦。所以我們可以相信范仲淹始終認定寡婦再嫁是光明正大的事。

宋初大臣的母親多不守寡而去再嫁。這些事實，本來極易被史官的刀筆所删削。可是因爲他們不敢把孝子的事蹟全部抹煞，所以尚有不少劫餘的記載留傳人間。王博文的母親張氏，父親死後改適韓氏㊹；郭稹幼孤，母也更適王氏㊺；劉湜少貧賤，母親再嫁營卒㊻；賈逵厚賂他的繼父，才得迎回重醮的母親㊼。他們數人有的辭官奉母，有的解官服嫁母喪，行爲拓落，名震朝野。卽朝廷對于他們的母親亦賜冠帔，加封號，不稍歧視。眞正知禮之仁人孝子決不忍鄙視再嫁的寡婦，至于朱壽昌的母親再嫁黨氏㊽，彭瑜的母親再嫁倪氏㊾，雖然她的再嫁時非爲嫠婦，不過亦是我們良好的旁證。

然而千萬不要以爲宋代的貞操始終是很淡薄，因爲宋初和宋末的情形就相差很遠，單就寡婦再嫁來說，歷代的公主時常再嫁，而宋代除却宋初的秦國公主榮德帝姬㊿再嫁以外，以後公主八十餘人沒有一個再嫁，八十餘人中早死和未嫁雖是大有其人，然而較之唐代眞有天壤之別。自此以後貞操觀念的發展日甚一日，明時的公主沒有一個再嫁，元時雖有一二人再嫁，但是代表外族的貞操觀念，住在中國較久的也被中國同化了。所以我們以爲宋時是中國婚姻史上一個轉形期。單從貞操觀念說，漢唐時儒家所倡的貞操，僅是理論，僅是空談。宋中葉以後，却已能實踐，却已能普通的奉行了，這確是歷史上極大的轉變。詳細情形作者將另有「中國歷代節婦烈女之史的演進與地的分布」作比較的研究。這裡不先贅述。簡單來說，宋初寡婦時常再嫁是過渡期裡前代的遺俗，宋末寡婦多要守節是受新觀念的陶冶。范仲淹優遇再嫁的寡婦，程伊川力倡寡婦的守節，兩人實可代表兩時期的貞操觀念的型態。

末了閱者萬勿以爲我們是主張個個寡婦都要再嫁，我們是以爲社會或輿論上不能以強迫或褒貶的手段去阻止寡婦的再嫁。願意守寡的人無妨任其自由，需要再嫁的人也必需聽其再嫁。如果社會加以厲禁，實是極殘酷的事。

我們自宋以來，士大夫們都深中假禮教的遺毒，他們終日以維持風化，提倡貞節，當作應盡的任務。直至今日許多有閒的智識份子，尚是以爲寡婦再嫁是「人心不古，世道淪亡」的行爲。冬烘先生看寡婦的再嫁總是搖頭擺尾長吁短嘆，村夫俗子總是以爲「夫死不嫁」之守寡的嫠婦，是家族的光榮，是婦女的美德。甚至民國初年的「褒揚條例」中，尚有「婦女節烈可風者」的獎勵。封建色彩這樣濃厚的中國，需要我們列舉歷史的事實來打破他們的囈語，來喚醒他們的迷夢。因爲迷信古代的前輩家，只有舉出歷史的證據，才給他們以有力的影響，我們並不希望把固執的老先生會全部變更他的觀念，然而我們不惜犧牲了許多時間，從半部的二十四史上檢出事實爲證。最初的動機確乎是想向愁河苦海裡救出許多被迫而苦守的寡婦。

一九三四年一月二十八日草完

（本編魏晉時代所引材料，一部分係吾友嘯江兄代爲搜集，附此誌謝。）

註釋

㈠ Letourneau: Evolution of Marriage, p.250。

㈡ 太平御覽卷第六百四十引。

㈢ 漢書殖貨傳。

㈣ 師古曰：「家亦不貲。」言資財多無限數。

㈤ 唐賈公彥撰：儀禮疏，喪服卷三十一。

⑥ 見清華週刊，三十七卷，第九期及十期合刊。
⑦ 師古曰：桑桑弘羊也，霍霍禹也，言以有驕奢致禍也。
⑧ 見漢書陳平傳，原引文被手民排亂數字，今改正。
⑨ 漢書司馬相如傳。
⑩ 魏志文昭甄皇后傳。
⑪ 同上，魏書曰：兄謂后，用書為學當作文博士耶？
⑫ 同上。
⑬ 蜀志先主穆皇后傳。
⑭ 吳志吳主權徐夫人傳。
⑮ 魏志在畿傳。
⑯ 同上。
⑰ 蜀志郤正傳。
⑱ 吳志駱統傳。
⑲ 吳志步夫人傳。
⑳ 吳志周瑜傳。
㉑ 吳志朱據傳。
㉒ 晉書李密傳。
㉓ 晉書李胤傳。
㉔ 晉書卞壼傳。
㉕ 晉書卞壼傳。
㉖ 宋書前廢帝何皇后傳。

㉗ 魏書沮渠蒙遜傳。
㉘ 魏書李惠傳。
㉙ 魏書沮渠蒙遜傳。
㉚ 見宋史蘇宷傳，孫唐卿傳。
㉛ 魏書王肅傳。
㉜ 北齊書孫騰傳。
㉝ 漢書宣帝本紀、漢書安帝本紀……。
㉞ 隋書高祖本紀。
㉟ 隋書李諤傳。
㊱ 隋書煬帝本紀。
㊲ 隋書。
㊳ 唐會要。
㊴ 唐律疏議。
㊵ 王桐齡中國史中卷。
㊶ 趙翼二十二史劄記，卷二十二。
㊷ 原註：東原事略，而莽欣二史皆不載其出自唐宮。
㊸ 宋史范仲淹傳。
㊹ 宋史王博文傳。
㊺ 宋史郭稹傳。
㊻ 宋史劉湜傳。
㊼ 宋史賈逵傳。

㊽ 宋史朱壽昌傳。

㊾ 宋史彭瑜傳。

㊿ 宋史。

（國立中山大學文史學研究所月刊，第三卷第一期，一九三四年三月五日出版）

唐代婦女的婚姻

李樹桐

一　婚姻的趨向和禁規

資治通鑑卷二百高宗顯慶四年（六五九）冬十月載：

初，太宗疾山東士人自矜門地婚姻多責資財，命脩氏族志例降一等；王妃、主壻皆取勳臣家，不議山東之族。而魏徵、房玄齡、李勣家皆盛與爲婚，常左右之，由是舊望不減；或一姓之中，更分某房某眷，高下懸隔。李義府爲子求婚不獲，恨之，故以先帝之旨，勸上矯其弊。壬戌，詔後魏隴西李寶、太原王瓊、滎陽鄭溫、范陽盧子遷、盧渾、盧輔、清河崔宗伯、崔元孫、前燕博陵崔懿、晉趙郡李楷等子孫，不得自爲婚姻。仍定天下嫁女受財之數，毋得受陪門財。然族望爲時所尚，終不能禁，或載女竊送夫家，或女老不嫁，終不與異姓爲婚。其衰宗落譜，昭穆所不齒者，往往自稱禁婚家，益增厚價。

由以上記載，可以表現出來以下的重要意義：

一、唐太宗疾山東士人自矜門地，婚姻多責資財，而用政治力量以壓抑之；但魏徵、房玄齡、李勣等唐代名臣仍然甘願和他們爲婚。可見當時仰慕門第觀念之深。

二、自貞觀十二年（六三八）頒行氏族志，到高宗顯慶四年（六五九）已經二十餘年，「榮寵莫之能比」（舊書本傳）的李義府，爲其子求婚，尚且不獲；可見山東士人，在婚姻方面，仍然爲人們所景仰而願意高攀的。

三、經高宗下詔令他們不得自爲婚姻，但是終不能禁，以至於或載女竊送夫家，或女老不嫁，終不與異姓爲婚。尤可見山東士人門第觀念之重，而且不肯跌落身價。

總之，婚姻以門第爲重。換句話說，門第是婚姻的重要條件。

隋唐嘉話：

薛中書元超謂所親曰：吾不才，富貴過分，然平生有三恨：始不以進士擢第、娶五姓女、不得修國史。

薛元超是高宗時宰相，甚得高宗倚重，但他提出的平生三恨，竟將不娶五姓女與不以進士擢第和不得修國史並列，可見他內心裏門第觀念的深重。同時也代表着當時一般人內心蘊藏的觀念。

舊唐書卷八十一李敬玄傳：

上元二年，引吏部尚書，仍舊兼太子左庶子監修國史，同中書門下三品。敬玄久居選部，人多附之。前後三娶，皆山東士族。又與趙郡李氏合譜，故臺省要職，多是同族婚媾之家。

同書卷一百八十八李日知傳：

開元三年卒。初日知以官在權要，諸子弟年纔總角，皆結婚名族。

同書卷九十李懷遠傳附李彭年傳：

天寶初，又爲吏部侍郞，與右相李林甫善，慕山東著姓爲婚姻，引就淸列以大其門。

李敬玄是高宗時宰相，前後三娶皆山東士族。李日知是武后至玄宗時人，睿宗景雲時，曾作宰相，他家的諸子弟皆結婚名族。李彭年是天寶時人，他仍然慕山東著姓爲婚姻。可見自高宗時以至玄宗天寶年間，這種仰慕名族結婚姻的門第觀念，一直在流行着。

總之，唐代婚姻最重視門第，門第是女子擇婚的第一個目標。

唐會要卷八十三嫁娶條：

（貞觀）十六年（六四二）詔：「婚姻之道，莫先於仁義……問名惟在於竊貲，結褵必歸於富室。乃有新官之輩，豐財之家，慕其祖宗，競結婚媾，多納財貨，有如販鬻……積習成俗，迄今未已。……朕夙夜兢惕，憂勤政道，往代蠹害，咸已懲革，惟此敝風，未能盡變……其自今年六月，禁賣婚。」

由太宗這一詔令，知當時婚媾多納財貨，有如販鬻。由太宗斷然的「禁賣婚」，知當時賣婚姻已達到風俗陵替的程度了。合而觀之，可以看出唐初的婚姻，很重視財貨。

通典卷五十八禮十八：

（顯慶）四年（六五九）詔後魏隴西李寶、太原王瓊……不得自爲婚姻。仍自今已後，天下嫁女受財，三品以上之家，不得過絹三百匹；四品五品，不得過二百匹；六品七品，不得過一百匹；八品以下，不得過五十匹。皆充所嫁女資妝等用，其夫家不得受陪門之財。

另據胡三省通鑑註：「陪門財者，女家門望素高，而議婚之家非耦，令其納財以陪門望。」也就等於「賣婚」。賣婚的風俗，以至於引起高宗下詔限制價格，固然由李義府之奏所引起，但賣婚現象之嚴重，必是普遍的事實。

白香山詩長慶集二，秦中吟十首之一議婚：

……貧爲時所棄，富爲時所趨，紅樓富家女，金縷繡羅襦，見人不斂手，嬌癡二八初，母兄未開口，已嫁不須臾。綠窗貧家女，寂寞二十餘，荆釵不值錢，衣上無眞珠，幾迴人欲聘，臨日又踟躕。主人會良媒，置酒滿玉壺，四座且勿飲，聽我歌兩途。富家女易嫁，嫁早輕其夫，貧家女難嫁，嫁晚孝於姑。聞君欲娶婦，娶婦意何如。

這是白居易爲富女易嫁貧民難嫁而發的牢騷。由他的這種牢騷可以看出當時婚嫁以貧富爲準的現象。無論嫁女的索取資財，或貧女難嫁，都可表現出來資財是婚姻的重要條件，也是女子擇姻的第二個目標。

唐摭言卷三：

進士曲江大會，先牒教坊請奏，上御紫雲樓垂簾觀焉。公卿家率以是日擇婿，車馬塡塞。

唐代最重進士，稱中進士爲登龍門。縱然過去並非貴族，而富貴卽在眼前，也可以稱之爲新貴。所以公卿之家，都以新登科的進士，爲擇婿的好對象。

皇甫氏原化記有云：

一中朝子弟，性頗落拓，少孤，依於外家。……舅氏一女，甚有才色，此子求娶焉。舅曰：「汝且勵志求名。名成，吾不違汝。」此子遂發憤篤學，榮名京邑。

以甥舅之親，尙以「名成」爲議婚的先決條件。其他無甥舅之關係者，更是「不成名婚事免談」了。

綜合以上所擧二事而觀察之，可以歸納出來一句話，就是具有功名的新貴，是女子擇婚的第三個目標。

以上女子擇婚的三個重要目標，無論是門第、資財或功名，分言之固可分而爲三，合言之，可融而爲一，就是極重視現實，盼着隨夫貴。這是很顯明的唐代婦女婚姻的趨向。

唐律疏議卷第十四戶婚下：

諸同姓爲婚者，各徒二年。緦麻以上，以姦論。

這就是同姓不婚。蓋中國古代「同姓結婚，其生不蕃」之遺意。

同書同卷又曰：

諸監臨之官，娶所監臨女爲妾者，杖一百，若爲親屬娶者亦如之。

這是禁止地方官，不得娶住於其地的女子爲妾。

同書同卷又曰：

諸與奴娶良人女爲妻者，徒一年半。女家減一等（合徒一年）離之。

諸雜戶不得與良人爲婚，違者杖一百，官戶娶良人女者亦如之。良人娶官戶女者，加二等。

這是禁止奴婢、雜戶、官戶不得與良人爲婚。

以上三種禁律以外，另有一種加強的嚴格規定：

諸違律爲婚，雖有媒娉，而恐喝娶者加本罪一等，強娶者又加一等。

既爲法律所嚴禁，凡有法律常識者，當然要極力避免。所以唐代違犯以上禁律的事例，極鮮。

以上係就男子娶女而言的禁條，假若反過來改爲女嫁男而言的禁條，那便是：

一、不准嫁與同姓近親。

二、不准嫁與監臨之官和他的親屬。

三、不准嫁與奴隸和雜戶身分卑賤的人。

二　選婚的方法與婚姻年齡

詩云：「伐柯如何，非斧不克，娶妻如何，非媒不得。」孟子亦謂：「父母之命，媒妁之言。」可見我國自古以來，婚姻都需要媒人説合。唐律中曾提到：「諸違律爲婚，雖有媒聘……」（見前）等語，可見婚姻的結合，仍然以媒聘爲常規。縱然有時候不明記媒人或冰人字樣；但事之常經，盡在不言中。決不能以媒聘的例證不夠多，而妄斷唐代的婚姻不需要媒聘。

媒人介紹之外，尚有其他方法。第一種方法是公開徵考；其辦法是由女方主婚人規定一定標準條件，應徵的男子遇有能符合其標準者，卽可允許嫁之。唐朝開國的唐高祖和竇皇后的婚姻，就是這種例證。舊唐書卷五十一后妃列傳上，高祖太穆皇后竇氏傳記其事曰：

「高祖太穆皇后竇氏，京兆始平人，隋定州總管神武公（竇）毅之女也。后母周武帝姊襄陽長公主。后生而髮垂過頸，三歲與身齊，周武帝特愛重之，養於宮中。時武帝納突厥女爲后，無寵，后尚幼，竊言於帝曰：『四邊未靜，突厥尚強，願舅抑情撫慰，以蒼生爲念。但須突厥之助，則江南關東，不能爲患矣。』武帝深納之。毅聞之，謂長公主曰：『此女才貌如此，不可妄以許人，當爲求賢夫。』乃於門屏畫二孔雀，諸公子有求婚者，輒與兩箭射之，潛約中目者許之。前後數十輩，莫能中。高祖後至，兩發各中一目。毅大悅，遂歸於我帝。」

這就現今「雀屏中選」一語的由來。此類選婚方法，在唐時行之者究有多少，無法推知。蓋此類選婚方法，必須女方才貌卓越，或女家主婚人具有特殊的文武才能而且極爲重視其才能者，始能採用。再反過來說：唐高祖爲唐開國皇帝，他的雀屏中選，當時和以後必定很普遍的傳爲佳話，一些公卿之家，由於景仰、崇拜、好奇，模仿心理而有效法採用者，亦在情理之中。

第二種方法是半由人選半聽天命。如開元天寶遺事牽紅絲娶婦條說：

郭元振少時，美風姿，有才藝，宰相張嘉貞欲納爲婿，元振曰：『知公門下有女五人，未知孰陋。事不可倉卒，更待忖之』。張曰：『吾女各有姿色，卽不知誰是匹偶。以子風骨奇秀，非常人也，吾欲令五女各持一絲幔前，使子取便牽之，得者爲婿』。元振欣然從命，遂牽一紅絲線，得第三女，大有姿色，後果隨夫貴達。

張嘉貞這種安排，也並非完全的聽天由命，實是郭元振的美風姿有才藝，已早爲張嘉貞所選中，所以用牽紅絲者，只是爲解決五女間的互爭或互讓而採取聽候緣分的辦法罷了。

第三種方法是全聽緣分，如侍兒小名錄所記：

唐德宗時，奉恩院王才人養女鳳兒，嘗以紅葉題詩置御溝中流出，爲進士賈全虛所得。金吾奏其事，帝授全虛金吾衞兵曹，以鳳兒妻之。

以上所舉的女子選婿辦法，雖然有或半或全的聽天命（緣分）的成分在內，但是決定的和執行的，還是全在於人。又所謂「紅絲」「紅葉」選婿事，只是因其奇而傳爲佳話，但其數目，必不會太多。

唐律戶婚有云：

諸嫁娶違律，祖父母、父母主婚者，獨坐主婚。若期親尊長主婚者，主婚爲首，男女爲從。

可見通常主婚者，多係祖父母、父母，及期親尊長。

開元天寶遺事選婿窗條：

李林甫有女六人，各有姿色，雨露之家，求之不允。林甫廳事壁間，開一橫窗，飾以雜寶，縵以絳紗，常日使六女戲於窗下，每有貴族子弟入謁，林甫即使女於窗中自選可意者事之。

又可見有些父母會接受女兒的意見而讓她們有些自主。

至於女子婚嫁的年齡，大致沿北齊、北周以來早婚之俗。據有關記載可以查考者有：

舊唐書太宗文德順聖皇后長孫氏傳：

年十三，嬪於太宗。

通鑑卷一百九十五貞觀十一年載：

故荊州都督武士彠女年十四，上聞其美，召入後宮爲才人。

舊唐書卷一百九十三列女傳：

樊會仁母敬氏，年十五適樊氏，生會仁而夫喪。

同前書前卷，楚王靈龜妃上官氏傳：

上官年十八，歸於靈龜。

新唐書卷二百五烈女傳：

堅貞節婦李者，年十七，嫁爲鄭廉妻。

全唐文卷二百十六陳子昂：唐陳州宛邱縣令高府君夫人河南宇文氏墓誌：

十四適於高府君。

同書同卷陳子昂：館陶郭公姬薛氏墓誌銘：

姬人姓薛氏，本東明國王金氏之女也……少號仙子……年十五，大將軍薨，遂剪髮出家，將學金仙之道而見寶手菩薩，靜心六年，青蓮不至。……遂返初服，而歸我郭公。

按薛氏十五歲出家，又靜心六年，嫁時應爲二十一歲。

全唐文卷一百九十六楊炯：彭城公夫人爾朱氏墓誌銘：

夫人年甫十八，遂歸於我。

同書同卷楊炯：伯母東平郡夫人李氏墓誌銘：

年初及笄（十五），甫歸於我。

同書卷二百三十二張說：滎陽夫人鄭氏墓誌銘：

夫人年十七歸於我氏。

同書卷二百七十九鄭萬鈞：代國長公主碑：

公主諱華，字花婉……降歸於鄭，時年一十有七。

同書卷三百十九李華：唐故東光縣主神道碑銘並序：
年十六受封邑王擇聞喜公以妻之。
同書卷三百二十一李華：李夫人傳：
年十三，歸於貴鄉丞范陽盧公。
同書卷三百三十一楊綰：汾陽王妻霍國夫人王氏神道碑：
年既及笄（十五），禮從納幣，言告師氏，歸於汾陽。
同書卷三百四十顏眞卿：晉紫盧元君領上眞司命南嶽夫人魏夫人仙壇碑銘：
夫人諱華存，字賢安……性樂神仙，味眞慕道……親戚往來一無關見，常欲別居閒處，父母不許，
年二十四強適太保椽南陽劉君幼彥。
同書卷三百四十六劉長卿：唐睦州司倉參軍盧公夫人鄭氏墓誌銘：
夫人卽新鄉府君第五女……難於擇對，年十九，以束帛墨車之禮遂歸於公。
同書卷三百九十一獨孤及：唐太府少卿兼萬州刺史賀若公故夫人河南郡君元氏墓誌銘：
夫人諱某，魏景穆皇帝九代孫也。……綜習文史，年十四，嫁河南賀若璿。
同書同卷獨孤及：唐司直博陵崔公故夫人趙郡李氏墓誌銘：
夫人諱某，趙郡人也……年十六，歸於崔氏。
同書卷四百三十八竇從直：唐故河南府司錄盧夫人崔氏墓誌銘：
夫人卽敬公之季女也，年十有一，歸於范陽盧公。

同書卷四百四十鄭淥：唐故左武衞部將河南元府君夫人滎陽鄭氏墓誌銘：

夫人鄭氏滎陽人也，……世承官族，時謂盛門。年十八，適河南元鏡遠。

同書卷六百九十二李師聖：唐故許氏夫人墓誌：

夫人卽昇之長女也，年始及笄（十五），歸於許氏。

同書卷七百三十八沈亞之：韋婦墓誌銘：

永貞初，歸夫人於京兆韋氏，夫人之歸，年始十四，已能成婦道。

同書同卷沈亞之：盧金蘭墓誌銘：

年自十五，歸於沈……從沈氏凡十一年，年二十六。

同書卷七百八十李商隱：請盧尙書撰曾祖妣誌文狀：

夫人兵部第三女，年十七歸於安陽君。

同書卷七百八十五穆員：嗣曹王故太妃鄭氏墓誌銘：

年十四歸於公族。

根據以上二十五條記載，可作一統計表如下：

唐代部分女子嫁時年齡統計表

年齡	一一	一二	一三	一四	一五	一六	一七	一八	一九	二〇	二一	二二	二三	二四
人數	一	〇	二	五	五	二	四	三	一	〇	一	〇	〇	一

據此表看出來出嫁最早的十一歲，最遲的二十四歲。人數最多的是十四歲、十五歲的，各爲五人，各佔百

分之二十，合佔百分之四十。其次多的是十七歲，佔百分之十六。再其次爲十八歲，佔百分之十二。十三歲以下、十九歲以上的則佔少數了。値得注意的是：表中十九歲、二十一歲、二十四歲的雖各一人，但都有特殊原因。盧夫人鄭氏年十九出嫁是因「難於擇對」，館陶郭公姬薛氏二十一歲始嫁，是因十五歲時「剪髮出家」，「靜心六年，靑蓮不至」，遂蹉跎了靑春的歲月。至於劉幼彥之妻魏氏二十四歲始婚，是因她「性樂神仙，味眞慕道」，本不願結婚，經父母強迫後纔結婚的，更是特別的原因。總之十四歲、十五歲結婚的最多，十四歲到十八歲結婚的佔絕大多數。

史書與墓誌的記載，是確有其人，絕對可靠。詩的歌詠，可能眞有其人，也可能並無其人而是概括言之的。大致亦屬可信。有時其可信的程度並不亞於正史。李白長干行二首（李太白全集卷之四）：

十四爲君婦，羞顏未嘗開，低頭向暗壁，千喚不一迴。

白居易蜀路石婦（白香山詩集卷一）：

十五嫁邑人，十六夫征行……其婦執婦道，一一如禮經。

崔顥王家少婦（全唐詩第二函第九册）：

十五嫁王昌，盈盈入畫堂，自憐年最小，復倚婿爲郞。

雖然不能相信眞有其人，但所云女子十四歲、十五歲出嫁，更可增加以上的結論（女子出嫁時的年齡十四歲、十五歲的最多）的可信性。

至於白居易貧家女（一名議婚，長慶集二）所云：

紅樓富家女……嬌癡二八初，已嫁不須臾。綠窗貧家女，寂寞二十餘。

無人願娶的貧家女以至於「寂寞二十餘。」這是白居易爲貧女難嫁而發的感嘆。但是人數也不會太多。

白居易贈友（白香山詩長慶集二）：

三十男有室，二十女有歸，近代多離亂，婚姻多過期，嫁娶既不早，生育常苦遲。

這說明了婚姻過期的原因，是多離亂了。如果不發生離亂，婚姻大致都不至於過期的。

唐會要卷八十三嫁娶：

貞觀元年二月四日詔曰：「……宜令有司，所在勸勉，其庶人男女無室家者，並仰州縣官人，以禮聘娶。皆任其同類相求，不得抑取。男子二十女子十五以上，及妻喪達制之後，孀居服紀已除，並須申以婚媾，令其好合。」

同書同卷又說：

開元二十二年二月勅：男年十五，女年十三以上，聽婚嫁。

貞觀元年詔令指示的婚姻年齡是男子二十女子十五以上，到開元二十二年勅令又改早爲男年十五女年十三以上。其中原因，雖未說明，據理推測，當係自貞觀至開元年間，男年十五女年十三以上常有結婚的，政府爲遷就事實而重訂法令的。

根據以上種種，前面所作女子嫁時年齡表，雖然只是部分的抽查，但其結論，當可代表全唐。

三　婚俗與婚儀

唐律戶婚條：

諸許嫁女，已報婚書及私約（約謂先知夫身老幼疾殘養庶之類）而輒悔者，杖六十。……若更許他人者，杖一百。

可見訂婚是有婚約的。已報婚書及私約後，是不得輒悔的。

唐會要卷八十三嫁娶條：

太極元年，左司郎唐紹上表曰：「士庶親迎之禮，備諸六禮。」

所指六禮，是納采、問名、納吉、請期、親迎五禮之外，在納吉之後，再加「納徵」一項。所謂納徵，就是使使者納幣以成婚禮。

六禮之中，以親迎爲最重要，也是完成婚禮的最後的一項。可是在此一項中，又分出許多節目儀式。茲就可得而考知的，將唐代的婚俗、婚儀，略述如下：

酉陽雜俎卷一：

婚禮納采，有合讙、嘉禾、阿膠、九子蒲、朱葦、雙石、綿絮、長命縷、乾漆九事。皆有詞：膠漆取其固，綿絮取其調柔，蒲葦爲心可屈可伸也，嘉禾分福也，雙石意在兩固也。

男方對女方所納之禮，處處都取吉利，象徵夫婦愛情永固，歡樂幸福。

白居易知春深（全唐詩第七函第六册）：

何處春深好，春深嫁女家，紫排襦上雉，黃帖鬢邊花，轉燭初移障，鳴環欲上車，青衣傳氈褥，錦繡一條斜。

何處春深好，春深娶婦家，兩行籠裏燭，一樹扇間花，賓拜登華席，親迎障幰車，催妝詩未了，星斗漸傾斜。

略可道出嫁女家與娶婦家雙方的布置和婚禮之大概情況。

唐會要卷八十三嫁娶：

（貞觀）六年，御史大夫韋挺上表曰：「……今貴族豪富，婚姻之始，或奏管弦，以極歡宴，唯競奢侈，不顧禮經，……若不訓以義方，將恐此風愈扇。」

同上又說：

會昌元年十一月勅：婚娶家音樂，并公私局會花蠟，並宜禁斷。

又可知婚嫁奢侈風氣之盛。

全唐詩話：

雲安公主下嫁，百僚舉陸暢爲儐相詩，頃刻而成。詔作催妝五言曰：雲安公主貴，出嫁五侯家，天母親調粉，日兄憐賜花。催鋪百子帳，待障七香車，借問妝成未？東方欲曉霞。

南部新書：

李翺長女謂盧儲必爲狀頭，來年果狀頭及第，纔過殿試，經赴佳姻，催妝詩曰：「昔年將去玉京游，第一仙人許狀頭，今日已成秦晉會，早教鸞鳳下妝樓。」

催妝是新郎親迎時，到女家首先要作的事。其儀式是新郎預先作好一首催妝詩，屆時朗誦（或託人代作由儐相代讀）。內容大致是催新娘早妝梳妥當，以便早些下樓上車。觀前面所引的兩首催妝詩裏所說：「借問妝成未」，及「早教鸞鳳下妝樓」可知。

唐會要卷三十一：

令非冊拜及婚會，并不得用幰。

陳子良七夕看新婦（全唐詩第一函第八册）：

隔巷停車詩，隔巷遙停幰。

白居易知春深（全唐詩第七函第六册）：

賓拜登華堂，親迎障幰車。

可知新娘所乘的車，是障幰車。幰是繪製着圖畫的車幔，用幰障在車上，叫做障幰車。這是蔽風雨或避人觀看的設備。

在新婦上車之前，要把幔障加在車上，那時也要讀障車文，唐時的障車文傳至今日的，有全唐文八百八卷所載司空圖障車文，文字頗長，其後段曰：

……二女則牙牙學語，五男則雁雁成行，自然繡畫，總解文章，叔手子已爲卿相，敲門來盡是承郎。榮連九族更千箱，見却你兒女婚嫁，特地顯慶高堂。兒郎偉，童童遂願，一一誇張。且看抛賞，必不尋常。簾下廣開繡闥，帷中踴上牙牀。珍纖煥爛，龍麝馨香，金銀器撒來兩點，綺羅堆高並坊牆。音樂嘈囋，燈燭熒煌，滿盤羅餡，大榼酒漿。兒郎偉，總擔將，歸去教你喜揚揚。更扣頭神佛，擁護門戶吉昌。要夫人娘子賢和會，事安存，取個國家可畏忠良。

看來也盡是一些吉祥祝福的話。

俞樾茶香室續鈔十四云：

……余謂催妝詩婚事為之，障車文母氏為之，味其義可見。

新娘之母未必都能作能讀，實際上障車文多是預先求人作成，及時由女母（或代表人）讀之而已。

酉陽雜俎卷一：

近代婚禮……婦上車，壻（婿俗字）騎而環車三匝，……女將上車，以蔽膝覆面。

這是女上車前的儀式。

通典卷五八禮一八：

太極（睿宗年號）元年十一月，左司郎中唐紹上表曰：「士庶親迎之禮，備諸六禮，所以承宗廟，事舅姑，當須昏以為期，詰朝謁見，往者下俚庸鄙，時有障車，邀其酒食，以為戲樂。近日此風轉盛，上及王公，乃廣奏音樂，多集徒侶，遮擁道路，留滯淹時，邀致財物，動踰萬計。遂使障車禮貺，過於聘財，歌舞喧嘩，殊非助感。既虧名教，又蠹風猷。諸請一切禁斷。」從之。

由此可知新郎新婦行至中途，時有被人遮擁道路，邀其酒食以致留滯淹時的風俗。這種風俗，雖經政府下令禁斷，但實行的程度，缺乏記載。以事理推之，怕亦難收實效。

酉陽雜俎云：

今士大夫家婚禮新婦乘馬鞍，悉北朝之餘風也。今娶婦家新婦入門跨馬鞍，此蓋其始也。

這說明了新婦入門跨馬鞍的風俗，並說明這是北朝的餘風。至於其意義，正如封演所說：

婚姻之禮坐女於馬鞍之側，或謂此北人尚乘鞍馬之義。夫鞍者安也，欲其安穩同載者也。（封氏見

聞記）

酉陽雜俎說：

婦入門，舅姑以下，悉從便門出，更從門入，言當躪新婦跡。又婦入門，先拜猪檓及竈，夫婦併拜，或共結鏡紐。

由先拜猪檓一項，可知是注重畜牧之意，當係接近畜牧民族的地區所採用，未必是普遍通行的風俗。只是段成式所曾見或所曾聞罷了。

通俗編儀節：

兩新人宅堂參拜，謂之拜堂，唐人有此言也。王建失釵怨：「雙杯行酒六親喜，我家新婦宜拜堂。」

案近世（清末民初）婚禮仍有拜堂一項，夫婦在堂中或堂前先拜天地神祇後再互相參拜，正是唐代婚禮中拜堂的遺風。

拜堂之後，仍有却扇禮。却扇禮起源於東晉時的溫嶠。原來溫嶠居於姑家，姑有一女甚慧，姑囑嶠爲女覓婚。嶠有自婚意，而佯答曰：「佳壻難得。」却後少日，報姑云：「已覓得壻。」因下玉鏡臺一枚，姑大喜。既婚交禮，女以手披紗扇撫掌大笑曰：「我固疑是老奴，果如所卜。」其後演變成爲婚禮之一項。其儀式是：男女相見之前，先以扇障女，男先誦却扇詩，然後再將扇却去，令男女相見。

通鑑卷二百九睿宗景龍二年（七〇八）十二月載：

丁巳晦，敕中書門下與學士諸王駙馬入閣守歲，設庭燎置酒奏樂。酒酣，上謂御史大夫竇從一曰：「聞君久無伉儷，朕每憂之，今夕歲除，爲卿成禮。」從一但唯唯拜謝。俄而內侍引燭籠步障金縷羅扇自西廊而上。扇後有人衣禮衣花釵，令與從一對坐。上命從一誦却扇詩數首，扇却去花易服而出，徐視之，乃皇后老乳母王氏本蠻婢也。上與侍臣大笑，詔封莒國夫人，嫁爲從一妻。

這就是採用却扇儀禮的具體事實。

却扇詩多求名人學士代作，却扇禮多於牀前舉行，時間多在親迎日拜堂後的夕夜。全唐詩第八函第九册有李商隱代董秀才却扇：

莫（一作羞）將畫扇出帷來，遮掩春山滯上才，若道團圓似明月，此中須放桂花開。

此詩略可道出却扇時情景。又由竇從一的婚禮和李商隱的代作却扇詩合看，可以表示出唐代早在睿宗、晚在宣宗時，却扇禮一直在流行着。雖然在德宗時曾經由顏眞卿之奏請而下令停止，但並未見效。

却扇之後，仍有坐牀撒帳之儀。其儀，據東京夢華錄說：

男女對拜畢，就牀，男向右，女向左坐，婦女以金錢綵菓散擲，謂之撒帳。

按東京夢華錄，爲宋人孟元老所著，所記撒帳之儀，雖未記明唐人早已行之。但另據宋洪遵著泉志說：

景龍中，中宗出降睿宗女荆山公主，特鑄此錢用以撒帳，敕近臣及修文館學士拾錢。

據此可確知唐人已實行撒帳之儀了。又清末民初，民間婚禮，仍有坐牀撒帳之儀，可知此儀爲唐宋以來所流傳下來的。

封氏見聞記：

近代婚嫁，有障車、下壻（婿）、却扇及觀花燭之事，及有卜地、安帳幷拜堂之禮，上自皇室，下至士庶，莫不皆然。

這是唐代婚姻大體上的儀式及程序。不過由於人、地、時的不同，難免或多或少的有些大同小異罷了。

通典卷五十八禮十八：

建中元年十一月，禮儀使顏眞卿等奏：郡縣主見舅姑，請於禮會院過事。明日早，舅姑坐堂，行執笲之禮，共觀華燭。

封氏見聞記亦曰：

見舅姑於堂上，薦棗栗段脩。

將以上兩條記載合觀，則知於舉行婚禮的次日早，新婦要到堂上見舅姑，薦棗栗段脩，共觀華燭。

王建新嫁娘詞（全唐詩第五函第五册）：

三日入厨下，洗手作羹湯，未諳姑食性，先遣小姑嘗。

新婦於婚後第三日，卽開始下厨房，作些家事了。

四　改嫁與離婚

通典卷五九禮一九：

貞觀元年二月詔：「……及妻喪達制之後，孀居服紀已除，並須申以婚媾，令其好合。若守志貞潔，並任其情。」

由太宗的詔令，可以看出法令准許孀婦改嫁，但亦不干涉其守志貞潔的自由。

在此種法令之下，唐代公主再嫁的頗不乏人，甚至也有三嫁的。茲據新唐書卷八十三諸公主列傳，作一唐代公主改嫁事蹟表如下：

高祖女

高密公主：下嫁長孫孝政，又嫁段綸。

長廣公主：下嫁趙慈景，更嫁楊師道。

房陵公主：下嫁竇奉節，又嫁賀蘭僧伽。

安定公主：下嫁溫挺，又嫁鄭敬玄。

太宗女

襄城公主：下嫁蕭銳，銳卒，更嫁姜簡。

南平公主：下嫁王敬直，以累斥嶺南，更嫁劉玄意。

遂安公主：下嫁竇逵，逵死，又嫁王大禮。

晉安公主：下嫁韋思安，又嫁楊仁輅。

城陽公主：下嫁杜荷，又嫁薛瓘。

新城公主：下嫁長孫詮，更嫁韋正矩。

高宗女

太平公主：初嫁薛紹，紹死，更嫁武承嗣，會承嗣少疾，罷婚，后殺武攸暨妻，以配主。（可謂三嫁）

中宗女

安定公主：下嫁王同皎，又嫁韋濯，三嫁崔銑。（三嫁）

長寧公主：下嫁楊愼交，開元十六年，愼交死，主更嫁蘇彥伯。

安樂公主：下嫁武崇訓，又嫁武延秀。

睿宗女

涼國公主：下嫁薛伯陽，後嫁溫義（會要）。

薛國公主：下嫁王守一，更嫁裴巽（新傳）。

鄎國公主：下嫁薛儆，又嫁鄭孝義。

玄宗女

常山公主：下嫁薛譚，又嫁竇澤。

宋國公主：下嫁溫西華，又嫁楊徽。

齊國公主：下嫁張垍，又嫁裴潁，三嫁楊敷。（三嫁）

咸直公主：下嫁楊洄，又嫁崔嵩。

廣寧公主：下嫁程昌胤，又嫁蘇克貞。

萬春公主：下嫁楊朏，又嫁楊錡。

新平公主：下嫁裴玲，又嫁姜慶初。

建平公主：下嫁豆盧建，又嫁楊說。

貞陽公主：下嫁源清，又嫁蘇震。

肅宗女

蕭國公主：下嫁鄭巽，又嫁薛康衡。乾元元年，降回紇英武威遠可汗。（三嫁）

郜國公主：下嫁裴徽，又嫁蕭升。

據上表，唐代公主改嫁的共計二十八人，內三嫁的四人。公主改嫁，還可以由於依勢驕縱；而韓愈的女兒，先適李氏，後嫁樊宗懿，可見讀書人家也不禁止再嫁的。

雖然再嫁之婦頗不乏人，但不是婦女界毫無貞節觀念。進一步看，貞節的婦女還是很多。兩唐書列女傳裏就有不少的記載，李德武妻裴氏，可為其中代表。據舊唐書卷一百九十三列女傳「李德武妻裴氏傳」稱：

李德武妻裴氏，字淑英，戶部尚書安邑公矩之女也。性婉順，有容德，事父母以孝聞。適德武，經一年而德武坐從父金才事，徙嶺表。矩時為黃門侍郎，奏請德武離婚，煬帝許之。德武將與裴別，謂曰：「燕婉始爾，便事分離，方遠投瘴癘，恐無還理，尊君奏留，必欲改嫁耳，於此卽事長訣矣。」裴泣而對曰：「婦人事夫，無再醮之禮，夫者天也，何可背乎？守之以死，必無他志。」……後十餘年間，與德武音信斷絕，矩欲奪其志，時有柳直求婚，許之，期有定日，乃以翦斷其髮，悲泣絕粒，矩不可奪，乃止。德武已於嶺表娶爾朱氏為妻，及遇赦得還，至襄州，聞裴守節，乃出其後妻，重與裴合，生三男四女。貞觀中，德武終於鹿城令，裴歲餘亦卒。

孟郊去婦（全唐詩第六函第五册）：

君心匣中鏡，一破不復全，妾心藕中絲，雖斷猶牽連……一女事一夫，安可再移天……

同樣的都可以表示出來當時女子仍有「一女事一夫」的觀念。

白居易婦人苦（全唐詩第七函第三册）：

蟬鬢加意梳，蛾眉用心掃，幾度曉妝成，君看不言好。妾身重同穴，君意輕偕老，惆悵去年來，心知未能道。今朝一開口，語少意何深，願引他時事，移君此日心。人言夫婦親，義合如一身，及至生死際，何曾苦樂均。婦人一喪夫，終身守孤子，有如林中竹，忽被風吹折，一折不重生，枯身猶抱節。男兒若喪婦，能不暫傷情？應似門前柳，逢春易發榮，風吹一枝折，還有一枝生。爲君委曲言，願君再三聽，若知婦人苦，從此莫相輕。

這詩可以說明當時的習俗，仍是丈夫死後，婦人要守節的。這可能是婦女的天性，也可能是歷史上多年以來所遺留下來的習俗。

凡是女子改嫁的大致有下列條件：一、其夫早死或永訣，二、年齡不老而且無可依靠的子女，三、無「一婦事一夫」觀念，四、其他。否則便不至於改嫁。根據此種理由，雖然唐代女子不乏改嫁的記載，但是改嫁與不改嫁的比例，當然是後者佔壓倒性的多數。又自肅宗以後，公主無改嫁的記載，可能是唐代後期對改嫁觀念有所修正。

唐律戶婚下：

若夫妻不相安諧而和離者，不坐。

就是夫妻不能相安而雙方同意離婚者，可以離婚。

同上又云：

卽妻妾擅去者，徒二年，因而改嫁者加二等。

疏議曰：

婦人從夫，無自專之道，雖見兄弟，送迎尙不踰閾。若有心乖唱和，意在分離，背夫擅行，有懷他志，妻妾合徒二年。因擅去卽改嫁者，徒三年，故云加二等。室家之敬，亦爲難久，帷薄之內，能無忿爭，相嗔暫去，不同此罪。

婦女自專離夫而去，是法律所不許的。離去後因而改嫁更是法律所不容的。

雲溪友議：

顏眞卿爲撫州刺史，邑人有楊志堅者，嗜學而居貧，鄉人未之知也。其妻以資給不充，索書求離，志堅以詩送之曰：「當年立志早從師，今日翻成鬢有絲，落拓自知求事晚，蹉跎甘道出身遲。金釵任意撩新髮，鸞鏡從他別畫眉，此去便同行路客，相逢卽是下山時。」其妻持詩詣州請公牒以求別適。眞卿判其牘曰：「楊志堅早親儒教，頗有詩名，心慕於高科，身未霑於寸祿。愚妻覩其未遇，曾不少留，靡追冀缺之妻，贊成好事；專學買臣之婦，厭棄良人。汚辱鄉閭，傷敗風敎，若不懲戒，孰遏浮囂。妻可笞二十，任自改嫁。楊志堅秀才，餉以粟帛，仍署隨軍。」四方聞之，無不悅服，自是江表婦人，無敢棄其夫者。

近來頗有些著述據此故事，以爲顏眞卿不能判楊志堅夫婦復合，而斷定唐代婦女離婚絕對自由的。這判斷實際是錯誤的。判文內明明責備楊妻是「汚辱鄉閭，傷敗風敎。」笞二十，正是給她「懲戒」。至於「任自改嫁」，與其認爲「不能判其復合」，無若釋爲顏眞卿認定「斯妻不可復留」而出之。至於「四方聞之，無不悅服」，正表示當時一般輿論，都認爲顏眞卿對楊妻的處罰，是大快人心。再進一步說：社會上縱有妻棄其夫者，但是人莫直之。

對於人莫直之，而且是法律所禁止的行爲，固然難免有些人有時會犯，但是絕對不會是多數。據此，女棄男者不會太多。

至於男的棄女的是否普遍？也不能不受法律的影響。唐律戶婚：

諸妻無七出及義絕之狀而出之者，徒一年半。雖犯七出，有三不去而出之者杖一百，追還合。

疏義曰：

伉儷之道，義期同穴，一與之齊，終身不改，故妻無七出及義絕之狀，不合出之。

按七出者，無子一也，淫泆二也，不事舅姑三也，口舌四也，盜竊五也，妬忌六也，惡疾七也。義絕卽犯不赦之罪。至於三不去者，謂一經持舅姑之喪，二娶時賤後貴，三有所受無所歸。唐律旣規定「有三不去而出之者，杖一百，追還合」，可見出妻也不是隨隨便便輕而易舉之事。

女棄男、男出女，都不容易，所以相信唐代夫婦離婚的，絕不像現代歐美人離婚的多而普遍。

（師大學報，第十八期，民六二、六、五，國立臺灣師範大學編印）

唐代公主之婚姻

王壽南

一　公主婚姻狀況

據新唐書卷八十三諸帝公主傳及唐會要卷六公主所載，唐自高祖至昭宗，公主人數總計二二〇人㈠，其中高祖十九女，太宗二十一女，高宗三女，中宗八女，睿宗十一女，玄宗二十九女，肅宗七女，代宗十八女，德宗十一女，順宗十一女，憲宗十八女，穆宗八女，敬宗三女，文宗四女，武宗七女，宣宗十一女，懿宗八女，僖宗二女，昭宗十一女。玆將唐代公主之婚嫁情形列表如下：

唐代公主婚嫁表

公主父	公主名號	初封名號	夫婿 初嫁	夫婿 再嫁	夫婿 三嫁	未婚或情況不明
唐高祖	長沙公主		馮少卿			
〃	襄陽公主		竇誕			
〃	平陽公主		柴紹			

唐高祖	高密公主		長孫孝政	段綸	
〃	長廣公主	桂陽	趙慈景	楊師道	
〃	長沙公主	萬春	豆盧懷讓		
〃	房陵公主	永嘉	竇奉節	賀蘭僧伽	
〃	九江公主		執失思力		
〃	廬陵公主		喬師望		
〃	南昌公主		蘇勗		
〃	安平公主		楊思敬		
〃	淮南公主		封言道㈡		
〃	眞定公主		崔恭禮㈢		
〃	衡陽公主		阿史那社爾		
〃	丹陽公主		薛萬徹		
〃	臨海公主		裴律師		
〃	館陶公主		崔宣慶		
〃	安定公主	千金	溫挺	鄭敬玄	
〃	常樂公主		趙瓌		
〃	襄城公主		蕭銳	姜簡	

唐高祖	汝南公主					早卒
〃	南平公主		王敬直	劉玄意		
〃	遂安公主		竇逵			
〃	長樂公主		長孫沖			
〃	豫章公主		唐善識㈣			
〃	比景公主	巴陵	柴令武			
唐太宗	普安公主		史仁表			
〃	東陽公主		高履行			
〃	臨川公主		周道務			
〃	清河公主		程處亮㈤			
〃	蘭陵公主		竇懷悊			
〃	晉安公主		韋思安	楊仁輅		
〃	安康公主		獨孤諶			
〃	新興公主		長孫曦			
〃	城陽公主		杜荷	薛瓘		
〃	合浦公主	高陽	房遺愛			
〃	金山公主					早卒

唐太宗	晉陽公主					早卒
〃	常山公主					早卒
〃	新城公主		長孫詮	韋正矩		
唐高宗	義陽公主		權毅			
〃	高安公主	宣城	王勗			
〃	太平公主		薛紹	武攸暨		
唐中宗	新都公主		武延暉			
〃	宜城公主		裴巽			
〃	定安公主	新寧	王同皎	韋濯	崔銑	
〃	長寧公主		楊愼交㈥	蘇彥伯		
〃	永壽公主		韋鐬			
〃	永泰公主		武延基			
〃	安樂公主		武崇訓	武延秀		
〃	成安公主	新平	韋捷			
唐睿宗	壽昌公主		崔眞			
〃	安興昭懷公主					早卒
〃	荊山公主					不明

唐睿宗	淮陽公主		王承慶		
〃	代國公主		郭萬鈞		
〃	涼國公主	仙源	薛伯陽㈦	溫曦㈧	
〃	薛國公主㈨	清陽	王守一	裴巽	
〃	鄎國公主	荊山	薛儆㈩	鄭孝義	
〃	金仙公主				爲道士
〃	玉眞公主				爲道士
〃	霍國公主		裴虛已		
唐玄宗	永穆公主		王繇		
〃	常芬公主		張去盈(一一)		
〃	孝昌公主				早卒
〃	唐昌公主		薛鏽(一二)		
〃	靈昌公主				早卒
〃	常山公主		薛譚	竇繹(一三)	
〃	萬安公主				爲道士
〃	上仙公主				早卒
〃	懷思公主				早卒

唐玄宗	晉國公主	高都	崔惠童			
〃	新昌公主		蕭衡			
〃	臨晉公主		鄭潛曜㈣			
〃	衞國公主	建平	豆盧建	楊說		
〃	眞陽公主		源清	蘇震		
〃	信成公主		獨孤明			
〃	楚國公主	壽春	吳澄江			
〃	昌樂公主		竇鍔			
〃	永寧公主		裴齊丘			
〃	宋國公主	平昌	溫西華	楊徽		
〃	齊國公主	興信、寧親	張垍㈤	裴潁	楊敷	
〃	咸宜公主		楊洄	崔嵩		
〃	宜春公主					早卒
〃	廣寧公主		程昌胤	蘇克貞		
〃	萬春公主		楊朏	楊錡㈥		
〃	太華公主		楊錡			
〃	壽光公主		郭液			

唐玄宗	樂城公主		薛履謙			
〃	新平公主		裴玪	姜慶初		
〃	壽安公主		蘇發			
唐肅宗	宿國公主	長樂	豆盧湛			
〃	蕭國公主(一七)	寧國	鄭巽	薛康衡	回紇英武威遠可汗	
〃	和政公主		柳潭			
〃	郯國公主	大寧	張清(一八)			
〃	紀國公主	宜寧	鄭沛			
〃	永和公主	寶章	王詮			
〃	郜國公主	延光	裴徽	蕭升		
唐代宗	靈仙公主					早卒
〃	眞定公主					早卒
〃	永清公主		裴倣			
〃	齊國昭懿公主	昇平	郭曖			
〃	華陽公主					爲道士
〃	玉清公主					早卒
〃	嘉豐公主		高怡			

唐代宗	長林公主		沈明			
〃	太和公主					早卒
〃	趙國莊懿公主	武清、嘉誠	田緒			
〃	玉虛公主					早卒
〃	普寧公主		吳士廣			
〃	晉陽公主		裴液			
〃	義清公主		柳杲			
〃	壽昌公主		竇克良			
〃	新都公主		王贇（一九）	田華（二〇）		
〃	西平公主					早卒
〃	章寧公主					早卒
唐德宗	韓國貞穆公主	唐安				早卒
〃	魏國憲穆公主	義陽	王士平			
〃	鄭國莊穆公主	義章	張茂宗			
〃	臨眞公主		薛釗			
〃	永陽公主		崔諲			
〃	普寧公主					早卒

唐德宗	文安公主				爲道士
〃	燕國襄穆公主	咸安	回紇武義成功可汗		
〃	義川公主				早卒
〃	宜都公主		柳昱		
〃	晉平公主				早卒
唐順宗	漢陽公主		郭鏦		
〃	梁國恭靖公主	普安	鄭何		
〃	東陽公主		崔杞		
〃	西河公主		沈翬	郭銛㊂	
〃	雲安公主㊂		劉士涇		
〃	襄陽公主		張克禮		
〃	潯陽公主				爲道士
〃	臨汝公主				早卒
〃	虢國公主		王承系		
〃	平恩公主				早卒
〃	邵陽公主				早卒
唐憲宗	梁國惠康公主	普寧、永昌	于季友		

唐憲宗	永嘉公主					爲道士
〃	衡陽公主					早卒
〃	宣城公主		沈𡾊			
〃	鄭國溫儀公主	汾陽	韋讓			
〃	岐陽莊淑公主		杜悰			
〃	陳留公主		裴損㈣			
〃	眞寧公主		薛翃			
〃	南康公主		沈汾			
〃	臨眞公主	襄城	衞洙			
〃	普康公主					早卒
〃	眞源公主	安陵	杜中立			
〃	永順公主		劉弘景			
〃	安平公主		劉異			
〃	永安公主					爲道士
〃	義寧公主					早卒
〃	定安公主	太和	回鶻崇德可汗			
〃	貴鄉公主					早卒

唐穆宗	義豐公主		韋處仁			
〃	淮陽公主		柳正元			
〃	延安公主		竇澣			
〃	金堂公主		郭仲恭			
〃	清源公主					早卒
〃	饒陽公主		郭仲詞			
〃	義昌公主					爲道士
〃	安康公主					爲道士
唐敬宗	永興公主					不明
〃	天長公主					不明
〃	寧國公主					不明
唐文宗	興唐公主					不明
〃	西平公主					不明
〃	朗寧公主					不明
〃	光化公主					不明
唐武宗	昌樂公主					不明
〃	壽春公主					不明

唐武宗	長寧公主					不明
〃	延慶公主					不明
〃	靜樂公主					不明
〃	樂溫公主					不明
〃	永清公主					不明
唐宣宗	萬壽公主		鄭顥			
〃	永福公主					不明
〃	齊國恭懷公主	西華	嚴祁			
〃	廣德公主		于琮			
〃	義和公主					不明
〃	饒安公主					不明
〃	盛唐公主					不明
〃	平原公主					不明
〃	唐陽公主					不明
〃	許昌莊肅公主		柳陟			
〃	豐陽公主					不明
唐懿宗	衞國文懿公主	同昌	韋保衡			

唐懿宗	安化公主					不明
〃	普康公主					不明
〃	昌元公主					不明
〃	昌寧公主					不明
〃	金華公主					不明
〃	仁壽公主					不明
〃	永壽公主					不明
唐僖宗	唐興公主					不明
〃	永平公主					不明
唐昭宗	新安公主					不明
〃	平原公主		宋侃			
〃	信都公主					不明
〃	益昌公主					不明
〃	唐興公主					不明
〃	德清公主					不明
〃	太康公主					不明
〃	永明公主					不明

唐昭宗	新興公主	不明
	普安公主	不明
	樂平公主	不明

從上表二百一十位公主中統計，一嫁者一〇〇人，二嫁者二十七人，三嫁者三人，早卒而未及婚者三十人，爲道士者十人，婚嫁情況不明者四十人。自唐敬宗以後，史料殘缺，公主婚嫁情況不明者多達三十九人，占全部公主婚嫁不明者九七・五%，對唐末公主婚姻問題之分析甚有影響，殊爲可惜。

二　公主婚姻之對象

從上表「唐代公主婚嫁表」中觀察，公主下嫁之對象約有三類人物：功勳大臣及其子弟侄甥、皇室之姻親、士族。分述如下：

(一)功勳大臣及其子弟侄甥

唐代初葉，「王妃主婿皆取當世勳貴名臣家。」㉕其後遂成慣例，故唐代公主下嫁之對象以功勳大臣及其子弟侄甥爲最多。茲依「唐代公主婚嫁表」順序列舉公主之夫係功勳大臣及其子弟侄甥者：

竇誕：從唐高祖起事，義寧初，辟丞相府祭酒，轉殿中監，封安豐郡公，從太宗征薛舉，爲元帥府司

馬，貞觀初，拜右領軍大將軍。（舊唐書卷六十一、新唐書卷九十五，竇誕傳）

柴紹：隋末，爲東陵通守，唐高祖起事，紹舉兵來歸，授峽州刺史，破蕭銑有功，封譙國公。（舊唐書卷五十八、新唐書卷九十，柴紹傳）

趙慈景：唐高祖起事，慈景爲行軍總管。（通鑑卷一八六，武德元年十一月癸丑條）

楊師道：唐高祖起事，師道自洛陽來歸，授上儀同，爲備身左右，歷吏部侍郎、太常卿，封安德郡公。（舊唐書卷六十二、新唐書卷一〇〇，楊師道傳）

豆盧懷讓：唐開國功臣豆盧寬之子。（舊唐書卷九十、新唐書卷一一四，豆盧欽望傳）

竇奉節：唐開國功臣竇軌之子。（舊唐書卷六十一、新唐書卷九十五，竇軌傳）

執失思力：突厥酋長，貞觀中，歸唐，授左領軍將軍，討遼東、薛延陀，多戰功。（新唐書卷一一〇，執失思力傳）

薛勗：武德中，爲秦王諮議、典籤、文學館學士。（新唐書卷一二五，蘇幹傳）

楊思敬：開國功臣楊師道之侄。（舊唐書卷六十二，楊師道傳）

封言道：開國功臣封倫之子。（舊唐書卷六十三、新唐書卷一〇〇，封倫傳）

阿史那社爾：突厥都布可汗，貞觀十年入朝，授左驍衞大將軍。（舊唐書卷一〇九、新唐書卷一一〇，阿史那社爾傳）

薛萬徹：開國功臣。（新唐書卷九十四，薛萬徹傳）

裴律師：開國功臣裴寂之子。（舊唐書卷五十七、新唐書卷八十八，裴寂傳）

溫挺：貞觀時宰相溫彥博之子。（舊唐書卷六十一、新唐書卷九十一，溫彥博傳）

趙瓌：武德時，右領軍將軍趙綽之子。（新唐書卷七十六，中宗趙皇后傳）

蕭銳：開國功臣蕭瑀之子。（舊唐書卷六十三、新唐書卷一〇一，蕭瑀傳）

姜簡：貞觀時，左屯衞將軍姜行本之子。（新唐書卷九十一，姜行本傳）

王敬直：貞觀時宰相王珪之子。（舊唐書卷七十、新唐書卷九十八，王珪傳）

劉玄意：開國功臣劉政會之子。（舊唐書卷五十八，劉政會傳）

竇逵：貞觀時民部尚書竇靜之子。（舊唐書卷六十一、新唐書卷九十五，竇靜傳）

長孫沖：貞觀時宰相長孫無忌之子。（舊唐書卷六十五，長孫無忌傳）

唐善識：開國功臣唐儉之子。（舊唐書卷五十八、新唐書卷八十九，唐儉傳）

柴令武：柴紹之子。（舊唐書卷五十八、新唐書卷九十，柴紹傳）

高履行：貞觀時宰相高士廉之子。（舊唐書卷六十五、新唐書卷九十五，高士廉傳）

程處亮：開國功臣程知節之子。（舊唐書卷六十八、新唐書卷九十，程知節傳）

杜荷：貞觀時宰相杜如晦之子。（舊唐書卷六十六、新唐書卷九十六，杜如晦傳）

薛瓘：饒州刺史薛懷昱之子。（新唐書卷七十三下，宰相世系表）

房遺愛：貞觀時宰相房玄齡之子。（舊唐書卷六十六、新唐書卷九十六，房玄齡傳）

長孫詮：長孫無忌之侄。（舊唐書卷一八三、新唐書卷一〇五，長孫操傳）

崔銑：蘭臺侍郎崔行功之孫。（新唐書卷二〇一，崔行功傳）

楊愼交：武德時中書令楊恭仁之曾孫。（舊唐書卷六十二、新唐書卷一〇〇，楊恭仁傳）
蘇彥伯：高宗時宰相蘇良嗣之孫。（新唐書卷七十四上，宰相世系表）
韋鐬：工部尚書韋頊之子。（新唐書卷七十四上，宰相世系表）
王承慶：武后時宰相王璿之侄。（新唐書卷七十二中，宰相世系表）
薛伯陽：睿宗時宰相薛稷之子。（舊唐書卷七十三、新唐書卷九十八，薛稷傳）
溫曦：貞觀時宰相溫彥博之曾孫。（新唐書卷九十一，溫彥博傳）
崔惠童：吏部傳郎崔元獎之孫，右驍衞將軍崔庭玉之子。（新唐書卷七十二下，宰相世系表）
蕭衡：玄宗時宰相蕭嵩之子。（舊唐書卷九十九、新唐書卷一〇一，蕭嵩傳）
豆盧建：武后時宰相豆盧欽望之侄孫。（新唐書卷七十四下，宰相世系表）
源清：玄宗時宰相源乾曜之子。（新唐書卷七十五上，宰相世系表）
張垍：玄宗時宰相張說之子。（舊唐書卷九十七、新唐書卷一二五，張說傳）
楊朏：玄宗時宰相楊國忠之子。（舊唐書卷一〇六、新唐書卷二〇六，楊國忠傳）
姜慶初：玄宗時太常卿姜皎之子。（舊唐書卷五十九、新唐書卷九十一，姜皎傳）
郭曖：尙父郭子儀之子。（舊唐書卷一二〇、新唐書卷一三七，郭子儀傳）
田緒：魏博節度使。（舊唐書卷一四一、新唐書卷二一〇，田緒傳）
田華：田緒之弟。（舊唐書卷一四一、新唐書卷二一〇，田緒傳）
王士平：成德節度使王武後之子。（舊唐書卷一四二，王士平傳）

張茂宗：義武節度使張孝忠之子。（舊唐書卷一四一，張茂宗傳）
劉士涇：涇原節度使劉昌之子。（舊唐書卷一五二、新唐書卷一七〇，劉昌傳）
張克禮：義武節度使張茂昭之子。（新唐書卷一四八，張茂昭傳）
王承系：成德節度使王承宗之弟。（新唐書卷二一一，王承宗傳）
于季友：山南東道節度使于頔之子。（舊唐書卷一五六、新唐書卷一七二，于頔傳）
儵洙：兵部侍郎儵次公之子。（舊唐書卷一五九，儵次公傳）
韋保衡：禮部侍郎韋慤之子。（舊唐書卷一七七、新唐書卷一八四，韋保衡傳）
宋侃：鳳翔節度使李茂貞之子。（通鑑卷二六三，天後三年正月條）

並非上列以外之主婿卽非功勳大臣之子弟侄甥，事實上凡得以尙公主者，不可能出自一純粹平民之家族，其父祖或兄弟或叔伯或舅家必有仕宦者。嚴格言之，第二類對象「皇室之姻親」與第三類對象「士族」亦應屬於第一類內，蓋屬於皇室之姻親而得以尙主者，往往其父祖卽是功勳大臣，甚至尙主者本身已有官爵㉖。士族而尙主者亦往往其父祖乃是功勳大臣㉗，然皇室之姻親與士族得以尙主者另有一層社會意義，故勉強分出，予以分析。

㈡皇室之姻親

在中國傳統社會中，對婚姻之看法，家族意義尤大於個人意義，婚姻不單是男女個人之結合，更重要者乃表示兩個家族間關係之緊密。爲不斷增進兩個家族關係之密切程度，古代社會中常盛行兩個家族之交叉婚嫁，俗稱之爲「親上加親」。唐代公主下降之對象，甚多係皇室姻親內之子弟，卽有此種「親上加親」之作用。玆列舉如下：

楊恭仁乃唐初開國功臣，與李唐皇室交互婚嫁，史稱：「一家之內，駙馬三人，王妃五人，贈皇后一人。」（舊唐書卷六十二，楊恭仁傳）以史料不全，僅就現存史料表示楊家與李唐皇室婚姻關係如下㉘：

（以下各表中□代表女性，△代表皇室人物）

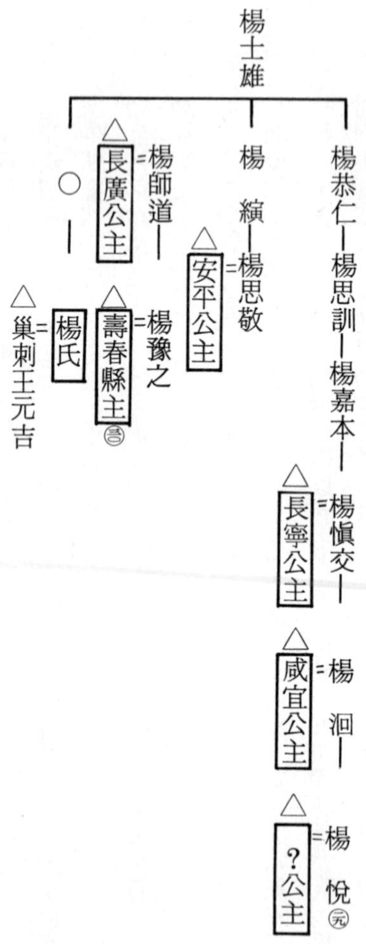

楊汪家族與李唐皇室的婚姻關係更爲複雜，由於楊貴妃係玄宗之愛妃，楊家女性頗有勢力，楊貴妃姊妹三人：韓國夫人嫁崔峋，生女爲代宗之妃；虢國夫人嫁裴某，其子裴徽尚主；秦國夫人嫁柳澄，其子柳鈞尚長清縣主。遂使楊氏在女性系統方面與皇室發生密切之姻親關係，以表示之如下：㉛

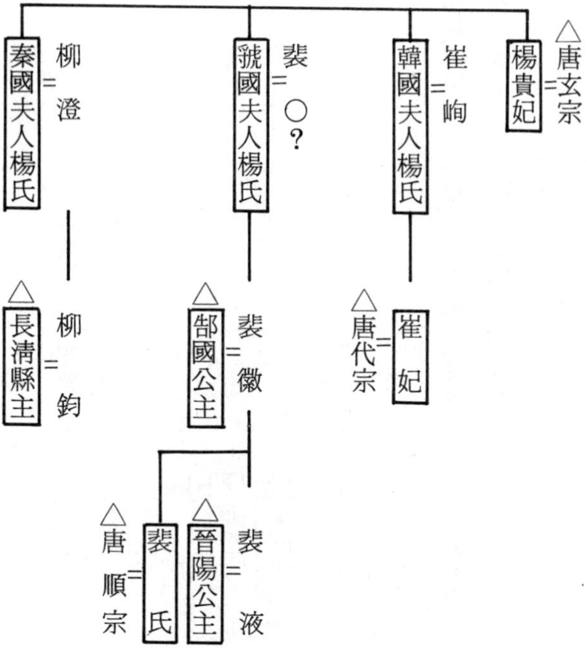

而楊氏在男性系統方面亦與李唐皇室緊密聯姻，以表示之如下：㊂

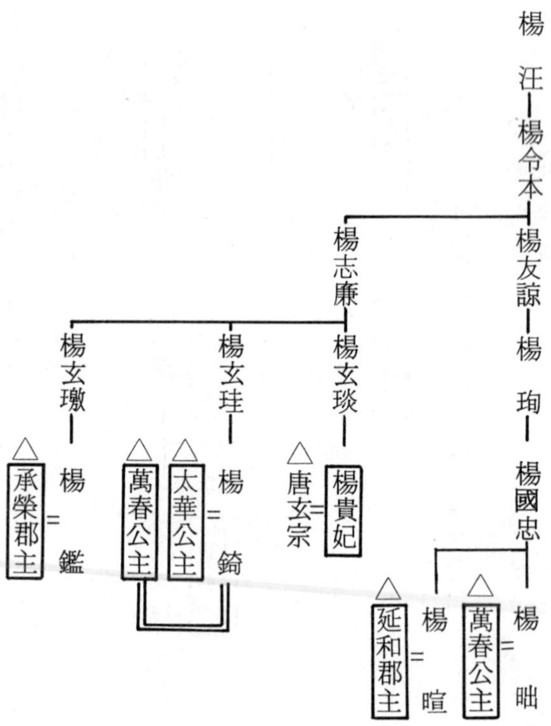

竇氏自唐初起，即與李唐皇室交互婚姻，至中唐，竇氏與張氏連姻，張氏復與皇室交互婚姻，遂成爲李、竇、張三家族之緊密婚姻關係，玆列表如下：[三]

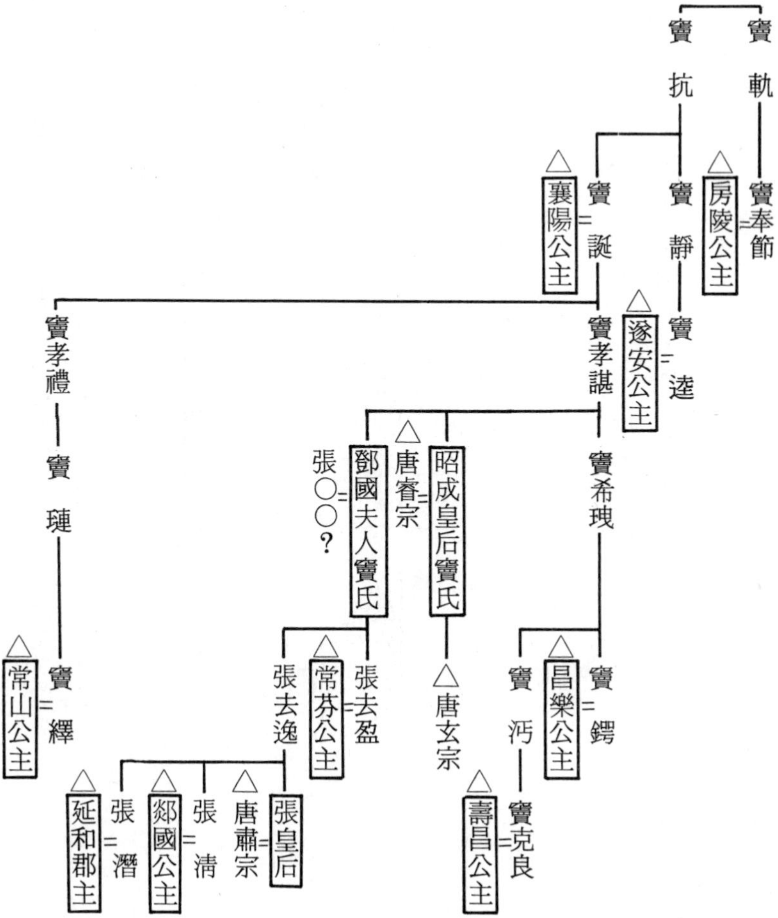
竇軌
竇抗
竇奉節
△房陵公主
竇靜
竇誕
△襄陽公主
竇逵
△遂安公主
竇孝諶
竇孝禮
竇希瑊
昭成皇后竇氏
△唐睿宗
鄧國夫人竇氏
張○○?
竇璡
竇繹
△常山公主
竇鍔
△昌樂公主
竇洿
△唐玄宗
張去盈
△常芬公主
張去逸
張皇后
△唐肅宗
張清
△郯國公主
張濳
△延和郡主
竇克良
△壽昌公主

中唐時代之薛家與李唐皇室亦有密切之婚姻關係，表示如下：㉞

- 薛德元
  - 薛懷昱—薛瓘（＝△城陽公主）—薛紹（＝△太平公主）
  - 薛懷晏—薛瑊
    - 薛儆（＝△鄎國公主）—薛鏽（＝△唐昌公主）
    - 薛縚—薛氏（＝△玄宗太子瑛）

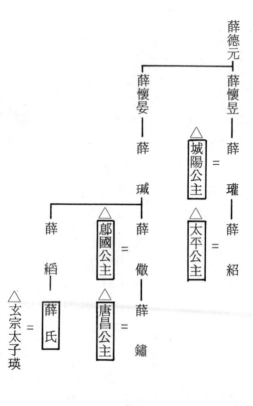

武后之掌權，使武氏隨之得勢，武氏家族遂與李唐皇室增強婚姻關係，以表示之如下㉟：

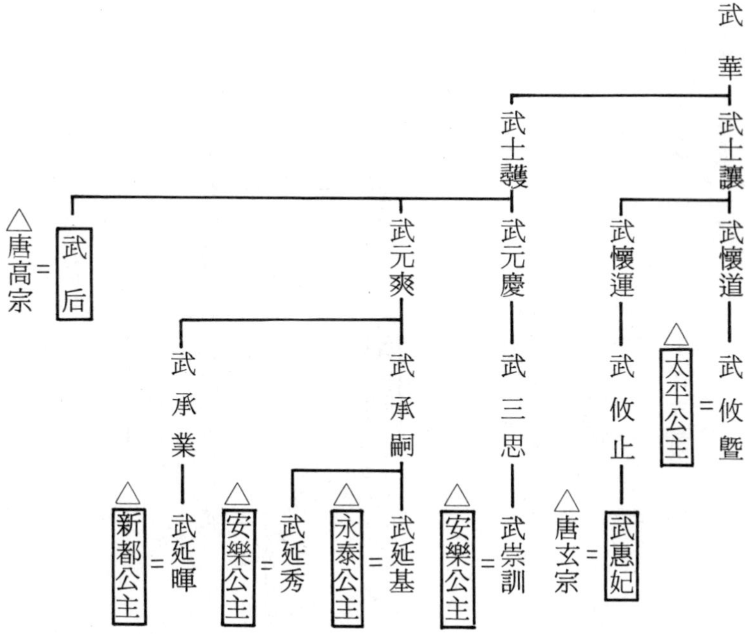
武華
武士讓
武士彠
武懷道
武懷運
武攸暨
△太平公主
武攸止
武惠妃
△唐玄宗
武元慶
武三思
武崇訓
△安樂公主
武元爽
武承嗣
武延基
△永泰公主
武延秀
△安樂公主
武承業
武延暉
△新都公主
武后
△唐高宗

武后之後，中宗韋皇后干政，韋氏家族亦與李唐皇室交互通婚，以表示之如下㊱：

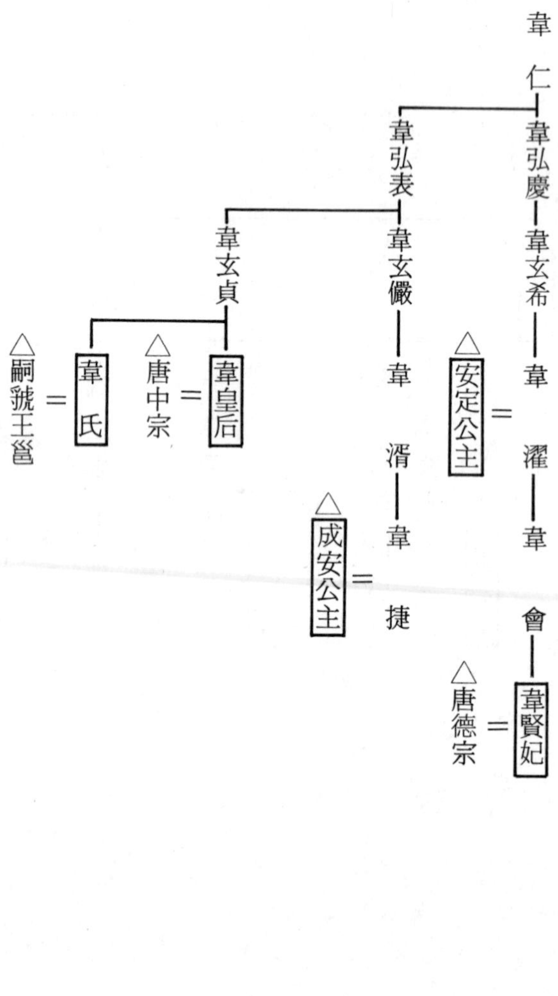

平定安史之亂，郭子儀立功最大，官至宰相，被尊為尚父，自此郭氏家族遂與李唐皇室發生密切之婚姻關係，以表示之如下：㊲

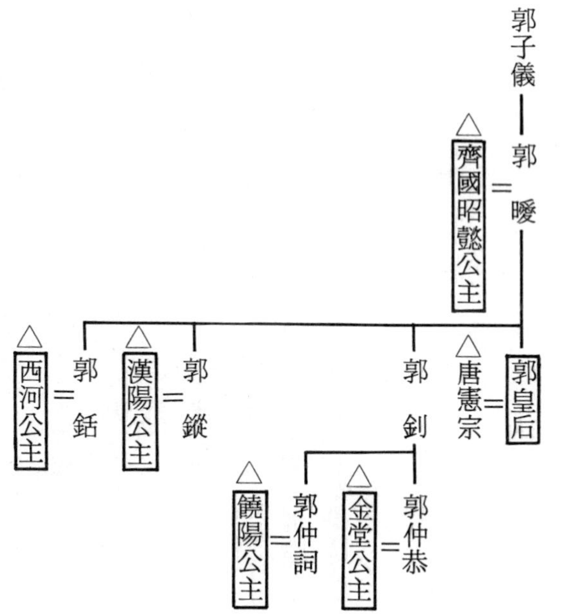

除上列各表外，以父子同尚公主者有：

柴紹、柴令武（舊唐書卷五十八柴紹傳）

鄭萬鈞、鄭潛曜（新唐書卷一九五鄭潛曜傳）

薛伯陽、薛譚（舊唐書卷七十三薛稷傳）

王同皎、王繇（新唐書卷一九一王同皎傳）

溫曦、溫西華（新唐書卷七十二中宰相世系表）
裴玲、裴儆（新唐書卷九十一姜慶初傳）
蕭衡、蕭升（新唐書卷一〇一蕭瑀傳）
裴徽、裴液（舊唐書卷一二五郜國公主傳）

亦有叔侄同尚主者：

蘇彥伯、蘇震（新唐書卷七十四上宰相世系表）
張茂宗、張克禮（新唐書卷一四八張茂昭傳）
王士平、王承系（舊唐書卷一四二、新唐書卷二一一王武俊傳）

亦有兄弟同尚主者：

田緒、田華（新唐書卷二一〇田承嗣傳）
郭仲恭、郭仲詞（新唐書卷一三七郭釗傳）

此外，王守一乃玄宗王皇后之同胞弟兄，尚睿宗女清陽公主（新唐書卷二〇六王仁皎傳）；長孫沖乃太宗長孫皇后之侄，尚長樂公主（新唐書卷七十二上宰相世系表）；竇懷悊乃高祖竇皇后之族子，尚蘭陵公主（新唐書卷八十三蘭陵公主傳）。

㈢士　族

唐初，公主無嫁士族者，新唐書卷九十五高儉傳云：「（唐初）王妃、主婿皆取當世勳貴名臣家，未嘗尚山東舊族。」通鑑卷二〇〇唐高宗顯慶四年冬十月條：

初，太宗疾山東士人自矜門地，婚姻多責資財，命脩氏族志例降一等；王妃、主婿皆取勳臣家，不議山東之族。

可見唐初不以公主降士族，實乃由於自魏晉南北朝以來，士族自矜門地之風尚熾，士族自矜門地故特重婚姻之對象，社會上甚至以與帝婚構不及與高門士族爲榮，薛元超於太宗時尚巢剌王之女和靜縣主[38]，然以不娶五姓女爲平生恨事[39]，五姓爲士族之高門，可窺一般人之婚姻觀念以爲高門重於帝室，此必引起帝室之不滿，唐太宗指責山東士族曰：「我與山東崔、盧、李、鄭，舊旣無嫌，爲其世代衰微，全無冠蓋，猶自云士大夫，婚姻之間，則多邀錢幣。才識凡下，而偃仰自高，販鬻松檟，依託富貴，我不解人間何爲重之？」[40]或許基於此種不滿心理，故在唐憲宗以前，公主無尚士族者。憲宗時，以歧陽公主下嫁杜悰，「爲唐室與士族結婚之始。」[41]然而，從本文「唐代公主婚嫁表」觀察，此後公主尚士族者仍不多，士族亦不甚情願娶公主，劉開榮云：「山東士族在政治上抬頭，漸漸轉變願與皇室聯姻，而皇室的公主們也以嫁士族爲榮，講求理法，以迎合士族的理法標準，這個轉變的形成是在憲宗朝到文宗朝之間的。……所以，枕中記的主人公以娶清河崔氏女爲人生夢想的開始，而南柯記則以尚公主爲莫大榮幸。」[42]劉氏以枕中記和南柯記兩部小說之故事而推論中唐時士族已願與皇室聯姻，似嫌武斷。據史籍記載，憲宗以後，仍有士族不願與皇室聯姻之明顯事例，鄭顥卽其事。

鄭顥係士族，宣宗時，白敏中爲相，顥擢進士第，敏中奏以顥尚萬壽公主，顥恨敏中。新唐書卷一一九白敏中傳：

初，帝（宣宗）愛萬壽公主，欲下嫁士人。時鄭顥擢進士第，有閥閱，（白）敏中以充選。顥與盧氏婚，將授室而罷，銜之。敏中自以居外（按：敏中以司空、平章事出爲邠寧節度使），畏顥讒，自訴於帝。帝曰：「朕知久矣！若用顥言，庸相任耶？」顧左右取書一函，發視，悉顥所上，敏中乃安。

太平廣記卷一八四，莊恪太子妃條：

文宗爲莊恪選妃，朝臣家子女者，悉被進名，士庶爲之不安。帝知之，召宰臣曰：「朕欲爲太子婚娶，本求汝鄭門衣冠子女爲新婦，聞在外朝臣，皆不願共朕作親情（明鈔本作「親家」），何也？朕是數百年衣冠，無何神堯打（明鈔本「打」作「把朕」二字）家羅訶去。」因遂罷其選。

新唐書卷一七二杜中立傳：

開成初，文宗欲以眞源、臨眞二公主降士族，謂宰相曰：「民間脩昏姻，不計官品而上閥閱。我家二百年天子，顧不及崔、盧耶？」

從上引史料可見在憲宗之後，士族似仍未願與皇室結姻親關係，劉開榮氏之論斷似嫌武斷。劉氏所引南柯記係記淳于棼之一夢，夢中所享榮華富貴，並娶槐安國公主，爲駙馬。夢醒，見大蟻穴，夢中所臨，皆似蟻穴㊸。南柯記實寓意諷刺，其主人翁所夢故事乃發生於蟻國，表示係熱衷於政治之「蟻附」人物，非以清高自命之士族也。按唐制，尚公主者卽授官，故欲求官而不得之士族或願退而尚公主，以遂政治慾望，

舊唐書卷一四九于琮傳：

琮落拓有大志，雖以門資爲吏，久不見用。大中朝，駙馬都尉鄭顥以琮世故，獨以器度奇之。會有

詔於士族中選人才尚公主，衣冠多避之。顥謂琮曰：「子人才甚佳，但不護細行，爲世譽所抑，久而不調，能應此命乎？」琮然之。會李藩知貢舉，顥託之登第，其年遂升諫列，尚廣德公主，拜駙馬都尉。累踐臺閣，揚歷藩府，乾符中，同平章事。

從于琮傳之記載，可見大中（宣宗）朝選尚公主，「衣冠多避之」，士族不願娶公主仍爲普遍心理，而于琮却願娶之，其目的乃在求政治地位之上升，實南柯記中之蟻附人物。故憲宗之後，士族尚公主者有之，杜綜尚岐陽公主，衞洙尚臨眞公主，杜中立尚眞源公主，鄭顥尚萬壽公主，于琮尚廣德公主皆其例，然未必能斷言謂士族願與皇室連姻。

三　公主婚姻的政治作用

古代婚姻之家族意味極濃，故公主之婚姻常含有李唐皇室與某家族聯姻之意，通過此一婚姻關係，李唐皇室可增加與該聯姻家族之密切關係，發揮政治上羈縻該家族之作用，達到鞏固李唐王朝之目的。

唐初，皇室與勳臣聯姻頻繁，勳臣係爲建立李唐王朝基業有貢獻之功臣，或李唐王朝建立後，對鞏固基業有貢獻者，高祖與太宗之女嫁與勳臣或勳臣之子弟者甚多，計有襄陽公主、平陽公主、長廣公主、長沙公主、房陵公主、九江公主、南昌公主、安平公主、淮南公主、衡陽公主、丹陽公主、臨海公主、安定公主、襄城公主、南平公主、遂安公主、長樂公主、豫章公主、比景公主、東陽公主、清河公主、城陽公主、合浦公主、新城公主等二十四位，按高祖與太宗共有女四十人，其中早卒未婚者四人，實際結婚之公主三十六人，嫁勳臣家族者占百分之六十六。李唐皇室以勳臣家族爲婚姻對象，其用意卽在使勳臣加強與李唐王朝休戚相關之心理，延長彼等對李唐王朝之效忠，李唐政權之基礎遂益形堅實。

中唐以後，中央力量大爲減弱，藩鎭勢力增加，尤其擁兵據地之藩鎭，中央往往無力指揮，乃不得不以各種方法予以安撫，公主出降跋扈之藩鎭或其子侄乃爲安撫手段之一種，例如田承嗣之子田緒襲魏博節度使，跋扈㊹，貞元元年，以嘉誠公主出降田緒。田承嗣另一子田華亦尚新都公主，均有安撫魏博田氏之作用。

代宗之世，河北三鎭逆命，建中二年，成德節度使張孝忠歸順中央，德宗嘉之，改義武節度使，令孝忠子茂宗尚義章公主顯然有獎勵、安撫之意。

成德節度使李寶臣死，子惟岳謀襲位，信任兵馬使王武俊，武俊謀執惟岳，惟岳自殺，武俊遣使入朝，德宗卽以武俊爲恆冀觀察使，武俊怨不得爲節度使，遂與幽州節度使朱滔合叛，建中四年，德宗赦武俊，興元元年以武俊爲成德節度使，貞元二年以武俊子士平尚義陽公主㊺，亦有安撫作用。

自德宗貞元十四年于頔爲山南東道節度使，「廣軍籍，募戰士，器甲犀利，僴然專有漢南之地。」「公然聚斂，恣意虐殺，專以凌上威下爲務，」「俄而不奉詔旨，擅總兵據南陽，朝廷幾爲之旰食。」㊻及憲宗卽位，以公主降其子季友，通鑑卷二三七唐憲宗元和二年十二月：

> 山南節度使于頔頗憚上（按：指唐憲宗）英威，爲子季友求尚主，上以皇女普寧公主（按：卽本文「唐代公主婚嫁表」中憲宗女梁國惠康公主）妻之，翰林學士李絳諫曰：「頔，虜族，季友，庶孽，不足以辱帝女，宜更擇高門美才。」上曰：「此非卿所知。」己卯，公主適季友，恩禮甚盛，頔

出望外，大喜。頃之，上使人諷之入朝謝恩，頔遂奉詔。

唐憲宗以普寧公主嫁於季友，純係政治作用，欲以收服于頔，果然奏效。元和三年九月于頔入朝，憲宗以裴均代頔爲山南東道節度使，山南東道復爲恭順之藩鎭㊼。

唐昭宗在鳳翔，受制於鳳翔節度使李茂貞，茂貞爲其子求尚公主，昭宗從之，新唐書卷八十三公主傳：

（昭宗女）平原公主，積善皇后所生，帝（昭宗）在鳳翔，以主下嫁李茂貞子繼侃（按：卽宋侃），后謂不可，帝曰：「不爾，我無安所！」是日，安內殿，茂貞坐帝東南，主拜殿上，繼侃族兄弟皆西向立，主徧拜之。

平原公主下嫁李繼侃（宋侃）明顯地係昭宗爲安撫李茂貞而作之手段，此卽政治婚姻之例。

文宗時，成德節度使素跋扈，及王元逵襲任，頗輸誠款，歲時貢奉，文宗嫁以公主，舊唐書卷一四二王廷湊傳：

開成二年，詔以壽安公主出降（元逵），加駙馬都尉。元逵遣段氏姑詣闕納聘禮。段氏進食二千盤，并御衣戰馬，公主粧奩及私自身女口等，其從如雲，朝野榮之。

按新唐書卷八十三公主傳中，並無壽安公主，唐會要卷六壽安公主下註：「降王元逵，本琛王女。」則壽安公主本宗室女，加公主號而下嫁藩鎭，與和蕃無異，可見公主婚姻常具政治作用。

四　公主之再嫁

唐代婦女於夫死後，可以改嫁，通典卷五十九，禮十九，男女婚嫁年紀議：

大唐貞觀元年二月詔：……男年二十，女年十五以上及妻喪達制之後，孀居服紀已除，並須申以婚媾，令其好合，若守志貞潔，並任其情，無勞抑以嫁娶。

又唐律疏議十四，戶婚下：

諸夫喪服除而欲守志，非女之祖父母、父母而強嫁之者，徒一年，期親嫁者減二等。〔疏議曰〕婦人夫喪服除，誓心守志，唯祖父母、父母得奪而嫁之，非女之祖父母、父母謂大功以下，而輒強嫁之者，合徒一年，期親嫁者謂伯叔父母、姑兄弟姊妹及姪，而強嫁之者，減二等，杖九十。

可見唐代婦女雖可改嫁，凡自願守節不再嫁者，除祖父母、父母外，不得強迫其再嫁。據本文唐代公主婚嫁表統計，公主二嫁者二十七人，三嫁者三人，共三十人，占全部已婚公主（一三〇人）之二三%，比例甚高。再嫁有因前夫亡故，亦有以前夫罪貶斥而再嫁[48]。

據唐代婦女再嫁之例頗多，如衞無忌之母改嫁[49]，敬翔之妻劉氏先後從尙讓、時溥、朱全忠，最後適敬翔[50]，韓愈之女亦曾再嫁。時人實不以女兒再嫁爲恥，如裴矩之女嫁李德武，德武坐事徙嶺南，矩欲其女離婚改嫁[51]，樊會仁之母守寡而家敬嫁之[52]，武后時鸞臺侍郎盧獻之女嫁崔繪，繪卒，獻即欲其女再嫁[53]。甚至夫將死或貶官，亦有囑妻再嫁者，如房玄齡病且死，謂其妻盧氏曰：「君年少，不可寡居，善事後人。」[54]賈直言坐事貶嶺南，與妻董氏訣曰：「生死不可期，吾去，可亟嫁，無須也。」[55]

然則唐代婦女亦有守節不再嫁者，且夫死而不改嫁者可能佔多數[56]，呂思勉氏指唐代婦女「雖名族，亦視再適爲恆事矣，其不再適者，多出於意義感激，轉非庸行。」[57]呂氏以夫死再嫁爲常態，不再嫁爲特例，恐有過甚其辭之嫌，陳顧遠氏云：「古代只有積極地獎勵不嫁，却沒有消極地限制再嫁，視再嫁再醮爲罪惡，所謂『餓死事小，失節事大』，特由宋儒作俑，古人是不負責任的。」(五八)陳氏所論似較平允，唐代婦女再嫁並非羞恥之事，自公主之再嫁觀察，再嫁之公主並無受到社會或夫家輕視之記載，故可推論婦女於夫死後不再嫁爲常態，但再嫁亦不能視爲特例，因再嫁事例不少，社會上未予歧視。

中唐以後，公主再嫁之例減少，憲宗以後，無再嫁者，其實，唐並未禁止公主再嫁，大中五年有治令限制已有兒女之公主再嫁，唐會要卷六，公主雜錄：

> （大中）五年四月勑，夫婦之際，教化之端，人倫所先，王猷爲大，況枝連帝戚，事繫國風，苟失常儀，卽紊彝典，……自今以後，先降嫁公主縣主，如有兒女者，並不得再請從人，如無兒者，卽任陳奏。

大中五年之勑文是對公主之再嫁加一限制條件，如依此條件則唐初許多再嫁公主（如太平公主、西河公主等）不得再嫁，此一勑令顯示婦女守節之觀念逐漸加強，社會上建立起婦女守節之道德規範後，遂造成唐憲宗後之公主無再嫁之現象。

五　公主婚姻中之家族輩份問題

唐代不同輩份之婚姻甚多，如徐堅「長姑爲太宗充容，次姑爲高宗捷妤。」(五九)崔昭與李仁鈞爲表兄弟，而李仁鈞竟娶崔昭之女爲繼室。(六〇)高宗永徽二年曾禁止不同輩份結婚。(六一)然而，皇帝本身婚姻卽經常有不同輩份之事，中宗娶趙皇后不同輩份之婚姻，舊唐書卷五十一中宗和思皇后趙氏傳：

中宗和思皇后趙氏，京兆長安人。祖綽，武德中，以戰功至右領軍衞將軍。父瓌，尚高祖女常樂公主，歷遷左千牛將軍。中宗爲英王時，納后爲妃。

中宗與趙皇后之關係可以下表示之：

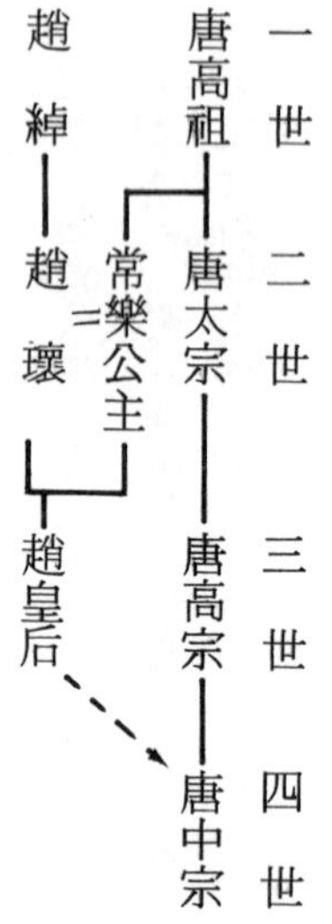

從上表可見趙皇后較中宗高一輩，乃中宗祖姑之女。唐玄宗娶楊貴妃，貴妃本玄宗子壽王瑁之妃，即玄宗之媳，竟納爲妃[六二]；唐高宗之納武后，武后本太宗之才人，其身分類同高宗之庶母[六三]；肅宗女郜國公主之女嫁爲順宗妃，舊唐書卷一二五郜國公主傳：

郜國公主者，肅宗之女也。……公主女爲皇太子妃，即順宗也。

以表示其輩份關係如下：

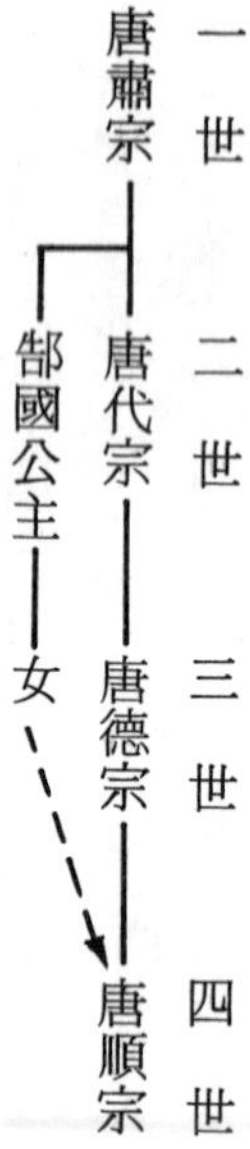

可見郜國公主之女實較順宗高一輩；郭曖之女嫁唐憲宗亦輩份不合，新唐書卷一三七郭曖傳：

曖，字曖，以太常主傳尚昇平公主。……初，曖女爲廣陵郡王妃，王卽位，是爲憲宗。

以表示其輩份關係如下：

一世	二世	三世
唐德宗 ——	唐順宗 ——	唐憲宗
昇平公主 = 郭曖 ——	女 - - →	唐憲宗

可見郭曖女較憲宗高一輩。以上所舉均證皇帝本身婚姻卽不講究輩份。

唐代公主不合輩份之婚姻甚多，舉數例如下：

1. 長孫敞爲太宗長孫皇后之叔父，敞從父弟操，操子詮尚太宗女新城公主[64]，以輩份排列，長孫詮與太宗長孫皇后同輩，竟以長一輩而尚太宗之女。

2. 中宗韋皇后之堂弟韋濯尚中宗女定安公主[65]，以輩份論，韋濯應爲定安公主之舅輩。

3. 楊錡係玄宗楊貴妃之宗兄，尚玄宗女太華公主[66]，楊錡應與玄宗同輩，高太華公主一輩，竟成玄宗之女婿。

4. 郭曖尚代宗女昇平（卽齊國昭懿）公主，其子鏦尚順宗女漢陽公主，銛尚順宗女西河公主[67]，其輩份排列如下：

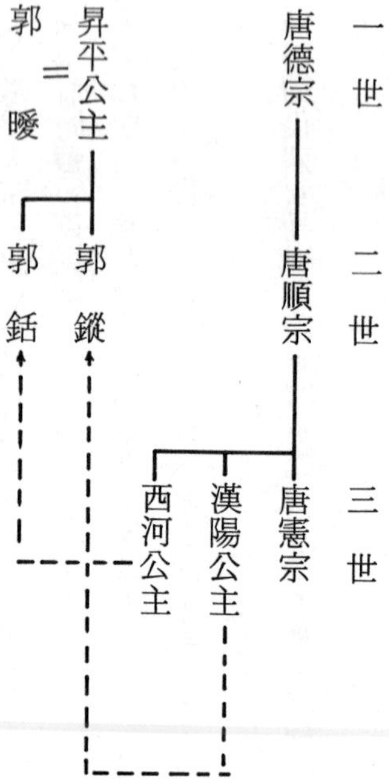

由上表可見郭鏦長漢陽公主一輩，郭銛長西河公主一輩。

5.郭仲詞、郭仲恭均係郭曖之孫，郭釗之子，分別尚穆宗女饒陽公主、金堂公主，㊅其輩份排列如下：

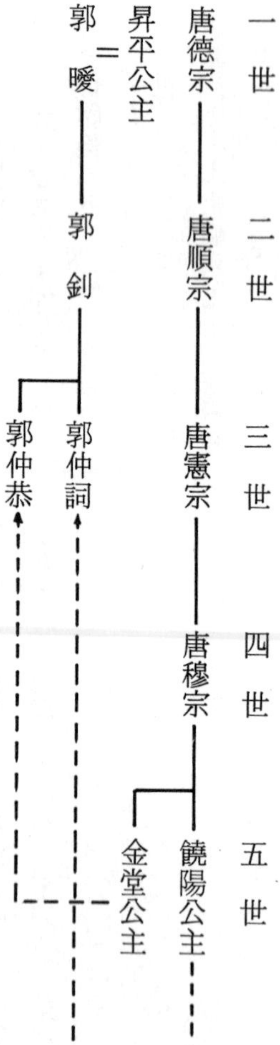

由上表所示，郭仲詞、郭仲恭分別比饒陽公主、金堂公主高出兩個輩份。

6.竇懷悊乃高祖竇皇后之族子[69]，應與太宗同輩，竟尚太宗之女蘭陵公主，成爲太宗之婿。

7.高士廉爲唐太宗長孫皇后之舅，卽長孫皇后之母乃高士廉之妹[70]，士廉子高履行與長孫皇后關係應爲表兄妹（或表姊弟），然履行竟尚太宗女東陽公主，履行實高東陽公主一輩。

8.李唐皇室與竇家有密切之婚姻關係，竇家又與張家聯姻，而張家復與皇室聯姻，遂構成皇室、竇、張三家之複雜關係，已見前文「唐代公主婚姻之對象」節中述及，此三家相互婚姻關係之輩份紊亂。按此三家聯姻始於竇誕尚高祖女襄陽公主，卽以此一婚姻爲基準，將皇室、竇、張三家之輩份及婚嫁表示如下：

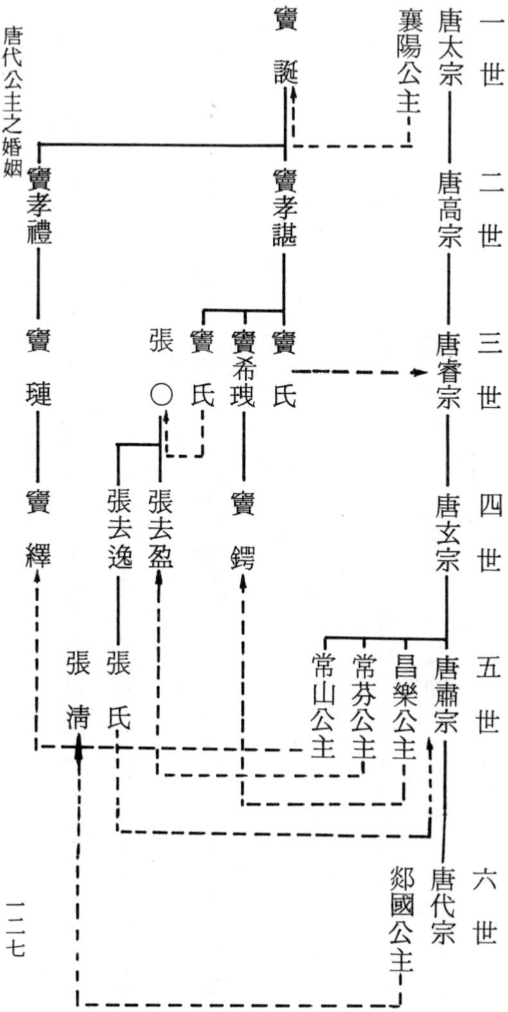

從上表可見，竇孝諶之女竇氏嫁唐睿宗（即竇皇后，生玄宗）係同輩婚姻，張去逸之女張氏嫁唐肅宗（即張皇后）亦同輩份，其他竇鍔尙昌樂公主、張去盈尙常芬公主、竇繹尙常山公主、張淸尙郯國公主均爲輩份不同的婚姻。

9.薛家與唐室婚姻關係亦緊密，薛家與皇室聯姻始於薛瓘尙太宗女城陽公主，即以薛瓘爲基準，表示關係如下：

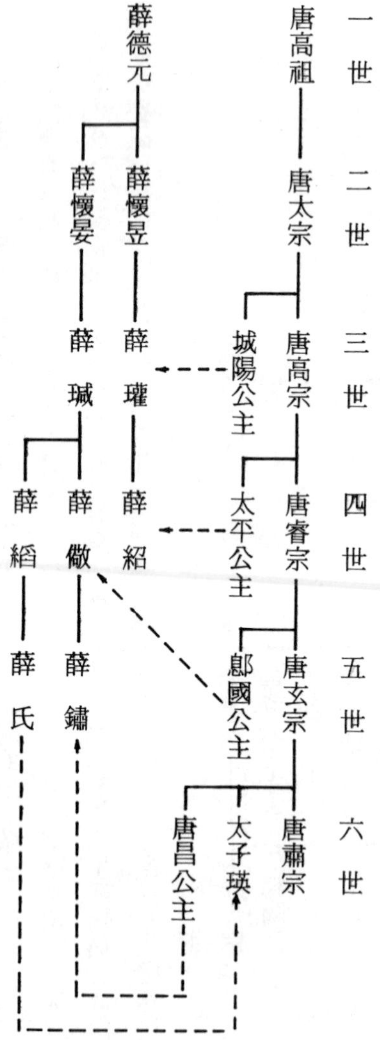

由上表所示可見薛紹尙太平公主係同輩婚姻，而薛儆尙鄎國公主、薛鏽尙唐昌公主、薛縚女嫁太子瑛，均爲不同輩份之婚姻。

10.楊師道與楊思敬係叔侄，竟同尙唐高祖之女，其輩份關係表示如下：

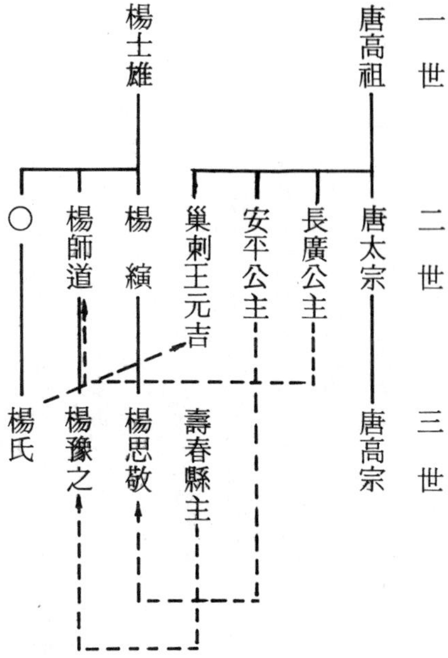

由上表所示，皇室與楊家輩份關係甚亂，楊師道與楊思敬乃親叔侄，同娶高祖之二女（長廣公主與安平公主），則成爲連襟關係，長廣公主與安平公主爲姊妹，但以夫家系統排列，則長廣公主成爲安平公主之嬸母。又楊師道與巢剌王元吉有三種親戚關係：⑴師道娶長廣公主，則元吉爲師道之內兄（或內弟），屬同輩；⑵師道之侄女嫁元吉，則元吉又爲師道之侄婿，不同輩；⑶師道子娶元吉之女壽春縣主，則師道爲元吉之親家，又屬同輩。此外，楊豫之與巢剌王元吉妻楊氏之關係，既爲堂姊妹，又爲岳母。

以上所舉十例並未能包含全部唐代公主不合輩份關係之婚姻，然已可以看出唐代公主婚姻不注意家族同輩份之情形。

結婚須講究雙方在家族中同一輩份乃漢人之倫理觀念，李唐皇室血統上非純粹之漢族㉑，胡族文化中禮法之觀念較為淡薄，可能影響唐代公主不同輩份之婚姻。㉒

六　公主婚姻之困難

公主以帝女之尊，居深宮之內，其婚嫁較一般婦女為難，有時在環境影響下，年已長而不能嫁，如唐高宗蕭淑妃所生義陽公主、宣城公主，因武后不滿蕭淑妃，而將二公主幽於掖廷，幾四十不嫁㉓；又如安史之亂後，以政局紛擾，「公主、郡縣主多不以時嫁，有華髮者。雖居禁中，或十年不見天子。」㉔

公主議婚，士族多不願就，已如前述，其他人亦往往懼婚公主，如元和時，憲宗「命宰相選公卿大夫子弟文雅可居清貫者」以尚公主，「諸家多不願」㉕。王徽進士擢第，亦明示不願娶公主，舊唐書卷一七八王徽傳：

> 徽，大中十一年進士擢第。……時宣宗詔宰相於進士中選子弟尚主，或以徽籍上聞，徽性沖澹，遠勢利，聞之憂形於色。徽登第時，年踰四十，見宰相劉瑑哀祈，具陳年已高矣，居常多病，不足以塵汚禁臠。瑑於上前言之，方免。

為了不願娶公主，竟至宰相前「哀祈」，亦可見對尚主事之恐懼。不僅進士王徽不願尚主，連方士張果亦曾拒婚公主，新唐書卷二〇四張果傳：

> （玄宗）欲以玉眞公主降果，未言也。果忽謂秘書少監王迥質、太常少卿蕭華曰：「諺謂娶婦得公

主，平地生公府，可畏也。」二人怪語不倫。俄有使至，傳詔曰：「玉眞公主欲降先生。」果笑，固不奉詔。

張果所言「娶婦得公主，平地生公府」之諺，薛克構亦有類似之說法，通鑑卷二〇二開耀元年五月：

（太平公主嫁薛紹）紹兄顗以公主寵盛，深憂之，以問族祖戶部郎中克構，克構曰：「……諺云：『娶婦得公主，無事取官府。』不得不爲之懼也。」

張果與薛克構所說之諺語類似，均以娶公主爲可畏可懼之事，此反映社會一般之想法，在此想法之下，公主選婚困難，故不得不多從大臣子弟及已結姻親家族中選擇對象，因大臣就家族之富貴着想，不敢不接受尚主，而已與皇室結爲姻親之家族，其家長基於「親上加親」之想法，不會堅拒尚主之議。

社會上對娶公主爲妻怨懼感之產生，自有其原因，主要是唐代公主之品德多敗壞，唐宣宗欲以永福公主嫁于琮，自知永福公主品性不佳而罷[76]。公主嫁後敗德之事甚多，如高祖女永嘉公主嫁竇奉節，而與壽春縣主之夫楊豫之淫亂[77]；太宗女合浦公主嫁房遺愛，而與僧辯機私通[78]；肅宗女郜國公主嫁蕭升，「蜀州别駕蕭鼎、商州豐陽令韋惀、前彭州司馬李萬、太子詹事李昪等出入主第，穢聲流聞。」[79]中宗女安樂公主嫁武崇訓，而與武延秀淫亂[80]；順宗女襄陽公主嫁張克禮，「主縱恣，常微行市里。有薛樞、薛渾、李元本皆得私侍，而渾尤愛，至謁渾母如姑。」[81]除上舉公主不守婦道而與他人姦淫外，公主性格之暴虐與行爲之不法者亦甚多，如德宗女義陽公主嫁王士平，「公主縱恣不法，士平與之爭忿。憲宗怒，幽公主於禁中，士平幽於私第，不令出入。」[82]高祖女長廣公主「豪侈自肆」[83]；宣城公主嫁裴巽，「耳目記」記公主之妒狠：

> 唐宣城公主駙馬裴巽有外寵一人，公主遣人執之，截其耳鼻，剝其陰皮，附駙馬面上，並截其髮，令廳上判事集僚吏共觀之。

「幽閒鼓吹」記萬壽公主之故事：

> 宣宗囑念萬壽公主，……駙馬鄭尚書顥之弟顗嘗得危疾，上使訓之，使廻，上問公主視疾否，曰：「無。」「何在？」曰：「在慈恩寺看戲場。」上大怒，且歎曰：「我怪士大夫不欲與我爲親，良有以也。」

宣宗以萬壽公主不探視夫弟之病，而悟士大夫不願與皇室結親之原因，其實，萬壽公主仍爲唐代公主中之有品德者，其未探視夫弟之病只是不守禮法中之極輕微過失，如太平公主對薛家之威脅則大爲可怕，通鑑卷二〇二開耀元年五月：

> （武后之女太平公主嫁薛紹，紹兄顗）天后（卽武后）以顗妻蕭氏及顗弟緒妻成氏，非貴族，欲出之，曰：「我女豈可使與田舍女爲妯娌邪！」或曰：「蕭氏，瑀之姪孫，國家舊姻。」乃止。

則太平公主嫁薛紹幾乎引起薛紹兄弟婚姻之破裂，此例亦可見娶公主將構成全家族之威脅。

固然，唐代公主中亦有賢德者，如襄城公主：

> 太宗長女襄城公主出降中書令蕭瑀子銳，公主雅有禮度，太宗每令諸公主，凡厥所爲，皆視其楷則。（唐會要卷六公主雜錄）

又如廣德公主：

> （廣德公主嫁于琮）時諸公主多驕縱，惟廣德動遵法度，事于氏宗親尊卑無不如禮。（通鑑卷二五

二咸通十三年五月甲申）

廣德公主雖「動遵法度」，但「諸公主多驕縱」，可見類廣德公主者屬少數特例。

公主為皇帝之女，身份崇高，出嫁夫家，舅姑不敢以兒媳看待，不敢受公主拜，反而拜公主，實違背倫理。太宗女南平公主嫁宰相王珪之子敬直，王珪破例以舅姑身份接受公主行禮，唐會要卷六公主雜錄：

（貞觀）十一年，侍中王珪子敬直尚南平公主，禮有婦見舅姑之儀，近代以來，公主出降，此禮皆廢，珪曰：「今主上欽明，動循法制，吾受公主謁見，豈為身榮，所以成國家之美耳。」遂與其妻就位而坐，令公主親執笲，行盥饋之道，禮成而退，物議韙之。自是公主下降，有舅姑者皆備禮，自珪始也。

唐會要稱「自是公主下降，有舅姑者皆備禮」，事實恐不然，其他公主未必向舅姑行婦禮，故高宗顯慶二年有詔不許舅姑拜公主，唐大詔令集卷四十二，公主王妃不許舅姑父母答拜詔：

天地之尊，人倫已極，舅姑之敬，禮經攸重，苟違斯義，有斁彝則。如聞公主出降，王妃作嬪，舅姑父母降禮答拜，此乃子道云替，婦德不循，何以式序家邦，儀刑閨闈。自今以後，可明加禁斷，使一依禮法。若更有以貴加於所尊者，令所司隨事糾聞。（顯慶二年三月）

顯慶二年之詔書似乎仍未被遵守，至建中元年，尚有「舊例，皇姬下嫁，舅姑反拜而婦不答」之記載[六四]，德宗乃命禮官「定公主拜見舅姑及婿之諸父兄姊之儀」[六五]。建中元年是否定有拜見禮儀，史無明文，但至貞元十一年，德宗又令禮官參定見舅姑之儀禮[六六]。兩次所定之儀禮內容如何，史籍未曾記載，不論內容如何，最重要者乃是切實遵行，觀大中三年萬壽公主嫁鄭顥，宣宗尚以詔書告萬壽公主執婦禮，如臣庶之法，毋得輕夫族[87]，則公主對夫族之禮儀恐始終未眞正遵行，身爲舅姑者自不願娶公主爲媳婦。

唐代公主皆有封戶，新唐書卷八十三公主傳：

開元新制：長公主封戶二千，帝妹戶千，率以三丁爲限，皇子王戶二千，主半之。左右以爲薄。帝（按：玄宗）曰：「百姓租賦非我有，士出萬死，賞不過束帛，女何功而享多戶邪？使知儉嗇，不亦可乎？」於是，公主所稟殆不給車服。後咸宜（公主）以母愛益封至千戶，諸主皆增，自是著於令。主不下嫁，亦封千戶，有司給奴婢如令。

如有恩寵，公主封戶可超過千戶，如代國公主封戶至一千四百，且置邑官[88]，唐六典卷二十九載有「公主邑司」，內有：令一人，從七品下；丞一人，從八品下；錄事一人，從九品下；吏八人；主簿二人；謁者二人；舍人二人；家史二人。神龍時，太平、長寧、安樂、宜城、新都、定安、金城等七公主且開府置官屬，視同親王[89]。公主結婚，例須建第，如「德陽公主下嫁，治第將侵（張）弘靖家廟。」[91]；長寧公主下嫁楊愼交，造第東都[90]；同昌公主嫁韋保衡，「賜第於廣化里」[92]；太宗女襄城公主嫁蕭銳，太宗令所司別爲營第，公主辭曰：「婦事舅姑，如事父母，若居處不同，則定省多闕。」再三固讓，乃止，令於舊宅而改創。[93]襄城公主之事更可證公主結婚必新建住舍，不僅住舍由皇帝出資建造，且賜給奴婢，如岐陽公主嫁杜悰，憲宗賜與奴婢，岐陽公主不受，而自市寒賤可制指者[94]，即證公主成婚，皇帝賜與奴婢。住宅與奴婢皆爲公主所有，身爲駙馬都尉在家中勢成公主之附庸，當時係男性爲中心之社會，駙馬都尉在家中之地位低於其妻，駙馬都尉之內心感受可以推知。且如果公主先卒，駙馬都尉須爲公主服斬衰三年，此乃士族不願尙公主之一大原因。[95]

固然，駙馬都尉中有官至宰相者，如韋保衡、于琮，但大多數駙馬都尉在政治上並未能躍居顯要。唐制，「駙馬皆除三品員外官，而不任以職事。」[六六]例如姜慶初尚玄宗女新平公主，「駙馬都尉鮮有授正員官者，慶初特拜太常卿。」[六七]郭鏦尚漢陽公主，擢檢校國子祭酒、駙馬都尉。「自景龍後，外戚多爲檢校官，不治事。宰相薦其才，不當以外戚廢，乃拜右金吾將軍。」[六八]「不當以外戚廢」已可見外戚在政治上之無出路，駙馬之能居高位者甚少，乃由於皇帝之特意拔擢，如劉士涇尚雲安公主，穆宗時用爲太僕卿，韋弘景封還詔書，以爲士涇「戚里常人」，「聲名不在於士林，行義無聞於朝野」，穆宗不聽，竟命之。[六九]不過，皇帝對駙馬似不及民間翁婿情深，故皇帝常未必肯眞正拔擢駙馬，張垍尚寧親公主卽其例。舊唐書卷九十七張說傳：

（張）垍以主壻，玄宗特深恩寵，許於禁中置內宅，侍爲文章，嘗賜珍玩，不可勝數。……天室中，玄宗嘗幸垍內宅，謂垍曰：「（陳）希烈累辭機務，朕擇其代者，孰可？」垍錯愕，未對，帝卽曰：「無踰吾愛壻矣。」垍降階陳謝。楊國忠聞而惡之，及希烈罷相，舉韋見素代，垍深觖望。

可見駙馬或許會受到皇帝之賞賜，但政治上之昇達則未必容易。開成三年十二月勅：「駙馬都尉尚公主後，宜令守檢校官二周年，滿則量人材資序，改轉正員官。」[七〇]時近唐末，駙馬仍無法成爲仕途捷徑，躍居宰輔，此亦時人不願尚公主之主因。

總之，由於實際環境、公主品德之不良、家族禮儀、駙馬在家中之地位、駙馬之仕途等因素常造成唐代公主婚姻之困難。

註釋

㈠ 新唐書卷八十三諸帝公主傳內共有公主二一〇人。傳云：「玄宗二十九女。」文中所列則三十人，其中「康公主，早薨。咸通九年追封。」實爲錯誤。普康公主非玄宗之女，實乃懿宗之女，廿二史考異卷五十一諸公主傳條，錢大昕云：「予謂公主早薨者多矣，獨普康公主以明皇女而追封於咸通之世，殊不近情，又考懿宗八女，自有封普康者，乃悟咸通九年追封者，必是懿宗之女，史家轉寫，重複錯亂，若於明皇諸女中，除去普康一人，則與二十九人之數合矣。」又唐會要卷六，公主，憲宗十九女，與新唐書公主傳所載憲宗十八女之數不同，按唐會要所記憲宗十九女內有壽安公主，本琛王女加公主號，後嫁王元逵，壽安公主既非憲宗親生，應予刪去，故憲宗仍爲十八女。

㈡ 封言道，新唐書卷八十三公主傳：「淮南公主，下嫁封道言。」按新唐書卷一〇〇及舊唐書卷六十三封倫傳均作「封言通」，今從封倫傳。

㈢ 舊唐書卷一一五及新唐書卷二〇九崔器傳稱其曾祖恭禮，尙館陶公主。按新唐書卷八十三公主傳、唐會要卷六、冊府元龜卷三〇〇，俱載眞定公主嫁崔恭禮，館陶公主嫁崔宣慶，崔器傳恐誤。

㈣ 新唐書卷八十三公主傳：「豫章公主，下嫁唐義識。」按新唐書卷八十九、舊唐書卷五十八唐儉傳，新唐書卷七十四下宰相世系表均作「唐善識」，新唐書公主傳恐誤。

㈤ 程處亮，新唐書卷八十三公主傳作「程懷亮」，按新唐書卷九〇、舊唐書卷六十八程知節傳均作「程處亮」，冊府元龜卷三〇〇亦云：「程處亮，知節子也，尙太宗女清河公主。」新唐書公主傳恐誤。

㈥ 楊愼交，新唐書卷八十三公主傳資治通鑑及冊府元龜卷三〇〇均作「楊愼交」，舊唐書卷六十二楊恭仁傳則作「楊睿交」，恐誤。

㈦ 新唐書卷八十三公主傳：「荊山公主，下嫁薛伯陽。」又稱：「涼國公主字華莊，始封仲源。下嫁薛伯陽。」則薛伯陽似先後得尙荊山、涼國二公主，按舊唐書卷七十三薛稷傳：「又令其子伯陽尙仙源公主。」新唐書卷九十八薛稷傳：「以其子伯陽尚仙源公主。」冊府元龜卷三〇〇亦稱：「薛伯陽，稷之子，尚睿宗女涼國公主。」均未及荊山公主。故本表荊山公主婚嫁從缺。

(八) 溫曦，新唐書卷八十三公主傳，涼國公主未云再嫁，然唐會要卷六，記涼國公主「降薛伯陽，後降溫義。」冊府元龜卷三〇〇，同。按新唐書卷九十一溫彥博傳：「彥博曾孫曦，尚涼國長公主。」又新唐書卷七十二中，宰相世系表，有溫「曦，太僕卿、駙馬都尉。」可見新唐書公主傳無涼國公主再嫁溫曦，會要與冊府元龜之「溫義」恐係「溫曦」之誤。

(九) 新唐書卷八十三公主傳作薛國公主，唐會要卷六則作蔡國公主。

(一〇) 新唐書卷八十三公主傳，鄎國公主「下嫁薛儆」，新唐書卷七十三下，宰相世系表，有薛儆「鄧州刺史，駙馬都尉。」唐會要卷六，作「薛敬」，會要恐誤。

(一一) 新唐書卷八十三公主傳：「常芬公主，下嫁張去奢。」按據新唐書卷七十七肅宗張皇后傳：「去盈，尚常芬公主。」唐大詔令集卷四十二，常芬公主食實封制，亦以公主降張去盈。去奢與去盈乃兄弟，新唐書公主傳恐誤。

(一二) 唐大詔令集卷四十一，封唐昌公主等制：「唐昌公主出降張垍。」按新唐書卷八十三公主傳：「唐昌公主，下嫁薛鏽。」唐會要卷六、冊府元龜卷三〇〇，同。唐大詔令集恐誤。

(一三) 新唐書卷八十三公主傳作竇澤，據新唐書卷七十一下、宰相世系表，應作竇繹。

(一四) 新唐書卷八十三公主傳：「臨晉公主，皇甫淑妃所生，下嫁郭潛曜。」按新唐書卷一九五鄭潛曜傳：「尚臨晉長公主。」潛曜乃鄭萬鈞之子，姓鄭，並見廿二史考異卷五十一，新唐書公主傳恐誤。

(一五) 張垍，新唐書卷八十三公主傳、新唐書卷一二五張垍傳、舊唐書卷九十七張說傳、冊府元龜卷三〇〇，均載張垍尚寧親（齊國）公主，而唐會要卷六則云裴垍尚齊國公主，會要恐誤。

(一六) 新唐書卷八十三公主傳：「萬春公主，杜美人所生。下嫁楊朏，又嫁楊錡，薨大曆時。」「太華公主，貞順皇后所生，下嫁楊錡。」則楊錡應先尚太華公主，再尚萬春公主，然唐會要卷六、冊府元龜卷三〇〇均無楊錡尚萬春公主之紀錄，按萬春公主嫁楊國忠之子楊朏，楊朏於天寶十五載安祿山陷長安時被執而死，楊錡死於何時，史未明載，則楊錡尚萬春公主當在至德以後。

⑰肅國公主三嫁，新唐書公主傳作初嫁鄭巽，又嫁薛康衡，三嫁回紇英武威遠可汗。唐會要卷六則云：「降鄭巽，後降回紇可汗，三降薛康衡。」今從新唐書公主傳。

⑱新唐書卷八十三公主傳：「郯國公主，始封大寧，下嫁張清。」唐會要卷六則以郯國公主降裴清。按新唐書卷七十七肅宗張皇后傳，其弟清尚大寧郡主。唐會要恐誤。

⑲新唐書卷八十三公主傳，新都公主無嫁王贊之記載，唐會要卷六則云：「降王贊，後降田華。」冊府元龜卷三〇〇亦云「王贊，爲同州朝邑尉，授光祿少卿同正，尚代宗女新都公主。（原註：後降田華）」今補入王贊。

⑳新唐書卷二一〇、舊唐書卷一四一田承嗣傳均云田華尚永樂公主，再尚新都公主，按唐代宗女無永樂公主者，新唐書卷八十三公主傳亦僅以田華尚新都公主。冊府元龜卷三〇〇云：「田華爲檢校比部郎中，尚代宗女永樂公主，華卽（田）悅從父兄也，帝以先朝許華婚，不敢以悅故而違罷。」則或係新都公主始封永樂之號耶？

㉑新唐書卷八十三公主傳，未載西河公主再嫁，按廿二史考異卷五十一：「順宗女西河公主下嫁沈翬。案郭子儀傳，孫銛，尚西河公主。又云，初，西河公主降沈氏，銛無子，以沈氏子嗣，此傳不書改適郭銛，漏也。」

㉒唐會要卷六作「雲陽」，恐誤。

㉓唐會要卷六作「陽安」。

㉔唐會要卷六及冊府元龜卷三〇〇均作「裴模」。

㉕新唐書卷九十五高儉傳。

㉖郭子儀之子孫尚主者卽明顯地兼具功勳大臣後裔與皇室姻親之雙重身份。

㉗如杜悰爲士族，其祖杜佑乃憲宗時之宰相，亦屬功勳大臣之子弟。

㉘本表依據舊唐書卷六十二、新唐書卷一〇〇楊恭仁傳及新唐書卷七十一下，宰相世系表，楊氏觀王房等資料製出。

㉙新唐書卷七十一下，宰相世系表，楊洄之子「悅，駙馬都尉。」然新唐書公主傳中駙馬無楊悅之名，恐係遺漏，不知悅尚何公主。

㉚壽春縣主係巢刺王元吉之女。

㉜本表係依據舊唐書卷五十一、新唐書卷七十六，玄宗貴妃楊氏傳，舊唐書卷一二五蕭復傳，新唐書卷一五九柳晟傳製成。

㉝本表係依據新唐書卷七十一下、宰相世系表楊氏，舊唐書卷五十一及新唐書卷七十六玄宗楊貴妃傳，舊唐書卷一〇六及新唐書卷二〇六楊國忠傳製成。

㉞本表係依據新唐書卷七十一下、宰相世系表竇氏，舊唐書卷六十一竇軌傳，新唐書卷九十五竇執傳，新唐書卷七十六睿宗竇皇后傳，舊唐書卷一八三竇孝諶傳，舊唐書卷五十二肅宗張皇后傳製成。

㉟本表係依據新唐書卷七十三下、宰相世系表，新唐書卷八十三太平公主傳，舊唐書卷一八三太平公主傳，新唐書卷八十二玄宗太子瑛傳製成。

㊱本表係依據新唐書卷七十六高宗武皇后傳及玄宗武皇后傳，新唐書卷八十三及舊唐書卷一八三太平公主傳，舊唐書卷一八三及新唐書卷二〇六武承嗣等傳，新唐書卷七十四上宰相世系表等製成。

㊲本表係依據新唐書卷七十四上宰相世系表，新唐書卷七十六中宗韋庶人傳，新唐書卷七十七德宗韋賢妃傳，新唐書卷二〇六及舊唐書卷一八三韋溫傳製成。

㊳本表係依據新唐書卷七十四上宰相世系表，舊唐書卷一二〇及新唐書卷一三七郭子儀傳製成。

㊴見舊唐書卷七十二薛元超傳。

㊵劉餗撰隋唐嘉話云：「薛中書元超謂所親曰：『吾不才，富貴過分，然平生有三恨，始不以進士擢第，娶五姓女，不得修國史。』」唐語林企羨篇同。

㊶舊唐書卷六十五高士廉傳。

㊷呂思勉語，見呂思勉著，隋唐五代史，頁七四九。

㊸劉開榮著，唐代小說研究，頁八七至八八。

㊹唐李公佐著，南柯記，唐代叢書內收有。

㊺參閱王壽南著，唐代藩鎮與中央關係之研究，頁七一三：舊唐書卷一四一田緒傳；全唐文卷六一五邱峰撰，田緒碑。

閱舊唐書卷一四二王武俊傳。

㊻ 舊唐書卷一五六于頔傳。

㊼ 閱王壽南著，唐代藩鎮與中央關係之研究，頁七三三。

㊽ 如南平公主下嫁王敬直，敬直以累斥嶺南，公主乃更嫁劉玄意。又如新城公主嫁長孫詮，詮以罪徙嶲州，公主更嫁韋正矩。

㊾ 新唐書卷二〇五列女傳：「衛孝女，絳州夏人，字無忌。父爲鄉人衛長則所殺，無忌甫六歲，無兄弟，母改嫁。」

㊿ 劉氏屢適，閱舊五代史卷十八敬翔傳。

(51) 閱新唐書卷二〇五，李德武妻裴氏傳。

(52) 閱新唐書卷二〇五，樊仁會母敬氏傳。

(53) 閱新唐書卷二〇五，崔繪妻盧氏傳。

(54) 閱新唐書卷二〇五，房玄齡妻盧氏傳。

(55) 閱新唐書卷二〇五，賈直言妻董氏傳。

(56) 其說見李樹桐著，唐代婦女的婚姻，載師大學報第十八期。

(57) 呂思勉著，隋唐五代史，下冊，第十五章，頁七四五。

(58) 陳顧遠著，中國古代婚姻史，第五章，頁六十三。

(59) 舊唐書卷一〇二，徐堅傳。

(60) 見太平廣記卷一六〇，秀師言記條，引自異聞錄。

(61) 唐會要卷八十三，嫁娶：「永徽二年九月，紀王愼等議堂姨母之姑姨及堂姑姨父母之姑姨，父母之姑舅姊妹婿，姊妹堂外甥，雖前外姻無服，請不爲婚。詔可之。」

(62) 閱新唐書卷七十六玄宗貴妃楊氏傳。

(63) 新唐書卷七十六高宗則天順聖皇后武氏傳：「父士彠，……太宗聞士彠女美，召爲才人。」按大唐六典卷十二內官，有才人，正四品，新唐書卷七十六，后妃傳序：「唐制：皇后而下，有貴妃、淑妃、德妃、賢妃，是爲夫人。昭儀、昭容、昭媛、修儀、修容、修媛、充儀、充容、充媛，是爲九嬪。捷妤、美人、才人各九，合二十七，是代世婦。」可知才人乃較低級之妃嬪，才人亦能爲皇帝生子，如玄宗之劉才人生光王琚，閻才人生義王玭，陳才人生陳王珙，鄭才人生恆王瑱。可見才人類似皇帝之妾。

(六四) 閱舊唐書卷一八三長孫敞傳。

(六五) 閱舊唐書卷一八三韋溫傳。

(六六) 新唐書卷七十六玄宗貴妃楊氏傳。

(六七) 舊唐書卷一二〇郭鏦傳，新唐書卷一三七郭銛傳。

(六八) 新唐書卷一三七郭釗傳。

(六九) 新唐書卷八十三蘭陵公主傳。

(七〇) 舊唐書卷六十五高士廉傳。

(七一) 關於李唐皇室之血統問題，參閱陳寅恪著，李唐氏族之推測、李唐氏族之推測後記、二論李唐氏族問題、唐代政治史述論稿；王桐齡著，楊隋李唐先世系統考。

(七二) 參閱劉增貴著，唐代婚姻約論，載成功大學歷史學報第五期。

(七三) 新唐書卷七十六高宗則天順聖皇后武氏傳。

(七四) 通鑑卷二二六，建中元年十一月。

(七五) 通鑑卷二三九，元和九年六月。

(七六) 唐語林卷一，德行：「宣宗時，前進士于琮選尚永福制主，……事忽中止，丞相上審聖旨，上曰：『此女子朕近與會食，對朕輒折匕筯，性情如此，恐不可爲士大夫妻。』」

(七七) 舊唐書卷六十二楊師道傳。

(七八) 新唐書卷八十三合浦公主傳。

(七九) 舊唐書卷一二五蕭復傳。

(八〇) 新唐書卷八十三古樂公主傳。

(八一) 新唐書卷八十三襄陽公主傳。

(八二) 舊唐書卷一四二王武俊傳。

(八三) 新唐書卷八十三長廣公主傳。

(八四) 唐會要卷六公主雜錄。

(八五) 通鑑卷二二六，建中元年十一月。

(八六) 唐會要卷六，公主雜錄。

(八七) 閱通鑑卷二四八，大中三年十一月庚午條。

(八八) 全唐文卷二七九，鄭萬鈞撰代國長公主碑。

(八九) 新唐書卷八十三太平公主傳。

(九〇) 舊唐書卷一二九張弘靖傳。

(九一) 新唐書卷八十三長寧公主傳。

(九二) 通鑑卷二五一，咸通十年正月丁卯。

(九三) 唐會要卷六，公主雜錄。又舊唐書卷六十三，蕭瑀傳，略同。

(九四) 通鑑卷二三九，元和九年八月癸己。

(九五) 舊唐書卷一四七杜悰傳：「（悰尚岐陽公主）屬岐陽公主薨，久而未謝。文宗怪之，問左右。戶部侍郎李玨對曰：『近日駙馬爲公主服衰三年，所以士族之家不願爲國戚者，半爲此也。杜悰未謝，拘此服紀也。』」

(九六) 通鑑卷二一四，開元二十三年。

(九七) 冊府元龜卷三〇三，外戚部，褒寵。又新唐書卷九十一姜慶初傳略同。

(九八) 新唐書卷一三七郭鏦傳。

(九九) 舊唐書卷一五七韋弘景傳。

(一〇〇) 唐會要卷六，公主雜錄。

參考書目

劉昫等撰　舊唐書　臺北：國泰文化事業有限公司　民國六十六年初版
歐陽修等撰　新唐書　臺北：國泰文化事業有限公司　民國六十六年初版
薛居正等撰　舊五代史　臺北：鼎文書局
宋敏求編　唐大詔令集　臺北：鼎文書局　民國六十一年初版
唐玄宗勅撰　大唐六典　臺北：文海出版社　民國五十七年三版
王欽若等編　冊府元龜　臺北：大華印書館景印　民國五十七年
杜佑撰　通典　臺北：新興書局　民國五十二年新一版
長孫無忌等撰　唐律疏議　日本京都：東海書店　一九六八年
王溥撰　唐會要　臺北：世界書局　民國五十七年三版
司馬光撰、李宗侗等註　資治通鑑今註　臺北：臺灣商務印書館　民國五十九年二版
董誥等編　全唐文　臺北：滙文書局
李昉等編　太平廣記　臺北：粹文堂　民國六十四年再版
李公佐撰　南柯記　在唐代叢書內
劉餗撰　隋唐嘉話　在唐代叢書內
王讜撰　唐語林　臺北：世界書局　民國五十六年再版
張鷟撰　耳目記　在唐代叢書內
張固撰　幽閒鼓吹　在唐代叢書內
瞿宣穎纂輯　中國社會史料叢鈔　臺北：臺灣商務印書館　民國六十一年臺二版

錢大昕撰　二十二史考異　日本京都：中文出版社　一九七六年
呂思勉著　隋唐五代史　臺北：九思出版社　民國六十六年臺一版
陳顧遠著　中國古代婚姻史　臺北：臺灣商務印書館　民國五十四年臺一版
劉開榮著　唐代小說研究　臺北：臺灣商務印書館　民國五十五年初版
王壽南著　唐代藩鎮與中央關係之研究　臺北嘉新文化基金會　民國五十八年初版
馬之驌著　我國婚俗研究　臺北：經世書局　民國六十八年初版
陳寅恪著　唐代政治史述論稿　在陳寅恪先生論集內　臺北：中央研究院歷史語言研究所　民國六十年出版
陳寅恪著　李唐氏族之推測　在陳寅恪先生論集內
陳寅恪著　李唐氏族之推測後記　在陳寅恪先生論集內
陳寅恪著　三論李唐氏族問題　在陳寅恪先生論集內
李樹桐著　唐代婦女的婚姻　載師大學報第十八期　民國六十二年六月
劉增貴著　唐代婚姻約論　載國立成功大學歷史學報第五期　民國六十七年七月

（中央研究院三研所編，第一屆歷史與中國社會變遷研討會，臺北，民七十年）

隋譙國夫人事蹟質疑及其嚮化與影響

林天蔚

一　冼姓氏族源流

吾粵高涼六屬㈠，遍設冼太夫人廟㈡，香火甚盛，祀隋譙國誠敬夫人，夫人本溪洞蠻女。按吾粵之開闢，雖始自尉佗，然至唐宋二代，仍是蠻瘴謫宦之地；蓋是時開化者只是若干城市，其餘大部仍未設州郡，而爲溪洞之勢力範圍。冼氏當時據西江南路一帶，後與另一溪洞首領馮寶聯婚，勢力益大。然冼馮二族以後之發展迥異，蓋夫人在馮家，因其嚮化中原，故馮家人物輩出，而冼族則保留溪洞勢力，人物遠遜。尤其是夫人能獨具慧遠，在紛亂之際，識陳霸先于行伍，與之連結，及至天下大定，卻能首先降隋，故于南朝至隋唐間之歷史，影響甚鉅。宋蘇軾曾有詩頌之曰㈢：

馮冼古烈婦，翁媼國于茲，策勳梁武後，開府隋文時，三世更險易，一心無磷緇，錦繖平積亂，犀渠破餘疑。……

然惜此一代巾幗英雄事蹟，談之者極少㈣，府縣志僅引自北史與隋書，或語而未詳，或事有蹊蹺，尤其對其氏族源流，未能詳列，據光緒本高州府志卷四十、列女：

譙國夫人者，高涼冼氏之女也，世爲南越首領。

「世爲南越首領」，是指夫人之父。因係溪洞首領，故史籍不載。其實高涼冼氏，源出南海，始祖名勁，據宣統二年冼寶幹纂修之嶺南冼氏宗譜卷一之三：

始祖名勁，字元吉。

冼勁，于東晉元興三年（西元四〇四年），盧循陷廣州時殉職㊄，其後代分爲三支：一支留居南海、番禺，今中區冼族屬此支；一支遷高州、電白，而爲今日南路冼族之祖先，一支則遷海南㊅，而爲該地冼族之祖。宗譜更顯明的記載夫人是屬第二支高涼（州）冼族之一，故知源出於南海，惟宗譜于始祖冼勁之上，別有一世祖汭，年代上推至始皇三十三年（西元前二一四年），並謂冼氏源出于沈氏，殊屬無稽，據冼氏宗譜「氏族源流」篇載：

冼氏之先，源出于沈子國，亦周之苗裔，在秦居眞定郡，有名汭者，以俠義聞，爲仇家所持，因秦法嚴，改今姓。始皇三十三年，遣趙陀將謫卒五十萬人戍五嶺，汭與陀同里，且有舊，往投其帳，遂家焉，是爲冼氏入粵之始。

據冼汭事蹟，未見有其他史籍記載，此疑點之一。且冼、沈同源，並無其他證據，宗譜修纂者亦云：

由沈改冼，本無明文，而譜牒多同，至今沈、冼二姓不通婚姻，各譜亦無妣配沈氏者，流傳既久，事非無因㊆。

其實冼、沈二氏，並非大姓，未發現通婚，便認爲同源，豈能置信，此其可疑之點二。又宗譜自汭起，傳子孟程，三傳好謀，好謀爲呂后時人，由好謀至冼勁殉國（晉安帝元興三年），中間幾六百年，並無世系可尋，不無可疑，此其三也。又洪邁容齋三筆卷二，有「漢人希姓」條，單姓根本無冼字，可知漢代未有冼姓，此可疑之點四。故冼氏中開明人士亦認爲「世爲粤人，非若他姓之自外來也」㊇。

按唐初修隋書及北史時，言及譙國夫人，但言「世爲南越首領」㊈，阮元廣東通志則稱爲俚人㊉，俚人者亦即土著之人，其源有自，再按唐元和七年（西元八一二年）林寶所修元和姓纂，銑韻載：

冼，又音線，南海人。

而後鄭樵通志卷二十九「氏族略」襲之，惟加上一句：

晉忠義傳有冼勁，南海人。

其實晉書忠義傳只有「沈勁」，與冼勁事蹟不同，此乃通志之誤。至北宋景祐二年（西元一〇三五年），邵思撰姓解，水四十「冼」，更指出冼氏其他二十四種僻姓，源于「諸家姓書」㊁，換言之，即是「各家自道」而已。

而南宋時有關氏族之著作，對於冼氏已漸指出是南海之蠻姓矣，章定之名賢氏族言行類編卷六三四冼：

冼，音線，南海人，見姓苑。

按圖書集成氏族典四六云姓苑有三：劉宋時何承天撰姓苑十卷，收於玉函山房輯佚書補編中；唐林寶撰姓苑三卷，疑是元和姓纂之前身；另有崔日用撰姓苑略，亦未見是書。章氏之書，與元和姓纂記載全部相同，疑即引自此書。至王應麟之姓氏急就篇上，言冼氏：

梁高涼太守馮寶妻冼氏，高涼蠻酋女，隋番禺賊冼寶徹。

以後，至明清二代之姓書，如凌迪知之萬姓統譜，陳士元之姓觿，清黃本驥之姓氏解紛，及圖書集成之氏族典等所載之冼姓，不外是「南海人」，「蠻酋之後」，均源出以上數書而已。

冼氏既世爲「南越首領」，況所居之地，皆是溪洞部落㊂，當然是南方蠻姓，及後建功立業，遂附麗于華族，或托言源于沈氏㊂。唐初高士廉修氏族志時，曾網羅天下譜牒，先要「考其眞僞」㊃，至宋洪邁時，已感歎「姓氏不可考」㊄，故單憑譜牒，又豈能盡信耶。

二　冼族之遷移與夫人之先世

宗譜所載之事蹟，頗多可疑，如：

㈠四世祖文幹「隱居教授，明心性之學」，所謂「心性之學」，乃是理學名詞，按冼勁于元興三年（西元四〇三）殉難，二傳而至文幹，不外七十餘年，約當是劉宋與蕭梁之間人物，何來心性之學？

㈡五世祖企及，于梁普通四年（西元五二三），因南越潮陽等處盜賊橫行，祖奉文檄勸之，不復，業者捕之，數郡悉賴以安。參將鄔國藩表爲南越隩門守備，按上文之隩門，以地緣判斷，當是今日之澳門，但其名稱應始於明後。因參將、守備之職，亦是明代官制㊅，蓋蕭梁時代無此官職也。

㈢六世祖本務爲「通仕郎」，按隋唐以前之散官以品稱，隋唐以後有登仕郎、將仕郎等十四種㊆，直至清代仍未見有「通仕郎」之稱㊅，即使是手民之誤，亦不應是南朝官職。按宗譜所載事蹟雖未全部可靠，惟源流世系清晰，據此以稽冼氏由南海南遷，亦寶貴之資料，而其中尤值得深思者：

(1)始祖勁事蹟，宗譜乃引自歐大任：百越先賢志卷四，據稱：「家本武師，世爲部曲」，此二句頗堪據嶺南冼氏宗譜卷一之三宗支譜列其世系：

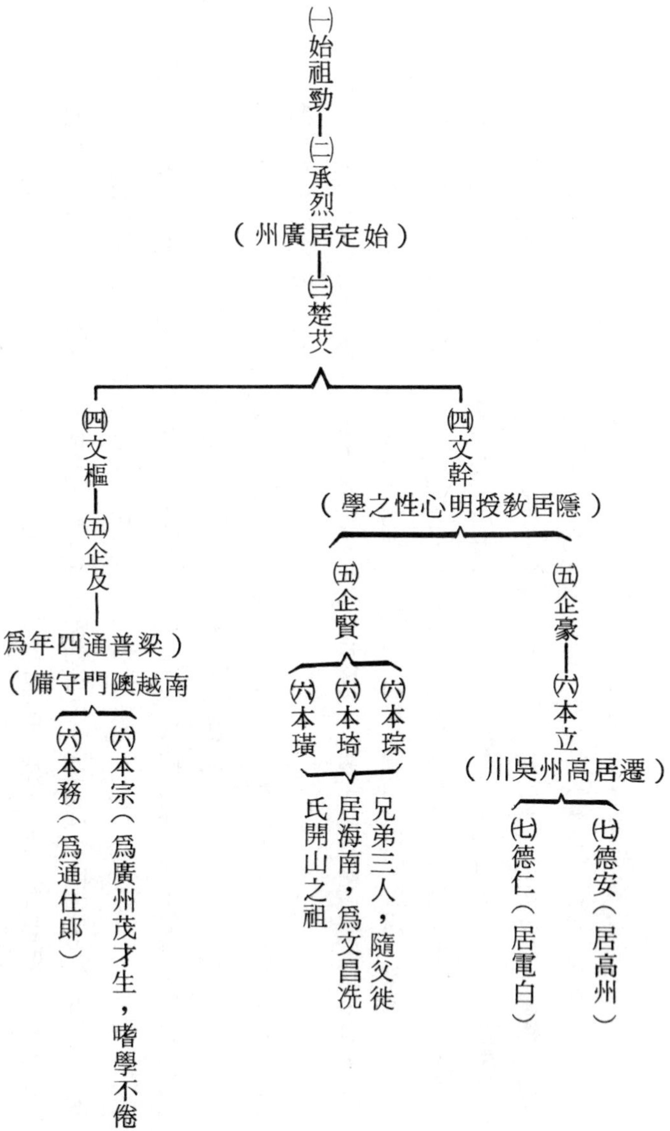

玩味，推知冼勁乃當時擁有地方勢力之人物，若以漢人立場，稱之爲「溪洞酋長」亦無不可，後因率衆保護廣州，抗拒盧循，因而遇害，追謚始興太守曲江縣侯。至五世祖企及，因「盜賊橫行，奉檄勦之，不復，業者捕之，數郡悉賴以安」，時企及有武力而無官職，推知冼氏一連四世，仍是掌有地方勢力，在統一政權之下，惟一合理推測，當時仍是世襲之溪洞酋長。

(2)當五世祖冼企及，於梁普通四年（西元五二三），平定潮陽盜賊，後十餘年，即梁大同初（西元五三五），譙國夫人便婚于馮寶，據北史卷九一及隋書卷八十本傳載：

世爲南越首領，部落十餘萬家……在父母家亦能撫循部衆，能行軍用師，壓服諸越……梁大同初……（馮）寶娉以爲妻。

可知由東晉冼勁至蕭梁時，冼企及與夫人未婚于馮氏前百餘年間，冼氏仍是嶺南擁有最大武力之溪洞氏族。

(3)冼氏自冼勁「世爲武帥」，擁有地方勢力之後，當然難爲統治者所能容忍。不過，東晉時之廣州南海郡轄六縣，範圍東自今之潮陽起，北至四會，南至海，西至肇慶一帶，戶只九千五百㊈，可謂地廣人稀。漢人除居於三角洲之城市外，山區地帶，政府鞭長莫及，自然易爲溪洞勢力所盤據。至南朝建立，北方胡族勢力日增，政治中心南遷，加以人口增多，需要析郡治理，按廣州向治南海郡，晉時廣州轄郡十，至南朝時增至十七，且增者多在北江（樂昌），西江（肇慶、新會）一帶㊉。該地政府控制力日強，惟有南路開闢較遲，於是向居中區之溪洞部族，既不能立足，遂向南移，據嶺南冼氏宗譜，「五世祖企豪，由廣州遷至高州吳川。」

另一五世祖企及，于梁普通四年討平潮陽等盜賊，企及與企豪乃是堂兄弟，時期不會相差太差，企及因有功出仕，當然日漸「漢化」，企豪因「道不同」，遂偕同父弟，企賢南遷高州府之吳川縣，是爲高涼冼族之祖。企豪之子二人，德安居高州（即高涼），德仁居電白，企賢之子三人，則再徙海南島，是爲海南冼氏之祖。

三　夫人之父兄

若考之譙國夫人于梁大同初（西元五三五年）與馮寶結偶，彼時年齡若在二十左右計㊂，則夫人應是企豪或企賢之女，但北史及隋書本傳則云：

> 譙國夫人冼氏者，高涼人也，世爲南越首領。

南越（粵）當然是指廣東，夫人婚前既已定居高涼，而企豪則剛開始遷徙，則又似是六世祖本立之女，妹或叔姪因堂兄年齡相差二十年並不足爲奇，夫人有兄名挺，據北史及隋書本傳：

> 夫人兄南梁州刺史挺，恃其富強，侵掠旁郡，嶺表苦之，夫人多所規諫，由是怨隙止息，海南儋耳歸附者千餘洞。

按：嶺表以南無「南梁州」，疑此乃指「南梁」（南朝梁代）之州刺史，而且此刺史或是追謚㊂，而夫人之兄挺，或是德安或德仁之本名，「侵掠旁郡」，顯非政府官員，而是一般武裝部落領袖之所爲，且經夫人規諫後，「海南儋耳歸附者千餘洞」，此「千餘洞」很明顯的是溪洞，因夫人之堂（叔）兄本琮、本琦、本璜已遷至海南，這是意味着冼族以譙國夫人爲領袖，或者因夫人已控制自高涼沿海而至海南一帶，故冼氏另外一支遂再南遷至海南，別謀發展，亦有可能。

四　馮冼聯婚之政治意義

按高涼郡（治高涼縣，今電白），始建于漢建安二十五年（西元二二〇），孫吳時再析置高興郡（治廣化縣，今陽江），晉初二郡合併，據王象之輿地紀勝卷一一七高州：

晉武平吳，併高興郡入高涼郡，宋又立高興郡，尋省，後爲夷獠所據，梁平俚洞，置高州。

所謂「夷獠所據」，當是包括冼氏所控制之溪洞在內，首任高州刺史爲孫冏。時爲大同七年（公元五四一）㉓，是時高州統六縣，範圍遠及海康㉔，因高州轄地與冼氏溪洞交錯相連。故羅州刺史（治今化縣）馮融，不能不加意籠絡㉕，馮寶之娶譙國夫人，純是政治因素，此爲治史者不可忽略之事實。

五　夫人之嚮化中原及其影響

譙國夫人婚于馮寶時，馮氏至粵已三世，馮氏亦似非漢人，新唐書卷一一〇，馮盎傳（寶之孫），雖謂源出北燕馮宏之後，宏在高麗遇害後，其子業浮海至番禺，崔鴻之十六國春秋載高句麗俘得宏時，連美女皆掠去，馮氏後裔似難有漏網者。且馮業是否爲宏之子，待證，即使屬實，馮氏多年臣服于鮮卑族，亦胡化頗深㉖，業之孫爲融，融之父爲誰又不可考，且新唐書卷一一〇爲「諸夷蕃將傳」，將馮盎與呵史那杜佘、契苾何力等同列，舊唐書馮盎傳則謂「累為本部大首領」，可知馮氏亦高州附近溪洞蠻酋之一，與中原馮氏未必有關。

大概嶺南之開發，雖始于南越，而其漢化則應在唐宋以後㉗。現代之廣東，在南朝時已設郡縣治理者，僅十之一二，是時中原大亂，政府控制力弱，大部分地方仍為土著民族（溪洞酋長）所割據，李吉甫元和郡縣圖志卷三十四，記唐初：

廣州，為嶺南五府經略使理所，以綏靖夷獠。

夷獠，是指溪洞之土著民族，可知唐以前廣東大部為土著民族所割據，其中冼族力量較強㉘。自譙國夫人于梁大同初（西元五三五年）婚于馮寶後，至隋仁壽（西元六〇一—六〇四年）初年，其間六十多年，夫人最大之貢獻便是嚮化中原。結果，其事影響陳隋二代嶺南之順利歸附與版圖之擴大；同時亦使馮冼二族之發展迥異。現僅據跡分敍如下：

梁武帝太清二年（西元五四八），侯景叛，陷臺城，梁武帝被軟禁，中央政府瓦解，嶺南各郡遂互相兼併。首先是廣州刺史元景仲響應侯景而獨立，臨賀內史歐陽頠，監衡州（應是東衡州治今曲江）蘭裕、蘭宗禮誘始興等十郡舉兵反㉙，當時廣東不外十七郡，即使其中有湘、桂、贛邊郡參加「反叛」，而廣東必有大部分州郡成為獨立狀態，是時馮寶為高涼太守，夫人之卓識，竟能勸馮寶與陳霸先聯絡，結果，陳霸先利用南方勢力而建國，而兩廣又可免於兵禍。按陳霸先原為廣州刺史蕭映（梁宗室）僚佐，討交州叛賊李賁有功，太清元年（西元五四七），為西江督護，高要太守，武力強大，僅一年，侯景陷臺城，霸先準備北上勤王，各地遂相繼獨立，據光緒本高州府志卷四：

侯景反，廣州都督蕭勁㊂，徵兵援臺（城），高州刺史李遷仕據大皐口㊂，遣招寶，寶欲往，夫人止之曰：刺史無故不合招太守，必欲詐君爲反耳。寶曰：何以知之？夫人曰：刺史被召援臺，乃稱有疾，鑄兵聚衆，而後喚君；今者若往，必留質追君兵衆，此意可見，願且無行，以觀其勢。數日，遷仕果反，遣主帥杜平虜兵入灨石。寶知之遽告，夫人曰：平虜驍將也。領兵入灨石，即與官兵相拒，勢未得還，遷仕在州無能爲也，若君自往必有戰鬥，宜遣使詐之，卑辭厚禮云；身未敢出，欲遣婦往參，彼聞之喜，必無防慮，于是我將千餘人，步擔雜物，唱言輸賧（音淡，蠻人以貨爲賧），得至柵下，賊必可圖。寶從之……夫人擊之，大捷，遷仕遂走保寧都。夫人總兵與長城侯陳霸先會于灨石，還謂寶曰：陳都督大可畏，極得衆心，必能平賊，君宜厚資之。

按是年陳霸先適由始興經大庾嶺北上勤王，李遷仕于粵中謀策應侯景，夫人與陳霸先聯兵而平之㊂，嶺表既定，陳霸先無後顧之憂，全心北上，助王僧辯平侯景。及後西魏南犯，陷江陵；而陳霸先駐守京口，終受梁禪。另一方面，陳霸先北上後，廣州仍有局部戰爭㊂，但高涼附近（應包括西江、南路一帶），都安然無事，均夫人保境安民之功㊂。

陳霸先建國後，嶺南僅名義上歸順而已。當時之刺史，全是將軍銜，可知是用武力鎮壓，事見於陳書本紀。但夫人子馮僕，年僅十齡，于陳建國後第二年，便率各溪洞酋長入朝；朝廷以僕爲陽春太守㊂，由此可見夫人之嚮化及其影響之大。而嶺南方面因此又獲十餘年之和平，霸先死後，夫人仍效忠於陳，陳宣帝太建元年（公元五六九），左衞將軍歐陽紇據廣州反，又是夫人平定之，據隋書本傳：

廣州刺史歐陽紇謀反，召（馮）僕至高安㊂，誘與爲亂，僕遣使歸告夫人，夫人曰：我爲忠貞，經今二代，不能惜汝輒負國家。遂發兵拒境，帥百越酋長迎韋昭達（陳將），內外逼之，紇潰散。夫人此次平亂，仍是以「百越酋長」之地方勢力爲主。總之，夫人與陳霸先合作後，對陳矢志忠貞，而陳待夫人亦甚厚，册封夫人爲中郎將石龍夫人（應是高涼郡夫人，玆據北史及高州府志等修正），賫繡幰油給駟馬安車一乘，給鼓吹一部並麾旌節，其鹵簿一如刺史之儀，而馮僕以母故封信都侯，以一女子而有「麾旌節，鹵簿」，封爲中郎將，其武功之超卓，可謂前無古人了。

馮僕卒于陳後主至德中，時夫人已屆六十餘高齡，陳亡，嶺南未有所附，數郡共奉夫人爲聖母，保境安民，是時夫人之勢力已伸展至廣州，因隋遣韋洸安撫嶺外，夫人之孫，馮魂帥衆迎至廣州，廣東始入隋之版圖㉗。及後番禺人王仲宣反，又是夫人另一孫馮盎所討平之㉘。此是夫人功業最輝煌之時代。

當夫人功業最盛之際，亦是夫人接受漢化最深之時。蓋隋統一天下，不能容許溪洞勢力存在，夫人爲效忠新朝，在開皇十年（公元五九〇），討平王仲宣之役，遂與西江羅定之溪洞領袖陳氏相決裂，據隋書本傳，王仲宣圍韋洸于廣州，

> 夫人遣孫暄帥師救洸，暄與逆黨陳佛智素相友善，故遲留不進，夫人知之大怒，遣使執暄繫於州獄，又遣孫盎出討佛智，戰克，斬之。

時夫人年已近七十，馮暄爲其諸孫，竟能以大義而繫之于獄，當然深受漢化之影響。至於陳佛智，其父爲陳法念，其子爲陳龍樹，廣東通志均有傳，孫陳集原，在新舊唐書中均入孝友傳，據舊唐書一八八：

> 陳集原，瀧州開陽人也，代爲嶺表酋長。

而羅定州志則稱佛智世襲爲羅州刺史。按唐之羅州治今廉江，其轄地與夫人諸孫相鄰，故陳佛智與馮暄素

相交往，但夫人却能洞識時勢，與梁亡時之認識陳霸先一樣，毅然與陳氏決裂，而馮盎斬陳佛智後，嶺表遂定，西江南路以至粵桂邊區各溪洞首領均降，於是被册封爲譙國夫人，並開幕府置長史，聽發部落六州兵馬，並降勅書曰：

夫人宜訓導子孫，敦崇禮教，遵奉朝化，以副朕心。

顯然的是說明夫人已接受漢化，脫離溪洞蠻風，這轉變似乎引起當時溪洞很大的反應，據通鑑：

仁壽元年（公元六〇一）十一月，潮成等五州獠反，高州酋長馮盎[39]，馳詣京師討之，帝勅楊素與盎論賊形勢，素嘆曰：不意蠻夷中有如此人。

譙國夫人卒於仁壽中，年約八十，謚曰「誠敬」。夫人諸孫當時均爲地方首長，馮暄任羅州刺史，馮盎任高州刺史，或因領導權未能妥爲安排，於是久被壓抑之冼族領袖冼瑤徹（唐書作寶徹）遂起而叛亂。當時已是隋末，羣雄競起[40]，所以此次亂事，歷時四載，蔓延達廣東大部，據隋書帝紀記大業十二年（公元六一六）七月：

高涼通守（即太守，據高州府縣志更正）冼瑤徹舉兵作亂，嶺南溪洞多應之。

至唐高祖至德二年（公元六二〇），始由馮盎討平之，據舊唐書卷一〇九馮盎傳：

武德三年，廣新二州賊帥高法澄、冼寶徹等並受林士弘節度，殺害隋官吏，盎率兵擊破之，既而寶徹兄子智臣又聚兵于新州自爲渠帥，盎趕往擊之……擒寶徹、智臣等，嶺外遂定。

新唐書卷一一〇馮盎傳更進一步指出：

遂有番禺、蒼梧、朱厓地，自號總管。

在馮盎轄地之下有二十餘州，地數千里，當時曾有勸盎稱南越王號，盎以受譙國夫人「嚮化」之影響，「常常恐忝先業」（本傳語），因堅決反對，而於武德五年（公元六二二）舉而降唐，唐將其轄地分成八州。新唐書卷一一〇本傳載：

（唐）高祖析爲高（今茂名）、羅（今廉江）、春（今陽春）、白（今博白）、崖（今崖縣）、儋（今儋縣）、林（治今？）、振（今陵水）八州㊃，授盎上柱國、高州總管，封越國公，拜其子智戴爲春州刺史，智彧爲東合州刺史，盎徙封耿（國公）㊃。

此爲馮族最光輝之時代，其實也是馮盎執行譙國夫人嚮往漢文化及歸順朝廷之政策，而此族屢與中原統治者合作，結果，馮氏享有富貴繁華，而唐得以開發溪洞，擴大版圖，故顧亭林在郡國利病書廣東中云：

隋唐之際，馮冼內屬，荒梗之俗爲之一變。

此爲治史者不可忽略之重要史實。

六　馮冼二族發展不同

譙國誠敬夫人，原是溪洞蠻女，其與馮寶締婚之時，馮氏雖亦是溪洞領袖，但早已受任命于中原統治者而爲地方首長，夫人成爲馮氏婦後，當然受夫家影響，馮寶死，夫人握權，首先與陳霸先合作，陳亡而降隋。夫人卒後，其孫馮盎繼續遵行夫人舊策，率衆降唐，於是馮氏五代，均能保持在嶺南之權力。茲據上文所述而將馮家世系列成下表：

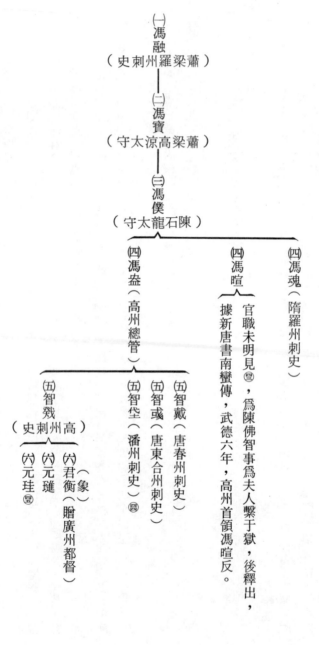

- ㈠馮融（蕭梁羅州刺史）
  - ㈡馮寶（蕭梁高涼太守）
    - ㈢馮僕（陳石龍太守）
      - ㈣馮魂（隋羅州刺史）
      - ㈣馮暄
        - 官職未明見㊸，爲陳佛智事爲夫人繫于獄，後釋出，
        - 據新唐書南蠻傳，武德六年，高州首領馮暄反。
      - ㈣馮盎（高州總管）
        - ㈤智戴（唐春州刺史）
        - ㈤智彧（唐東合州刺史）
        - ㈤智垈（潘州刺史）㊹
        - ㈤智戣（高州刺史）
          - ㈥君衡（象）（贈廣州都督）
          - ㈥元璡
          - ㈥元珪㊺

此外，通鑑武德六年七月，岡州刺史馮士翽反，此馮氏乃高涼溪洞馮氏之支系㊻，另觀夫人娘家——冼氏後人似乎因反對夫人之嚮化中原，仍保留溪洞本色，譬如冼寶徹之反抗馮盎便是一證，因爲未嚮化，故人物不盛，直至趙宋以後，高涼、瓊崖之冼氏人物仍不及番禺為多，蓋番禺南海乃首府之地，人物薈萃，居于是地之冼族，受文化之熏陶，成就較多。據明凌迪知之萬姓統譜載：宋代冼氏人物，著者有三，明代有十，加上廣東通志之數人，亦不外十餘人而已㈣。降至清初，士林仍以冼氏為稀姓。據嶺南冼氏宗譜，大羅譜「三山公奏對」條：

康熙十八年，三山公國榦舉進士，引見之日，上以冼姓稀僻，垂詢先代達人，隨舉前明南京工部右侍郎冼光奉對，命取家乘進呈。

此與馮氏在隋唐之際，喧赫一時，及唐以後，冠冕人物之衆多，實一強烈對比，此蓋譙國誠敬夫人「嚮化」之貢獻，以致影響二族之發展大不相同耳。

註釋

㈠ 高涼郡，漢建安廿五年以漢高涼縣置郡。初治今陽江縣西三十里，劉宋徙治今恩平縣北二十里，蕭梁時自合浦、廣州析置高州，治電白，後徙茂名；至清共轄六州縣，故稱六屬。

㈡ 「冼」夫人非「洗」夫人，見冼玉清廣東文獻叢談「冼夫人非姓洗」條。

㈢ 蘇文忠公詩集卷四十二（紀昀評點本）和陶擬古自九首之一。

㈣ 前人多是片段之記載，近人吳晗，始作學術性敍述，著「冼夫人」一文（收於春天集中），然多是據本傳而敍述，錯誤亦多。

㈤ 參明歐大任百越先賢志卷四，而阮元之廣東通志卷二六八則引此文。

㈥ 見嶺南冼氏宗譜「氏族源流」及「世紀」等篇。

㈦ 見嶺南冼氏宗譜「備徵譜」、「逸傳」篇。

⑧ 見嶺南冼氏宗譜備徵譜，三山公冼氏「世本條」，按三山公爲康熙十八年進士冼寶幹。

⑨ 隋書卷八〇、北史卷一一。

⑩ 廣東通志卷二八「馮融」，「……業乃爲其子高涼太守寶婚于郡大姓冼氏俚人」，此段引自百越先賢志卷四。

⑪ 宋邵思之姓解（古逸叢書之十七）冼姓：「没路眞、湳、溒、潾、汻、溺、況、注、洋、涂、漢、瀶、淸、澤、海、濮、沛、洗、淡、濟、流、灃、淳、涳凡二十四氏，並出諸家姓書」。

⑫ 見㈠冼族之遷移與夫人之先世條。

⑬ 張說：「贈潘州刺史馮君墓誌銘」（文苑英華卷九五〇）。記高力士之父（馮盎之孫），言其源出畢萬苗裔，邑于馮城，因以爲氏，亦非確。杜佑曾爲嶺南節度，其通典卷一八四云：「自交阯至會稽七八千里，百越雜處，各有種姓，故不得盡云少康之後」。可知多其附麗華族。

⑭ 見唐會要卷三六。

⑮ 見容齋隨筆卷六。

⑯ 見永瑢：歷代職官表卷五八。

⑰ 見通典卷三四。

⑱ 見永瑢：歷代職官表卷六八。

⑲ 晉書一五，地理志。

⑳ 顧祖禹讀史方輿紀要卷四，歷代沿革。

㉑ 夫人卒於仁壽初，據李調元之南越筆記謂夫人享年八十，如是應生於梁普通初，婚時應是二十左右。

㉒ 明黃佐廣州人物傳：「南梁刺史馮公融」。按馮融爲蕭梁之羅州刺史，可知冼挺亦是南朝梁代之羈縻州刺史，或是贈刺史。

㉓ 南史卷五一蕭勵傳謂「江西俚帥陳文徹犯高要，勵請于高梁郡立高州」，未言年月，惟通鑑繫于大同七年十二月事，高州府志卷四八事紀則列於大同元年，茲據通鑑。

㉔ 隋志及廣東通志、高州府志、茂名縣志只云轄六縣，佔今茂名、電白、吳川、化縣、陽春、廉江一帶，但隋志合浦郡海康縣

條下注云：「梁大道（同字之誤）割番（潘字之誤）州，合浦立高州，則轄地遠及海康，較之清代之高州府範圍更廣。

㉕ 高州志列女譙國夫人傳謂：夫人未婚之前，馮氏『自業及融三世爲守牧，他鄉羈族，號令不行』，自夫人來歸後，始勢力大盛，而通鑑卷一六三亦云：『融雖累世爲方伯，非土人號令不行，冼氏約束本宗，使民從禮……由是馮氏始行其政』。明黃佐之廣州人物志卷二馮融傳亦有同樣記載。且云：「融可以結人心者婚冼氏之力也」。

㉖ 北燕建國者馮跋，據晉書卷一二五謂小字乞直伐（胡名），魏書九十七則直稱爲海夷馮跋，跋之季弟爲馮宏，可知馮氏亦未必爲純漢人。

㉗ 秦漢時之梅鋗，漢初的陸賈，三國時代之虞翻南來，對學術、政治雖有貢獻，但影響不大，至唐代禪宗六祖慧能及張九齡等輩出自嶺南，其功業始超出吾粵而影響及全國，又如莫宣卿爲嶺南首位狀元，如此直至宋以後，人才始輩出也。可參考百越先賢志、廣州人物傳、廣東考古輯要及馮炳奎之中國文化、王尊生之嶺南文化與嶺南文明。

㉘ 見註㉕。

㉙ 見廣東通志卷一八二、「前事略」，但通鑑卷一六二梁紀則云：高州刺史蘭欽與其諸弟煽誘始興等十郡攻監衡州事歐陽頠，兩者事蹟雖不同，其互相典伴，藐視法令則一。

㉚ 據廣東通志卷一八二前事略及通鑑卷一六三，將此事繫於大寶元年（公元五五〇）六月事，但蕭勃爲廣州刺史，梁書元帝紀則繫於是年十二月。

㉛ 據陳書杜僧明傳：「高州刺史李遷仕據大皐口入灨石，呂思勉之兩晉南北朝史十三章（六四七頁）謂大皐（臯）在江西吉安縣南，灨石在江西灨縣至萬安縣之間，如是李遷仕當時應駐守北江，再據下文，遷仕後爲譙國夫人所敗，而迭走寧都，在今江西南康縣，故疑李遷仕未必是高州刺史，或僅是高州刺史銜，而非實職，猶如孫冏以西江督護兼高州刺史也。

㉜ 高州府志載夫人與陳霸先會師于灨石，是其證據，且夫人僅擊敗李遷仕而已。據通鑑翌年三月，陳霸先將杜僧明生擒李遷仕，可知此次戰役陳霸先爲主，夫人僅從旁助之也。事見陳書高祖本紀。

㉝ 廣東通志卷一八二前事略。承聖元年（公元五五二），衡州（曲江）刺史王懷明作亂，廣州刺史蕭勃討平之，二年（公元五五三），王琳爲廣東刺史，副將孫湯先行據番禺。

㉞ 北史卷九一本傳：「及寶卒（永定二年，即公元五五八），嶺表大亂，夫人懷集百越，數州晏然，隋書本傳亦有同樣記載，惟『數州晏然』則改為『新州晏然』。按梁有新州，治今西江新興縣。但新州亦可作新成立州縣之意思。按蕭梁新設之州郡，除高州外，有高要郡，其他縣治更多，故疑當時夫人之勢力範圍在西江，南路一帶。」

㉟ 見高州府志卷四八：紀事。

㊱ 高安縣一在安南，一在江西廬陵，一在湘北，均不應為馮僕所至之地，疑有誤，而北史、廣東通志、高州府志、茂名縣志均刪此句。

㊲ 黃佐：廣州人物志卷二、馮融：「孫魂以所部八州降」。

㊳ 見北史、隋書本傳及通鑑。

㊴ 按北史、隋書本傳，馮盎于討平王仲宣之時，已拜高州刺史，廣東通志及高州府志之職官，亦有馮盎為高州刺史之記載，但通鑑則一律稱之為酋長，甚至降至貞觀七年冬，馮盎遣子智戴入朝，仍有命「南蠻酋長馮智戴詠詩」之記載。按上下文觀看，馮盎若非現職刺史，豈能馳詣京師請討潮成之獠？通鑑或以漢人立場記載，視之為土司而已。

㊵ 大業十二年，林士弘自稱南越王（通鑑引唐高祖實錄），其地北自九江，南及番禺皆為所有。

㊶ 元和郡縣圖志卷三四載：今海南有「崖、瓊、振、儋、萬安五州」，振州即隋之臨振，疑本傳之林、振兩州即臨振而缺瓊州，因萬安州係龍朔三年始析置，故唐書本傳有誤。

㊷ 周廣廣東考古輯要卷三九馮盎傳：「高祖時降，封耿國公，奴婢至萬人，所居地二千里，子三十人，智戴最知名」。

㊸ 高州府志卷一八職官，謂馮暄即馮魂，但證據不足也。

㊹ 馮盎之子三十人正史並無智垈、智戣，據大曆十二年之高力士殘碑補上（王昶金石萃編卷一〇〇）。

㊺ 據張說贈廣州大都督馮府君神道碑補上（文苑英華卷九一三）。

㊻ 明天順五年李賢大明一統志卷八一高州府山川條：「特恩山在吳州縣西北五十里……上有羅州刺史馮士歲並妻吳川郡夫人之墓」，同卷陵墓亦有同樣記載，此馮士歲或即馮士翽，至於岡州刺史則為羅州刺史之誤。

㊼ 據萬姓統譜，宋有冼積中、冼雲舉、冼一龍，明有冼用行、冼尚文、冼文淵、冼桂芳、冼桂彥、冼桂奇、冼思謙、冼嘉謨、冼照、冼明任，另廣東通志明有冼光、冼二等。

（中央研究院歷史語言研究所集刊，第四十三本，第二分，六十年九月）

遼承天太后主政時期之內政

吳　平

一　前　言

昔新會梁任公對吾國舊史有四蔽二病之論：「一曰知有朝廷而不知有國家，二曰知有個人而不知有羣體，三曰知有陳迹而不知有今務，四曰知有事實而不知有理想，緣此四蔽，復生二病：一曰能鋪敍而不能別裁，二曰能因襲而不能創作。」任公先生之說，可謂的論，余以爲吾國之舊史尚有二病：一曰尊王攘夷之思想，二曰重男輕女之觀念，故史乘所記述，咸以諸夏爲中心，對邊疆文化較低之民族，概以夷狄視之，立論既有偏頗，是非遂不免顚倒，又因重男輕女之觀念作祟，視女人參政爲不祥，母后臨朝稱制則目爲牝雞司晨，譏爲窺竊神器，歷史之眞相多爲之湮沒。契丹爲我國邊疆之民族，自太祖阿保機建國，迄天祚覆亡，歷二百餘年，聖宗一朝爲遼之全盛期，是時控弦數十萬，幅員廣袤，而與宋人接觸頻繁，亦卽與漢族關係至深，按景宗於英年宴駕，聖宗隆緒以沖齡踐祚，母氏承天太后攝國政者二十七年，內抑貴族，外撫屬國，南與文化悠久之宋室相抗衡，國力強大。史稱：「后明達治道，聞善必從，故羣臣咸竭其忠，又習知軍事，澶淵之役，親御戎軍，指揮三軍，賞罰信明，將士用命，聖宗稱遼盛主，后教訓爲多」㈠。契丹國志亦云：「景宗時，刑賞政事，用兵征討，皆與皇后共決」㈡。又云：「神機智略，善馭左右，大臣多得其死力」㊂。是時遼疆域「東至于海，西至金山暨於流沙，北至臚朐河，南至白溝，幅員萬里」㊃。故聖宗一朝之隆盛，政出慈闈，實為主因。玆略述其內政之措施，以見此一代女主之雄才大略與維持家國之苦心。

二　知人善任

史稱：「景宗崩，尊（睿知皇后）為皇太后，攝國政。后泣曰：『母寡子弱，族屬雄強，邊防未靖，奈何！』耶律斜軫，韓德讓進曰：『信任臣等，何慮之有！』於是后與斜軫、德讓參決大政，委于越休哥以南邊軍事」㊄。此三人皆為國之股肱，於朝廷貢獻至大，三人之中，休哥才兼文武，既擅征戰，復善撫民，尤為一代名臣，而斜軫、德讓亦竭忠盡智，輔弼聖宗，抑貴族，固邊防，以成郅治。玆錄三人之史傳以證之：

「耶律休哥字遜寧，（中略）少有公輔器，（中略）乾亨元年（宋太平興國三年，公元九七八年）宋侵燕，北院大王奚底統軍使蕭討古等敗績，南京被圍，帝命休哥代奚底，將五院軍往救，遇大敵於高粱河，與耶律斜軫分左右翼擊敗之，追殺三十餘里，斬首萬級，休哥被三創，明旦，宋主遁去。（中略）詔休哥總南面戍兵，為北院大王，車駕親征，圍瓦橋關，宋兵來救，宋將張師突圍出，帝親督戰，休哥斬師，餘衆退走入城，宋陣於水南，（中略）休哥率精騎渡水擊敗之，追至莫州，橫屍滿道，較矢俱罄，生獲數將以獻。（中略）聖宗即位，太后稱制，令休哥總南面軍務，以便宜從事，休哥均戍兵，立更休法，勸農桑，修武備，邊境大治。（中略）自是宋不敢北向，時宋人欲止兒啼，乃曰：『于越至矣！』休哥以燕民疲倦，省賦役，恤孤寡，戒戍兵無犯宋境，雖馬牛逸於北者，悉還之，遠近向化，邊鄙以安，（中略）休哥智略宏遠，料敵如神，每戰勝，讓功諸將，故士卒樂爲之用，身更百戰，未嘗殺一無辜」㊅。

「耶律斜軫字韓隱，于越曷魯之孫，性明敏，不事生產，保寧元年（宋開寶二年）樞密使蕭思溫薦斜軫，有經國才，上曰：『朕知之』。（中略）乃召問以時政，占對剴切，帝器重之，妻以皇后之姪，命節制西南面諸軍，仍援河東，改南院大王，乾亨（遼景宗年號）初，宋再攻河東，從耶律沙至白馬嶺，遇敵，沙等戰不利，斜軫赴之，令麾下萬矢齊發，敵氣褫而退。（中略）及高粱之戰，與耶律休哥分左右夾擊，大敗宋軍。統和初，皇太后稱制，益見委任爲北院樞密使。（中略）從太后南伐，卒於軍」㊆。

「耶律隆運本姓韓名德讓，西南招討使匡嗣之子也。（中略）重厚有智謀，明治體，喜建功立事，侍景宗以謹飭聞。（中略）宋兵取河東侵燕，五院糺詳穩奚底統軍蕭討古等敗歸，宋兵圍城，招脅甚急，人懷二心，隆運登城，日夜守禦，援軍至圍解，及戰高粱河，宋兵敗走，又破之，（中略）景宗疾大漸，與耶律斜軫俱受顧命，立梁王爲帝，皇后爲皇太后稱制，隆運總宿衞事，太后益寵任之。（中略）（統和）十二年六月，奏三京諸鞫獄官吏多因請託，曲加寬貸，或妄行搒掠，乞行禁止。上可其奏。又奏請任賢去邪。太后喜曰：『進賢輔政，眞大臣之職，優加賜賚，服闋，加守太保兼政事令，會北院樞密使耶律斜軫薨，詔隆運兼之，久之，拜大丞相，進王齊，總二樞府事，以南京平州歲不登，奏免百姓農器錢，及請平諸郡商賈價，並從之。二十二年，從太后南征，及河許宋成而還，徙王晉，賜姓出宮籍，隸橫帳季父房後，乃改賜今名，位親王上」㈧。

前述三人，承天皆委以重寄，優遇有加，如休哥拜「宋國主」㈨。而斜軫於太后前與聖宗「易弓矢、鞍馬、約以爲友」㈩。隆運則封王賜姓，是以此三人皆願出死力，竭忠同心，故能建大功，立大業也。

㈠重用漢臣

承天用人唯才，遼漢同列，無分畛域，除上述韓德讓外，他如室昉、馬得臣、邢抱朴，皆貞固之士，不以漢人見斥，且信任有加，使遼漢臣庶誠心擁戴，皇室威權爲之提高。玆錄遼史本傳證之：

「室昉，字夢奇，南京人。幼謹厚篤學，不出戶者二十年，雖里人莫識，其精如此。會同初，登進士第，爲盧龍巡捕官，太宗入汴，受册禮，詔昉知制誥，總禮儀事。天祿（遼世宗年號）中爲南京留守判官，應歷（遼穆宗年號）間，累遷翰林學士，出入禁闥十餘年。保寧（遼景宗年號）間兼政事舍人，數延問古今治亂得失，奏對稱旨，上多昉有理劇才，改南京副留守，決訟平允，人皆使之，遷工部尚書，尋改樞密副使，參知政事。頃之，拜樞密使兼北府宰相加同政事門下平章事，乾亨初，監修國史，統和元年，告老不許，進尚書無逸篇以諫，太后聞而嘉獎。二年秋，詔修諸嶺路，昉發民夫二十萬，一日畢功。是時昉與韓德讓、耶律斜軫相友善，同心輔政，整析蠹弊，知無不言，務在息民薄賦，以故法度修明，朝無異議。（中略）卒年七十五，（中略）遺言戒厚葬，恐人譽過情，自志其墓」⑾。

「邢抱朴，應州人。（中略）抱朴性穎悟，好學博古。保寧初，爲政事舍人，知制誥，累遷翰林學士，加禮部侍郎。統和四年，山西州縣被兵，命抱朴鎭撫之，民始安，加戶部尙書，遷翰林學士。承旨與室昉同修實錄，決南京滯獄還，優詔褒美，十年拜參知政事，以樞密使韓德讓薦按察諸道守令能否，而黜陟之，大協人望，尋以母憂去官，詔起視事，表乞終制，不從，宰相密諭上意，乃視事。人以孝稱，及耶律休哥留守南京，又多滯獄，復詔抱朴平決之，人無冤」㊂。

「馬得臣，南京人，好學博古，善屬文，尤長於詩。保寧間，累遷政事舍人，翰林學士，常預朝議，以正直稱。（中略）聖宗卽位，皇太后稱制，兼侍讀學士。（中略）及扈從伐宋，進言降不可殺，亡不可追，二三其德者別議，詔從之。（中略）時上擊鞠無度，上書諫曰：『（中略）今陛下以毬馬爲樂，愚臣思之，有不宜者三；故不避斧鉞言之，竊以君臣同戲，不免分爭，君得臣愧，彼負此喜，一不宜；躍馬揮杖，縱橫馳騖，不顧上下之分，爭先取勝，失人臣禮，二不宜；輕萬乘之尊，圖一時樂，萬一有銜勒之失，其如社稷太后何！三不宜。（中略）書奏帝嘉歎良久」㊂。

上述數人皆以明經致位，通曉治道，不以異族而見拒，且委寄殊專，故懷國士之心，戮力王室，聖宗一朝，國勢興隆，洵非偶然。

㈡選任循吏

聖宗一朝，多惠政，深得民心，蓋選用循吏之故，茲錄循吏事蹟於后：

「（統和五年）秋七月，戊辰，涅剌部節度使撤葛里有惠政，民請留，從之」㊃。

「（統和八年）夏四月，丙午朔，嚴州刺史李壽英有惠政，民請留，從之」㊄。
「（統和十二年五月）庚辰，武定軍節度使韓德沖秩滿，其民請留，從之」㊅。
「（統和十三年正月）癸亥，長寧軍節度使蕭解里秩滿，民請留，從之」㊆。
「（統和十三年）六月，丙子朔，啟聖軍節度劉繼琛秩滿，民請留，從之」㊇。
「（統和十五年四月）丙午，廣德節度使韓德凝有善政，秩滿，其民請留，從之」㊈。

綜上觀之，凡良吏經民衆挽留者，無不從之，由承天太后之俯順輿情，可推知必受臣庶愛戴焉。

三　鎮撫部族

聖宗嗣初，國內危機重重，然太后運用政治藝術，力謀抑制貴族，安撫部族，使中央政權鞏固。

㈠ 裁抑貴族

景宗初崩，諸王多擁重兵，勢態頗爲嚴重，承天自云：「母寡子弱，族屬雄強，邊防未靖，奈何！」㊉。太后此辭頗爲簡略，而契丹國志則敍述詳盡云：

「時諸王室二百餘人，擁兵握政，盈布朝廷，后當朝雖久，然少姻戚援助諸皇子幼稚，內外震恐，隆運請於后，易置大臣，勅諸王各歸第，不得私相燕會，隨機應變，奪其兵權」㊁。

是知承天太后力謀奪取貴族兵權，鞏固政柄。玆再摘錄承天裁制貴族事蹟於後：

「（統和元年）二月，戊子朔，禁所在官吏軍民不得無故聚衆私語及冒禁夜行，違者坐之」㉒。

「（統和元年七月乙卯）壬子司徒婁國坐稱疾不赴山陵，笞二十」㉓。

「（統和六年四月）丁酉，胡里室橫突韓德讓墮馬，皇太后怒殺之」㉔。

「（統和六年十二月申寅朔）橫帳郎君達打里刼掠，命杖之」㉕。

「（統和七年二月）丙寅，禁舉人匿名飛書謗訕朝廷」㉖。

「（統和七年）六月庚戌朔，以太師柘母迎合，撾之」㉗。

「（統和十二年正月）庚申，郎君耶律鼻舍謀叛，伏誅」㉘。

「（統和二十一年）十一月壬辰，故于越耶律休哥之子道士奴高九等謀叛，伏誅」㉙。

綜觀上述各條，知對貴族抑制頗嚴，如屬謀叛，罪必伏誅，卽勳臣之後，若休哥之子，亦不得倖免焉。

㈡安撫諸部

承天稱制，對諸部恩威並濟，如違命則討之，如遇饑饉則賑之，如逢困阨，或助其收刈，或減免其役，或罷其貢，故部族歸心，聘貢不絕。

「統和元年十月，速撒奏降敵烈部，速撒奏叛蕃來降。

統和二年二月，五國隈烏古部節度使耶律隈洼以所轄諸部難制，請賜詔給劍仍便宜從事，從之。三月，劃離部人請今後詳穩只於當部選授，上以諸部官長惟在得人，詔不允。四月，耶律蒲寧，都監蕭勤德東征女直回，獻捷。

統和三年二月，上閱部籍，以涅剌、烏隈二部，額少役重，故量免。八月，乙室奧隈部黍過熟未穫，遣人以助收穫。九月，乙室姥隈族部副使進物，朮不姑諸部來至近地。

統和四年三月，頻不部節度使和盧覩、黃皮室詳穩解里等各上所獲兵甲。五月，姪里古部送輜重至行宮。

統和五年六月，涅剌部節度使撒葛里有惠政，部民請留，從之。

統和六年四月，詔烏隈于厥部却貢貂鼠，青鼠皮，止以馬牛入貢。六月，以西南面招討使韓德威討河湟路違命諸蕃。

統和九年三月，振濟室韋烏古部。九月，鼻骨德來貢。

統和十二年八月，詔皇太妃領西北路烏古部兵。

統和十三年十月，鼻骨德入貢。

統和十五年四月，罷奚五部歲貢麢鹿。五月，敵烈八部殺詳穩以叛，蕭撻凜追擊，獲其部族之半。十月，罷奚王諸部貢物。

統和十六年三月，鼻骨德酋長來貢。

統和十九年八月，達盧骨部來貢。閏月鼻骨德來貢。

統和廿一年四月，奧里等部來貢。七月烏古來貢。

統和廿二年三月，罷番部賀千齡節及多至重五進貢。七月，蒲奴里部、阿里等部來貢。

統和廿三年七月，烏古來貢。十月，鼻骨德來貢」㊂。

團結卽力量，攘外必先安內，今諸部族同心擁戴，故遼之國力遂威鄰邦。

四　整飭司法

承天主政期，對司法之整飭不遺餘力，常躬親聽斷臨決寃滯，劃一律令，泯除對漢人之歧視。

(一)清理滯獄

承天與聖宗均極重視刑獄，常親自聽斷，或詔重臣審決滯獄，以申民寃，其例甚多，玆臚舉於后：

「（統和元年七月）乙卯，上親錄囚」㉑。

「（統和元年十二月）甲辰，勅諸刑辟已結正決遣，而有寃者，聽詣臺訴」㉒。

「（統和二年四月）庚寅，皇太后臨決滯獄」㉓。

「（統和三年六月甲戌），皇太后親決滯獄」㉔。

「（統和四年正月）己卯，皇太后決滯訟」㉕。

「（統和八年正月）庚寅，詔決滯獄」㉖。

「（統和九年閏月）壬申，遣翰林承旨邢抱朴，三司使李嗣，給事中劉京，政事舍人張幹，南京副留守吳浩，分決諸道滯獄」㉗。

「（統和十二年八月）丁酉，錄囚。雜犯死罪以下釋之」㉘。

「（統和十二年十一月）甲寅，詔南京決滯獄」㊴。

「（統和十四年）五月癸卯，詔參知政事邢抱朴決南京滯獄」㊵。

「（統和十五年正月）己丑，詔南京決滯獄」㊶。

「（統和十五年四月）戊戌，錄囚」㊷。

「（統和十五年五月）己巳，詔平州決滯獄」㊸。

「（統和十五年七月）辛卯，詔南京決獄訟」㊹。

「（統和十五年十月）戊申，以上京獄訟繁冗，詰其主者」㊺。

「（統和十五年十月）辛酉，錄囚」㊻。

「（統和十五年）十一月壬戌朔，錄囚」㊼。

「（統和十五年十二月）丙辰，錄囚」㊽。

「（統和十六年）七月丁巳朔，錄囚聽政」㊾

綜觀前述，自統和元年至統和十六年，有關錄囚及臨決滯獄之記載共十九條，足證重視民命，不容有訟案之積壓。

㈡劃一律令

遼於統和年間，曾下詔劃一律令，以示蕃漢平等，並禁奴主擅殺僕婢，以保障人權。

「聖宗沖年嗣位，睿智皇后稱制，留心聽斷，嘗勸帝宜寬法律，帝壯益習國事，銳意於治。當時更定法令，凡十數事，多合人心，其用刑又能詳愼。先是契丹及漢人相毆致死，其法輕重不均，至一等科之。統和十二年詔：契丹人犯十惡，亦斷以律，舊法死囚屍，市三日，至是一宿卽聽收瘞。二十四年詔：主非犯謀反大逆及流死罪者，其奴婢無得告首，若奴婢犯罪至死，聽送有司，其主無得擅殺」㊿。

語云：不平則鳴，蕃漢旣待遇平等，自可減少種族間無謂之糾紛，此爲其統治成功之處。

五　勸農薄賦

遼雖爲遊牧民族，然對農業生產及水、旱災荒極爲重視，嘗詔諸道勸農，遇有水、旱、蝗等災情，多減免租賦，或詔賑濟，以活民命。

㈠勸課農桑

遼史聖宗本紀及食貨志均有勸課農桑，禁伐桑梓，拓墾荒地之記載，茲誌於后：

「（統和四年八月）乙巳，韓德讓奏宋兵所掠州郡，其逃民禾稼宜募人收穫，以其半給收者，從之」㊶。

「（統和七年正月）己亥，禁部從伐民桑梓」㊷。

「（統和七年三月壬午朔）禁芻牧，傷禾稼」㊸。

「（統和七年六月）辛酉，詔燕樂、密雲二縣荒地許民耕種，免賦役十年」[54]。

「（統和十年八月）癸亥，觀稼，仍遣使分閱苗稼」[55]。

「（統和十二年七月）甲寅，遣使視諸道禾稼」[56]。

「（統和十二年七月）戊辰，觀穫」[57]。

「（統和十三年正月）庚申，詔諸道勸農」[58]。

「（統和十三年六月）丙戌，詔許昌平、懷柔等縣諸人請業荒地」[59]。

「（統和十五年正月）庚辰，詔諸道勸民種樹」[60]

「（統和十五年二月）丁巳，詔品部曠地，令民耕種」[61]。

「（統和十五年三月）戊辰，募民耕灤州荒地，免其租賦十年」[62]。

「（統和十五年）仍禁諸軍官非時畋牧妨農」[63]。

綜觀上述，遼對農業生產，鼓勵甚力，開墾荒地，可享免納十年賦役之優待。

(二)輕徭薄賦

承天主政期，常詔免租賦，以恤民艱，遇有水、旱、蝗之災荒，或詔賑濟，以活民命，或停關征，以利糴易，此例頗多，茲誌於后：

「（統和元年）九月癸丑朔，以東京平州旱、蝗詔賑之。（中略）丙辰，南京留守奏秋霖害稼，請權停關征，以通山西糴易，從之」[64]。

「（統和六年八月丁丑）大同軍節度使耶律抹只奏歲霖、旱乏食，乞增價折粟，以利貧民，從之」(65)。

「（統和七年三月）己丑，詔免雲州逋賦」(66)。

「（統和七年正月）辛卯，詔免三京諸道租賦」(67)。

「（統和十年二月）壬午，免雲州租賦」(68)。

「（統和十二年）二月甲申，免南京被水戶租賦」(69)。

「（統和十三年六月）丁丑，詔減前歲括田租賦」(70)。

「（統和十四年正月）丁巳，蠲三京及諸州稅賦」(71)。

「（統和十四年）十二月甲寅，以南京道新定稅法太重，減之」(72)。

「（統和十五年三月）壬午，通括宮分人戶，免南京逋稅及義倉粟」(73)。

「（統和十五年四月）壬寅，發義倉粟賑南京諸縣民」(74)。

「（統和十九年）十二月庚辰，免南京、平州租稅」(75)。

經濟爲國防之基礎，物力充足，則國力壯大，今遼知體恤民艱，藏富於民，則國力強大，其盛壯是所必然。

六　旌孝右文

遼人頗重視人倫與教育，承天太后主政期曾下詔旌揚孝友，並開科取士。

㈠表揚孝友

凡孝順父母及三世同居者皆予表旌，蓋忠孝爲立國之大經，教孝尤爲人倫之本，統和元年十一月庚辰曾詔云：

「民間有父母在別籍異居者，聽鄰里覺察坐之，有孝於父母，三世同居者，旌其門閭」[16]。又契丹人重視再生禮，可知遼人盡孝於父母與關內漢人孝親之習俗相近也[17]。

㈡開科取士

遼建國之初，官職多由「帳院所選」[18]，並未建立科舉制度。後承平日久，始有貢試。遼之貢舉未詳確始於何時，世皆謂始於統和六年，然遼史室昉傳則云：「（昉）會同初，登進士第」則在統和前矣。本文所論限承天太后主政期間事迹，故附列亦僅取承天一代云。按遼之科舉，設鄉、府、省三級，鄉中曰鄉薦，府中曰府解，省中曰及第。程文分兩科，一爲詩賦，一爲經義。每三歲輒一試進士。殿試，臨朝取旨，第一名特贈一官，授「奉直大夫翰林應奉文字」，第二第三名授「徵事郎」，其餘並授「從事郎」[19]。自統和六年正式開科取士，然僅一人及第，此後大約年取二、三人，或間一、二年開科一次，承天太后主政二十三年，共開科十七次，取士七十二人。茲誌於后：

「統和六年，賜及第一人。

統和七年八月，放進士高正等二人及第。
統和八年，放鄭雲從等二人及第。
統和九年，放進士石用中一人及第。
統和十一年十一月，放進士王熙載等二人及第。
統和十二年，放進士呂德懋等二人及第。
統和十三年，放進士王用極等二人及第。
統和十四年，放進士張儉等三人。
統和十五年，放進士陳鼎等二人。
統和十六年，放進士楊文立等二人。
統和十七年，放進士初錫等三人及第。
統和十八年，放進士南承保等三人及第。
統和二十年放進士邢祥等六人及第。
統和廿二年放進士李可封等三人。
統和廿四年放進士楊佶等廿二人及第。
統和廿六年放進士史克忠等十三人。
統和廿七年，御前引試劉二宜等三人」㈥。
是時進士及第者，多博學之士，才堪經邦，故常蒙重用，若張儉、楊佶，後皆為名臣，勳業彪炳，或封王或拜相(八一)。惟遼之初制，應試進士似限漢人，遼史云：

「蒲魯字乃展，（中略）重熙（興宗年號）中舉進士第，主文以國制無契丹試進士之條，聞於上，以（其父）庶箴擅令子就科目，鞭二百」(八二)。

卽其證也。然續文獻通考云：

「天祚紀載：耶律達實，天慶五年進士，而紀於五年又不云：『放進士』，蓋史之缺漏多矣」(八三)。

雖係遼人應進士舉之例，則已至遼之季世，承天時代恐無此等事也。

註釋

㊀「遼史」卷七一，后妃傳。
㊁「契丹國志」卷六及十五。
㊂同前書卷十三。
㊃「遼史」卷三七，地理志一。
㊄同前書卷七一，后妃傳。
㊅同前書卷八三，耶律休哥傳。
㊆同前書卷八三，耶律斜軫傳。
㊇同前書卷八二，耶律隆運傳。
㊈同前書卷十一，聖宗本紀二。
㊉同前書卷十，聖宗本紀一。

⑪ 同前書卷七九，室昉傳。

⑫ 同前書卷八十，邢抱朴傳。

⑬ 同前書卷八十，馬得臣傳。

⑭ 同前書卷十二，聖宗本紀三。

⑮ 同前書卷十三，聖宗本紀四。

⑯ 同前。

⑰ 同前。

⑱ 同前。

⑲ 同前。

⑳ 同前書卷七一，后妃傳。

㉑ 「契丹國志」卷十八，耶律隆運傳。

㉒ 「遼史」卷十，聖宗本紀一。

㉓ 同前書卷十一，聖宗本紀二。

㉔ 同前書卷十二，聖宗本紀三。

㉕ 同前。

㉖ 同前。

㉗ 同前。

㉘ 同前書卷十三，聖宗本紀四。

㉙ 同前書卷十四，聖宗本紀五。

㉚ 同前書卷六九，部族表。

㉛ 同前書卷十，聖宗本紀一。

(三二) 同前。

(三三) 同前。

(三四) 同前書卷十一，聖宗本紀二。

(三五) 同前書卷十三，聖宗本紀四。

(三六) 同前。

(三七) 同前。

(三八) 同前。

(三九) 同前。

(四〇) 同前。

(四一) 同前。

(四二) 同前。

(四三) 同前。

(四四) 同前。

(四五) 同前。

(四六) 同前。

(四七) 同前。

(四八) 同前。

(四九) 同前書卷十四，聖宗本紀五。

(五〇) 同前書卷六一，刑法志。

(五一) 同前書卷十一，聖宗本紀二。

(五二) 同前書卷十二，聖宗本紀三。

(53) 同前。

(54) 同前。

(55) 同前書卷十三，聖宗本紀四。

(56) 同前。

(57) 同前。

(58) 同前。

(59) 同前。

(60) 同前。

(61) 同前。

(62) 同前。

(63) 同前書卷五九，食貨志上。

(64) 同前書卷十，聖宗本紀一。

(65) 同前書卷十二，聖宗本紀三。

(66) 同前。

(67) 同前書卷十三，聖宗本紀四。

(68) 同前。

(69) 同前。

(70) 同前。

(71) 同前。

(72) 同前。

(73) 同前。

(七四) 同前。

(七五) 同前書卷十四，聖宗本紀五。

(七六) 同前書卷十，聖宗本紀一。

(七七) 姚從吾先生著「遼金元史（遼朝史）」講義頁七－九。

(七八) 「續通志」卷一四一，選舉略一。

(七九) 同前。

(八〇) 「續通典」卷十八，選舉典。

(八一) 「遼史」卷八十，張儉傳及卷八九楊佶傳。

(八二) 「續文獻通考」卷三四，選舉考一。

(八三) 同前。

（大陸雜誌，第三三卷第一一期，一九六六年十二月十五日出版）

蒙古帝國汗位帝系移轉過程中的三位女性

——脫列哥那、莎兒合黑塔泥、海迷失

劉靜貞

一　前言

汗位的爭奪是蒙古帝國動盪不安的一個主要原因。前任可汗的遺命與庫里爾臺的同意，原是蒙古領袖產生的兩大要件。然而，在實際進行過程中，却往往不盡如此。成吉思汗建立帝國後，雖曾一再告誡諸子要團結合作，才能發揮力量㈠。但是，窩濶臺之繼位，已經過一番波折，其下貴由之嗣立，亦是暗潮起伏，待至蒙哥之時，更因汗位帝系之移轉，造成激烈的政爭與恐怖的屠殺，竟而導致了帝國的分裂。

其次，由於在蒙古社會中，寡婦在兒子成人結婚以前對於財產有獨裁的管理權，可以行使丈夫生前的權利㈡。這種習俗若推行到政治上，那麼，在前任可汗死後，新可汗選立之前，前任可汗的妻子便可暫行攝政，並且籌備召開庫里爾臺以選立新汗。在這種情況下，她們很難不捲入繼位的政爭中，甚至就是政爭的發動者。因此，本文擬就脫列哥那、莎兒合黑塔泥與海迷失三位女性在蒙古帝國繼承問題中所扮演的角色進行討論。不過，在這三位女性中，實際可做爲討論對象的，只有脫列哥那與莎兒合黑塔泥兩位。海迷失因爲是一個徹底的失敗者，有關她的資料十分地少，只有在事件中一併帶過，而無法就其個人多作討論。

二　繼承問題的發生——窩闊臺之繼位

早期蒙古汗的產生，原是一種權力的篡奪㊂。成吉思汗統一蒙古諸部，創建游牧帝國後，將汗位的繼承權力限制在他的家族之中㊃。但是在此草創之際，政治權力的繼承，與蒙古部族原有的氏族財產共有觀念以及幼子繼承制度之間的分野，一時之間尚難劃清。如果沒有先知先覺者創建完整的剛性法規，俾衆人有所遵循，繼承問題的發生實在勢所難免。

從元朝秘史第二五四、二五五節的記載看來，成吉思汗當時確曾有心建立一套預先選立繼承人的制度，以免後日造成紛爭㊄。但是，就在窩濶臺被選定爲繼承人的同時，已經留下了日後汗位是否固定由窩濶臺一系後裔繼承的問題。根據秘史的記載，窩濶臺對於自己本身的能力相當有信心，但他也擔心日後子孫不肖，不堪承襲大位。這時，成吉思汗講了一段話，他說：

即使在斡歌歹的子孫中生了包在青草中牛不吃，裹在脂肪裏狗不吃的，難道我的衆子孫中就不生一個好的嗎？

這似乎已爲後日汗位帝系的移轉預立下伏筆。

成吉思汗死後，由拖雷監國，一二二九（己丑）年，召開庫里爾臺，經過衆人的推舉，窩濶臺登上了汗位，從表面上看來，窩濶臺是衆望所歸，但實際上却也經過相當的波折。他的競爭對手，正是守在成吉思汗斡耳朵的拖雷。雖然，根據蒙古舊俗，幼子的繼承權應在實體財產方面㊆，但是當時，蒙古人初由氏族社會步入封建國家，且又創立了如此龐大的一個帝國，能否在觀念上完全釐清，實在很有問題，拖雷一直跟隨在成吉思汗左右，成吉思汗絕大部分的軍隊，以及斡耳朵(ordo)均由他繼承，他的實力不可輕視㈧。因此，在庫里爾臺中，窩濶臺依俗辭讓，並推拖雷自代，固然是在故作姿態，但却也道出了部分實情㈨，幸而大臣耶律楚材從中斡旋㈩，拖雷也未堅持自立，窩濶臺最後始得以順利登上汗位。同時，爲了再次肯定窩濶臺系的繼承權力，與會諸王還發下了誓言：

祇須汝後人尚存一臠肉，投之草中而牛不食，置之脂內而狗不取；我等誓不以他系之王位於寶座之上㈡。

可惜，蒙古帝國的繼承問題並未因此而得到根本的解決。雖然，拖雷早死㈢，他死後，窩濶臺又藉機奪了他部分人馬㈢，但是，由於拖雷之妻——莎兒合黑塔泥機智多謀，拖雷系的實力反而與日俱增，最後終得以與窩濶臺系一較長短，並且奪得汗位。

三　脫列哥那與貴由汗之嗣立

窩濶臺死後，六皇后脫列哥那爭取到攝政的權力，在她苦心經營下，無遺命的貴由被送上了汗位，但也因此而破壞了預立繼承人的辦法，在後日爭奪汗位時，徒予拖雷系以藉口。

脫列哥那原是蔑兒乞惕脫黑脫阿・別乞長子忽都之妻，成吉思汗擊敗脫黑脫阿時，脫列哥那被俘，成吉思汗乃將她賜與窩濶臺爲妻㈣。她本是乃蠻人㈤，信奉景敎㈥。雖然姿色平常，却十分聰敏。窩濶臺死後，她在察合臺與諸王的支持下，取代Möge可敦，取得攝政的權力，條件是繼續留用窩濶臺時代的舊人，且不得更動法制規章㉗。可是，憑著她的機智與權力，脫列哥那很快就控制了朝政，並且買好親族，收攬人心㉘。當她認爲確已大權在握之時，她開始斥逐朝中舊臣。朱凡尼('Ata-Malik Juvaini)認爲：鎭海與牙剌瓦赤之所以見黜，完全是脫列哥那挾舊怨而報復㉙。至於耶律楚材之不爲脫列哥那所喜，則可能與他主張遵太宗遺詔立儲嗣之事有關，耶律公神道碑說：

癸卯，后以儲嗣問公，公曰：「此非外姓臣所當議，自有先帝遺詔在，遵之，則社稷甚幸。」㉚

據元史定宗本紀：

太宗嘗有旨以皇孫失烈門爲嗣。

脫列哥那既一心擁立長子貴由爲汗，對於耶律楚材這一番對答之語，自然難以釋懷。更何況耶律楚材屢次運用中書省的封駁權，對脫列哥那所寵信的奧都喇合蠻加以掣肘㉛，自然更遭排擯。

對於脫列哥那的政績，無論中西史料均無好評，朱凡尼指她寵信女巫法蒂瑪(Fatima)，進用奧都喇合蠻，驅逐元老重臣，諸王亦相互遣使勾結，不遵法典(yasa)㉜。拉施德丁(Rashid-al-Din)認爲當時是處在一個相當混亂的局面下㉝。而元史更直言她「寵信姦回，庶政多紊」㉞。其實，朱凡尼與拉施德丁所說的情形，並不只限於脫列哥那攝政期間才有。這本是蒙古帝國制度上的一項缺失，當現任可汗過世後，新可汗未選出之前，必有一段空位時期。在此期間，雖有所謂攝政或監國者，都無資格控制整個帝國。例如成吉思汗死後，也有兩年時間汗位無主，諸王、那顏們乃以國無主君易致紛亂爲由，促請拖雷速召開庫里爾臺，選立新汗㉟。顯示拖雷時雖監國，却非眞正的帝國領袖。脫列哥那所處的局面亦復如此，否則帖木格

・斡赤斤也就不敢稱兵西向，企圖以武力奪取汗位㉖。而諸王的不遵法度，也就不能完全歸咎於她的領導無方了。至於元史對她的批評，既係出自耶律楚材傳，則可能與耶律楚材和西域商人奧都喇合蠻之間的政爭有關。

事實上，脫列哥那的政治生命可以說完全表現在貴由立汗這件事情上。

拉施德丁認爲，窩濶臺死後，選汗大會遲遲未能召開，是因爲諸王之長的拔都患了痛風，不能成行，故而一拖三年㉗。拔都有痛風之症，不良於行，應屬事實，但這其中也頗有政治病的意味在內。因爲在西征途中，他曾與貴由發生爭執，雙方結怨甚深㉘。他之不願擁貴由爲汗，自無庸多言。但是，拔都未曾料到，脫列哥那竟在這段期間內，以其高妙的外交手腕，收服了諸王親族，而斡赤斤退兵之事，亦可見貴由的實力不可忽視㉙。因此，當脫列哥那再度發出通知，召集諸王參加庫里爾臺，俾行選汗大典之時，拔都雖然滿心不願意，却不敢再不啓行，於是他遣衆兄弟鄂爾達(Hordu)、昔班(Siban)、別兒哥(Berke)、Ber-kecher 、唐古忒(Tangqut)與脫哈帖木兒(Toqa-Temür)先往㉚，自己則於其後緩緩進發㉛。

一二四六(丙午)年夏，庫里爾臺在汪吉宿滅禿里舉行㉜。除了拔都之外，成吉思汗家族諸王多已齊集，其中以莎兒合黑塔泥及其諸子到會最早；此外，漢地、突厥斯坦(Turkestan)、河中(Transoxiana)與波斯的長官也率領部衆及其地藩王貴人參加，同時還有多國所遣使節出席㉝。

會中，諸王首先決定：汗位仍應由窩濶臺系後人繼承。但是，要將脫列哥那中意的貴由送上汗位，尚須再費周章。失烈門曾經窩濶臺指定爲繼承人，濶端則奉有成吉思汗的遺命，要如何才能將這兩人剔除繼承資格呢？由於脫列哥那的準備工作做得不錯，拖雷系與大部分的那顏都支持她所中意的貴由。他們表示

：失烈門年紀尚輕，不足以擔負治國之重任，濶端健康情況不佳也不適合。至若貴由，他既身爲長子，處事經驗必優於諸弟，況且脫列哥那中意於他，自應舉其爲汗㊴。不過，貴由並不以此爲足，他要求衆人除尊其爲汗外，尙須立下盟約，誓不擁戴他系之王爲汗，以肯定汗位將永留於其家族之中㊵。

貴由繼位之後，脫列哥那並未交出政權㊶。但是這段日子極爲短暫，兩、三個月後，脫列哥那就去世了㊷。在這最後一段日子中，他們母子間的關係如何，中西史料皆未詳載。只有朱凡尼提到：因爲貴由欲逮捕法蒂瑪，脫列哥那不許，母子間的關係變得非常惡劣，最後貴由甚至交待使臣不惜使用武力㊸。法蒂瑪之所以因厭禳罪名遭貴由拘捕，原是出自鎮海的煽動，鎮海則係當年遭脫列哥那斥逐的諸臣之一。由這裏看，法蒂瑪實在是這場政治鬥爭中的犧牲品㊹，而貴由與脫列哥那的失和自然也不止是爲了法蒂瑪這件事而已。但是這場政治權力鬥爭下的家庭悲劇，究竟是起自親、子之間的衝突對立，抑或是肇因於鎭海等人的挑撥。限於史料的關係，很難究明。不過，從短短兩三個月間即發生如此大的變化看來，他們母子間應早有嫌隙存在，只是貴由的汗位尙須靠著彼此的合作共同爭取，故而維持著表面的和諧。貴由繼位之後，脫列哥那又不知急流勇退，交出政權，這一場母子間的衝突自然是難以避免的了㊺。

四　莎兒合黑塔泥、海迷失與蒙哥汗奪位之爭

貴由繼位後第三年就死在西征拔都的途中㊻，他在位時間很短，不但不及對蒙古帝國政事有所建樹，反而留下了不少問題：

㈠他之所以得登汗位，大半是靠著脫列哥那的外交手腕，與他自己本身的實力，並沒有前任可汗的遺命。而他繼位之後，又干預察合臺汗國的繼承，變更成吉思汗、窩濶臺與察合臺的遺命，廢合剌旭烈（Qara-Hülegü），改立與他素有交情的也速蒙哥（Yesü-Möngke）爲王㊷，更否定了「遺命」在繼承問題上的重要地位。

㈡貴由死得非常突然，沒有留下遺言，自然也沒有指定繼承人。於是他的兒子忽察（Khoja）、腦忽（Naqu），以及奉有窩濶臺遺命的失烈門與蒙哥都躍躍欲試㊸，使蒙古帝國再次因繼承問題掀起政爭的風潮。

㈢貴由因與拔都舊怨極深，登位之後，就藉口出遊，率軍西進，未料行至中途，即一命嗚呼。拔都僥倖逃過了一場戰爭，爲了報答莎兒合黑塔泥通風報信的恩德㊹，同時也爲了打擊窩濶臺系的勢力，他很自然地與拖雷系結合在一起，並且支持蒙哥爭取汗位，貴由不但沒有達成他征伐拔都的本願，反而間接促成汗位帝系移轉的紛爭，爲帝國種下分裂的禍根。

在這次汗位帝系移轉的大變動中，蒙哥雖然是整個事件的主角，但他的政治資本實來自其母莎兒合黑塔泥的苦心經營，最後他登上汗位，莎兒合黑塔泥更是功不可沒。

莎兒合黑塔泥是克烈部（Kereit）札合敢不（Joho Gambo）之女，也就是王汗的姪女㊺，她也信奉景教㊻。拖雷死時，由於諸子尚幼㊼，她遂承蒙古舊俗，繼承拖雷的地位，教養諸子，統率部衆。朱凡尼與拉施德丁均對她的才能稱揚備至㊽。對於諸子的教育，她相當地嚴格，不但教導他們各項技能，更重視他們的行爲舉止是否合於規矩，尤其不容許兄弟間有所不睦㊾。她訓誡諸子謹守法典，當貴由登極之時，諸王多因不法而受到懲處，她與諸子却因循禮守法，恪遵太祖、太宗遺訓而備受禮重㊿。除了身爲良母，她的政治才幹也爲大家所肯定。窩闊臺遇有大事，必先與她商議(五一)。貴由即位之時，賞賚與會諸王、后妃、駙馬、公主、宗親大臣，以及他們的子弟近屬，並諸部將士、朝貢藩邦使臣，亦任莎兒合黑塔泥總主其事(五二)。對於部衆，莎兒合黑塔泥恩威並施(五三)，同時極力發掘並吸收人才，如擢升拖雷未及用的唐古直(五四)，向窩闊臺指名索求廉謹的布魯海牙(五五)。此外並在眞定分地立學養士，聯絡鉅家大族，選取漢地人才加以利用。這在盛行利用西域人的當時，可算是少有的開明作風(五六)。

在她的辛苦經營之下，拖雷系的實力不但沒有削弱，反而漸漸發展。窩闊臺曾奪其部兩千予己子闊端，由於莎兒合黑塔泥應付得當，反而換得闊端一系的友誼(五七)。對於遠近親族，她也儘力交好，致送禮物，以求各方歸心(五八)。她自己雖然信奉景教，却沒有宗教歧視，她的慷慨大方，贏得回教徒衆的好感(五九)。這些都成爲蒙哥豐厚的政治資本。

貴由死後，其后海迷失依俗遣使，於徵得拔都與莎兒合黑塔泥的同意後攝政(六〇)。這時拔都因東向「迎」貴由，已抵阿剌脫忽剌兀地方，他藉口自己有痛風之症，馬匹也羸弱不堪，乃以諸王之長的身份召諸王、那顏與官人前往大會，以討論選立新汗的問題(六一)。這項決定遭到窩闊臺系、貴由系與察合臺系後王的杯葛，他們表示：阿剌脫忽剌兀地方並非成吉思汗故封之地，他們沒有義務前往(六二)。結果海迷失僅遣使畏兀八剌預會(六三)，失烈門與窩闊臺系宗王則以 Qongurtaqai 爲使(六四)，貴由之子忽察與腦忽雖曾前往，但很快就離去了，只留下和林長官 Temür Noyan 作代表(六五)，察合臺系的也速蒙哥也持反對態度(六六)，但是被貴由廢位的合剌旭烈却參加了這次大會(六七)。事實上，這次會議原是拔都爲試探諸王意向所召開的，機敏的莎兒合黑塔泥眼見機不可失，立遣蒙哥與諸子前去，她說：

別人不會往拔都那裏去的。不過，他既是諸王之長，又有病在身，你還是趕去他那兒，就算做是去探病吧！[68]

而由她這一番話，我們更可看出：拔都所召開的這次會議，實無法理之根據，是以莎兒合黑塔泥雖遣蒙哥等預會，亦只有以探病爲名了[69]。

對於蒙哥等人的到會，拔都自然非常高興，因爲他總算得到拖雷系的支持，不再只是孤軍奮鬥的局面。他當然也明白莎兒合黑塔泥的心思，爲了報答她以往的恩意，他決定推舉蒙哥繼承汗位，因爲也唯有如此，他才能眞正拉緊拖雷系，與海迷失、失烈門以及貴由諸子一較長短。

阿剌脫忽剌兀大會的出席者幾乎全是朮赤及拖雷兩系諸王，但在會中，海迷失等的代表仍然提出了異議，伊勒赤帶（Elechitei）首先提醒大家，當年奉窩濶臺爲汗時，衆人已有成約：「祇須此系尚存一塊肉，不奉成吉思汗族他系之王爲君」[70]。海迷失所遣使者八剌也表示：

昔太宗命以皇孫失烈門爲嗣，諸王百官皆與聞之，今失烈門故在而議領他屬，將置之何地？[71]

但是這項抗議隨即爲拖雷系駁倒，因爲貴由汗之立即有違窩濶臺之遺命，如今何能再以遺命爲詞[72]。若論遺命，則窩濶臺當年亦曾許蒙哥「是可以君天下」[73]。何況蒙哥自身條件也極優越，他曾經屢立戰功，可謂智勇雙全，又一直謹守法典不渝，如能立其爲汗，必於國事大有裨益[74]。根據拉施德丁的記載，拔都等舉蒙哥爲汗，還有一點理由，即其父拖雷乃成吉思汗幼子，應有權繼承父業，蒙哥既爲拖雷之子，自然有資格繼承汗位[75]。這當然又是一次幼子繼承制度與汗位傳承的混淆。

在會中，也有人議舉拔都爲汗[76]，可是在當時的情況下，拔都若自立爲汗，絕不可能得到拖雷系眞正的支持，拔都自然也明白這個道理。因此，最後還是由大家宣誓結盟擁立蒙哥，並訂於來年春天在蒙古本土召開庫里爾臺(77)。

於是，莎兒合黑塔泥又開始忙碌起來，她積極地爭取遠近親族、諸王、那顏，殷勤有禮地邀請他們來參加庫里爾臺。然而，窩濶臺系、貴由系以至察合臺系諸王如何能同意擁蒙哥為汗？他們紛紛遣使向拔都抗議，在這種情況下，原訂於次年春天舉行的庫里爾臺自然無法如期召開。當第三年也過了一半的時候，拔都決定遣其弟別兒哥等率大軍三萬以為後援。而莎兒合黑塔泥與蒙哥的態度也變得強硬起來，既然友善的勸告不發生作用，那也就只有威脅、利誘無所不用其極了(78)。只可惜這似乎也沒發生多大效果。當一二五一（辛亥）年，庫里爾臺正式召開時，與會諸王仍以朮赤、拖雷兩系為主(79)。

在莎兒合黑塔泥儘力爭取支持，籌備召開庫里爾臺的三年中，帝國名義上的攝政者仍為海迷失。但是，她一點也不適合這詭譎的政治鬥爭。貴由死後，她雖被推為攝政，却一點也不關心國事，成天地與巫師們為伍(80)。在她想來，諸王既然都已立下誓書，永奉窩濶臺系之王為君，自然應由失烈門嗣位(81)。但這又與她的兒子——忽察、腦忽的利益相違背，以致他二人自立王廷，形成一國三主的局面(82)。雖然在對抗拔都與拖雷系方面，他們的態度是一致的，同時也得到察合臺系中也速蒙哥的支持(83)。可是內部的不團結，大大削弱了他們的力量。一二五一年夏，蒙哥不再理會他們的反對，就在卜者擇定的吉日登上了汗位(84)。蒙古帝國的汗位從此轉移到拖雷系。

不過，繼位鬥爭並未就此結束，當眾人尚陶醉在新君登基的大宴中時，蒙哥已經開始進行清除反側的工作。他首先藉著獵鷹人克薛傑(Keshik)的舉發，以謀反的罪名逮捕失烈門、腦忽與也孫脫哈(Yesün-Toqa

）(八五)，並殺那顏、官人七十七人(八六)。經過這一番恐怖的鎮攝行動後，也速蒙哥、不里(Buri)與忽察均先後自動入朝。蒙哥將忽察與其他諸王囚在一起(八七)，也速蒙哥與不里則交拔都處置(八八)。一二五二年八月，蒙哥清肅反側的工作差不多完成了。於是，他命人拘執海迷失到和林，交忙哥撒兒(Mengeser)審訊，然後以厭禳罪名將海迷失處以極刑(八九)。屠敬山認爲：海迷失之所以遲至此時才被捕，是因爲莎兒合黑塔泥曾從中緩頰，以蒙哥新就汗位，宜崇寬大之政，且事關至親，不便興大獄，遂緩解其事。一二五二年春，莎兒合黑塔泥病殂，蒙哥乃追問前事(九〇)。不過，由海迷失被執送莎兒合黑塔泥斡耳朵受審(九一)這點看來，屠敬山的推論恐非實情。這既然是場殘酷的政治鬥爭，蒙哥沒有理由放縱自己的大敵，唯一能解釋的就是此時蒙哥已掌握全局，始敢對海迷失下手，而由他宥恕失烈門等三王(九二)。却必欲除海迷失而後快的心理看來，海迷失恐怕也不全然是無能之輩吧！

五　結語

蒙古汗的產生既是本於權力的篡奪，繼承之間自難免於紛爭。成吉思汗在創建帝國之時，雖然也曾考慮到預立繼承人的問題，但並沒有立下剛性的法規。在擇窩濶臺爲繼承人時，又留下「他系子孫寧無佳者」的曖昧話語。再加上窩濶臺死後，脫列哥那爲了立貴由爲汗，根本否定了遺命在繼承上的重要性，遂落拖雷系以口實，破壞了成吉思汗預立繼統的構想，掀起汗位帝系的爭端。直到忽必烈建立元朝，才又重新建立豫立冢嫡的辦法(九三)。

其次，由於氏族家產制的餘風，國家既屬氏族全體所共有，庫里爾臺在繼位問題中的份量也就益形重要。不過，要獲得庫里爾臺的擁護，除了軍隊的實力，外交手腕也十分重要。貴由之所以能登上汗位，就是靠著他自身實力，與脫列哥那成功的外交。而蒙哥雖得到拔都的支持，但是論實力尚難完全壓服反對者，在外交戰上又未竟全功，最後固然也登上了汗位，卻不得不藉血腥的屠殺鎮攝人心。違反了成吉思汗和睦保國之道，使蒙古帝國自此飽受內亂之害(九四)。

至於本文中的三位女性，都在繼承問題中扮演了相當重要的角色：脫列哥那在全無遺命的情況下，將貴由順利推上汗位，使拔都雖有所不滿却不敢明示，其政治手腕不可謂不高明。只可惜她不知急流勇退，留戀權位，最後與貴由發生衝突，造成家庭間的悲劇。莎兒合黑塔泥在敎育諸子，培植拖雷系實力方面做得相當的成功，爲汗位帝系的轉移做好了奠基的工作，就拖雷系而言她當然功不可沒。不過，對於蒙古帝國來說，這究竟是幸或不幸，就很難說了。至若海迷失，我們固然不能以成敗論英雄，但是她被批評的一些劣行，或許就是他之所以失敗的原因。此外，她在政治表現上與前兩人差異如此之大，或許還有文化的因素在內。海迷失爲蒙古族(九五)，脫列哥那與莎兒合黑塔泥二人則出身突厥民族，突厥人因受景敎影響，文化一般較蒙古人高，處理政治事件的經驗也較爲豐富。固然，我們不應將個人的表現統歸因於文化的差異，但是文化背景的影響力也是不能完全抹煞的。

一般說來，蒙古婦女的地位遠較漢人爲高，這一方面是因爲：中國社會中那套強調男尊女卑的倫理觀，在當時蒙古社會中並不明顯(九六)。二來則可能與游牧社會的生活型態有關，男子因狩獵或作戰需要而離開時，處分事務的責任與權力自然落在婦女的身上。成吉思汗曾經做過一個幽默的比喩，他認爲男子就像太陽一般，不能同時照耀兩個地方。因此，當家長遠出或作戰時，妻子就應好好照顧家庭㊸。前文提到寡婦在兒子成人結婚以前可以行使丈夫生前權利的習俗，應該就是此一觀念延伸的結果。而本文所述的三位女性之所以走上歷史舞臺也與此有關。不過，在父系父權的繼承原則下，她們仍然只是居於一種後補的地位，她們之所以被需要，受到現實客觀環境相當大的限制。如果她們被成功的喜悅迷惑，忘記了自己不過是一個過渡性的角色，就要演出脫列哥那的悲劇了。

註釋

㈠ Juvaini, 'Ata-Malk, *The History of the World Conquer*, trans. by J. A. Boyle (Cambridge, Mass.: Harvard Univ. Press, 1958), p. 41; p. 584.

㈡ 物拉底迷爾卓夫(B. Vladimirtzov)著，張興唐、烏占坤合譯，蒙古社會制度史（臺北，中華文化出版事業，民國四十六年）頁二六—二七。

㈢ 同前書頁五九—六〇。

㈣ 札奇斯欽譯，蒙古秘史新譯並註釋（臺北，聯經出版事業公司，民國六十八年初版，以下簡稱秘史）第二五五節，成吉思汗決定以窩闊臺為繼承人時說了一段話，他說：「合撒兒的〔位子〕由他子嗣中的一人管理，阿勒赤歹的〔位子〕由他子嗣中的一人管理，斡惕赤斤的〔位子〕由他子嗣中的一人管理，別勒古臺的〔位子〕由他子嗣中的一人管理。這樣想來，我子嗣中的一個人，應管理我的〔大位〕」。

㈤ 田村實造在其所著中國征服王朝の研究（京都大學東洋史研究會，一九七一）中冊，頁一七四中指出：成吉思汗心中其實早已有意選立窩闊臺為繼承人，不過是藉著也遂夫人的建議，公開確定這件事情。但是，我們也不能忽略了也遂夫人是來自文化先進的塔塔兒。而成吉思汗似乎也預見到可能有的紛爭，因此特別提醒朮赤與察合臺兩個人「要說到就要做到」（秘史第二五五節）。只是他沒有想到後日與窩濶臺系爭位的竟是拖雷系的後王。

⑥ 秘史第二五五節。

⑦ 屠寄，蒙兀兒史記（臺北，鼎文書局影印結一宧刊本）卷三，頁三四上註。

⑧ 據Rashid al-Din, *The Successors of Genghis Khan*, trans, by J. A. Boyle (New York and London: Columbia Univ. Press, 1971), pp. 163-164的記載，成吉思汗似乎還有意立拖雷爲繼承人。但是蒙古黃金史中的記載却截然不同，成吉思汗對於拖雷「說了不成大器的話」極爲不滿意。事見黃金史下册第五十五頁第九行至第十一行。引自札奇斯欽，蒙古黃金史譯註（臺北，聯經，民國六十八年初版）頁六二—六三。

⑨ Juvaini, p. 186.

⑩ 蘇天爵，元朝名臣事略（畿輔叢書本）卷五，「中書耶律文正王」，引李微撰「墓誌」。元史（鼎文新校本）卷一四六，耶律楚材傳。

⑪ 多桑(D'Ohsson, C.)著，馮承鈞譯，多桑蒙古史（臺北，商務印書館，民國五十二年臺版）頁一九二。

⑫ 拖雷的死因在窩濶臺系與拖雷系的鬥爭中具有相當的重要性。雖然史料記載紛歧，但是與窩濶臺有關却可肯定。

⑬ Rashid al-Din, pp. 169-170.

⑭ 秘史第一九八節。

⑮ 拉施德丁認爲脫列哥那是Uhaz-Merkit，並謂她可能是Tayir-Usun的妻子，見Rashid-al-Din, pp. 18-19. 但是，蒙古既行外婚制，脫列哥那如爲Merkit，即不應嫁同族之人爲妻。元史卷一一四，后妃傳，稱其爲「乃馬眞氏」，則其應爲乃蠻人。又秘史第一九七節、一九八節，載脫列哥那被俘事，恰與豁阿思——篾兒乞惕的荅亦兒·兀孫獻女忽蘭事相連，拉施德丁之誤或即因此而起。

⑯ 劉光義，「蒙元帝室后妃信奉基督教考」，大陸雜誌三十二卷二期（民國五五年）。

⑰ Juvaini, p. 240指出當時原應由Möge可敦攝政，但是她是否就是元史后妃表中的正宮孛剌合眞皇后，或是Rashid al-Din, p.18所提到的 Boraqchin ，甚可懷疑。因爲根據拉施德丁的記載（Rashid al-Din: *Sbornik letopisei*, trans. L. A. Khetagurov, (Moscow-Leningrad, 1952), pp. 149-50〕Möge 原嫁成吉思汗爲妻，成吉思汗死後，始依蒙古收繼婚嫁成爲窩濶臺的妻子，且深得窩濶臺的歡心。（此段記載引自 Juvaini, p. 211, n. 21 ）至於 Möge 何以有攝政之權，並無史料說明。

其次，Rashid al-Din, p. 176 雖責脫列哥那未與諸王商議即自行攝政，但是根據蒙古氏族財產共有制的原則，如無察合臺與諸王的認可，脫列哥那不可能順利取得攝政資格，因此，這裏採用了Juvaini, p. 200的說法。

⑱ Juvaini, pp. 240-241.

⑲ Juvaini, p. 241.

⑳ 國（元）朝文類（四部叢刊正編本）卷五七，「中書令耶律公神道碑」。元朝名臣事略卷五，「中書耶律文正王」，引李微撰「墓誌」，「癸卯」作「壬寅春」。按元史卷一二一，速不臺傳，「癸卯，諸王大會，拔都欲不往……」。卷二，定宗本紀，「太宗崩，皇后臨朝，會諸王百官於答蘭答八思之地，遂議立帝」。據此，癸卯似有一由脫列哥那主持，但流產的大會。

㉑ 國（元）朝文類卷五七，「中書令耶律公神道碑」。

㉒ Juvaini, pp. 243-244.

㉓ Rashid al-Din, p. 178.

㉔ 元史卷一四六，耶律楚材傳。

㉕ Rashid al-Din, pp. 29-30.

㉖ Juvaini, p. 244; Rashid-al Din, p. 178 俱載其事。元史卷一四六，耶律楚材傳雖然未明言斡赤斤稱兵，但亦可略見端倪。

㉗ Rashid al-Din, p. 120.

㉘ 秘史第二七五—二七七節記述拔都、貴由結怨始末甚詳。

㉙ 斡赤斤之所以退兵，是因爲貴由已東返，師次葉密立河 (Emil) 畔。事見 Juvaini, p. 244.

㉚ Juvaini, p. 249；唐古忒則據 Rashid al-Din, p. 181 所補。

㉛ Rashid al-Din,p. 120.

㉜ 元史卷二定宗本紀。

㉝ 參考 Juvaini,pp. 249-250;Rashid al-Din,pp. 180-181.

㉞ Juvaini,p. 251.

㉟ Rashid al-Din,pp. 181-182.

㊱ Juvaini,p. 244 。元史定宗本紀亦謂「帝雖御極而朝政猶出六皇后云」。

㊲ Juvaini,p. 244 。洪鈞、元史譯文證補（鼎文新校本附編一）卷二稱：「元史后妃表注云：至元二年追謚昭慈皇后。而后妃傳乃云：至元二年崩，追謚升祔。恐是撰皇后傳者誤會，妄增崩字。」

㊳ Juvaini,p. 245.

㊴ 根據 Juvaini,pp. 245-246 的記載：法蒂瑪最先被控行厭禳之術，是在闊端患病之時。闊端死後，鎮海復提醒貴由拘捕法蒂瑪。脫列哥那原想庇護她，但却心有餘而力不足。她被捕後，在酷刑之下招認而被處以極刑。但是當初指控她的Shira，不久也以巫蠱得罪，而指控Shira的 Ali Khoja 最後也被控以厭禳。這一串事實的敍述似乎暗示著法蒂瑪的屈枉。

㊵ Juvaini,p. 248 曾指出：貴由東返後，並未依照法典或舊俗參與政事，也沒有爲此與脫列哥那發生爭執。但是，我們可由他後來重用鎮海、牙剌瓦赤、馬思忽惕（Mas'ud），誅殺法蒂瑪與奧都喇合蠻諸事看出，他對脫列哥那的行事應早有不滿。

㊶ Juvaini 以貴由西巡只是爲滿足其出遊的願望（pp. 290-291），但由莎兒合黑塔泥忽忙通知拔都預作防備(Rashid al-Din,p. 185）看來，貴由此行確實意在拔都。袁桷，清容居士集（宜稼堂叢書本）卷三十四，「拜住元帥出使事實」中亦謂：「維昔定宗皇帝征把禿王，有滅國眞薛禪使者諫罷征」。則貴由之西巡確有征伐拔都之意。

㊷ Juvaini,p. 273.「也速蒙哥」元史憲宗本紀作「也速忙可」。

㊸ 貴由登極時曾要求諸王立誓：永留汗位於其家族之中（參見 Rashid al-Din,pp. 181-182 ）。其子忽察、腦忽自是當然繼承人選。至於失烈門與蒙哥均受有窩闊臺遺命，事見元史卷一二四忙哥撒兒傳。

㊹ Rashid al-Din,p. 185.

(四五) Rashid al-Din, p. 159.

(四六) 同註㊅。

(四七) 拖雷死於一二三二年（壬辰），其時長子蒙哥不過二十四歲（一二〇八年生）、忽必烈十六歲（一二一五年生）、旭烈兀與阿里不哥年歲更幼。

(四八) Juvaini, pp. 550-3; Rashid al-Din, pp. 168-170。這兩書均成於拖雷系稱汗之後，故有可能對莎兒合黑塔泥過份頌揚，例如 Juvaini, p. 552 謂蒙哥繼位之時，無人反對莎兒合黑塔泥的話，就是誇大之詞。不過，由其所育諸子的傑出表現，以及她維繫拖雷系實力諸事看來，莎兒合黑塔泥確有其過人之處。

(四九) Rashid al-Din, p. 168。不過忽必烈與阿里不哥後日仍因爭奪政權有鬩牆之爭。

(五〇) Juvaini, pp. 255-6; 551-2.

(五一) Ibid., pp. 550-1.

(五二) Ibid., pp. 254-255.

(五三) Ibid., p. 551.

(五四) 元史卷一三四唐仁祖傳。

(五五) 元史卷一二五布魯海牙傳。

(五六) 蕭啓慶，「忽必烈時代『潛邸舊侶』考」，大陸雜誌二十卷一、二、三期（民國五十一年）。

(五七) 同註㊂。Rashid al-Din, p. 170 稱：蒙哥爭取繼位權時，濶端因感念莎兒合黑塔泥前此相讓兩千部衆的友誼，乃背離窩濶臺系轉而支持蒙哥。但 Juvaini, p. 245 則謂：貴由即位之初，就接到濶端因受法蒂瑪巫術作祟而致命的死訊。洪鈞與屠敬山均明言濶端之子因翊戴蒙哥汗有功而受封，見元史譯文征補卷二及蒙兀兒史記卷三七。則濶端一系在蒙哥汗爭位時的確背離窩濶臺系而支持蒙哥，惟濶端本人當時是否在世尚待查考。

(五八) Juvaini, p. 552.

(五九) Ibid., pp. 552-3.

(60) Ibid., pp. 262-3.

(61) 參考 Juvaini, pp. 263; 557. Rashid al-Din, pp. 121; 170; 200.

(62) Rashid al-Din, pp. 170; 200.

(63) 元史卷三憲宗本紀。

(64) Juvaini, p. 557.

(65) Ibid., p. 558。但 Rashid al-Din, p. 220 則以 Qongurtagai 與 Temür Noyan 均爲貴由系所遣。

(66) 也速蒙哥並未出席這次會議，阿剌脫忽剌兀大會結束後，他並支持貴由系反對大會決議。事見 Juvaini, p. 265.

(67) Juvaini, p.558.

(68) Rashid al-Din, p. 170.

(69) 箭內亙「蒙古の國會即ち『クリルタイ』に就いて」，蒙古史研究（東京，昭和五年）頁四二七－四二八。亦以拔都此舉僭越之極。

(70) 多桑蒙古史頁二六一。

(71) 元史卷三憲宗本紀。

(72) 發言駁斥之人各書所載不一，元史憲宗本紀所載爲蒙哥異母弟木哥，忙哥撒兒傳則由忙哥撒兒發言，而多桑蒙古史頁二六一－二又爲忽必烈。

(73) 元史卷一二四忙哥撒兒傳。

(74) Juvaini, pp. 559-560.

(75) Rashid al-Din, pp. 201-202.

(76) Juvaini, p. 559.

(77) Ibid., p. 562.

(78) Ibid., pp. 562-563. 但 Rashid al-Din, pp. 202-3 則謂阿剌脫忽剌兀大會後，拔都即遣別兒哥率大軍護送蒙哥往克魯倫河（Kelüren）源。由莎兒合黑塔泥母子態度的轉變看來，Juvaini之說較爲可信。

(七九) 參考 Juvaini, p. 567; Rashid al-Din, p. 204；元史憲宗本紀。

(八〇) Juvaini, p. 265.

(八一) 蒙哥登極之後，海迷失遣使相責，即引此故事。見 Rashid al-Din, p. 215。又元史卷一一四后妃傳稱「定宗崩，抱子失烈門垂簾聽政者六月」，雖經屠敬山指出其「抱子」、「六月」兩項大錯（蒙兀兒史記卷十九，頁五下註），但是也反映出海迷失確實主張以失烈門承繼汗位。

(八二) Juvaini, p. 265.

(八三) 同上。

(八四) Juvaini, p. 567 指其日爲一二五一年七月一日；Rashid al-Din 誤爲同年二、三月間（p.205）。

(八五) Juvaini, pp. 573-83.

(八六) 此據 Rashid al-Din, p. 212 所載。多桑蒙古史作七十人（頁二六五）。

(八七) Juvaini, p. 587.

(八八) Ibid., p. 588.

(八九) Rashid al-Din, p. 215.

(九〇) 蒙兀兒史記卷一九，頁六上。

(九一) Juvaini, p. 588.; Rashid al-Din, p. 215.

(九二) Juvaini, pp. 591-2.

(九三) 元史卷一一五，裕宗傳，立皇太子眞金詔。

(九四) Rashid al-Din, p. 216. 即以蒙哥處置反叛爲蒙古人內亂之始。又據蒙古社會制度史頁八六所說，蒙古皇帝乃是由氏族會議所選出，根據成吉思汗的遺命，黃金氏族的族人犯罪時，不得以君主的權力來懲罰，這是氏族共同領有帝國觀念的表現，但是這個主義並未永久實行，後因內訌，皇子們開始陰謀殺害同族，黃金氏族遂趨瓦解。

(六五) 拉施德丁謂其乃 Merkit，見 *Sbornik letopisei*, trans, L. A. Khetagurov., p. 116. 引自 Juvaini, p. 262, n. 1; Rashid-al Din, p. 20, n. 25. 屠敬山以舊傳斡兀立海迷失，上三字即斡亦剌變音，指其為斡亦剌惕氏之說（蒙兀兒史記卷一九，頁五下），恐失於牽強。

(六六) 札奇斯欽，「從蒙古秘史和黃金史看蒙古人的價值標準和道德觀念」，史學彙刊第七期（民國六十五年），引黃金史下册頁五七第十二行至頁五八第十二行，成吉思汗有如下的一段話：「心懷貳意的男子，算不得男子，可以喚做女人了。一心一德的男子，不再是男子，可以稱為寶器。一心一德的女子，不再是女人，應當視同丈夫。心懷貳意的女人，也不是女人，不過是一條狗」。由這段話看來，蒙古人對女性還是有輕視的態度。不過，黃金史著作時代甚晚，所反映的是否即為成吉思汗時的觀念，尚待作進一步的證明。

(六七) Karl A.Wittfogel and Feng Chia-sheng, *History of Chinese Society*, Liao (907-1125) (The American Philosophical Society, 1949.；臺北，鼎文書局民國六十二年翻印本，收入遼史彙編十）頁一九九。成吉思汗的話轉引自 V. A. Riasanovsky, Fundamental Principles of Mongol Law (Tientsin, 1937.), p. 87.

（史原，第十三期，民七三、一、卅一，臺大歷史學研究所）

清末女學在學制上的演進及女子小學教育的發展（一八九七—一九一一）

廖秀眞

一　前　言

鴉片戰爭以後，中西開始了長時期的接觸。一連串對外的挫敗暴露了中國的貧弱，求富求強成爲中國朝野上下努力的目標。

尋求富強勢必動員全中國的每一份子，佔有一半人口之衆的婦女亦被包括在內。以梁啟超爲代表的少數先覺份子於是繼李汝珍、俞正燮之後，在澎湃的改革思潮中，紛紛開始檢討傳統中國婦女的生活。他們發現纏足與目不識丁是中國婦女的兩大弊端，也是國家貧弱的根源。纏足致使婦女體弱，以致種弱。目不識丁，無知無識則缺乏謀生能力，而成爲分利之人。而且因爲知識不足，以致無法養育健康的下一代。於是發起廢纏足與興女學運動，試圖由此二途徑改善中國婦女的生活，使其成爲國家有效的人力資源。此後女界中的積極人士相繼投入，使得這兩項運動有了更深一層的意義，即以眞才實學做爲生計獨立與人格獨立的根本。

就興女學而言，倡者認爲傳統中國的女教主要在教給女子一套做人的道理，即以三從四德爲依歸的「

爲女爲婦爲母」之道，講求曲從、敬順、勤儉、節烈。至於女子有幸接受書史教育者，僅止於少數仕宦家庭。鄭觀應曾謂傳統女教「女範雖肅，女學多疏」，㈠可謂切中其弊。倡者反對這種貧乏、偏頗的教育內容，他們以設立學堂，介紹一般知識爲理想。然而反對的言論亦隨之而至。反對者大致從禮教觀點出發，認爲女子學堂的設立有違傳統的「男女大別」，家庭之根本將爲之動搖。反對的言論於女學初興之際，勢力頗大，以致遲至光緒三十三年（一九〇七年），學部才頒佈女學章程，正式將之納入學制系統。本文第一部分乃欲探討清末女學在學制上的演進，自演進的曲折過程中，以見日後學部頒佈女學章程的背景。

女學章程包括小學堂章程、初級師範學堂章程。小學教育及做爲培養小學師資的師範教育，乃當局發展女學的重點。就實際發展的情形而言，無疑地，小學教育爲當時女學的主流。因其性質爲基礎教育，清末女子接受學堂教育者，以之爲主。且章程頒佈之前，民間設立小學堂的情形頗爲普遍。故本文第二部分擬探討清末十餘年間，女子小學教育的發展情形。首先分析小學堂章程的內容，以見當局發展女學的旨趣。其次就歷年來的發展、師資與經費，生活管理及男女同校問題等方面檢討發展實況。

文中討論的對象不包括教會人士所辦的女子學堂，而以國人所辦者爲主。其中除了正規的學堂教育外，並論及具有普及教育性質的通俗教育，如宣講所、閱報所等。

時間方面，擬自光緒二十三年（一八九七）國人自辦的第一所女學開始，至宣統三年（一九一一）清政權結束爲止。清末維新人士倡設女學，刺激國人對女學的重視，其於光緒二十三年設立的女子學堂，雖爲時短暫，但起了效尤作用，爾後民間陸續設立。故以光緒二十三年爲討論之上限。民國成立後，在學制上，女子學校不另立系統，而且女子開始享有前所未有的中學教育、實業教育、高等師範教育。於此可視爲另一階段的開始，故以宣統三年爲撰文之下限。

二　女學在學制上的演進

光緒二十六年（一九〇〇）的庚子事變使國人深悟到非變法不足以圖強。慈禧太后在羞愧之餘，亦於蒙塵之際下詔變法，並諭京內外官員條陳時政。次年三月設立督辦政務處，主持新政的推行。當時應詔的很多，而以光緒二十七年夏，張之洞、劉坤一的「江楚會奏變法三疏」最關重要。其中第一疏專論教育，主張「設文武學堂、酌改文科、停罷武科、奬勵遊學」爲儲才興學的根本。此對於後來的教育發展影響很大。他如袁世凱、陶模、張謇等亦都上疏條陳新政，其有關人才之培養，無不主張變更科舉，設立學堂。㈡

光緒二十七年，清政府終於通令全國各省改書院爲學校，省城設大學堂，府廳及直隸州設中學堂，散州及縣設小學堂，並令多設蒙養學堂。維新空氣彌漫朝野，各省都相繼設立學堂。學校制度、規章之頒訂勢在必行。所以光緒二十八年七月張百熙上奏的學堂章程，奉旨照准，稱「欽定學堂章程」。其中擬定京師大學堂章程並考選入學章程，及頒發各省之高等學堂、中學堂、小學堂章程各一份，並擬蒙學堂章程一份。㈢

此章程的頒佈是中國學制系統建立的開始，是爲「壬寅學制」。其中最爲注意者，卽注重國民教育，一變從前人才教育之觀念，而有教育普及之理論。㈣當時小學堂章程第六節曾有「俟各學堂一律辦齊後，無論何色人等，皆受此七年教育，然後聽其任爲各項事業」之條文。㈤惟無一語言及女子教育，其「無論何色人等」並不包括女子在內。這是壬寅學制的缺點。

然其時京外臣工條陳請辦女學堂者日益增多㈥，而且「女子乃國民之母」的觀念亦愈趨普遍，當局實不能不理會，終於在次年的「奏定學堂章程」中將女子教育包括在家庭教育中。

㈠家庭教育中的女子教育

光緒二十八年的欽定學堂章程未及實行，次年閏五月，清廷復命張之洞、榮慶會同張百熙重行釐定。參酌日本學制，擇其適用者，刪其繁重者，經過數月的商討修訂，於光緒二十九年十一月二十六日奏上，獲准實行，是爲「癸卯學制」。章程的內容遠較「欽定學堂章程」精詳。除了設立初高兩等小學堂、中學堂、大學堂、優級師範學堂、初級師範學堂及各種實業學堂，並訂有蒙養院及家庭教育章程，以女子包括於家庭教育之中。㈦這是國家明文提到女子教育的開始，但在學制系統中仍沒有正式位置。

何以政府當局不明文設立女子學堂，而僅將女子包括於家庭教育之中？此與張之洞本身的態度有很大關係。戊戌以後，全國性教育改革工作實際係在張之洞領導之下完成。㈧奏定學堂章程即其在學制上的貢獻。張之洞的教育思想始終包含著「實用主義」(Pragmatism）與儒家「正統主義」(Othodoxism）兩個因素。實用主義以功效爲價值判斷標準，而正統主義則以三綱五常爲判斷行爲的準繩。㈨因此一方面固然了解幼兒教育的重要性，所謂「蒙養通乎聖功，實爲國民教育之第一基址」，肯定「使女子無學，則母教必不能善，幼兒身體斷不能強，氣質習染斷不能美。」而認爲女子應該接受教育。但另一方面則在講究三從四德的舊禮教之下，惟恐女子讀了西書「誤學外國習俗，致開自行擇配之漸，長蔑視父母夫婿之風。」況且少年女子結隊入學，遊行街市，會破壞中國傳統的男女之辨。基於以上的考慮所以訂出了一套補救的辦法：

> 故女子只可於家庭教之，或受母教，或受保姆之教，令其能識應用之文字，通解家庭應用之書算物理，及婦職應盡之道，女工應爲之事，足以持家教子而已。其無益文詞，概不必教；其干預外事，妄發關係重大之議論，更不可教。故女學之無弊者，惟有家庭教育。⑩

這是以「持家教子」做爲女子教育的目的。

至於教些什麼呢？其內容是將中國的孝經、四書、列女傳、女誡、女訓及教女遺規等書當中，選擇重要的部分編成一書。而外國的家庭教育書籍中與中國婦道、婦職不相違背的先擇要譯出。此外如初等小學字課本及小學前兩年的各種教科書，也令地方官廣爲刊布。爲了適應一般大衆婦女，所以注重內容的深入淺出，並且附有圖片。爲達普及，「每家散給一本」。㊁

至於應該由誰來教導呢？識字的婦人自然可以自看自解。不識字者，或由丈夫或請旁人爲之解說。如此一來，「有子者，母自教其子，以爲入初等小學之基。有女者，母自教其女，以知將來爲人婦爲人母之道。是爲人母者，皆自行其教育於家庭之中。」㊂

家庭教育，原則上做母親的要自教其子女。母親不能教的，也可以雇保姆來教。保姆的來源呢？其訓練場所兩處：

一爲育嬰堂附設的蒙養院　育嬰堂各地皆有，就原有規模加以擴充。乳媼的數目，據規定：省城育嬰堂至少在五十人以上，各府縣城至少在三十人以上，在育嬰堂內劃出一院爲蒙養院，講習教導幼兒的知識技能，以爲充當乳媼和保姆的準備。教材由官家將保育要旨條目和官編女教科書、家庭教育書，刊印多本，頒發各育嬰堂，令其自相傳習。講授的人，擇其中識字的乳媼充之，每月優給工資；如乳媼中無識字者，可以專雇一年紀較大的老婦人入堂按照書本講授。當地的貧窮女子，預備將來做乳媼、保姆以爲謀生之計的，也可入堂隨衆學習，但不得超過三十人。蒙養院並收受當地附近三歲至七歲的兒童，施以蒙養教育，以便院中學習保姆者的實習。該院講習期限一年，期滿發給「蒙養院學過保姆憑單」自營生業。㈢

一爲敬節堂附設的蒙養院　敬節堂蒙養院的一切設施，節婦額數、教材、教習等均和育嬰堂相同。當地貧婦也可入堂學習。學習一年期滿，也都發給憑單，有充當家庭保姆的資格。所不同的，敬節堂內「癃老已甚或志在清靜寂處，不擬自謀生計」的節婦，不願接受者，可聽其自便。㈣

自上面兩處訓練出來的保姆，有了「蒙養院學過保姆憑單」便可充當私家保姆，擔負家庭教育的責任，教導兒童。

蒙養院之訓練保姆，與今日師範學校之訓練師範生，正復相同。若謂蒙養院是女子師範學校的前身，亦不爲無故。當時之所以不設立女子師範學校，乃是因爲「中國此時情形，若設女學，其間流弊甚多，斷不相宜。」因此，只好就已有的育嬰堂和敬節堂附設蒙養院，訓練擔任蒙養教育的保姆了：

> 外國女師範學堂，例置保姆講習科以教成之。中國因無女師範生，故於育嬰敬節兩堂內，附設蒙養院，所學雖然較淺，然其中緊要理法，已得大要。㈤

由此，更可見蒙養院訓練保姆，即所以替代外國女師範學堂的保姆講習科。

自另一個角度以觀之，則蒙養院之訓練保姆是解決貧民生計的一種辦法，「各省貧家婦人，願爲乳媼及抱兒之保姆女傭賚以糊口者甚多，此事學成不過一年，領有憑單，展轉傳授，雇值必可加豐，實爲補益貧民生計之一大端。」⑯其時保姆的地位甚低，蒙養家教合一章所說「所學雖然較淺，……已遠勝於尋常之女傭。」⑰不禁叫人懷疑其訓練出來的保姆能否擔任幼兒學齡前的教育。

有關章程頒定後的實施情形，以湖北省爲例，卽於光緒三十年（一九〇四）將省城的敬節堂予以擴充，添建講堂，仍名敬節堂。於其中挑選粗通文理的節婦一百名，作爲傅姆科正額，延聘日本女教習講習女子師範、家庭教育，以備將來紳富之家延充女師之選。另又擇地改建育嬰堂，附設蒙養院，於其中挑選略能識字之乳媼一百名，作爲保育科正額。延聘日本女教習講習幼兒的保育、教導知識，以備將來紳富之家雇用乳媼之選。至於舊有的敬節堂、育嬰堂仍循舊辦理。⑱因爲湖北省時在張之洞治下，而章程主要爲其所制定，所以較能貫徹。

由以上得知學制上沒有設立女學的明文規定。也因此民間的女學堂時遭遏抑。前所述及湖北省城的敬節堂、育嬰堂之改建擴充爲訓練乳媼、保姆的場所，卽起因於裁撤一所幼稚園附設的女學堂。其裁撤的理由是女學堂之設立爲章程所無，該女學堂有學生六、七十名之多，惟恐她們聚在一起「習染紛歧、喜新好異」，以致「中國禮法概行淪棄，流弊滋多」。辦法先將她們當中的已婚婦女，願意學習女子師範、家庭教育及保育教導幼兒知識者，轉入敬節、育嬰兩堂一併學習。而且規定每堂不得超過三十名。至於未婚女子則不在此例，目的在「以示限制而昭區別」。其中如有志切就學者，可以由父兄出名邀約地方士紳在家中開設女義學。⑲當時有人譏此爲「不解散的解散」，對張之洞加以抨擊⑳。其他如湖南省也在光緒三十年，清廷以「奏定章程中並無女學堂名目」，諭令停辦各屬女學堂。㉑其他像廣東省亦有女學堂被控以「

公然舉行，恥妄已極」而遭到阻遏者。㉒

凡此都是女學發展的阻力，只有進一步將之納入學制系統，女子教育才有往前推進的可能。

(二)兩性雙軌制的女子教育

光緒三十一年（一九〇五）學部成立，次年明定官制，將女學歸入學部職掌。三十二年，太后面諭學部實興女學。㉓然其時「防弊」之心依然。同年，學部奏定勸學所章程，有關「實行宣講」一節中，卽聲明「唯暫不准婦女聽講，以防弊端」。㉔又工部主事劉揚呈學部代奏學務要端摺中，有一條論「嚴防女學堂流弊」，抨擊金一「女界鐘」書中倡導男女平權之說，斥爲「讆說妖言，蠱人心而敗風俗」。㉕並以「中國女學，今始萌芽，弊端已見」而提出預防的辦法：

一、編課本　女學以能解用之文字、算術及應盡之婦職、應習之婦工爲度，原不必與男子受同等之教育，宜參酌小學堂課程，另編課本。修身一門，宜蒐輯名媛貞德淑行，藉作楷模，用資規勸。

一、嚴規則　以男女有別爲主義。教習、監學、供役人等，悉用女子。如必須男人任事，應劃定茅蕝，內外秩然。學生中有演述男女平權諸謬說及沾染惡習者亦卽斥退。如此，則於興學宏教之中，仍寓杜漸防微之意。㉖

此「學務要端」的意見，便是次年奏定女學堂章程的先聲。也就是兩性雙軌制的女子教育之建立的由來。㉗

光緒三十三年（一九〇七）正月二十四日，學部奏定女學堂章程（計女子師範學堂章程三十六條，女子小學堂章程二十六條）。女子教育終於正式納入學制系統。就制度上而言，這是中國女性在教育史上向前邁進的一大步。其奏摺上稱：「開辦女學，在時政固爲必要之圖，在古制亦實有脗合之據。」「凡東西各國成法，有合乎中國禮俗，裨於教育實際者則仿之；其於禮俗實不相宜者則罷之。」「總以啟發知識、保存禮教，兩不相妨爲宗旨。」[28]

其興辦女學之目的於「女子師範學堂章程教育總要第二則」所言甚明：

家國關係，至爲密切，故家政修明，國風自然昌盛，而修明家政，首在女子普受教育，知守禮法。又女子教育爲國民教育之根基，故凡學堂教育必有最良善之家庭教育以爲補助，始臻完美，而欲家庭教育之良善，端賴賢母，欲求賢母，須有完全之女學。

此番言論，於今日視之仍屬正確。好國民的產生有賴於完善的家庭教育，而做母親的在家庭裏扮演著重要的角色。只是此處認爲女子應該接受教育單從國民教育的立場出發，則未免太狹隘了。中國傳統上認定男女天賦有別，職份不同，以至在教育的觀點上，不能從基本的人的立場出發去看待女子。

也因爲如此，於女學中「女德」的要求特嚴。「其一切放縱自由之僻說（如不謹男女之辨，及自行擇配，或爲政治上之集會演說等事），務須嚴切屏除，以維風化。」[29]所以章程上規定女子修身的課本自然以「風教」爲主。無怪乎陳東原說：「這時的女學生把三千年來女教積壘的意見，用另一種形式重演一番，絲毫談不到新的意義。」[30]

雖然女子教育正式納入學制系統，但與男子比較來說，所受的教育仍然十分有限。以下是當時男女學制的比較圖：[31]

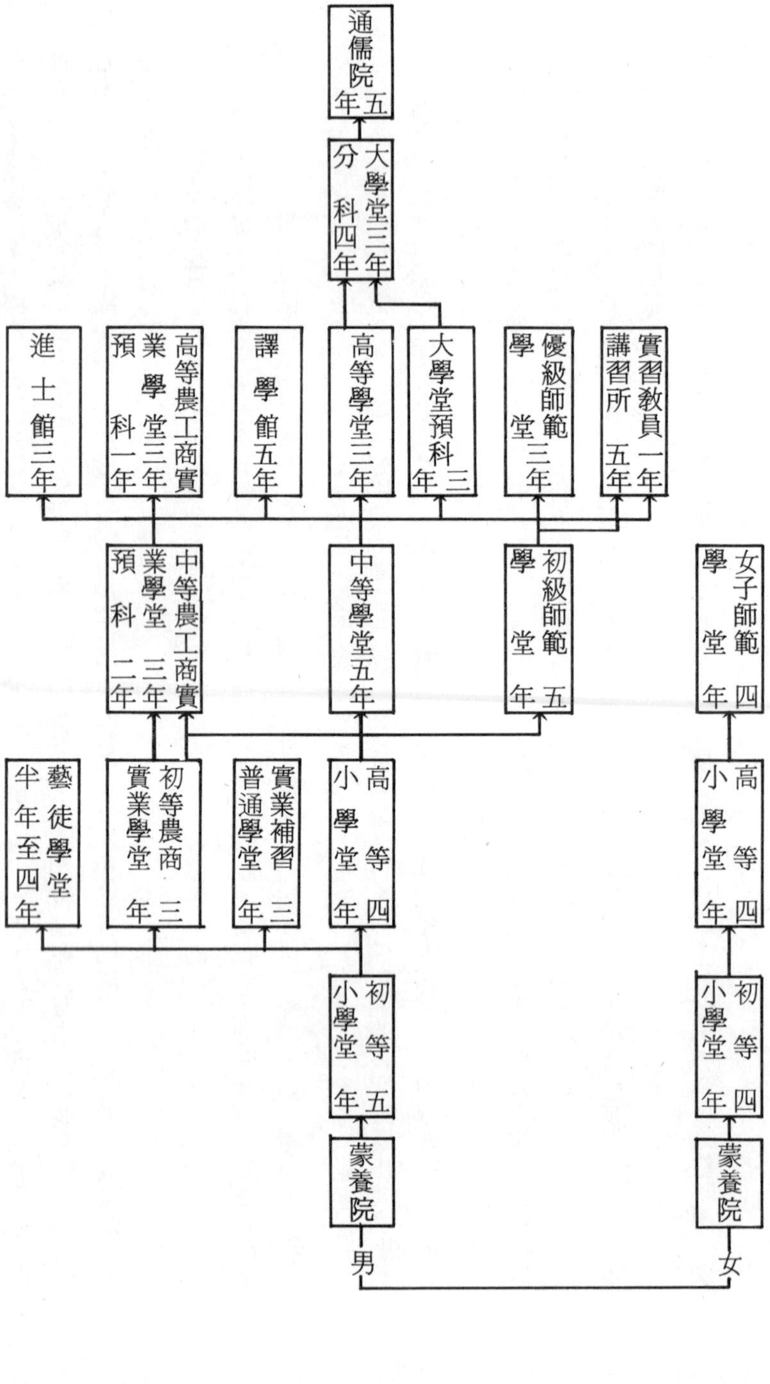
通儒院五年
大學堂三年
分科四年
進士館三年
高等農工商實業學堂三年
預科一年
譯學館五年
高等學堂三年
大學堂預科三年
優級師範學堂三年
實習教員一年
講習所五年
中等農工商實業學堂三年
預科二年
中等學堂五年
初級師範學堂五年
女子師範學堂四年
藝徒學堂半年至四年
初等農商實業學堂三年
實業補習普通學堂三年
高等小學堂四年
初等小學堂五年
蒙養院
高等小學堂四年
初等小學堂四年
蒙養院
男
女

由圖中可知：

(一)女子能得到的最高教育是初級師範教育。

(二)女子無中學堂、實業學堂的設置。

(三)女子小學堂與女子師範學堂，較之男子小學堂與初級師範學堂各少一年。

(四)男女教育，完全分辦。

這種不同於男子的教育，稱之爲兩性雙軌制的教育。在這一條爲女子而設的教育軌上，僅僅規定了八年的小學教育和四年的師範教育。至於其他爲男子所享有的中學、實業、專門及大學等教育，女子皆不得享有。

但無論如何，女學一旦納入了「軌道」，更豐富與平等的教育，勢必隨著時代潮流的推演而成爲指日可待。

三　女子小學堂章程內容之分析

以下就宗旨、組織及行政、編制及設備、課程方面等了解章程之要義。

宗旨　其宗旨在「養成女子之德操，與必須之知識技能，並留意使身體發育」，即德、智、體發展之教育。而以德育方面爲首要。其教育總要言：「中國女德，歷代崇重，今教育女兒，首當注重於此。總期不悖中國懿媺之禮教，不染末俗放縱之僻習。」所以任何學科只要與道德教育、國民教育相關的都要教授。智育方面，主要在授以普通知識、技能，以適用於日常生活。體育方面，特別強調廢除纏足之惡習，規定各學堂一律禁除纏足。

組織及行政　女子小學堂分女子初等小學堂和女子高等小學堂，兩等合併設立者爲女子兩等小學堂。入學年齡，七歲至十歲入初等小學堂，十一歲至十四歲入高等小學堂。修業年限均爲四年，並規定女子小學堂與男子小學堂應分別設立，不得混合。學堂設堂長、正、副教習，以年歲較長，素有學識，在學堂有經驗的女子充之。又設經理、書記、庶務員，均以篤行端品、留心學務，年在五十以上之男子充之。女子小學堂的設置須先將辦法、情形稟經地方官核准，方許開辦。

編制及設備　女子小學堂，每一學級至多以六十人爲限，初等或高等小學堂，每堂學級各以六學級爲限，兩等小學堂以十二學級爲限。學堂建設之地及各種堂室體操場用具，均須適應學堂之規模，建設之地須選擇於道德衞生上均無妨害，且便利兒童通學之所。

課程　女子初等小學堂課程有修身、國文、算術、女紅、體操五科，此外音樂、圖畫二科爲隨意科，得斟酌加入。女子高等小學堂有修身、國文、算術、中國歷史、地理、格致、圖畫、女紅、體操九科，此外音樂爲隨意科，得斟酌加入。其各學科之程度、時間分配如下面兩表所示。

一、女子初等小學堂學科程度及每週教授時間表：

學科程度／學年	第一年	每週時數	第二年	每週時數	第三年	每週時數	第四年	每週時數	合計
修身	道德要旨	二	同上	二	同上	二	同上	二	八

二、女子高等小學堂學科程度及每週教授時間表：

必修科				隨意科		合計
國文	算術	女紅	體操	圖畫	音樂	
發音、字及淺易普通文之讀法、書法、綴法	二十以下數之數法、書法及加減、乘除		遊戲		平易單音樂歌	
一二	六		四			二四
字及日用必須之文字及淺易普通文之讀法、書法及綴法	百以下數之數法、書法及加減、乘除		遊戲、普通體操	單形	同上	
一二	六		四			二四
日用必須之文字及淺易普通文之讀法、書法、綴法	通常之加減乘除	簡易之縫紉及通常衣類縫法	同上	簡易形體	同上	
一四	六	二	四			二八
同上	通常之加減乘除及小數稱法書法簡易加減乘除珠算加減	通常衣類之縫法、繕法	同上	同上	同上	
一四	六	二	四			二八
五二	二四	四	一六			一〇四

學年 ＼ 學科程度	必修					
	修身	國文	算術	歷史	地理	格致
第一年	道德要旨	日用必需之文字及普通文讀法、書法、綴法	整數、小數、諸等數、珠算加減	中國歷史大要	中國地理大要	植物、動物、礦物及自然之形象
每週時數	二	九	四	二	二	二
第二年	同上	同上	分數、步合算、比例、珠算加減乘除	續前學年	續前學年	同上
每週時數	二	九	四	二	二	二
第三年	同上	同上	同上	補習中國歷史	外國地理大要	通常物化學上之形象元質及化合物，簡易器械之構造作用
每週時數	二	九	四	一	二	二
第四年	同上	同上	比例、日用簿記、珠算加減乘除	續前學年	補習中國地理及外國地理	通常物理化學上之形象元質及化合物，簡易器械之構造作用，植物動物礦物相互
每週時數	二	九	四	一	二	二
合計	八	三六	一六	六	八	八

科						，人身生理衞生之大要		關係及對於人生之關係，人身生理衞生之大要		
	圖畫	簡單形體	一	同上	一	諸般形體	一	諸般形體簡易幾何畫	一	四
	女紅	通常衣類之縫法、裁法、繕法，並酌授各項手藝	五	同上	五	同上	六	同上	六	二二
	體操	普通體操、遊戲	三	同上	三	同上	三	同上	三	一二
隨意科	音樂	單音歌		同上		同上		同上		
合計			三〇		三〇		三〇		三〇	一二〇

就課程的時間分配而言，得知：

㈠國文科授課時間，初小各年級占總時數二分之一，高小占三分之一強。

㈡女紅科在女子高小一、二年級，授課時間占全課程時數六分之一；三、四年級占五分之一。於九項學科中均高居第二位，僅次於國文，可見其重要性。亦可印證當時發展女學的宗旨之一即在補助家庭生計。

㈢體操列爲必修科，且授課時數於初小僅次於國文、算術，於高小僅次於國文、算術、女紅。足見其所受重視的程度，亦可知「母健而後種強」的觀念已漸普遍。

與男子小學堂比較，女學堂的課程中沒有讀經、講經的課程。又男子高等小學堂第三、四年隨意科中，多了農業、商業、英文等課程。㊂這些都是女子小學堂所沒有的。正如其所謂「女子性質及將來之生計多與男子殊異。凡教女子者，務注重辨別，施以適當之教育。」女子將來活動的範圍既然拘於家庭，學制上又沒有中學堂以上的設置，自然沒有教授農、商及外國語文課程的必要，只須授以普通知識、技能就足夠了。

女子教育既有別於男子，則其課程的實施自也有其特殊之點。玆擇章程中所定各學科要旨及程度之重要者錄示數則：

修身　其要旨在涵養女子德性，使知高其地位，固其貞操。其教課程度，在女子初等小學堂，初則授以孝悌、慈愛、端敬、貞淑、信實、勤儉諸美德。並就平常切近事項，指導其實踐躬行。漸進則授以對於倫類及國家之責任。在女子高等小學堂，則擴充前項之旨趣，而益加陶冶之功，使之志行更爲堅實。授修身者，務援引古今名人及良媛淑女嘉言懿行，以示勸戒，常使服膺勿忘。

女紅　在使習熟通常衣類之縫法、裁法，並學習女子所能爲之各種手藝（如編織、組絲囊盒、刺繡、造花等），以期裨補家計，兼養成其節約利用，好勤勉之常度。

音樂　在使學習平易雅正之樂歌，凡選用或編製歌詞，必擇其切於倫常日用，有裨風教者，俾足感發其性情，涵養其德性。

觀以上三學科之要旨皆與女子本身息息相關，與傳統女學着重在婦德、婦職方面並無差異。但就整個課程而言，女子的知識領域畢竟開擴了許多，如算術、歷史、地理、格致、圖畫、音樂等皆予一併教授，此爲傳統女學所漠視者。而今因爲學堂的設立而予以系統化、普及化。另外體操課程對於纏足的惡習，無疑地是一種徹底的拯救辦法。

以上是女子小學堂章程的內容。㊂由之可了解學部設立女學的旨趣。但行於實際，究有差距。例如課程方面，雖然沒有讀經與外國語的課程，但其時讀經風氣相當普遍，因此許多女子小學堂列有經學課程。外國語方面，許多女學堂多以教授日文、英文爲主。又如章程上規定學堂的建置須適應學堂規模，但事實上，許多女學堂（尤其非官立者）就寺觀祠宇，或清節堂、育嬰堂或倉庫舊基改設而成。有些學堂則是家塾舊式，即以廳事充講堂，設備簡陋異常。至於男女小學堂分開設立的規定，更非當時的環境所許可。經費上、師資上均稱兩難。因此，男女同校的例子很多。又如學生的入學年限，實際上多有寬於章程之規定者。

四　女子小學教育的發展（一八九七—一九一一）

㈠歷年的發展

清末女子學堂的設立，在女學章程頒定以前，除了教會所辦者外，民立（私立）、公立女學堂已紛紛成立。此外官立女學堂也不少。大致而言，民立者，規模小，由私人獨創，或二三人主其事，學生人數多者二、三十人，少者五、六人。有些學堂設備異常簡陋，形近私塾。公立者，由官紳或紳商合辦，規模較大，學生人數多者至數百餘人。官立者，因由官方創辦（亦多得地方紳商之助），經費充足，設備較佳。

以下依時間之先後，說明學堂設立之情形。

國人自辦的女學，以光緒二十三年（一八九七）康廣仁、梁啟超在上海設立的女子學堂爲最早。林紓的「興女學詩」卽稱讚此事。詩中所云：「興女學，興女學，羣賢海上眞先覺。」卽指康廣仁等在上海設立女學堂一事而言。[34]

該校之成立，傳教士及外交人員幫助頗多。規模仿自上海的中西女塾，並聘有兩位傳教士教授英文、地理等課程。[35]梁啟超於光緒廿三年撰「創議設立女學堂啟」並附「女學堂試辦略章」，如文中所指卽爲該學堂，其宗旨乃「上可相夫，下可教子，近可宜家，遠可善種」，卽「賢妻良母」的教育觀。又所列課程比之後來學部所頒的女學章程要廣，中文、西文各半，並設有專門學科：算學、醫學、法學等。[36]該校後來因受到戊戌政變的影響而停辦。

同年十一月，經元善於上海約集西人倡辦女學，次年四月十二日開學。[37]名爲經氏女學（經正女學），其後並設分校。[38]光緒二十五年（一八九九），學生大約有七十人左右。外籍教員有美籍、德籍。課程有西文、算學、女紅、繪事、醫學、音樂、體操及國文。國文課授以女孝經、女四書、幼學須知句解、內則衍義、十三經義、唐詩、古文等。[39]當時有人認爲所授科目中，惟有醫學、算學尚可用以脩身操家，至於西語西文只合男子學習。因爲女子應謹守內言不出於閫之義，卽使學成，也不能與西人應對。而音樂、體操更不宜學，惟恐逾閑蕩檢。[40]

經氏女學成立後，常、錫、蘇、滬各地負笈來學者甚衆。一時聞風興起者，如蘇州、松江、廣東、南洋新加坡等處皆陸續設立女學堂。[41]不久經氏女學亦因受到戊戌政變的影響而停辦。[42]其與康梁所辦的學堂其影響力因時間過短，不及日後務本、愛國兩所女學，但可謂開風氣之先。

庚子以後，清政府於光緒廿七年（一九〇一）通令各省改書院爲學堂。雖然未明文設立女學，但民間、官方的設立女學日益普遍。女子本身不遺餘力辦女學者，大有人在。如杭州貞文女學校長惠興（馨）女士，知國勢日蹙，非興學無以救亡，乃以提倡女學爲己任。於女校成立之日，當衆自剖其臂，並說：「如此校中止者，必以身殉。」一年後經費不繼，籌措無結果，遂留書服毒以身殉。臨終時謂：「此禀呈上，有長年經費矣。」㊸在朝慈禧太后亦措意女學。㊹他如蒙古喀喇沁親王，疆吏如端方、袁世凱等皆熱心於女學。

庚子以後，有名的幾所女學堂，如光緒二十七年吳懷疚捐資在上海西門生生里創辦務本女學，以賢妻良母主義爲宗旨，招收師範、中學兩科學生，成績頗爲可觀。㊺其中最著名的爲蔡元培等於光緒二十八年在上海成立的愛國女學。該校以增進女子之智、德、體、力，使有以副其愛國心爲宗旨。並且提倡女權思想，兼具革命性質㊻。與當時的女學堂比較而言，務本及愛國女學兩校的課程完善，教授有方，所以畢業的女生大多數能應對國情，參加種種愛國及婦女運動，但她們對於家事及社會事業的興趣則沒有教會女生的那般濃厚。㊼又如光緒三十年成立的宗孟女學堂，以孟子「民爲貴」一語爲宗旨，講究平等思想，提倡民族主義。學生當中有不少參加對俄同志女會者。㊽其他像北京豫教女學堂、江亢虎所辦的外城女學傳習所，也都頗有名氣。尤其後者規模更大，其校舍多達六十七間，學生有一、二百人之多。㊾其後又擴充規模，設立內城、中城女學傳習所。尤其內城女學傳習所，自光緒三十二年八月成立至宣統元年三月，前後入學者達一千二百餘人。㊿此外，有專設的貴胄女學堂，如蒙古喀喇沁親王創辦毓正女學堂，聘請日本女

敎習河原操子，專敎邸中之年少女子及附近官員之女兒。㉛又有專爲公主及皇親貴戚女兒和滿漢三品大員之女成立的女學堂。㉜

除了以上所舉者外，官立女學亦復不少，尤其章程頒佈之後，日益增多，而地方上女學事務的管理也較上軌道。以直隸省爲例，其在光緒二十七年九月至三十三年七月由袁世凱任總督職，袁熱心於敎育，故女學亦較其他省份發達。以天津一地而言，在編修傅增湘的管理下，不及一年，女學生人數驟增至六百三十八名之多（民立者尚不在此內），其中官立的五所女子小學堂人數卽達四百餘名。㉝此與官立者因經費充裕、擴充建置有密切關係。

女學章程頒佈之後有一現象，卽民立、公立者往往因爲經費不足，或人謀不臧而改由官方接辦。例如頗具規模的內外城女學傳習所，卽於宣統元年一度因爲經費困難，創辦人江亢虎上呈學部接收，江氏並且感嘆地說道：「夫國民敎育事業而猥欲以個人經營之，固知其難矣！」㉞御史卑壽也上奏贊成此意，理由乃因其規模已具，接辦後可收事半功倍之效，㉟後來雖然學部沒有接辦，但非官立的學堂所存在的問題於其中隱約可知。另外，如公立旅寧第一女學，於光緒三十三年因捐款不繼，兩江總督端方遂予以接辦，並籌撥款項購置物理、化學儀器等研究設備，又按月增撥經費二百兩，增聘敎員，加收學生，改爲官立粹敏第一女學。其後並再行擴充編制，學生達二百名之多。前後所撥官款每年共需一萬二千兩。㊱

由以上可知：（一）、類此國民敎育事宜，非由政府主持或支援難以持久。（二）、以上兩例都在女學章程頒佈之後發生的現象，足見將女學納入學制系統之效。（三）、來自民間的力量所辦的學堂，爲日後官方的接收提供了基礎。

以上所述爲正規的學堂教育一般發展的情形。此外，爲了顧及歲數較大，或家計貧困，或爲家務所累的婦女，設有簡易女塾、半日學堂、暑期講習會等。類此者，多半附設在學堂內，收費低廉，或不收學費。課程簡易，年齡限制很寬。其主要目的在開通風氣，以求普及之效。所謂「一人略涉門徑，則一家悉趨堂奧」，(五七)如內外城女學傳習所設有半日班、傭學班，不收學膳費。(五八)江西正蒙女學堂也附設有半日婦女學堂，報名資格爲十六歲以上，三十二歲以下。(五九)暑期講習如中國女子體操學校，於暑期講授音樂、數學二科。(六〇)城東女學社設有暑假藝術會，授以各種手藝，以期實業發達(六一)。他如愛國女校則組織國文講習會，有志者皆可入會，不以本校生爲限。城東女學也設有暑假國文補習會，講習種種應用文字及古近體詩。(六二)

另外，具有通俗性質的婦女民衆教育機構則有閱報所、演講會等。閱報所如北京第一女子閱報處，設在外城女學傳習所內，凡婦女皆可前往閱報。(六三)演講會如上海城東女學社所發起的「婦女宣講會」，每星期演講一次，每次講演數題目，其演講題目計有：「教育上之社會主義非無政府主義」、「婦女與社會之關係」、「山東武訓乞丐興學」、「萬里行」、「女子須求自立」、「中國於世界之位置」、「公德談」、「勤儉儲蓄爲女界獨立之無上上策」、「爲人須有定識，當開闢風氣，不可爲風氣所轉移」、「遊歷口外情形」、「嬰孩保育法」、「蠶業與女子生活之關係」、「有毒動植物之生理——煙草、河豚及解毒法」、「婦女與地方自治之關係」、「女子與家庭經濟之關係」、「安徽女子之職業」。(六四)由上列題目可知其中有傳播知識者，有啟發觀念者。凡此不啻爲另一種接受教育的機會，可補學堂教育之不足。

至於清末女子學堂歷年來在各地的分布情形，根據學部於光緒三十四年所作的統計，經整理後，如下面兩表所示：(六五)

表一：光緒末年全國女子學堂處所歷年比較表

所在地區 ＼ 年代類別	廿九年 官立	廿九年 公立	廿九年 私立	廿九年 合計	三十年 官立	三十年 公立	三十年 私立	三十年 合計	卅一年 官立	卅一年 公立
京師										
直隸						2	6	8	5	2
江蘇		1	4	5		4	6	10		9
四川						1		1	5	5
江寧							1	1	2	1
浙江					1	3		4		5
奉天									1	1
湖北						1		1		4
廣西									2	
雲南										
湖南									1	
陝西										
山西									1	
江西		1		1		1		1		1
河南										
貴州										1
廣東										
黑龍江										
安徽										
福建										
山東										
吉林										
甘肅										
新疆										
總計		2	4	6	1	12	13	26	17	29

卅四年				卅三年				卅二年				年	
合計	私立	公立	官立	合計	私立	公立	官立	合計	私立	公立	官立	合計	私立
11	1	10		12	1	11		6		6			
131	61	39	31	131	37	43	51	78	8	45	25	13	6
80	54	23	3	71	44	27		56	39	17		23	14
84	5	40	39	54	5	24	25	27	2	14	11	11	1
25	9	12	4	24	11	11	2	16	6	8	2	4	1
11	2	9		11	5	5	1	14		13	1	6	1
23	1	7	15	14	1	5	8	7	1	2	4	2	
18	2	6	10	8		6	2	12		10	2	4	
11	2	1	8	17	10	3	4	12	4	6	2	2	
28		12	16	8	1	3	4						
14	4	6	4	7	2	1	4	5	1	1	3	2	1
11	3	6	2	11	3	6	2						
12		5	7	6		3	3	2			2	1	
8	2	5	1	6	2	3	1	2	1	1		1	
13	3	5	5	3			3	1			1		
8		8		4		4		2		2		1	
5				6									
7			7	2			2	1			1		
4	1	2	1	2	1	1		2	1	1		1	1
3		2	1	4		3	1						
2	1	1		1	1			2	2				
3	1		2										
512	152	199	156	402	124	159	113	245	65	126	54	71	25

說明

㈠資料來源：學部總稅務司編，光緒卅四年分第二次教育統計圖表，「各省學堂處所歷年比較表」。

㈡與光緒卅三年分第一次教育統計圖表之「各省學堂處所歷年比較表」相較之下，多有不符者，不符之省份計達六省之多：直隸、陝西、山西、四川、浙江、雲南，其中雲南省出入最大。

表二：光緒末年全國女子學堂學生人數歷年比較表

所在地區＼年代類別	廿九年 畢業	廿九年 在堂	三十年 畢業	三十年 在堂
京師				
直隸				203
江蘇		22		60
四川				30
浙江				119
江寧				26
奉天				
湖北				34
湖南				
雲南				
廣西				
廣東				
貴州				
江西		18		22
福建				
山西				
安徽				
黑龍江				
河南				
陝西				
吉林				
山東				
甘肅				
新疆				
總計	40		494	

卅四年		卅三年		卅二年		卅一年	
在堂	畢業	在堂	畢業	在堂	畢業	在堂	畢業
637		661		306			
3283	105	2523	95	1803		203	
3287	64	3395	9	853		256	
2838	26	1807	29	796		245	
1331	114	1093	69	791	16	305	
1201	54	803	6	416		70	26
1238		773		377		104	
649		477	34	342		207	
671		412		338		194	
1365		249					
511		589		372		63	
539		391					
389		224		72		20	
421		155		55		30	
271		244		108			
382		152		40		14	
262		86		49		24	
244	18	90		20			
248		84		20			
180		154					
178							
51		54		17			
20557		14658		6791		1761	

說明
㈠資料來源：學部總務司編，光緒卅四年分第二次教育統計圖表「各省學生人數歷年比較表」。
㈡與光緒卅三年分第一次教育統計圖表之「各省學生人數歷年比較表」及「學務統計總表」相較之下，多有不符者，不符之省份計達四省之多：浙江、四川、雲南、山西，其中以雲南省出入最大。

自表中可獲得以下之結論：

就學堂的種類而言：公立、私立占大多數，尤其是公立學堂。公、私立多由地方士紳所辦（其中亦有得官方資助者），充份顯示出士紳在興辦女學中之影響力。官立女學堂在女學章程頒定之前，數量遠不及公、私立。女學章程頒定之後，數量大增，由光緒三十二年的五十四所，增加爲三十三年的一一三所，三十四年的一五六所。顯見女學納入學制系統中的效果。

就學堂歷年的數目及學生歷年人數而言：光緒三十二年由於清廷下詔預備立憲，籌備事宜中包括普及國民教育，因此雖然女子教育尚未納入學制系統，但這年女學堂處數及學生人數有顯著的增加。學堂處數由光緒三十一年的七一所，增加爲三十二年的二四五所，增加有三．五倍之多。學生人數則由三十一年的一、七六一人，增加爲三十二年的六、七九一人，增加有三．八倍之多。其後，光緒三十三年女學章程的頒佈及三十四年清廷下了一道詔諭：凡八歲以上的兒童必須入學，不然其父母或親人將受處罰；若無父母或親人，地方官應負其教育之責；各省督撫應督飭所屬，速建學校。㊈這兩項因素促使學堂數目、學生人數皆呈直線上升。學堂數目，三十三年爲四〇二所，三十四年爲五一二所。學生人數，三十三年爲一四、六五八人，三十四年為二〇、五五七人。

與男子小學教育的發展情形相比較，光緒三十三年，全國男子小學堂（包括兩等、高等、初等）的數目有三三、五一三所，與女學堂數相比，大約七七所男子小學堂才有一所女子學堂。全國男子小學生人數於三十三年為九二八、七七五人，與女子學堂的人數比較，平均約六十名男性小學生才有一名女性小學生。㊷顯見男女小學教育發展的比重甚為懸殊。

就地理分布而言：除新疆、甘肅尚無女學外，其餘各省以光緒三十四年為例，學生人數依次為：江蘇（含甯屬）、直隸、四川、浙江、雲南、奉天、湖北、湖南、廣西、廣東、貴州、江西、福建、山西、安徽、黑龍江、河南、陝西、吉林、山東。學堂數目之分布則直隸省居首位，江蘇（含甯屬）次之，其餘省份與學生人數分布之情形類似。直隸省因其為京師所在，為全國首善之區，對於女學的提倡不遺餘力。故光緒三十二至三十四年女學堂數均躍居全國首位。江蘇省乃全國經濟重心之所在，又為人文薈萃之地，加上開港通商以來，多得風氣之先，故女學之盛自不待言。四川省雖居內地，女學之盛僅次於直隸、江蘇，此與其地之富庶或有關聯。浙省位居第四，此與其教育之發達、浙人思想的開通及較為注重女權有關，浙省新式教育的特色之一卽是女學極為發達。㊸又奉天省雖地處東北，而女學亦甚為發達。此與清政府鑒於東北逐漸淪為列強角逐之地，遂於光緒三十三年廢除將軍，改設行省，積極推行新政有關。卽使偏遠如黑龍江省，自東三省改制後，其女學人數亦高過河南、陝西、山東諸省。固然上述的統計數字不屬確實，但就此可略知梗概。

㈡師資與經費問題

學校教育完善與否，師資與經費無疑是關鍵性的兩大因素。以下就這兩項問題檢討清末女學的發展。

師資問題

師範學堂是提供師資的來源所在，但清末女學初興，師範學堂的數量所佔比例極微，而且成立得晚。卽以有名的北洋女師爲例，亦迨至光緒三十三年才設立。此外有些小學堂附設有師範科，如務本女塾。張默君卽畢業於該校，後來由兩江總督端方延聘爲省立粹敏女學的教務長。[69]然此類學堂亦不多見。及至學部頒佈女學章程，規定教員必須是具有學識及教學經驗的年長女性，然在當時的環境裏能合乎這項條件的實在微乎其微。因此師資的來源顯得困難而複雜。有由創辦者自行擔任，如上海愛國女學的教員都由教育會會員擔任，不足時，才延聘積學之士充之。[70]除了不得已聘用的男性教員外，其師資來源有一般小學堂或小學堂附設師範科，師範學堂的畢業生，或教會學校的畢業生（如中西女塾、鎭江女塾），外籍人士及歸國留學生等。

外籍教員中有些是傳教士，有些是外交人員的女眷。國籍上有英、美、日、德、法等，其中以日人居多。任用外籍教員有些因爲語言上的隔閡，必需透過翻譯，而影響到教學效果[71]。歸國留學生當中有自美返國者，如梁啟超在「倡設女學堂啟」文中，曾提到擬聘請留美歸國的石美玉、康愛德擔任西文課程。此外以留日返國者居大宗，此與清末女子留學以赴日本爲主有關。[72]留日者在日本接受以賢妻良母爲主的各級女子教育，對中國正在萌芽的女子教育無論是在制度、課程方面都有相當影響力。㉓學堂的設立與日俱增，師資問題在質與量上，均呈嚴重現象。加以禮教觀念嚴求男女之防，致使學堂在聘用男性教員方面多了一層困擾。

女性教師的素質，一般說來並不高。由於需才急切，許多速成師範學堂期於短期內造就一批師資，難免流於粗製濫造。以女學發達的直隸省爲例，光緒三十三年的調查卽指出：「各科女教習似難得人，用舊法教新學，恐非善策，此近來女學堂通弊。」㉔因此強調改用男性教員，以增進教學效果。在男女之防的考慮上，認爲十三歲以下的女學童由男教師擔任授課，不會產生流弊。㉕既然任用男性教員是不得已的辦法，有些學堂遂規定只收十二歲以下的學生，如江蘇崇文女學。㉖而江蘇學務處因粹化女學堂聘用男教員教授十七歲至三十歲的女學生，遂不准其立案。㉗上述的現象無形中對於女學的發展有所影響。

清末女子學堂（包括師範學堂，但其所佔比例極小），學生與教師在人數上的比例，根據學部統計，光緒三十三年全國女子學堂學生人數爲一五、四九六人，教員人數爲一、五〇一人（依光緒三十三年全國女子學堂統計表，見附表一），其比例約爲一〇・三：一，卽大約十位學生有一位教師。三十四年學生人數爲二〇、一三五人，教員人數爲一、六八三人（依光緒三十四年全國女子學堂統計表，見附表二），其比例約爲一一・九：一，卽大約十二位學生有一位老師。至於各地的教員人數以江蘇省最多，光緒三十三年，占全國女學堂教員人數的百分之三十六左右，三十四年，占百分之三十一左右。江蘇省由於是歷史上人文薈萃之地，加以得風氣之先，女學發達，故教師來源較其他省份充裕。

經費問題

清末政府的支出，用於近代化事業者所佔比例極低。以江蘇省爲例，其於宣統三年的歲出預算中，支出最多者爲償付外債及賠款，用於近代化事業者只佔百分之一・四六。其中教育佔百分之〇・三八，而尙居全國第一名，則其他省份教育經費之低，由此可知。(七八)

清末各州縣創辦學堂，其經費多就地籌款，卽以地方稅收用於地方教育事業。經費來源大致可以分爲官款撥給、公款提充、產業租入、存款利息、派捐、樂捐等項目。地方爲了籌措教育經費，往往多於朝廷已經加抽款項之外，重複加抽。其名目甚爲繁多，捐自農民者有帶徵積穀、串票、稅契等項；取自貨商者，則有絲捐、米捐、木捐、典捐及雞、鴨、肉、茶捐等項，因此加重百姓負擔。(七九)清末女子學堂的設立較其他學堂爲晚，初時由於風氣不甚普遍，因此在經費的籌措上也就特別困難，尤其是非官立的學堂。

由於學堂有公立、官立、私立（民立）等名稱上的不同，經費來源自然有別，宣統三年曾因「名稱不定，公費無從核算」，學部遂規定：「一省無論省、道、府、廳、州、縣自高等或專門以下各項學堂，其由國家稅收及地方行政稅設立者，統稱官立。廳州縣或城鎭鄕地方自治經費設立者統稱公立，至一人捐貲設立或多數人集貲設立者統稱私立。」(八〇)此爲宣統三年的規定，由此大致可以得知一般學堂的經費來源。至於清末女子學堂的經費來源，以下無論官、公、私立，僅就零星資料整理後，簡述如下：

一、官款撥給：如京師女學堂的建築費，卽在藩庫本年地丁款內動支銀三千兩，又於運庫本年鹽觔加價款內動支銀二千兩，共五千兩。(八一)直隸省並置有女學經費的項目。光緒三十二年開辦直隸全省女學堂，其經費共六千一百兩，得由藩庫籌撥。[82]又如天津公立女學堂，其開辦經費，即在育材館房屋變價項下撥助一千元，常年經費則每月於釐捐局雜款項下及銀元局，各撥銀一百兩作爲補助，後又由輪電局每月撥助一百兩。[83]蕪湖縣安徽公立女學堂開辦經費係由官紳捐助，常年進款則由米釐局撥銀二千四百兩。[84]其他有以印結費、[85]歇家費充作女學堂經費者。歇家費以浙省爲例，乃因各屬報解錢糧到省投宿，向有歇家費，及至清末均改由錢號上兌，歇家費尚未革除，統計每年七千六百餘兩，悉數撥歸惠興女學堂及杭州女校，充作經費。[86]此外又有廉官將陋規裁作女學堂經費。[87]另昌平州官立成始女學堂，其經費由經紀項下撥助，每年一、二百兩。[88]

二、派捐：如船捐、嘉嬪捐、糞捐、[89]戲捐、[90]當捐、茶捐、肉捐、糧食捐、廟捐、[91]牲畜捐、紳商捐、[92]絲繭捐、箔捐、[93]平脚行捐、[94]牙捐、[95]狀紙公費[96]等，以之充作女學經費。

三、產業租入：如房山公立女學堂、霸州女學堂，其經費來自地租、廟款。[97]蘇州官立女學堂亦由歲租項下撥助。[98]

四、樂捐：許多民立、公立學堂多是募款而成的。有由創辦者按月認捐，例如愛國女學社的經費，分特捐、月捐兩種，月捐每月銀一元，特捐各隨心力，銀錢、圖書均可。[99]又如宗孟女學堂，其經費由總理一人擔任，並不在外募款。[100]蠡縣民立女學經費則由教員捐助，每年七百六、七十兩。[101]又如公立杭州女學，其捐款項目有三種：創辦捐，捐納款項以充本校開辦經費，輸創辦捐者爲發起人；常年捐，每年認捐若干，輸常年捐者，爲本校贊成員；特別捐，臨時捐納一次，非永遠繼續者，輸捐者爲名譽成員。[102]此外有售賣田產，將所得購買路票，以利息撥爲女學經費者，如松江之楊錫章之於開明女學。[103]清末富家婦女捐助學款者頗多，例如四川省名山縣孀婦黃張氏，因見縣屬學款支絀，自願認捐田業二分，共值銀一千兩，以作自立初等女學堂經費。[24]凡此種種捐款頗多，但捐款無定額，亦無定時，學堂經費若悉仰賴於此，不免時遭窘困。因此公、私立女學堂多有陳情官方補助者。

五、學費：學部於光緒三十三年規定「女學堂暫時免收學費，其因經費支絀，必需徵收學費者，聽其按照程度，比照各學堂酌減徵收。」[25]此指官立學堂而言。一般公、私立多收學費。

以上是清末女子學堂的經費來源。至於各省的學務歲出（包括女子師範學堂，但其所佔比例極微），根據學部於光緒三十三、三十四年所作的統計，經整理後，如下表所示：

學務歲出　年代 省別	光緒三十三年	光緒三十四年
直隸（含京師）	八一七〇四（單位兩）	九九三三三（單位兩）
江蘇	七五六三九	七〇六二〇
江寧	二八四二七	三二四〇〇
吉林		三五一七八
奉天	二四〇四三	二九三二七
浙江	二〇五六一	二三七六四
廣東	七四六二	一五四二六

福建	六九一五	六五七七
雲南	五九八三	六三五九
山西	四六七五	七一七九
湖南	四三五七	一五〇〇一
江西	四〇五七	六二三四
廣西	三二〇八	六五四三
湖北	三〇八〇	一〇三七四
四川		八五一九
安徽	三〇二〇	六四三一
貴州	二一六五	一二〇九
山東	一九〇〇	一九三五
黑龍江	一二六〇	五三三五
陝西	七八四	八六七
河南	五三六	三八五二
總計	二七九七七六	三九二四六三

說明：1資料來源：光緒三十三年分第一次教育統計圖表「各省學務歲出統計表二」；光緒卅四年分第二次

教育統計圖表「各省學務歲出類別統計表二」。

2.四川省於三十三年未造報表册，從缺。又吉林省於三十三年尚無女學。直隸省原表未列出學務歲出之經費，今表中所列，取自直隸省學務總表。

自表中得知各省的歲出經費隨著學堂的增加而增多，但其先後秩序並不絕對與學堂處數與學生人數呈正比。例如吉林省在光緒三十四年才有三所女學堂，一七八位學生，但歲出經費於該年竟居全國第四位，又如四川省其學生人數、學堂數目於光緒三十四年曾躍居第三位，但歲出經費却居全國第十位。其他各省歲出經費的先後秩序大致與學堂處數、學生人數成正比。其中直隸爲京師所在，江蘇爲經濟重心，奉天省受改制的影響，故經費較爲充裕。

與男子小學堂比較，其經費仍微不足道。如光緒三十三年全國男子小學堂的歲出經費達七、一一六、八〇四兩，㉖女子學堂僅有二一七九、七七六兩，僅爲男子小學堂歲出經費的百分之三。三十四年，男子小學堂的歲出經費達九、八七二、七九二兩，㉗女子小學堂爲三九二、四六三兩，僅爲男子小學堂的百分之四左右。若學堂歲出經費按學生人數平均計算，以江蘇省爲例，光緒三十四年一名男性小學生平均歲出三七．八一三兩左右，女性小學生爲三一．〇〇三兩左右。㉘其歲出經費所差不遠，但不能以通例視之，畢竟江蘇省爲富庶省份，教育經費於宣統三年居全國第一名。由以上所舉亦大致可以了解清末男女小學堂教育的發展情形。

(三)生活管理

清末開放女子教育後，對於女子在行止上的要求是「不悖中國禮教，不染末俗放縱之僻習」。學部在女學章程上言明：舉凡一切有放縱自由之嫌的言說都在禁止之列，例如不謹男女之辨及自行擇配或政治上之集會演說等。

除言明訓育管理之外，另頒定女學規條，於女學生的生活行爲有詳細的規定，今錄示如下：⑲

（一）男女生不准交接。

（二）禁止蓄額前短髮。

（三）不准倡自由結婚邪說。

（四）男學生開會，禁止女學生到會；女學生開會，禁止男生到會。

（五）女學生以三從四德爲根本。

（六）女學生專講明家庭教育，不准妄議國政。

違反上述規定，卽遭到當局的取締。以下以實例說明之：如學部於光緒三十三年底查辦江蘇省崇明縣尙志女塾，理由之一卽該校在開會演說中，提倡「均權自由」。⑳宣統元年，江西省南昌縣，有留日歸國女生張維英創設「自由結婚演說會」，學部電咨該省當局加以查禁，並電咨各省督撫，日後如有類此行徑者，務須嚴行查禁，「以維風化而重人倫」。㉑又教科書中有「平權自由」之說者，自然不被允准。㉒

女學生的活動範圍拘於家庭與學堂，「不准在街頭閒步，恣意遊觀；以維學風而端閫教。」㉓舉凡公開場合的活動，皆被視爲拋頭露面，有違禮教。因此當光緒三十三年北京女學慈善會爲災民義演募賑時，不及三日，各女學堂卽接到學部札文，申明勸誡各學生，「陳設手工物品，以助賑需，儘可遣人送往，不必親身到會。至於赴會唱歌舞蹈，於禮俗尤屬非宜。」㉔學部且因此刊刻「內則衍義」頒發給京外各女學堂，要其隨時宣講，以端教化。㉕在今日看來甚爲平常的義演、義賣活動，在當時却是違反禮教的。其他如學界運動會，女學堂不在邀請之列。㉖學界的成品展覽會，女學堂僅得將作品寄往會場展覽，但女學生不得赴會參觀。外城女學傳習所經理江亢虎遂因此組織女學展覽會。㉗

男女學生、學校的交誼在當時自然不被允准。例如宣統元年，保定女學堂部分學生在學監帶領下，應邀參觀陸軍軍校的畢業典禮，而引起退學風潮。㉘另外曾有譯學館學生，因寫了一封愛慕某女校學生的書信，而遭到斥革處分。㉙

爲了進一步別嫌明微，宣統三年，（一九一一）江蘇省提學使李瑞清，甚且通飭各女學堂改星期五爲放假日。只因「女學以禮教爲先，而名譽以道德爲本」，將星期假日與男學堂錯開，「庶杯蛇市虎之疑，自隱消於不覺；秀柏貞松之節，更相得而益彰。」㉚

由以上可知當時如何重視男女之別。故學部頒定女子小學堂章程時，規定「女子小學堂與男子小學堂分別設立，不得混合」。許多男子小學堂因此輒援定章，拒收學齡女生。因許多地方財力有限，勢不能盡於男校之外，特設女校，爲此，不少女子失去入學的機會。

㈣男女同校問題

雖然部章規定男女小學堂分別設立，但在師資、經費、場地無法面面俱到時，男女同校的現象是無法避免的。以致章程頒定之前，早有許多學校男女生兼收。如景珠女學，仿美國教育制度，男女同校。㉛廣東省城羊城縣通志學堂也兼收女生。[33]（此等例子很多，不一一列舉）卽使在章程頒定之後，以江蘇省爲例，仍有男女同校者。[34]但終究不合定章，所以宣統三年，江蘇省提學使曾札飭各勸學所，禁止男女同班教授。[35]就普及教育而言，男女分校的規定因格於財力、人力，不啻爲一種阻礙。所以男女同校問題，在當時成爲論爭所在。

主張男女分校者，所持的理由大致有四點：一、男女有別，不可混於一處。二、男女性質不同，教科當隨之而異。三、男女處世，地位不同，所需之知識技能，亦應各異。四、男女體力腦力，有強弱之分，同校不免有仰企俯就之弊。[36]持此說者，深受傳統觀念的影響，禮教上，男女授受不親，不得同席；職份上，男主外，女主內；智力上，男優於女，所授自然有異。如果同班教授，有許多不便。其考慮沒有多少學理上的根據。

主張男女同校者，在學理上，認爲十歲（或十一歲或十五歲，說法不一）以下兒童，智力、體力上男女無大差異，情竇未開，於風俗習慣絕無妨礙。[37]何況男女性質不同，正可藉此調和，男生可變溫和，女生可期活潑。並且男女習慣於交際之後，迨長大成人，可無羞澀退縮之憂。就實際環境而言，他們認爲分校在人才、經濟方面諸多困難，同校則無此弊。當時在貧僻之區設一小學已屬勉強，斷不能再設女校。因此他們認爲男女分校的規定無異於不令女子受教育。[38]此外又鑑於當時歐、美、日男女小學也未有絕對不同校者，卽以日本爲例，據明治三十二年（西元一八九九年）之統計，既達學齡而就學的兒童，男性占百分之八十七，女性占百分之六十。明治三十七年（西元一九〇四年），男性占百分之九十七，女性占百分之九十二。其就學率之高，在他們看來卽因男女不分校的緣故。[39]

然而主張男女同校者，並不堅持絕對的同校，因中國社會風俗與他國不同，「宜師其意，稍事變通，而仍加限制。」如此於「固有之禮教，不致有妨，而地方之負擔得以減輕。」㉑所以採取折衷的辦法，即初等小學（七歲至十歲）得以男女同學，高等小學則男女應該分校。㉒以體操教學爲例，他們認爲就生理方面而言，以共同遊戲爲愉快，而在心理上，男女生於遊戲之種類、興趣有所差異，勢不能同班授課，所以上級生仍以劃分爲宜。㉓

此問題迨至宣統三年，各省教育總會聯合會曾加以討論，議決以滿十歲爲男女同校之標準。㉔同年，中央教育會終於通過初等小學男女生得以同校共學，㉕至此，總算有了一個初步的決定。

民國成立後，廢除男女雙軌的學制，女子學校不另立系統，於男女教育平等的觀念上不無改進。在男女同學方面，民國元年規定「初等小學可以男女同校」。民國四年規定：初小三年級以上可以同校，但最好不同班級；高小可以同校，但不可同班級。

男女同校問題必須到五四運動以後才獲得進一步的解決。五四時期，傳統禮教大受攻擊，有關女權問題的討論、提倡爲當時主要思潮之一，其中教育機會平等乃男女平等的表徵之一，居全國教育領導地位的北京大學，其開放「女禁」的作法，無疑爲清末以來討論已久的男女同學問題下了一帖最實際的解藥。影響所及，各級學校多有從之者。所以自民國八年五四運動以後，初等小學堂男女生可以完全同校同班級上課，高等小學堂也逐漸實行了。㉖

五　結論

世界各國近代教育發展的特徵之一是教育普及化，即擴大受教者的範圍。[illegible]中國亦不例外。在西潮的衝擊下，中國朝野上下一致以富強爲努力的目標。是否女子也需要接受近代的教育而成爲有用的一份子，在幾經疑慮、辯難之下，始而以之包括在家庭教育中，最後在光緒三十三年（一九〇七）正式將之納入學制系統。

在傳統「男女有別」的觀念下，女子的學制系統自然不同於男子。就小學教育而言，女子初等小學比男子初等小學的教育年限少了一年。課程方面也不同，與傳統婦德、婦職有關的特爲加重。要言之，即以培植「賢妻良母」爲其時發展女學之目的。女子當以家庭爲其活動範圍，其職責在於相夫教子，不必講求職業。

檢討光緒二十三年（一八九七）至宣統三年（一九一一）十餘年間女子小學教育的發展，發現其成長的速度與政府當局行政措施的變革，及國內的改革思潮等息息相關。如行省改制、預備立憲之頒佈、女學章程之制定等都影響著女學的發展。此可說明類此屬於全國性的國民教育事宜，政府於其中扮演著重要的角色。

十餘年的發展當中，也發現富庶地區、通都大邑及沿海得風氣之先的省份，女學比較發達。

另外不難發現傳統禮教觀念，於此初興的女學產生相當的影響。如教師性別的限制、學生生活行爲等，一以禮教爲依歸；以及於今日視爲當然的小學男女生同學，在當時亦成爲論爭之點。

教育是百年樹人之大業，短短十餘年之間，欲求成績昭著，實無可能。師資與經費問題，是清末女子教育發展過程中所遭遇到的最大困難。師資方面，固然以女性教師爲主，但由於女學初興，一時之間合格的女性教師實難尋覓，不得已聘任年歲較大的男性教師以避嫌疑，但就二者而言，授課不得法者仍多。經費方面，清末政府的支出，用於近代化事業者所佔比例極低。其中投資於教育者更是微乎其微，女學於新式教育中屬於後起者，其經費之不充裕，自在預料中，所以因陋就簡的學堂頗多。

女子學堂的設立，在中國乃史無前例，一般婦女對之十分嚮往，努力向學者頗多。有些婦女經過知識的洗禮後，自然不再甘於傳統的角色。她們的某些行止，引人側目。曾有短文諷刺女學生的「習氣」，謂其取得文憑後，即有一股傲氣；沒有自由結婚的程度而自由結婚；與西婦談話，自覺非常得意；眼睛無恙，而喜戴金絲眼鏡；喜歡穿高跟皮鞋，以爲美觀。㊱另外有人批評女子在進了學堂後，「虛矯之氣日張，貞靜之德日泯。語以良妻賢母之所宜然，則掩耳而不欲聞矣。語以井臼炊爨之事、酒食衣服之禮，更未有不詫其怪者，以爲此賤者之役。」㊲其批評固有合於事實者，但未嘗不在暗示著「賢妻良母」不再是她們最大的志願，家庭不再是唯一的活動範圍。他們將尋求家庭以外的職業。於此，有人引以爲憂，因爲他們發現婦女之從事職業不只在追求經濟利益而已，乃欲藉此脫離家庭，謀求獨立。論者以爲此與婦女之性質、地位皆不相宜。而且從事職業者，「躑躅市街，逢人強聒」，與傳統的風俗習慣相違反。認爲女子從事職業可能帶來的弊害：於家庭方面，有損夫妻間的感情，荒廢養育兒女的責任，減弱與親子間的關係。於社會方面，造成傭金低落，不嫁主義日以盛行。另外女子高尚之精神全爲金錢上的嗜欲所習染，有損女子的自然美。於是強調中國女子主持家政，俾使男子得以安心就業，無後顧之憂，未嘗不是間接生利之道。因此就女學的本質而言，與其培養女事業家，毋寧培養良妻賢母。所以女學的先務在教給女子持家節用之方法及家庭教育之知識等。㉖觀其所言，可知當時婦女從事職業的風氣尚屬閉塞。

無疑地，清末女子小學教育的發展，爲中國婦女開了一扇知識之窗。長久以來，蔽塞女子聰明的鎖鑰，終於逐步獲得解放。「女子無才便是德」從此淪爲歷史上的名詞。雖然其時主要在造就賢妻良母，但女子一旦具有閱讀能力，自然可以獵取更多的知識。部分先覺女性卽以女學做爲爭取自由平等的基礎，以造就完全人格的女國民爲最高目標。隨著時代潮流的推進，兩性平等的教育與更豐富的教育內容，乃爲指日可待。及至民國成立，女子教育不另立系統。民國元年、二年所頒佈的學校章程中，女子享有前清所沒有的中學教育、實業教育、高等師範教育等。㉙及至民國十一年，重訂學制，該學制的特點之一，卽爲教育必須注重人之個性的發展，眞正男女平等的教育至此才算確立。㉚

註釋

㈠ 鄭觀應，盛世危言增訂新編（臺北，學生書局影印本，民國五四年），卷二「學校」，頁三。

㈡ 舒新城編，近代中國教育史料（臺北，天一出版社影印本）第一冊，四、「維新教育」，頁七七－一一六。

㈢ 同上，第二冊，七、「學制」，頁二－三。

㈣ 佟振家，「清末小學教育之演變」，師大月刊，第二十一期（北平師範大學，民國二十四年九月），頁一五九。

㊄ 同上，頁一五九－一六〇。

㊅ 見「中國婦女大事年表：光緒二十七年」，轉引自李又寧、張玉法合編，近代中國女權運動史料（臺北，傳記文學出版社，民國六十四年）下冊，頁一五二四。

㊆ 同㊂，頁四－五，十一、女子教育，「蒙養家教合一」，頁一六六。

㊇ 蘇雲峰，張之洞與湖北教育改革（臺北，民國六十五年），頁三。

㊈ 同上，頁一三。

㊉ 張之洞，奏定學堂章程（臺北，臺聯國風出版社影印本，民國五十九年），「蒙養家教合一章」。

（一一）同上。

（一二）同上。

（一三）同上。

（一四）同上。

（一五）同上。

（一六）同上。

（一七）同上。

（一八）東方雜誌第一年第七期（光緒三十年七月），教育，「兩湖總督張札幼稚園文」，頁一六一。

（一九）同上。

（二〇）警鐘日報，一九〇四年七月三十一日。有人將張之洞阻遏女學之舉，比擬爲蔡鈞之阻留學，劉錫鴻之阻鐵路。見警鐘日報，一九〇四年八月一日。

（二一）宮中檔光緒朝奏摺（臺北，故宮博物院影印本，民國六十四年），光緒三十年十二月初三日。

（二二）「廣東女學堂事件」，見新民叢報（臺北，藝文印書館影印本），第二十五號（光緒二十九年）。

（二三）丁致聘，中國近七十年教育記事（臺北，商務印書館，民國五十年），頁一七。

㉔ 學部總務司編，學部奏咨輯要（宣統元年春刊），一編「奏定各省學務官制辦事權限並勸學所章程摺，丙午年四月二十日」。

㉕ 程謫凡，中國現代女子教育史（上海，中華書局，民國二十五年），頁五七。

㉖ 同上，頁五八。

㉗ 同上，頁五八。

㉘ 同㉑，第二冊，十一、「女子教育」，頁一六九－一七〇，「奏定女子師範學堂及女子小學堂章程」；學部官報，第十五期（光緒三十三年二月十一日），「奏定女學堂章程摺」。

㉙ 同上。

㉚ 陳東原，中國婦女生活史（臺北,商務印書館六版,民國六十七年），頁三四三。惟此時有一點値得注意的是，章程上說：「中國男子間有視女子太卑賤，或待之失平允者，此亦一弊風，但須於男子教育中注意矯正改良之。」此或受到當時鼓吹男女平等言論的影響。惟又說：「至於女子之對父母夫壻，總以服從爲主。」仍逃不過傳統「三從」的觀念，此亦可見過渡時期中的矛盾現象。

㉛ 程謫凡，前引書，頁六二。又男子初等小學堂的肄業年限，於宣統二年改爲四年；宣統三年並由中央教育會議定四年小學爲義務教育。見陳啓天，最近三十年中國教育史（臺北，文星書店影印本，民國五十一年），頁八四。

㉜ 男子小學堂之課程，見張之洞，前引書，「初等小學堂章程」──「學科程度及編制章第二」。

㉝ 有關章程的內容，所引出處同㉘。

㉞ 陳東原，前引書，頁二三六。

㉟ Mrs. T. Richard, "History of Working of the First Girls' School Opened by the Chinese," Record of the Triennial Meeting of Educational Association of China, Held at Shanghai, May 17-20, 1899 (Shanghai American Presbyterian Mission Press, 1900), PP. 155-158.

㊱ 同㉑，第二冊，十一、「女子教育」，頁一六一－一六三。

㊲ 萬國公報（臺北，華文書局影印本，民國五十七年），光緒廿三年十二月號，廿五年五月號。

㊳ 丁致聘，前引書，頁八，稱「經正女學」；程謫凡，前引書，頁五一，稱「經氏女學」。又上海縣續志，卷十一頁十一謂：經正女學有兩處，一在斜橋南桂墅里，一在縣西淘沙場陳公祠後時化堂。轉引自佟振家，前引文，載於師大月刊第二十一期（民國二十四年九月），頁一四七。

㊴ 同㊲。

㊵ 何良棟輯，皇朝經世文四編（臺北，文海出版社影印本，民國六十一年），卷二七，頁一一。

㊶ 萬國公報，光緒廿五年五月號。

㊷ 據上海縣續志載，桂墅里、時化堂兩地之經正女學因經費支絀，分別於光緒二十五、二十六年停辦。轉引自佟振家，前引文。

㊸ 東方雜誌，第三年第五期（光緒三十二年閏四月二十五日），教育，「惠馨女士殉學記」，頁一〇三－一〇四。

㊹ 慈禧太后曾聘美籍女教師在宮廷教授美語，見東方雜誌，第一年第十期（光緒三十年十月二十五日），教育，「各省教育彙誌——京師」，頁二三五。

㊺ 程謫凡，前引書及俞慶棠，「三十五年來中國之女子教育觀」（原載於莊俞、賀聖鼐編，最近三十五年之中國教育，上海商務印書館，民國二十年），皆以務本女塾創於光緒二十八年，創辦者爲吳懷疚。沈亦雲，亦雲回憶（臺北，民國五十七年）頁二六，作「吳懷久」。黃福慶，清末留日學生（臺北，民國六十四年）作「吳懷芝」，並記其創辦於光緒二十四年。

㊻ 警鐘日報，一九〇四年八月一日，教育雜誌，第二年第十二期（宣統二年十二月十日），愛國女學發起於光緒二十七年冬，正式成立於二十八年。至於成立之月日，因文獻不足，無法確定，大致應在光緒二十八年三月中國教育會成立之後，十月愛國學社成立之前。光緒三十年蔡元培主持校政時，其辦學方針不取賢母良妻主義，乃欲造成虛無黨一派之女子。除年幼者，照通例授普通知識外，年長一班，則爲講法國革命史、俄國虛無黨主義等，尤重化學。三十一年蔡元培辭去校務，由教育會會員吳書箴、徐紫虬二人接續辦理，始漸脫去革命性的特殊教育，而入於純粹的教育事業。以上見陶英惠，蔡元培年譜（臺北，民國六十五年），頁九四、一五二、一六三。

㊼ 劉王立明，中國婦女運動（上海商務印書館，民國二十三年），頁八〇。

㊽ 警鐘日報，一九〇四年九月八日。

（四九）順天時報，光緒三十二年十一月十日。

（五〇）順天時報，宣統元年三月二十日—二十三日。

（五一）警鐘日報，一九〇四年五月七日；東方雜誌，第四年第九期（光緒三十三年九月二十五日），教育，「各省報界彙誌——京師」，頁二二九。

（五二）順天時報，光緒三十二年六月二十八日。

（五三）甘厚慈，北洋公牘類纂（臺北，文海出版社影印本，民國五十七年），卷一一，頁三〇—三一。

（五四）順天時報，宣統元年元月二十四日。

（五五）軍機檔（臺北，故宮博物院藏）宣統朝，一六四一二八號。

（五六）學部官報，第六十期（光緒三十四年六月二十一日），京外奏稿，「江督奏改辦粹敏女學附設幼稚園摺」。

（五七）見「設簡易女學堂」，文中謂每日課程二至四小時，分國文、家政、體操、算學四科，引自東方雜誌，第三年第十期（光緒三十二年九月二十五日），教育，「學界芻言」，頁二四七。

（五八）順天時報，宣統元年一月二十四日。

（五九）東方雜誌，第四年第四期（光緒三十三年四月二十五日），教育，「各省教育彙誌——江西」，頁一二四；莊俞，「三十年來中國之民衆教育」，轉引自莊俞、賀聖鼐編，最近三十五年之中國教育，頁一五八。

（六〇）民呼日報，一九〇九年六月十六日。

（六一）同上，一九〇九年七月十一日。

（六二）民立報，一九一一年七月六日。

（六三）順天時報，光緒三十二年八月十七日。

（六四）民立報，一九一一年九月四日、十二日、二十七日，十月三日、十日、十六日。

（六五）兩表中所列堂數、學生數包括女子小學堂、女子師範學堂，惟師範學堂在清末女學的發展中，所占比例極低。

（六六）張玉法，清季的立憲團體（臺北，民國六十年四月），頁八四。

(67) 男子小學堂的學堂數目與學生人數，引自學部總務司編，光緒三十四年分第二次教育統計圖表，「全國各省學務統計總表」。

(68) 李國祁，「清季民初浙江地區近代化演進過程中的教育與文化事業」，見中華學報，第三卷第二期（民國六十五年七月），頁一三九。

(69) 李又寧編，近代中華婦女自敍詩文選（臺北，聯經出版社，民國六十九年六月），第一輯，頁二四六。

(70) 見警鐘日報，一九〇四年八月一日。

(71) Margaret E. Burton, The Education of Women in China (N. Y. 1911), P. 140.

(72) 王惠姬，「清末民初的女子留學教育」（政治大學歷史研究所碩士論文，民國六十九年），頁二二五。

(73) 同上，頁八二。

(74) 學部官報，第二十一期（光緒三十三年四月十一日），京外學務報告，「奏派調查直隸學務員報告書」。

(75) 同上。

(76) 東方雜誌，第五年第一期（光緒三十四年一月二十五日），教育，「各省教育彙誌——江蘇」，頁三八。

(77) 順天時報，光緒三十二年四月三日。

(78) 王樹槐，「清末民初江蘇省的財政」，載於中央研究院近代史研究所集刊第十一期（臺北，民國七十一年七月），頁八九。

(79) 莊吉發，「清季學堂經費的來源」，大陸雜誌，第五七卷第二期（臺北，民國六十七年八月），頁七二。

(80) 學部總務司編，學部奏咨輯要，「咨吉林學司暫行酌定官立公立私立學堂名稱文」。

(81) 軍機檔（臺北，故宮博物院藏），一七五〇八八號，「奏爲上海中國公學常年經費及京師女學建築費㮌籌銀兩請作正開銷由」，宣統元年正月二十日。

(82) 北洋公牘類纂，卷一一，學務二，頁三一—三二；學部官報，第二十一期（光緒三十三年四月十一日），「京外學務報告」。

(83) 北洋公牘類纂，卷一一，學務二，頁一一、二四—二六。

(84) 學部官報，第三十九期（光緒三十三年十月十一日），「京外學務報告」。

(85) 順天時報，一九〇六年四月二十七日。

(八六) 政治官報，宣統三年二月二十五日。

(八七) 青州副都統秀昌，以青州已開辦各式學堂，惟女學尚屬闕如，開辦經費籌畫維艱，遂將舊有副都統公費銀每月三十兩裁爲陋規，專作女學堂經費。見內閣官報，摺奏，宣統三年七月初四日。

(八八) 順天時報，宣統元年十月二十一日。

(八九) 東方雜誌，第三年第十期（光緒三十二年九月二十五日），教育，「各省教育彙誌——浙江」，頁二七九。

(九〇) 順天時報，宣統元年十月二十一日。

(九一) 江蘇學務處，江蘇學務文牘（臺北，中央研究院近代史研究所影印藏本），頁一六四。

(九二) 如東安公立女學堂，經費由牲畜稅、紳商捐下撥助，每年一百餘兩。見順天時報，宣統元年十月二十日。

(九三) 同(九一)，頁二六一。

(九四) 如房山公立女學，見順天時報，宣統元年十月二十一日。

(九五) 如江寧縣公立毓秀第三女學堂，見學部官報，第七十二期（光緒三十二年十月二十日），「京外學務報告」。

(九六) 直隸省東光縣即於官狀式紙中，每狀一紙酌收公費制錢一百五十文，其用意在減少訴訟，又可撥充女學經費。見北洋公牘類纂，卷六，財政二，頁四七五—四七六。

(九七) 順天時報，宣統元年十月十八日、二十一日。

(九八) 同上，宣統元年十月十五日。

(九九) 蘇報，一九〇四年三月二十日。

(一〇〇) 警鐘日報，一九〇四年三月二十日。

(一〇一) 順天時報，宣統元年十月二十七日。

(一〇二) 浙江潮，第十期（癸卯年十月二十日），「公立杭州女學校章程」。

(一〇三) 東方雜誌，第三年第十二期（光緒三十二年十一月二十五日），教育，「各省教育彙誌——江蘇」，頁三七一。

(一〇四) 政治官報（臺北，文海書局影印本），摺奏類，光緒三十三年九月四日。

㉕學部奏咨輯要，「奏定學堂徵收學費章程摺」，光緒三十三年正月二十四日。

㉖男子小學堂的學務歲出，見學部總務司編，光緒三十三年分第一次教育統計圖表「各省學務歲出統計表二」，其中直隸省因原表未列，遂取自直隸省學務統計總表。

㉗男子小學堂的學務歲出，見學部總務司編，光緒三十四年分第二次教育統計圖表「各省學務歲出類別統計表二」。

㉘同上書，江蘇省，頁二六—二八「普通學堂歲出按學生名數平均計算表」。

㉙順天時報，光緒三十四年十一月十二日「提學使頒發女學規條」。

㉚江蘇學務文牘，第一編（光緒三十四年三月十九日）；學部官報，第四十七期（光緒三十四年二月十一日），文牘，「咨蘇撫查辦崇明縣尙志女塾流弊文」。

㉛民呼日報，一九〇九年五月三十一日。

㉜如杭州保姆學堂監督何琪所編的初等女子小學國文教科書，因爲「宗旨紕繆，頗染平權自由邪說」而遭查禁。見學部官報，第六十六期（光緒三十四年八月十一日），審定書目，「咨浙撫查禁何編女子小學國文教科書文」。

㉝順天時報，光緒三十三年三月二十六日。

㉞學部官報，第二十一期（光緒三十三年四月十一日），「議覆御史張瑞蔭奏請預杜女學弊端片」。

㉟同上。

㊱同上。

㊲此展覽會，北京、天津女學界多有參加者，於光緒三十三年至宣統元年共舉行五次。見順天時報，宣統元年八月十八日—十九日。

㊳順天時報，宣統元年四月二十二日。

㊴譯學館學生屈疆，託人轉交書信給四川女學堂的學生杜成淑，此事經杜成淑本身揭發，載諸報端，杜痛斥其「意圖勾引」，有害女界名譽。見順天時報，光緒三十三年正月十四日；中國新女界雜誌（臺北幼獅重刊本，民國六十六年十二月），頁一八九—一九〇；女子世界（上海，光緒三十三年），第二年第六期，頁一二一—一二二。

⑳ 程謫凡，前引書，頁七一—七二。

㉑ 警鐘日報，一九〇四年十月八日。

㉒ 中國日報，一九〇八年二月二十日。其他像廣西省梧州府容縣私立崇德女學、明德女學、太平女學及公立青年女學亦附設於男學堂內。以上見學部官報，第六十五期（光緒三十四年八月十一日），「京外學務報告」。

㉓ 吳研因、翁之達，「三十五年來中國之小學教育」，引自莊俞、賀聖鼐編，最近三十五年之中國教育，頁四〇。

㉔ 時報，辛亥年五月十九日。

㉕ 陸費逵，「男女共學問題」，載於教育雜誌，第二年第十一期（宣統二年十一月十日）。

㉖ 同上，頁五；沈頤，「論女子之普通教育」，載於教育雜誌，第一年第六期（宣統元年五月二十五日）；學部官報，第十六期（光緒三十三年二月二十一日）附錄，「考察政治大臣隨員田吳炤考察意見書」。

㉗ 陸費逵，前引文；沈頤，前引文。「各省教育總會聯合會議決案」，見教育雜誌，第三年第六期（宣統三年六月十日），附錄；學部官報，第十六期（光緒三十三年二月二十一日），附錄，「考察政治大臣隨員田吳炤考察教育意見書」。

㉘ 沈頤，前引文。

㉙ 教育雜誌，第三年第六期（宣統三年六月十日），附錄，頁六。

㉚ 同㉓。陸費逵則主張以十二歲爲分校的標準年歲，見陸費逵，前引文。又田吳炤考察教育意見書裏，主張於義務四年之時，用男女並收之法。其學區中如女子就學者有三十人以上，則分堂教授，二十人以上則用單級法，同列一堂而分班教授。如仍有不便，則仿德國高等女學之制度，於通都大邑特設九年級之學堂，六歲入學，九年畢業。見學部官報，第十六期（光緒三十三年二月二十一日），頁一二五。

㉛ 蔡文森，「體操教授之各種問題」，載於教育雜誌，第二年第九期（宣統二年九月十日）。

㉜ 同㉘。

㉝ 民立報，一九一一年八月十九日。

㉞ 程謫凡，前引書，頁一〇八—一〇九。

(135) 蘇雲峰，前引書，頁一。
(136) 民立報，一九一一年八月十八日。
(137) 沈頤，「論女子之普通教育」，載於教育雜誌，第一年第六期（宣統元年五月二十五日）。
(138) 錢智修，「女子職業問題」，載於東方雜誌，第八卷第九期（辛亥年九月二十五日）。
(139) 程譎凡，前引書，頁九五。
(140) 程譎凡，前引書，頁一一四。

附表一：光緒三十三年全國女子學堂統計表

所在地區	學堂處數	職員人數	教員人數	學生人數
京師	一二	二二	五九	六六一
江蘇	七二	一九七	五四五	三三九五
直隸	一二一	一二七	一六八	二五二三
四川	七〇		一五七	二二四六
雲南	一八	一九	三四	一〇二七
浙江	三二	六四	一三八	九九五
江寧	二四	六一	九九	八〇三
奉天	一二	一七	六〇	六九四
廣西	一七	九	二六	五八九
湖北	八	一二	二一	四七七
湖南	七	一三	三六	四一二

廣東	六	二二	三九	三九一
貴州	五	五	二四	二六七
福建	三	四	二一	二四四
江西	六	一五	一三	一五五
陝西	一〇	一〇	二〇	一五四
山西	五	七	一五	一四九
黑龍江	二	一	四	九〇
安徽	二	八	一二	八六
河南	三	四	四	八四
山東	一	五	六	五四
吉林	〇			
甘肅	〇			
新疆	〇			
總計	四三六	六二二	一五〇一	一五四九六

1. 資料來源：學部總務司編，光緒三十三年分第一次教育統計圖表，「全國各省學務統計總表」。
2. 有些省份的學堂處數與學生人數與歷年比較表不相符，見文中「表一」、「表二」所示。

附表二：光緒三十四年全國女子學堂統計表

所在地區	學堂處數	職員人數	教員人數	學生人數
京師	一一	三四	六五	六二九
直隸	一三一	一九〇	二〇三	三二八三
江蘇	八〇	一四七	五二四	三二五四
四川	八四	五五	一三八	二八三八
雲南	二八	一八	四一	一三六五
浙江	四六	七二	一七〇	一三三一
奉天	二三	二二	六四	一二三八
江寧	二五	七三	一二七	一二〇一
湖南	一四	二五	七八	六七一
湖北	一八	一一	五二	六四九
廣東	五	二〇	三〇	五三九
廣西	一一	五	二一	五一一
江西	八	二三	二五	四二一
貴州	八	八	一六	三八九
山西	一二	一二	二七	三八二
福建	三	五	二二	二七一
安徽	四	一七	二六	二六二
河南	一三	一八	一九	二四八

黑龍江	七	五	一二	二四四
陝西	一一		一一	一八〇
山東	二	二	五	五一
吉林	三	七	七	一七八
甘肅	〇			
新疆	〇			
總計	五四七	七六八	一六八三	二〇一三五

1. 資料來源：學部總務司編，光緒三十四年分第二次教育統計圖表「全國各省學務統計總表」。
2. 有些省份的學堂處數與學生人數與歷年比較表不相符，見文中「表一」、「表二」所示。

（成功大學歷史學系歷史學報第十號，七十二年九月出版）

日據時期臺灣女子教育研究

張素碧

第一章　緒　論

一、研究緣起

臺灣是中國領土的一部分，雖然地處邊陲，形勢孤立，但自古以來卽爲我閩、粵沿海居民披荆斬棘、移民墾殖之地。島上崇山峻嶺、高出雲霄，大片蓊鬱森林，青翠欲滴，葡萄牙人呼爲「美麗之島」㈠。西元一六六二年，鄭成功驅逐荷蘭人和西班牙人，使臺灣正式成爲漢人國土㈡，也使臺灣開始明顯的大陸化和內地化㈢。西元一六八四年（清康熙二十三年），臺灣成爲清朝版圖，移民更多，開發更速，加上其地位優越，雄踞東南，成爲我國海疆之屏障。西元一八八五年（清光緒十一年），臺灣正式建省，首任巡撫劉銘傳的努力建設，使臺灣漸漸成爲我國現代化各省中的佼佼者。

西元一八九四年，中日甲午戰爭爆發，清廷戰敗，割臺求和，臺灣因此成爲日本所有。至西元一九四五年，第二次世界大戰結束，日本戰敗投降，臺灣澎湖重返祖國懷抱。因此近代以來的臺灣歷史，通常將其分爲四個時期：一爲荷、西時期（西元一六二八－一六六二）；二爲鄭、淸時期（西元一六六二－一八九五）；三爲日據時期（西元一八九五－一九四五）；四爲光復後至今的現代（西元一九四五以後）。

由於臺灣的歷史特殊，臺灣的教育亦隨著政治局面的改易而變更，研究臺灣近代教育之發展，亦往往以此四時期爲分期標準。臺灣省通誌教育志，卽採此法分期㈣，本文以研究臺灣近代女子教育爲主，在分期上亦採此法。在個人的願望當中，希望能完成前三個時期的臺灣女子教育史，但限於資料的關係和個人學識能力之有限，目前只能先從日據時期著手，因爲日據時期的教育有詳備的法令與統計資料，都可當作主要的參考文獻，着手較易，這是本文決定以日據時期爲題的主要原因之一。

其次，由於日據時期的臺灣女子教育在中國近九十餘年來的女子教育史中是一段空白的時期，中國近代女子教育興起於甲午戰敗之後，亦卽西元一八九五年以後，康、梁等維新人士所倡的廢纏足與興女學運動開始，隨著中國境遇之改變，與新思潮的激盪，終使女子教育大興，女權運動大盛，且有非常驚人的進步，以致到了令人刮目相看的地步，這時期的婦女史已引起許多學者的探討和研究，並有豐碩的成果㈤。但在同一個時期的臺灣却不屬於中國的領土，並受異民族日本的統治，以致於被遺忘於近百年來中國婦女史的範圍之外。所以，當我注視近代中國女子教育的發展時，一方面也發現到日據時期的臺灣女子近代教育是被遺漏的一部分，是尙未開發的範圍，有心來補足這段空白時期。更期盼能集思廣益，採不同的角度或研究方法，共同完成這件工作。將臺灣的女子教育視爲中國近代女子教育的旁支並無不可，不論是主幹或是旁支，都是中國女子教育的全部，更何況主幹與旁支都源於共同的生命。

第三，自臺灣光復至今已有四十年之久，這四十年來由於政府英明正確的領導，保持長期的安定，使臺灣女子教育得到空前的發展，已到達與男子平等的地步。對於光復以來的女子教育研究方面，在民國六十三年，已有趙文藝女士出版的「我國近二十年來女子高等教育發展之研究」(Women's Higher Education of the Republic of China, 1951-1971）㈥，將民國四十年至六十年的二十年間，我國女子高等教育發展情形作了翔實的統計與研究。引起了我作民國四十年以前臺灣女子高等教育研究之念頭，以與此書相銜接，因此初步地將日據時期作爲研究的主要範圍。

第四，自馬關條約後，臺灣割讓給日本。由於政治因素的遽變，臺灣不但脫離祖國，且在新統治者的強大力量下，我國原有的教育制度迅速地、徹底地遭到破壞，臺灣的教育被迫地不由自主的發生巨變，這種「驚天動地」的改變，使臺灣教育全面進入完全不同的新局面之中。而女子教育，面臨了新的引力和新局面，產生了與傳統截然不同的改變。在這漫長的半世紀日人統治下的臺灣女子教育是如何發展、演變呢？就中國人的立場而言，日據下的臺灣女子教育有獨特性、區域性和歷史性的意義，不可否認，這是一個富含研討性的題目。

綜合以上的因素，研究日據時期的臺灣女子教育是一種有價值的嚐試。無論是從自己最熟悉的鄉土感情出發，或身爲臺灣女性，對臺灣女性有較切身的了解和觀察，或源於對自己母親時代的教育之好奇心也好，就開始了我對臺灣女子教育史之研究。這些力量加深了、支持了我對這個題目的關注和興趣，並且終於有勇氣，將它公之於各位先輩的面前，期待接受更多的批評與指教。

二、研究範圍與方法

本研究的時間範圍是日據時期（西元一八九五—一九四五），不包括日據之前的荷、西時期與鄭、清時期。研究對象以臺灣漢人女子教育爲主，不涉及臺灣先住民山胞女子和在臺的日本女子。且以日人所設之學校為主，不包括非日本當局所設之其他學校。

根據前臺灣總督府在西元一九四三年（昭和十八年）學事一覽的統計，自西元一八九九年至一九四二年（明治三十二年至昭和十七年）的四十五年間，臺灣女子的畢業人數是：國民小學畢業二三三、七〇〇人；高等女學校八、八三〇人；實業補習學校二、九三七人；師範學校九一人。但是，在高等學校、專門學校和臺北帝國大學方面，皆無臺灣女子畢業生之紀錄㊆。故本文擬從這四方面來探討臺灣女子的教育。

本文以臺灣女子的中等教育為第一部分，分別於第二、第三章中敍述。日據時期的高等女學校畢業人數不多，也不普遍，但它却是程度最高的女學校。從這個角度來看日據時期的臺灣女子教育，卽可掌握其大要了。此外，這部分女子教育至目前為止，尙未有人作有系統的研究，故本文卽以此為首。

第二部分是女子初等國民教育之發展與演變，以人數最多、數量最多的公學校為對象。民國四十六年，張壽山先生已有「日據時代臺灣國民教育之分析」之碩士論文發表㊇。對初等教育的學制、課程、教學、訓育、教材、師資、經費等方面皆有翔實的研究。故本文以此為根據，且不涉及前述之範圍，而強調女子初等教育之特點為主。

第三部分是臺灣女子師範教育之發展。女子師範教育是特定目的之教育，與一般的女子中等教育不同。雖然在日據初期，此兩者有同一的系統，但後亦演化出各自獨立的教育體系，故另闢一章討論之。國立師範大學歷史研究所的吳文星先生的「日據時期臺灣師範教育之研究」㊈，對本章亦是很重要的參考。

最後一部分是女子實業補習教育之研究，在日人的教育系統中屬於職業教育，故自成一章。

在日據的五十年四個月當中，對於臺灣女子教育的分期問題，本文一方面以前人的分期法為參考㊉，另方面則根據各種女子教育發展的特徵，給予不同的分期。例如女子中等教育分爲日據前期（西元一八九七—一九一九）和日據後期（西元一九一九—一九四五）。而初等國民教育則分爲三期：日據前期（西元一八九八—一九一九）、日據中期（西元一九一九—一九四一）和日據末期（西元一九四一—一九四五）㈡。無非是適應不同女子教育發展上的特徵罷了。

本文引用的資料，以前臺灣總督府的官方文件或教育法令和各種學事年鑑、報告等資料爲主，旁及日據時期與教育有關的圖書、報紙和雜誌論文，以及各公學校、高等女學校的出版品，例如校刊或廿年、卅年、卅五年、四十年、五十年紀念誌，同窗會名簿或學校一覽等珍貴、眞實的歷史資料，這些資料往往也有令人感動的意義和啟示。本篇大抵以追溯既往的文獻分析研究爲主，遇有疑難時則就教於前輩們的追憶或看法，但大致仍以客觀確定的證據或資料爲主。

第二章　日據前期臺灣女子中等教育

臺灣女子正式教育的開端

西元一八九五年（清光緒廿一年，日明治廿八年）因中日甲午戰爭失敗，清廷與日本簽訂馬關條約，將臺灣割讓給日本，臺灣因此淪爲日本的殖民地，在法律上屬於日本版圖，開始了臺灣史上的日據時代。臺灣女子之有正式教育從此時開始。在此以前的臺灣一向不重視女子教育，更遑論有正式的教育可言。日人據臺以後卽將教育事業視爲國家政事的一部分，立卽着手展開各種臨時性或永久性的教育計畫和教育設施，對臺灣女子的教育起步也早，西元一八九六年底（民前十六年，清光緒廿二年，日明治廿九年）對臺灣女子的教育卽已有具體的計畫，隔年卽付之實施。

而本省女子教育自始就是日本當局對臺灣進行實驗教育的主要對象之一。因爲本省女子一向只有傳統的非正式教育，驟然在新的政府之下要接受截然不同於以往的日式教育恐怕不是一件樂觀的事。所以從一開始建立臺灣女子教育時，臺灣總督府卽抱持姑且一試的態度來觀察臺灣女子的教育情形，會是什麼情況？主要的目標是什麼？如何克服困難，推展女子教育？這些問題都在爲了順利統治臺灣的大目標之下，成爲不得不試的一種冒險，並期望獲致成功以便順利推行治臺政策。基於統治上的目的，基於同化主義的教育原則，臺灣女子正式的現代化教育終在日本當局的試驗研究計畫下，一步一步地進行。

本章的範圍包括日據前期部分，自民前十六年底（西元一八九六）總督府國語學校第一附屬學校女子分教場始，至民國八年（西元一九一九）臺灣教育令公布實施時止，共計廿二年，約佔日據時代的一半，故稱日據前期。在這段時期當中，臺灣女子正式教育機構的設置都是首創的。但是不論其形式如何，都是日人對臺教育的試驗性質。

第一個設立的女子分教場裏，包含了臺灣女子初等與中等教育兩種性質在內。以後才慢慢演化成兩個系統，一爲初等教育系統，一爲中等教育系絲，但在開創時這兩種教育是同時存在同一學校裏，故第一個女子學校——國語學校第一附屬學校女子分教場，是臺灣女子初等教育與中等教育之共同發祥地。

本章以女子中等教育爲主題集中於探討中等教育系統之發展。爲了淸晰及容易解釋起見，將這廿二年來的臺灣女子中等教育之發展沿革，作成下表，以供參考。

	年次	名稱	校址	學制沿革		備註
一八九七	民前15、14	國語學校 女子分教場	士林	乙組：年幼組：	一年半	
一八九八	13、12、11、10、9、8、7、6	國語學校 第三附屬學校、第二附屬學校	士林	本科（幼年組）：六年 手藝科：三年	約七年半（手藝科時期）	民前十四年（明治卅一年十月）第一次學制變更
一九〇六	5、4、3、2、1、民國元、2、3、4、5、6、7	國語學校 附屬女學校	艋舺	技藝科：三年 師範科：三年 師範速成科：二年	共十三年（技藝科時期）	民前六年（明治卅九年四月）廢本科、手藝科改為技藝科、師範科、師範速成科，皆未招生 第二次學制變更
一九一九	8、9、10、11	臺北女子高等普通學校	艋舺	本科：三年 師範科：一年	三年	民國八年（大正八年）臺灣教育令公布，民國十一年（大正十一年）新臺灣教育令公布
		臺北第三高等女學校		本科：四年 講習科：一年		

從上表可知，自民前十五年（西元一八九七）至民國八年（西元一九一九）的廿二年間，臺灣女子中等教育可分爲三個較明顯的時期：

第一個時期爲臺灣女子教育的準備時期，此期始於民前十五年八月廿七日止於民前十四年十月卅一日，共經一年五個月，這是第一個日人創立的女子教育場所，隸屬於第一附屬學校。

第二個時期爲臺灣女子中等教育的手藝科時期，此期始於民前十四年十一月的第一次學制改革，女子分教場升格爲第三附屬學校，手藝科卽爲臺灣女子中等教育的本源，止於民前六年（西元一九〇六）三月卅一日，共經七年半。

第三個時期爲臺灣女子中等教育的技藝科時期，始於民前六年四月（西元一九〇六）第二次學制改革，將手藝科改爲技藝科；止於民國八年三月卅一日，共經十三年。

以下卽分爲三個時期，分別討論之。

第一節　準備時期

民前十五年五月（西元一八九七）～民前十四年十月（西元一八九八），約一年半。

一、創立背景

日人在臺的教育事業起步很早，民前十七年（西元一八九五，明治廿八年六月十七日）日海軍中將樺山資紀在臺北舉行治臺始政式以後，卽設置臺灣總督府，是治臺的最高行政機關。隨之設置總督府官房、陸軍局、及民政局，民政局下設學務部，掌教育有關事務；首任學務部長伊澤修二，開始於大稻埕學務部辦公。當時爲應緊急的日、臺語翻譯之需，開始設立臨時的「國語傳習所」，培養翻譯人員，此爲緊急的教育事業也。而永遠的教育事業爲在總督府所在地設置師範學校及所屬的模範小學校，師範學校培養師資，以發展未來的臺灣教育。所屬小學校之設立目的則在供全省初等學校之楷模，供教育實驗之用，及師範學生實習之用㊂。

伊澤學務部長鑑於大稻埕城內混亂，婦孺皆至城外逃避戰禍及學生招募困難，乃與大稻埕巨商李春生相談議，獲告以士林、劍潭古來文化進步之地，知名學者輩出，人民生活安定，伊澤前往視察，見芝山巖前控臺北平原，臨依淡水河，後有大屯、七星山，距臺北里餘，距士林半里餘，風景絕佳，樹木茂盛㊂。伊澤學務部長大爲喜歡，乃將學務部遷移至此，與士林地方士紳合力開始臺灣教育的新事業，時爲民前十七年（西元一八九五，明治廿八年六月廿六日）。當時臺胞的抗日活動尚未平息，更有許多游擊隊在各地從事大小抗日活動。民前十五年（西元一八九七，光緒廿三年）元旦，學務部六官員被抗日臺胞所殺，芝山巖因此增加了一項爲臺灣新教育而犧牲的「光榮」歷史，進而成爲全臺灣省教育尊崇之中心。日本當局稱芝山巖爲「臺灣教育之靈地」㊃，日人的臺灣女子教育首創於此地；於民前十六年（西元一八九六，光緒廿二年，明治廿九年四月）臺灣總督府國語學校在臺北設立，下設三個附屬學校，其中第一附屬學校卽設於芝山巖，同年年底國語學校校長與第一附屬學校主事，卽開始研議女子分教場設置問題，且有具體之方案。隔年，民前十五年四月（西元一八九七年四月）在六官員被殺後的第四個月，總督府正式着手於臺灣女子教育的開創工作。首先公布了第一附屬學校，女子分教場規則，任命教諭高木平太郎負責女子部，因此女子分教場開始籌備。先在士林街東北端覓租一民屋，充當校舍，而後召集地方有名有力人士，組成學務委員會，以支持此校和協助招募學生，並鼓勵其妻女入學。入學前先舉辦日本內地女學生作品展覽會，包括精緻的刺繡、生動的造花、日常生活實用的編織物，頗吸引了當地許多纏足婦女參觀，深具宣傳性，以激勵本省女子的向學心。終於在五月廿七日，陸陸續續招募了四〇名女學生㊄，這是日人在臺經營的第一個女子學校。一般被稱爲是臺灣女子教育之開端㊅。

二、學制與課程

此校之開始，只有高木主任擔任普通學科（日語、修身等），日本婦人木原氏擔任造花科、編物科，及士林臺灣婦人吳朱鳳凡擔任裁縫科。

依臺灣總督府國語學校第一附屬學校女子分教場規則㊆，第一條已明示本分教場爲本島女子手藝及普通學科教授之場所。學生年齡滿八歲以上，三十歲以下。

教學科目包括修身、日語、習字、裁縫、編物、造花及唱歌七科。其課程及每週教授時間如下：

修身：（一時）　人道實踐方法與日常禮儀。
日語：（三時）　平、片假名及日常會話。
習字：（三時）　假字及日用文字。
裁縫：（十時）　運針、縫衣、裁剪、衣服等類。
編物：（六時）　小兒帽、圍兜、袋類、墊類。
造花：（十時）　梅、桃、菊、竹、百合、牡丹等四季花類。
唱歌：單音歌唱。

這個分教場開始前所制定的規則，實施起來頗爲困難，正式上課後，日人曾嚐試著用各種方法達到預期的進度，却未能如願，高木主任在上課後一個月的教務會議中，有詳細的報告如下㊅：

一、乙組：八歲至十四歲的幼年組

「學生對學校生活未能習慣，常未能準時上課，日語課一小時中，只能教假字二、三字，學習進度慢，對文字識別力薄弱；缺乏日本文字的概念，在造花方面則因年幼，手指不靈活，最喜好編物，忍耐力強，是日本國內幼童所不能及。」

二、甲組：年齡十五歲至三十歲的年長組

「因年齡較長，對語文學習能力較好，五十音學完無問題。熱心記憶與學習，運筆靈活，習字課成績好，發音與會話的記憶遲鈍，必須反覆再三地練習才能記住，這是值得再檢討研究的問題，可能考慮日語科時間必須增加，學生最好造花科，常有時間不夠用的感覺，回家後學習的興趣也高。」

由以上之報告可知，女子教育的實際情形與日本當局之預科相差很遠，經過三個月的研究和努力，加入預期中的修身、算術與唱歌等科目，且能順利按著課程表進行，經過半年的再實驗，終於發展出配合實際進度的課程表，且能按照課表的進度，上軌道地進行。

此課表爲六年的計畫，詳列如下㊈：

學年＼學科	修身	日語	習字	算術	裁縫	編物	造花	唱歌	合計
第一學年	1	3	1	3	10	6	10	2	36
	人道實踐方法	平假名、片假名、讀法、會話	平、片假名、日用文字	五十以下數字加減乘除；算盤用法	持針、縫衣、色褲；綉鞋類	小兒鞋底	菊、梅、竹等、四季花卉	單音歌唱	
第二學年	1	3	1	3	10	6	10	2	36
	同上	會話	日用文（楷）	百以下加減；同上	剪衣服類；同上	小兒帽、圍兜	同上	同上	
第三學年	1	3	1	3	10	6	10	2	36
	同上	同上	同上	百以下乘除；同上	鋪蓋、被套；同上	同上	同上	同上	
第四學年	1	3	1	3	10	6	10	2	36
	同上	同上	同上	千以下加減乘除；同上	棉衣類、烟袋類；同上	同上	同上	同上	
第五學年	1	3	1	3	10	6	10	2	36
	同上	同上	同上	萬以下加減乘除；同上	綢衣；同上	手袋類	同上	同上	
第六學年	1	3	1	3	10	6	10	2	36
	同上	同上	同上	簡易小數及比例；同上	大繡料；同上	同上	同上	同上	

此課表卽爲後來臺灣女子教育學制改變時重要的參考資料，也確立臺灣女子教育的方向，女子教育的雛形初步明顯，成爲後來臺灣公學校初等教育中，女子課程的主要藍圖。

從民前十五年（西元一八九七，明治三十年五月）女子分教場開設以來，歷經一年半的試驗，逐漸發展出臺灣女子教育特殊的規模，至民前十四年（西元一八九八，明治卅一年七月）臺灣總督府公布的臺灣公學會，暫時確定了臺灣初等普通教育之政策，臺灣初等普通教育，踏出計畫中的第一步。雖然未能脫離試驗的性質，同年九月卅日，第一附屬學校改爲八芝蘭公學校，其女子分教場亦失去依附，在整個初等教育系統的改變之下，女子分教場亦隨之改變，結束了爲期一年半的試驗階段。

三、本節結論

一般學者通常都認爲，臺灣有大規模的近代新教育始於日據時期㉚。以此推論，臺灣女子之有新式教育亦是從日人創立的士林女子分教場開始。其實這種推論，並不是正確的事實。在日人據臺以前，已有加拿大的基督教宣教士馬偕博士（Dr. George Heslie Mackay）在臺灣北部設立新式的「牛津學堂」（西元一八八一）和女學堂（一八八四），比劉銘傳巡撫設立的西學堂（一八八七），還早了六年㉛，而且這兩所臺灣最早的西式學堂還延續至今。

西元一八九五年，日本據臺以後，日人要開始臺灣的教育事業之前，伊澤學務部長曾率領六位老師前往牛津學堂及女學堂參觀。他們被牛津學堂和女學堂附近幽美的環境所感動，於是將預定於大稻埕設立第一所日本學校的原議取消，而另覓設校之地點，後來終於在臺北近郊的芝山巖設立第一所日本學校——芝山巖國語傳習所。並將學務部辦公衙門遷至風景淸幽的芝山巖㉜，以當時出名而罕見的牛津大學堂之名聲，成爲日人開始臺灣教育前不可或少的參考之一，這是非常可能的事。

就女子新式教育形式而言，淡水女學堂是臺灣近代教育的首創者。但是當時臺灣尚未完全開化，民衆大多保守，不願意讓其女兒在外面拋頭露面，同時也沒有多少人願意讓他女兒得到知識，所以雖然女學堂以完全免費，支付學生住宿、衣食與路費等優越條件爲鼓勵，仍沒有多少人來就讀，來者大多爲宜蘭方面的平埔族，漢人少之又少㉝，但是從課程內容而言，淡水女學堂則以基督教教義與聖經知識爲主，其目的亦以訓練婦女從事教會中的婦女工作，在師資和設備方面的水準頗高，但非爲一般的普通教育，故而不在本章詳論。

日人據臺以後，始以政府的統治力量，打開臺灣女子教育之門，在日本當局的推動下，亦有可觀之處，但所存在的困難亦頗不少，最妨礙女子教育發展之因素如下：

㈠日本領臺之初，以武力鎭壓臺胞之反抗，在兵馬倥傯之際，反日游擊戰此起彼落，時代不靖，社會混亂，未能全面建立教育之基礎，只有應急的教育措施，總督府亦未有明顯的教育方針，所謂「無方針主義」是也㉞。在此困難的環境下，開始的女子教育，可能不是適當的時機，但已顯出日本當局，對臺灣女學之重視，甚至在七星山簡大獅抗日之時，於槍砲摧毀的烽火下，仍可看到花叢樹木圍繞的民屋內，女子分教場的女學生的上課情形，可以聽到其朗誦的吟哦之聲㉟。在當時代，臺灣女子教育，能持續的發展須要極堅定的毅力。

㈡臺灣女子社會地位低微，古老的臺灣農業社會中，對女子教育向不重視，在傳統的「男尊女卑」時代裏，有的女孩一出生就被丟棄，或當作家裏的多餘份子，「罔腰」或「罔市」（姑且養看看的意思）長大了亦爲聘金而嫁，在此社會風氣之下，臺灣女子絕大多數皆不受教育。再加上保守的觀念「男女七歲不同蓆」的習俗，女子外出就學是很不可能的。

㈢纏足之障礙：臺灣女子自五、六歲就開始纏足，不僅痛苦，而且足不出戶，接受教育的機會少之又少，除了延師家教，或在私塾幾年之外，求學的機會簡直沒有。

㈣學生召募困難：在當時保守又女子纏足的習俗之下，日本當局爲了順利招生，開始由地方士紳組成協助招生委員會，出面勸導入學或鼓勵自己妻女入學。故第一次報名的四十八名當中，有十七名已婚，最年長者廿九歲，最年幼者六歲，平均十六歲㊅。故母女攜手同來就讀，母親讀年長組，女兒讀幼年組，眞是奇景㊆。爲期一年半的準備時期雖短，但寫下了日人開創臺灣女子教育的歷史記錄。

第二節　手藝科時期

民前十四年十月（西元一八九八）～民前六年三月（西元一九〇六），共七年半。

一、學制變革

民前十四年（西元一八九八，明治卅一年七月廿七日）總督府公佈「臺灣教育令」，帶來臺灣教育組織上的變化，其主要的意義在使領臺以來的臨時性質的緊急教育事業漸由永遠的教育事業取代。臺灣公學校令是建立臺灣基礎普通教育的第一步，同時將大部分的國語研習所改爲公學校，收容臺灣人子弟，總督府國語學校之附屬學校在組織上亦隨著全省公學校系統的建立而作調整。設於芝山巖的第一附屬學校改制爲八芝蘭公學校，女子分教場則升格爲國語學校第三附屬學校，從分教場升爲附屬學校，在地位上是一大進步。

隨之於十月底公布的國語學校第三附屬學校規則，更確立本校的目標與制度，臺灣女子教育也隨著有了新陣容和新氣象。

依據第三附屬學校規則，本校以本省女子普通教育與手藝教授為目的，設置本科及手藝科。

本科以普通教育為主，招收八歲以上、十四歲以下學生，修業六年，是前女子分教場中幼年組之延續。本科以普通教育為主，並依公學校之規則，以女子應具備之德教及知識為主要，本科每班四十名學生為限。

手藝科以手藝教育為主，而特注重家政、育兒等有關之方法與知識[28]，招收年滿十四歲以上、廿五歲以下之學生，修業三年，每班三十人為限，是原女子分教場年長組的延續與改進。

此第三附屬學校，實分兩部，一部為公學校程度的本科，一部為中等教育階段之手藝科，此時的手藝科是日人所創第一個年齡在十四歲以上女子受教之學校，以後的臺北高等普通學校和臺北第三高等女學校即起源於此手藝科，故日人稱為「臺灣女子中等教育之嚆矢」[29]。以後的臺灣女子教育如澎湃之大海，而其源頭則發端於此[30]。

民前十年（西元一九〇二）此校改稱為「總督府國語學校第二附屬學校」，但一切制度依然照舊。

民前八年（西元一九〇四）四月以後，開始有第一屆公學校畢業生來投考手藝科，無形中使手藝科入學程度提高，另一方面也使手藝科更具備成為中等學校之條件。

二、課程內容

1.本科之課程

第三附屬學校本科實卽公學校之程度而已，不過此校一方面供總督府國語學校學生之實習，另一方面則爲全省公學校女子教育的模範，因此含有示範與試驗雙重性質。本科之課程亦爲全省公學校女學生的模範，是全省公學校女學生教育的領導者。其課程表如下㊂：

學科＼學年	第一學年		第二學年		第三學年		第四學年		第五學年		第六學年	
修身	1.5	人道實踐禮儀作法	1.5	同上	1.5	同上	1.5	同上	1.5	同上	1.5	同上
日語	6	假字、單句簡易會話	6	同上	6	同上	6	同上	6	同上	6	同上
讀書	6	日用文字簡易漢文	6	同上	6	同上	6	同上	6	同上	6	同上
習字	4	平假名、片假名	4	日用文字	4	同上	4	同上	4	同上	4	同上
算術	3	實物計法加減乘除	3	同上	3	珠算、數字、小數	3	筆算、珠算、加減乘除	3	同上	3	同上
唱歌	1.5	單音歌唱	1.5	獨唱	1.5	同上	1.5	同上	1.5	同上	1.5	同上
裁縫	6	運針法	6	簡易衣服縫及刺繡	6	同上	6	同上	6	同上	6	同上
合計	28		28		28		28		28		28	

附註：1.修身、唱歌二科目，一時的課教二十分卽可。

2.每日大約有二十分鐘遊戲。

由此課表可知，女子初等教育以普通學科爲主，裁縫也有六小時，約佔一週的二二%。

2.手藝科之課程表如下㊂：

學科＼學年	第一學年每週教授時間	第一學年內容	第二學年每週教授時間	第二學年內容	第三學年每週教授時間	第三學年內容
修身	1	人道實踐禮儀	1	同上	1	同上
日語	3	假字、單句、簡易會話	3	讀書、作文、日常會話	3	同上
裁縫	6	通常衣服的縫、刺繡	6	同上	6	同上
編物	6	運針法、日用品編法	6	日用品編法	6	同上
造花	12	器具、材料、使用法	12	簪及裝飾品	12	同上
刺繡		運針法、綴繡、平繡		同上		同上
讀書	3	簡易日用文字、簡易漢文	3	同上	3	同上
習字	1	片假字、平假字	1	日用文字	1	日用文字
算術	1	加減乘除	1	同上	1	同上
唱歌	1	單音歌唱	1	同上	1	同上
合計	34		34		34	

手藝科卽原來年長組演變而來，由其課程表觀之，可知造花、刺繡、裁縫、編物等課程，顯然非常偏重，臺灣女子對這方面具有相當的興趣與基礎，這些手藝科目佔每週教課時間的七〇%，比例最重，其次是日語和讀書，還有算術、唱歌、習字也算是新式的實用課程。

三、畢業生統計

茲將手藝科的七屆畢業生人數統計表列如下[33]：

年度	科別	學生數	畢業生數	備註
民前十五年（明治三十年）	年幼組	二一		
	年長組	一九		
民前十四年（明治卅一年）	本科	四九		
	手藝科	四三		
民前十三年（明治卅二年）	本科	六一		
	手藝科	四八	一二	手藝科第一回畢業
民前十二年（明治卅三年）	本科	八九		
	手藝科	五〇	九	
民前十一年（明治卅四年）	本科	八九		
	手藝科	四〇（專十）	三	專修科爲手藝科技藝之再研究
民前十年（明治卅五年）	本科	一〇四		
	手藝科	三八（專十）	五	

民前九年（明治卅六年）	本科	九六	八	本科第一回畢業
	手藝科	三二（專十一）	五	
民前八年（明治卅七年）	本科	九七	九	
	手藝科	四三（專八）	三	
民前七年（明治卅八年）	本科	一一三	四	
	手藝科	三五（專四）	二	

自創校以來，至民前七年度（明治卅八年度）為止，在這九年間手藝科共有畢業生三十九名㊴，臺北第三高等女學校（昭和十五年）平均每屆畢業生不及六名，可見入學者多，而畢業者少，而本科的畢業人數更是少，如上表所列，三屆畢業生僅有二十一人。

1.臺灣女子一向纏足，每日上學、放學往返於家裏與學校之間是極大的不便與痛苦，因為纏脚走不了幾步路，全靠家人、佣人之抬轎或坐車接送，在這種情形下，能堅持至學期結束，是非常罕見而稀少的。無論是年幼的本科生或年紀稍長的手藝科生，能通過這一關者太少了，這不是求學者的能力所能掌握的，有時候因治安不良、通學危險、家庭變故、農忙時節或是父兄姑嫂等阻擋，即斷送此求學之路，所以女子教育最大的困難實為纏足。

2.意志不堅、畏難而廢，尤其是本科生，年紀幼小，不知求學的意義，每日不間斷的求學或感到深以為苦，又不習慣日人的正式教育，非以往私塾教育之鬆散可比，所以成為極大的苦痛，極大多數不能忍耐至畢業。意志之堅是求學有成的主要條件。

3.對新教育未能由衷的接受，有的人在日本當局的強迫下不得已入學，而非本願㉟。又加上對這種新教育的認知不夠，不能了解女子教育之重要，故半途而退或藉故退學。

四、本節結論

綜觀此期之手藝科教育有幾點值得歸納如下：

㈠保守的臺灣社會排斥新教育：本省民風保守閉鎖，農業社會崇尚古禮，男女七歲不同蓆，女子十歲不出門，固守傳統的家庭在這風俗下，不可能將女兒送到外面讀書，因此而斷送女子受教育之機會。何況本省向來視唱歌爲俳優之流，或藝妲之類㊱，對士林女學校中的唱歌課程頗不諒解。除此之外，本省在傳統上輕視勞動，對女學校的體操、遊戲等課，深不以爲然。在此情形下，保守的臺灣人士大抵還是很排斥這種新教育的，甚至寧可將女兒送至傳統的書房接受舊教育㊲。

㈡學生召募上仍有困難，要打破臺灣傳統的成見是很困難的。在這種風氣下推動女子教育須靠政府的力量和教育之技巧，軟硬兼施，方能收效，故而一方面要靠士林、臺北本地士紳的出面支持，另一方面盡其所能，每年天長節後，總要舉辦成品展覽會㊳或懇談會、幻燈會，充分利用教育媒介，廣爲宣傳，以激勵向學心；校長、老師、職員四出奔走、勸募學生的情形更是常見。

㈢語言的困難，全校除了讀書課需要漢文老師，以及裁縫科老師是五十餘歲的士林人吳風凡之外，所有教師員皆爲日人，上課以日語爲主，但有時需要翻譯，有的學生連自己的日文名字都聽不懂㊴，必須以臺語呼喚其名字。語言的困難在日據初期的學校裏仍然是很明顯的障礙。

㈣進度緩慢：大部分的普通科目皆未能按照預定的進度完成，除了語言的隔閡外，學生缺課的情形很普遍，凡天災、人禍、纏脚之痛苦、社會治安不良、或因家庭變故、農忙或採茶時節，皆爲學生缺席之時，一向鬆散的生活習慣不適應學校中規律準時的要求，而深感痛苦。這些都使預定進度無法完成，構成教學上的困擾。

㈤刺繡、造花科成績令人歎爲觀止，本省女子囿於纏脚習俗，居家無聊，以刺繡手工排遣，故而手藝一向發達，而且沿習成風。日人在臺的教育試驗中，卽已發覺臺灣女子手工風氣極盛，尤其對鞋面、桌巾、手巾、床帳、枕套、掛飾之類裝飾品的刺繡更爲喜愛。故以此爲號召決定臺灣女子教育的中心卽此手藝課程，以遷就順應當時臺灣之風俗習慣，因而順勢利導，發展臺灣中等程度之女學未始不是一件合宜的措施，這也是日本統治之初漸進主義政策應用於教育之一面。卽「對臺胞不施以極端的同化或破壞，而是尊重臺胞風俗習慣與社會組織，以籠絡人心，此種漸進主義被認爲是日人統治臺灣收效的原因之一」㊃，也是臺灣早期女子教育能持續發展的主要原因之一。

㈥輸入日式造花之技巧：臺灣女子的刺繡手藝雖是傑出，但日本的造花手藝却爲臺灣所無，故日人以生動的各種造花巧技，吸引並刺激臺灣青少年女子的興趣，造成手藝文化交流發展的新局面。

㈦女子中等教育風氣逐漸開放，且穩定的成長，士林的女子學校規模雖小，臺灣的社會習俗雖然阻礙甚大，但是女子教育的發展却呈穩定而持續的局面，在人數上一直維持在四十至五十人之間，而且在民前八年（西元一九〇四）以後，甚至有遠自嘉義、埔里、臺南地方的學生入學，學校只有安排在當時女教員的家中寄宿㊃，這是士林女學校首次招收須住宿的外地生，此後外地生之入學，有增無減，臺灣女子中等教育，已逐漸開拓至臺北以外地區，此校亦不僅只是士林地區性的學校而已。

第三節　技藝科時期

民前六年四月（西元一九〇六）～民國八年三月（西元一九一九），共十三年。

一、學制變革

民前六年（西元一九〇六，明治卅九年四月五日）總督府發佈新國語學校第二附屬學校規則，使原來的組織再次發生變革，此爲創設女子教育以來的第二次改變學制。

原來的本科全部廢止，本科生共一一二名轉入八芝蘭公學校就讀，而原來的手藝科改稱爲技藝科，並增設師範科和師範速成科，使第二附屬學校變爲純粹中等程度的學校。

依總督府第二附屬學校的修改規則，此校以本省女教員之養成爲目的，並兼技藝訓練之所㊃，故設置師範科、師範速成科，以教授公學校教員必備之知識爲主；技藝科則以手藝教授爲主㊃，其學制組織如下：

1.師範科：年滿十四歲以上、廿五歲以下，公學校畢業者，或具有同等學力者，始得入學，修業三年。教授科目是：修身、教育、日語、漢文、歷史、地理、算術、理科、家事、習字、圖畫、唱歌、體操等十三科。

2.師範速成科：年滿十四歲以上、廿五歲以下，公學校四年修畢者，或同等學力者均得入學，修業年限二年，教學科目與師範科目。

3.技藝科：年滿十三歲以上，廿五歲以下，公學校第四年課程修畢業者，或有同等學力者，始得入學，修業三年。修習科目有：修身、國語、算術、理科、裁縫、造花、刺繡、習字、畫圖、唱歌、體操，但造花與刺繡可依學生志願任擇一科，共十科。

在學制上雖有此三科之設，但事實上師範科與師範速成科皆未曾招生，只招收技藝科之學生，故技藝科除了可視為前手藝科之延續與擴展之外，並將師範科之責任加之於技藝科之上，使技藝科除了手藝之精通外，更兼負師範教育之訓練，實為師範科與技藝科之綜合。何以會有此折衷的技藝科之設置，實有特別原因如下：

1.隨著公學校的成長和女子就學之逐年增加[四四]，公學校女教師的需求量急速增長。國語學校第三附屬學校手藝科時代的畢業生是全省最高學歷的畢業生，大受公學校校長之歡迎，但手藝科時代畢業生很少，總數只有三十九人[四五]，根本無法供應全省公學校之需求，再加以臺灣中上程度的家庭，很少讓女兒在外拋頭露面，故而大部分留在家庭裏，在外就職者很少，就職公學校的人數不及畢業生人數之半[四六]。這些在公學校就職的臺灣女子憑其優異的手藝和貞淑勤勞之天性，頗獲社會之好評[四七]，因此促使總督府改變學制，廢除本科致力於師範性質的技藝科之經營，以培養公學校之女教員。

2.自民前八年（西元一九〇四年）開始有了公學校畢業生投考手藝科，使手藝科的入學資格無形中提高了，為了統一入學的資格，自以重建新的教育系統為宜。

3.過去手藝科畢業生中有將近一半的人成為公學校之教員，同時在校的學生中，有志於公學校老師者的比例很大[四八]。所以，就技藝科未來的路向與目前學生的志願，權宜地折衷師範科與技藝科之課程，使技藝科畢業生成為公學校之女教員，一方面補償師範科未設之憾，另方面充實技藝科之課程，又可訓練公學校之教員，又能顧及臺灣女子對技藝教育之興趣。基於以上之原因，終於產生了以技藝為中心，以師範教育為輔助的技藝科，且成為純粹的中等教育機構。

自民前三年以後（西元一九〇九），技藝科的課程經過修改，確立了以培養公學校家事科女教師之目的，亦使此校成為臺灣女子唯一的且純粹的師範教育場所。

民前四年（西元一九〇八），士林第二附屬學校，這個日人經營的第一個女學校，因終年使用，年代過久，土地低濕，風雨侵蝕，以致校舍破舊，更因學生日漸增多，校地狹隘，而不得不放棄經營十多年，風景幽美的士林，而另覓地重建。但最後仍然不得不遵照總督府的決定，遷至艋舺，全校師生在依依不捨的心情下離開了創立十一年來的士林女學校，在艋舺後菜園街預定校地上建築自己的校舍。

民前二年（西元一九一〇）學校改稱為國語學校附屬女學校，學校之制度仍然照舊。

民前四年（西元一九〇八），新校舍終於落成，全校遷入新建校舍。自日人在臺創立第一個女子分教場後，第十一年終於發展演變成臺灣唯一具有師範性質的中等教育機構，且開始有獨立的校址，這不是一段容易的歷程。此後，臺灣總督府附屬女學校在安定的環境中成長、壯大，成為日據時期全省歷史最悠久、聲譽最好的臺灣女子高等女學校。

二、課程內容

自民前六年（西元一九〇六），總督府國語學校第二附屬學校將原手藝科改為技藝科以後，並預定增設師範科與師範速成科，茲將此三科課程表列如下㊾：

㈠師範科課程表：

學科＼學年	時數	第一學年	時數	第二學年	時數	第三學年
修身	1	人倫道德的要領與實踐	1	同上	1	同上
教育			1	教育概要	3	同上、教授法
日語	7	會話、課文、作文、文法	6	同上	6	同上
漢文	2	作文	2	同上	2	同上
歷史地理	2	日本地理	2	日本歷史		
算術	3	整數、小數	3	分數、比例	3	百分比、開方
理科	2	博物、理化	2	同上	2	同上、生理衞生
家事	7	裁縫、刺繡、編物、衣食住	7	同上	7	同上、育兒法
習字圖畫	2	楷、行、草書、素描、寫生	2	同上	2	同上
唱歌	2	單音唱歌、樂器使用	2	同上	2	同上
體操	2	遊戲	2	同上	2	同上
合計	30		30		30	

備註：第三學年第三學期，教學實習。

(二)師範速成科課程表：

學科＼學年	每週時數	第一學年	每週時數	第二學年
修身	一	人倫道德綱要與實踐	一	同上
教育			三	教育概要、教授法
日語	七	會話、課文、作文、文法	六	同上
漢文	二	作文	二	同上
歷史地理	一	日本地理	一	日本歷史
算術	三	整數、小數、諸等數	二	分數、比例
理科	二	博物、理化等	二	同上、身體生理
家事	一〇	裁縫、刺繡、編物、衣食住	九	同上、育兒法
習字圖畫	二	楷、行、草書、素描、寫生	二	同上
唱歌	二	單音唱歌、樂器使用法	二	同上
體操	二	遊戲	二	同二
合計	三二		三二	

備註：第二學年第三學期，每週十～十五小時教學實習。

(三)技藝科課程表：

學科＼學年	每週時數	第一學年	每週時數	第二學年	每週時數	第三學年
修身	1	人倫道德綱領與實踐	1	同上	1	同上
國語	4	會話、書法、作文、文法	4	同上	3	同上
算術	2	整數及小數	1	諸等數	1	同上
理科			1	博物及理化	2	同上
裁縫	11	通常衣服縫法、裁法、編織	11	同上	11	同上
造花	10	簪類造花	10	裝飾品造花	12	同上
刺繡	10	簡易繡法	10	同上	12	同上
習字圖畫	2	楷、行、草書，寫生	2	同上	1	寫生、素描
唱歌體操	2	單音唱歌、遊戲	2	同上	1	同上
合計	32		32		32	

以上三課程表，只有技藝科招生使用，師範科與師範速成科形同虛設。

爲了充實技藝科學生之學力，以適應未來公學校家事科教員之工作，乃於民前三年（西元一九〇九），追加師範課程，以補技藝科課程之不足。修改的新課程內容及每週授課時數如下㊿：

學科＼學年	第一學年 每週時數	第一學年	第二學年 每週時數	第二學年	第三學年 每週時數	第三學年
修身	一	人倫道德綱領實踐	一	同上	一	同上
教育					三	教育概論、教授法
日語	八	會話、書法、作文、文法	六	同上	五	同上
漢文	二	讀本、作文	二	同上	一	同上
算術	二	整數、小數	二	諸等數	二	同上
理科			二	博物、理化	二	同上
家事			二	衣食住	二	同上、育兒、看護、養老、家事、經濟
裁縫	六	普通衣服縫法	五	同上	四	同上
造花	四	簪類造花	四	裝飾品、造花	四	同上
刺繡	四	簡易刺繡	四	同上	四	同上
習字	二	楷、行、草書、寫生、素描	一	同上	二	同上
圖畫	二		二		二	
手工	三	紙、編物	二	同上	二	同上、袋物
唱歌	一	單音唱歌、遊戲	二	同上	三	同上
體操	一		一		一	
合計	三六		三六		三六	

以上修改之課程表實爲師範教育與技藝教育之綜合。若站在純師範科的立場看，則此課程表在普通學科方面未達預定之要求：日語、算術、理科、教育之授課時數減少，完全缺日本歷史、地理兩科，而技藝科的時數則增加。若從技藝科立場比較此新課程表時，則發現技藝科的時數減少，以便增加普通學科時數，尤以日語時數增加最多，這種折衷式的課程，既可滿足臺灣女子向所熱中的實用技藝之興趣，又可培養具備相當學力水準的公學校教員。稱此時的技藝科爲「公學校技藝教員的師範科」(五一)，可能更切近事實。

從新課程內容上可看出臺灣女子中等教育內涵上的進步，既符合技藝的實用性，又擴充學識範圍。使中等教育成爲手腦並用、學力與技藝並進的均衡教育。

三、畢業生狀況

自民前六年（明治卅九年）改制爲技藝科至民國八年三月止，技藝科時期歷屆學級數、學生數與畢業生數，表列如下(五二)：

年度	科別	學級	學生數	畢業人數	備註
民前六年（明治卅九年度）	技藝科	二	二四	一〇	技藝科第一屆畢業
民前五年	〃	二	五三	七	
民前四年	〃	二	八四	一	
民前三年	〃	二	八一	二二	

民前二年	技藝科	二	八五	二五	改名為附屬女學校
民前一年	〃	三	一〇八	二一	
民國元年	〃	三	一一八	二九	
民國二年	〃	三	一二二	二八	
民國三年	〃	三	一二四	二六	
民國四年	〃	三	一三五	四〇	七月一日遷至新校舍
民國五年	〃	三	一三四	三七	
民國六年	〃	四	一七五	三六	
民國七年	〃	四	二一四	三七	技藝科第十三屆畢業

以上技藝科時期共得十三屆畢業生三一九人，以民國八年的統計，曾任職者有二四三人，其中大部分從事教育工作，少數進入銀行、公司，或任看護、助產工作；而只有八六人是畢業後立刻從事家庭工作的㉓。所以畢業生的七六%進入社會工作，且大多從事公學校教員之職，也可見此校的確是本省公學校女教員的養成所。

四、本節結論

㈠技藝科是日人在臺首創的，也是唯一的女子中等學校的第二次學制改革。在本質上已發展出較具規模、課程程度較高的中等教育了，但在名稱上是「附屬女學校」，看不出是中等教育機關的痕跡。同時期在臺灣的日本女子中等教育則已完全使用其國內「高等女學校」的名稱與制度，在程度上高於臺灣人的附屬女學校，修業年限亦多一年，且有兩所㉔，相形之下，可見臺灣女子中等教育之規模與系統皆還在發展中的階段，尚未健全成熟。但是這爲期十三年的技藝科時期，也可以說是臺灣女子中等教育的「奠基時期」。因爲這階段，保持了十三年安定的學制，課程上的提高更奠下臺灣女子中等教育的基礎；在數量上則日益增長，決不是侷促於士林或艋舺的地方性學校，學生來自外地者占半數以上，以民國六年爲例，在九一名新生中，來自外地者佔了七〇名㉕，所以它在全省中有響亮的名聲，已成爲全省女子中等教育的中心。此期實在是一段重要的奠基時期。

㈡技藝科締造了臺灣近代女子教育史上實科教育的最高峯。實用的女紅一向爲臺灣女子所注重，日據以後，且將此手藝納入正式教育的軌道，除了鼓勵提倡之外，更傳入日本的手藝文化，與臺灣之女紅，相互交流，互切互磋，終於使刺繡、造花、裁縫、編物、細工物及家事手工應用等技藝，在此時達到登峯造極之境，大放異彩，在臺灣亦無出其右者。並影響全省的臺灣女子教育，使手藝教育、實用主義和勤勞主義盛行一時，可謂是手工教育全盛的時代㉖。

㈢普通教育思潮勃興：第一次世界大戰後，使臺灣社會與文化產生重大變遷，表現在女子教育方面的影響是，普遍求知慾的提高，從臺灣傳統而熱衷的手藝教育中，開始萌發新知識的要求。樂意使女兒受教育的風氣普遍中流以上之家庭，更願意女兒受較高等的教育。所以自民國四年始，舉行了創校近二十年來的第一次入學考試，從七七名志願者中，選拔了四六名㉗，這是破紀錄的大事，完全扭轉了以往招生困難的局面，開始呈現供過於求的現象，顯示出臺灣普遍追求新知識的趨勢。在這種新趨勢的強烈影響下，使達到高峯的技藝教育開始呈現衰退的現象，而相對的，普通教育的要求升高，這些情形，導致學級增加，甚至於民國八年，學制完全改變，且增加臺灣女子的中等學校，使臺灣女子教育進入另一個新局面。

第三章　日據後期臺灣女子中等教育

民國八年一月，日本當局臺灣總督府公佈臺灣教育令，它確立臺灣教育制度之規模，開啟了臺灣教育的新紀元。臺灣教育令的意義，非僅是教育制度上實質的改變而已，其實也是時代進步的反映。

日人矢內原忠雄認爲臺灣教育令是由下述的三原因產生的。第一爲應第一次世界大戰後，臺胞受民族運動風潮影響而產生的文化要求。第二爲受第一次世界大戰之賜，臺灣的資本主義飛躍發展的結果，使生產與資本高度集中，經濟方面亦須提高普通教育及技術教育。第三爲應在臺日人子弟日益增加，有設置高等教育機關之必要[36]。此外，無可否認的，戰爭刺激日本工業的發展，使日本在此次戰爭中工業急速的興盛，亦影響了在臺的資本家激增，使「臺灣捲入近代經濟循環體系之中，影響到每一個人民的收入與家庭，這是未曾有過的新經驗。這種激烈的變化，促使人民不再固守古老的傳統而採取了新文化的因素，同時，大戰後在大陸發生的五四運動，與在日本發生的民主主義、自由主義運動，及響應美國總統威爾遜的少數民族自決運動，由留日學生帶回臺灣，掀起熱烈的文化運動與反殖民主義運動。此等經濟上、心理上，與文化上的變化，促進人民在改變態度，主動接受新文化，因此引起顯著的文化、社會變遷。」[37]

「一九一〇年代，臺灣之社會狀況，日人有稱之爲『進入自覺時代的過渡時期』，或有稱之爲『啟蒙時期』，認爲臺灣社會因生活安定，更因新境遇而醞釀出新要求，而得風氣之先的臺灣留學生在主、客觀情勢的激盪下，產生民族自覺，而掀起向日本統治當局要求自由平等權利及尊重民族之民族運動。日人對此新威脅不得不改變統治方針，因此一九一八年，明石元二郎總督則明揭同化主義之方針，其目的乃企圖安撫臺胞，以消除臺胞民族運動，保持社會之安寧。故，一九一九年頒布的臺灣教育令，可謂爲配合統治方針之產物。」[60]

臺灣在日本二十餘年的佔領之下，已經陸續奠定各項統治之基礎，而臺灣之教育基本上仍處於長期的試驗狀態，這種早期的「無方針主義」原則，亦已非良策，一則順應時代潮流，二則安撫臺胞之要求，是以重振教育，而制定臺灣統一的教育系統。在此同時，日本當局在經過廿五年的軍人總督之後，首開臺灣文官總督之先例。民國八年十月，田健治郎男爵就任臺灣第一任文官總督，在此背景之下，臺灣因此能順利展開新文化運動和民權運動，言論較爲自由，亦有多種臺灣人立場的刊物出版，尤其是「臺灣青年」雜誌卽對臺灣之教育發出不少改革之要求及意見。尤其田總督上任後，標榜「內地延長主義」，強調以普及教育，提高臺灣文化爲首務[61]。所以，臺灣教育令雖然樹立臺灣教育之系統，在制度上雖大有改進，但在精神上仍採取日本人與臺灣人隔離主義之原則。因此在新文化運動的推展下，備受攻擊，而日人的「一視同仁」口號亦站不住脚，所以在田總督任內，於民國十一年，公布「新臺灣教育令」。

民國十一年二月，總督府頒布「新臺灣教育令」，與原臺灣教育令至少有兩點差異：第一，撤廢日、臺人之差別教育，而達均等地步[62]。第二，中等以上之教育大體採用日本國內的教育制度，以與日本學制相連貫，此卽確立「內臺共通制」的原則[63]。

這個時期的教育在日據時代的教育史上是欣欣向榮飛躍發展的階段，或稱爲臺灣教育的確立時期[64]，或稱進展時期[65]。

至民國二十六年，中日大戰爆發，且呈膠著不決狀態，日本在多年戰爭未獲結果之下，又瘋狂發動太平洋戰爭，使日本全面捲入第二次世界大戰之旋渦而無以自拔。而統治臺灣之文官總督又自民國二十五年始再轉變爲武官統治之局面。戰爭之延續，使臺灣及日本本土之教育轉趨爲「戰時體制之教育」，以加強「皇民化」之教育爲中心，務使臺灣人徹底同化，培養對「聖戰」勇於犧牲之皇民。此時期，臺灣全面教育大受影響，這是日人在臺統治的最後的階段裏，對臺教育的主要特徵。

本章分爲四節來探討此期臺灣女子的中等教育。

第一節爲學制沿革。

第二節爲課程內容。

第三節爲日臺共學制的眞相。

第四節爲各種統計資料的分析與解釋。

第一節　學制沿革

一、女子高等普通學校之學制

民國八年一月四日，日本臺灣當局總督明石元二郎以勅令第一號發布「臺灣教育令」，使臺灣之學校系統在根本組織上確立下來。

與臺灣女子教育有關者爲普通教育與師範教育部分，尤其是要完成女子教育被列爲要項。普通教育以留意身體之發育，實施德育，教授普通之知識技能，涵養國民之性格，普及日語爲目的。普通教育分爲公學校、高等普通學校及女子高等普通學校。女子高等普通學校爲對女子實施高等普通教育、養成婦德、教授生活上有用之知識技能之所。其修業年限爲三年，其入學者須具有修業六年之公學校畢業或具有同等以上之學力者。且女子高等普通學校得設置修業年限一年之師範科，以養成公學校之教員。其入學資格爲須具有女子高等普通學校畢業者㊲。

同年四月，公布臺灣公立女子高等普通學校管制，原國語學校因改制爲臺北師範學校，國語學校附屬女學校廢止，於四月一日改稱爲「臺灣公立臺北女子高等普通學校」，並新設「臺灣公立彰化女子高等普通學校」於彰化。此後，臺灣中、北部各有一所臺灣女子就讀之中等學校。臺北女子高等普通學校並設師範科，爲全省程度最高的學校。

同年四月二十日，公布臺灣女子高等普通學校規則，使其編制、設備、學年學期、課程科目，及對女子教育之訓導皆有完備詳盡之規定。

㈠在本科方面：

學年，自四月一日至翌年三月三十一日，分三學期。

第一學期：四月一日至八月二十日止。

第二學期：八月二十一日至十二月三十一日止。

第三學期：翌年一月一日至三月三十一日止。

全校本科學生編制共四百五十人，一班編制五十人。在學學生教養上應注意：涵養德性、熟練日語、確立國民性格，並養成女子特有的貞淑、溫良、慈愛、勤儉家事之習性，教授未來日常生活所需之知識技能和實際之應用。

(二)師範科方面：

師範科生徒教養上尤應注意：為人師表之能力與品性，適應公學校之教員需要，並留意學生實際教授方法之獲得與應用。其編制為八十人，一班四十人。師範科按補助規則可享每月三日圓公費，畢業後獲丙種本科正教員證書，且必須義務服職一年[27]。自民國八年至十一年，其學制如下：

學制	六年制公學校						女子高等普通學校			師範科
學年	一	二	三	四	五	六	七	八	九	十
學齡	7	8	9	10	11	12	13	14	15	16

從以上學制可以看出女子高等普通學校以本科為主，師範科為輔，分為兩部分，既為純中等教育，又可兼培養公學校師資之功用，亦可見女子師範教育尚未能獨立，仍然承繼以往技藝科時代與師範科的折衷教育形態。

民國十年，臺灣公立女子高等普通學校由總督府管轄移為州管轄，因此改稱為臺灣州立女子高等普通學校。

同年四月，臺南州立臺南女子高等普通學校設立，故臺灣女子中等學校增爲三所。

二、高等女學校之學制

臺灣教育令雖然在臺灣教育制度上帶來一大進步，但是仍然採隔離主義原則。仍然不符合臺灣日益開展的民族民權運動之要求。日本在臺灣殖民地的這種歧視政策引致臺胞強烈的不滿，並訴諸改革，終於迫使日本當局讓步，於民國十一年，廢止了臺灣教育令，而公布「新臺灣教育令」，在理論上撤廢了在臺灣學校中的種族歧視。使在臺日人與臺灣人共同使用同樣法令，這種進步在臺灣教育史堪稱是突破性的發展。

二十五年來，臺灣女子的中等教育首次獲得與日本女子中等教育平等的地位，以往次於日本的學制取消了。在新教育制度下，臺灣女子教育的內容與日人女子中等教育內容一樣，因此獲得全面的提升。以後，不再有專屬日人或專屬臺人的中等學校，而一律改稱高等女學校。

在新法令下，民國十一年，全省有三所臺灣女子高等普通學校改制爲高等女學校，加上原來日人高等女學校四所，共計七所高等女學校。

高等女學校設置本科，修業年限四年，比原來臺灣女子高等普通學校時期延長一年。

高等女學校仍設置講習科，以公、小學校教員之養成施以必要之講習爲目的，故仍爲師範教育之性質。入學資格爲高等女學校畢業、身體健全、品行優良者，修業一年，並可享公費每年三十六日元，按月支給。高等女學校畢業者授與乙種本科正教員證書，享公費者畢業後義務公職一年(六)。

民國十一年以後，至光復時爲止，其學制如下：

學制	六年制公學校						高等女學校				講習科或補習科
學年	一	二	三	四	五	六	七	八	九	十	十一
學齡	7	8	9	10	11	12	13	14	15	16	17

民國十七年，臺北第一師範學校設置女子演習科，栽培公小學校女教員，故各高等女學校之講習科的師範教育廢止。然而另改設一年制之補習科，分三組，志願教員組、進學深造組和家事從事組三方面，予以補習。所以，補習科的師範地位消失，但其師範教育之功能仍在，且是全省女教員之主要來源。

高等女學校在民國十一年有七所，後逐年增設，至民國三十四年，臺灣光復時，全省共有二十所日人設立的高等女學校。此二十所女校，並不包括私立淡水、長榮兩高等女學校，因此二校並非新立，亦非日本官方所立，故列於私人學校一章討論。茲將此二十所學校依創立時間先後順序，排列如下㊱：

校名	創立年代
一、臺北第三高等女學校	民前十五年，明治三十年，西元一八九七
二、臺北第一高等女學校	民前八年，明治卅七年，西元一九〇四
三、臺南第一高等女學校	民國六年，大正六年，西元一九一七
四、彰化高等女學校	民國八年，大正八年，西元一九一九

五、臺中第一高等女學校	民國八年，大正八年，西元一九一九
六、臺北第二高等女學校	同上
七、臺南第二高等女學校	民國十年，大正十年，西元一九二一
八、嘉義高等女學校	民國十一年，大正十一年，西元一九二二
九、新竹高等女學校	民國十三年，大正十三年，西元一九二四
十、基隆高等女學校	同上
十一、高雄高等女學校	同上
十二、花蓮港高等女學校	民國十六年，昭和二年，西元一九二七
十三、屏東高等女學校	民國廿一年，昭和七年，西元一九三二
十四、蘭陽高等女學校	民國廿七年，昭和十三年，西元一九三八
十五、虎尾高等女學校	民國廿九年，昭和十五年，西元一九四〇
十六、臺東高等女學校	同上
十七、臺中第二高等女學校	民國三十年，昭和十六年，西元一九四一
十八、臺北第四高等女學校	民國卅一年，昭和十七年，西元一九四二
十九、高雄第二高等女學校	民國卅二年，昭和十八年，西元一九四三
二十、馬公高等女學校	同上

第二節　課程內容

一、女子高等普通學校

民國八年，臺灣教育令第十三條揭示女子高等普通學校乃對臺灣女子實施高等普通教育，養成婦德，教授生活知識與技能爲目的⑯。同年四月二十日，總督府以府令第四十七號公布「臺灣公立女子高等普通學校規則」，對臺灣女子教育之宗旨、課程、訓育各方面都有詳盡規定。其中第六條，對臺灣女子教育上特別要注意三點：一、任何科目，對德行之涵養、日語之熟練、及確立日本國民性格等方面，都應努力。二、女子貞淑溫良慈愛勤儉之良好習慣最重要，在每科目之教導上應常注意之。三、對未來日常生活中所必須利用的知識技能應適當選擇教導，並加以應用，以適應未來實際之需要。

以上原則性的要點，說明了臺灣女子教育的目標在於涵養日本國民的道德與性格，並注重家庭家事之知識與訓練，以便使臺灣女子熟悉日語，勤儉持家，發揮貞淑慈愛之美德，潛移默化，移風易俗，漸漸努力以成爲模範的日本女性⑰。

規則第四條說明了公立女子高等普通學校之教授科目爲修身、日語、歷史、地理、算術、理科、家事、裁縫、手藝、圖畫、音樂、體操。此外另可酌加漢文和教育選修科目⑱。對各科之教授應注意者如下⑲：

㈠修身科的主要內容是天皇勅語研究，培養道德思想及躬親實踐之情操，領會日常生活中的德行，教導成爲日本國民應具有的特質，並且特別注意女子的貞潔賢淑的美德與日常生活和社交的行爲禮節。

㈡日語科的內容爲一般會話、日語之熟練、閱讀能力、能正確自由地發表思想、養成啟發智識的基本語文能力。亦應注意發音、音調的練習和文章之寫作及習字。

㈢日本歷史科則注重日本國體的特殊性、日本國民性的特質、日本文化發達的由來，及明瞭現今世界大勢及其變遷。

㈣地理科的主要內容是：地球形狀及運動、地球表面人類生活狀態、及與日常生活相關的地理知識。並述日本本國地理概要、外國地理概要及一般人文地理。

㈤算術科的內容是：數與量的知識、日常計算及生活上有用的算術，包括整數、小數、分數、比例、求積及珠算。

㈥理科：天然物及自然現象之知識，及其相互間之關係及與人類生活相關係之知識。知道利用厚生的道理，包括人體生理概況及衞生，植物、動物、礦物、物理、化學的重要成就，並適切地應用在生活上，或由實驗步驟以獲得知識的方法。

㈦漢文科：以簡易實用的漢文讀本爲主，會話、或書信等日常使用的漢文爲主。

㈧教育以教育理論、兒童教育理論及保育法大要。

㈨音樂以樂理知識，培養美感、高尚情操及德行之涵養爲要旨，包括單音、簡易複言合唱、及樂器使用法。

㈩體操：身體各部分的均衡發育、增進健康和規律的生活習慣，以體操爲主，並加遊戲。

⑪圖畫科要求能正確、精密的觀察物體，並能畫出之技巧、創作的練習、美感的養成爲主旨。

(十一)裁縫科以普通衣類製作的知識和技術為主，兼節儉、利用等習慣之養成。包括運針法、普通衣服之剪、裁、縫製等方法及用具的使用，布料的種類、性質、價格等之利用。

(十三)手藝科是日常生活中必要的、簡單的物品之製作，和技能及創造。並養成勤勞、節儉、利用等重要習慣，包括刺繡、造花、編織、編物。

(十四)家事科是家事整理上必要的知識、技能之教導，並培養勤儉、利用、秩序、周密、整潔之習慣。包括衣、食、住、養老、育兒、護理、社交禮儀、烹飪等家政知識，並重實習經驗之獲得。

其課程表如下㉔：

科目＼學年（時數）	時數	第一學年	時數	第二學年	時數	第三學年
修身	2	道德要旨	2	同上	2	同上
日語	10	會話、文法、作文	7	同上	7	同上
地理歷史	2	日本地理	2	外國地理、日本歷史	1	同上
算術	2	整數、小數、珠算	2	分數、珠算	2	比例、珠算
理科家事	2	植物、動物	4	生理衞生、衣、食、住	4	育兒、養老、經濟
裁縫手藝	9	運針、裁縫、造花	10	同上	11	同上

	圖畫	音樂	體操	漢文	教育	合計
	1	1	2	(2)		(33) 31
	素描、寫生	單音唱歌	體操、遊戲	漢文讀本、作文		
	1	1	2	(2)		(33) 31
	同上	樂器使用	同上	同上		
	1	1	2	(2)	(2)	(35) 31
	同上	複音唱歌	同上	同上	教育概要	

從此課表上看出，過去技藝科末期以來的各種科目及時數有急遽的改變，大抵是從以往的「技藝中心主義」變爲「普通學科中心主義」[illegible]。技藝教育逐漸衰退廢弛，普通學科提高水準，受到重視。以往技藝科目（裁縫、造花、刺繡、手藝、習字、圖畫、唱歌、體操，共八科）與普通學科（修身、日語、漢文、教育、算術、理科、家事，共七科）之比爲六與四，現在普通科增爲九科（除了修身、日語、漢文、教育、算術、理科、家事外，增加歷史、地理兩科），技藝科目五科（保留原有的裁縫、手藝、圖畫、音樂、體操五科，删除造花、刺繡，習字則與日語合併）。從教授時數看，則形成普通科對技藝科之比爲六與四，手藝、技藝顯著的衰退，這是新思潮刺激所引致的改變。此後，普通學科的比例越重，使臺灣女子教育的知識水準日益提高，技藝全盛的時代逐漸消逝。時代的潮流淘汰不合時宜的觀念和事物，以手藝、技藝建立基礎的早期臺灣女子教育，終於隨著時代的前進而邁向知識均衡且充實的新境界。

二、高等女學校

民國十一年，女子高等普通學校廢止，在日臺平等的理論下行日臺共學制，將修業年限延長爲四年。按高等女學校令的第一條指示，「學生之教育以養成國民道德、涵養婦德等有關之學科知識爲目的，並留意各科目之教學方法，互爲補益、互相聯貫。」[56]

高等女學校之科目爲修身、日語、外國語、歷史、地理、理科、圖畫、家事、裁縫、音樂、體操，並設選修課：臺灣語，除上述之科目以外，可以另加教育、法制、經濟、手藝、實業科等科目。其課程表如下[57]：

學科＼每週時數＼學年	第一學年 時數	第一學年	第二學年 時數	第二學年	第三學年 時數	第三學年	第四學年 時數	第四學年
修身	2	道德要領	2	同上	2	同上	1	同上
教育							1	教育概要
日語	6	讀書、作文、習字、文法	6	同上	5	同上	5	同上
臺語	(1)	講讀、作文、會話	(1)	同上	(1)	同上		同上
英語	1	發音、讀譯、習字	3	同上	3	讀譯、會話、作文	3	同上
歷史地理	3	日本歷史 日本地理	3	同上 外國地理	3	外國歷史 同上	2	同上
數學	3	算術	2	同上	3	幾何、代數	3	同上

學科	第一學年時數	第一學年課程	第二學年時數	第二學年課程	第三學年時數	第三學年課程	第四學年時數	第四學年課程
理科	2	植物、動物	3	生理衛生	3	物理化學	3	同上
家事					2	衣食住	4	同上
裁縫	4	縫、裁方法	4	同上	4	同上	4	同上
手藝	2	刺繡、編物	2	同上	2	同上、造花	2	同上
圖畫	2	臨畫、寫生	1	同上	1	同上		同上
音樂	2	基本樂理 單音唱歌	2	複音唱歌	1	樂器使用	1	同上
體操	3	體操、遊戲	3	同上	3	同上	3	同上
合計	⑶⑴ 30		⑶⑵ 31		⑶⑵ 31		32	

高等女學校的課程內容與前階段女子高等普通學校之課程相較之下，可知高等女學校多了英語科，此外皆同。在教學時數上，則裁縫、手藝時數減少，而算術、音樂、體操時數增加，當然最大差別在於修業時間延長一年。民國二十二年（昭和八年），高等女學校課程加公民科爲必修科目，廢除選修科目中之法制、經濟㊅。

學科 ＼ 時數 課程 ＼ 學年	第一學年	第二學年	第三學年	第四學年
修身	2	2	1	1
	道德綱要	同上	同上	同上

科目	時數	內容	時數	內容	時數	內容	時數	內容
公民科					1	公民生活、法制經濟	1	同上
日語	6	講讀、作文、習字	6	同上	5	同上	5	同上
外國語（英語）	(3)	發音、讀方、話方、習字	(3)	同上	(3)	同上	(3)	同上
歷史 地理	3	日本歷史 日本地理	3	外國地理歷史	2	同上	2	同上
數學	3	算術	3	代數	3	幾何	3	同上
理科	3	動、植物	3	生理衞生	3	物理化學	3	同上
圖畫	1	寫生、臨畫	1	同上	1	同上	1	同上
家事					3	家事整理、飲食	3	養老、育兒經濟
裁縫	4	衣服裁法、縫法	4	同上	5	同上	4	同上
音樂	2	樂典基本練習、歌曲	2	同上	1	樂器使用法	1	同上
體操	3	體操、遊戲	3	同上	3	同上	3	同上
手藝	1	刺繡、編物	(1)	同上	(2)	同上	(2)	同上
教育							1	教育概要
作業科	(2)	園藝工作	(2)	同上	(2)	同上	(2)	同上
合計	(33)27		(33)27		(35)28		(34)27	

綜觀以上課表可看出，日本當局在臺灣的中等女子教育不外乎在訓練未來的賢妻良母，而且是以日本傳統女性的生活為模範。高等女學校的教育是一種基礎教育與家政教育的結合體，所有課程也都指向這兩個方向，一是日本公民必備的基本知識，一是女子未來生活上所必須使用到的家事技能和知識。這些課程不是以追求高深學問為基礎而設計的，乃是以日本女性日常生活所需的實用性知識為主而設計的，可以稱為「母性教育」中心的課程㊴。

此外，整個臺灣教育制度當中，女子受最高教育的機會僅止於此高等女學校而已，其中的少數可能再接受一年制的補習科或師範學校的演習科，以裝備成為合格的公學校女教員，或有少數至日本留學，接受更高程度的教育，但絕大部分的高等女學校畢業生皆停止再深造，而開始以其知識就職就業，或扮演傳統的賢妻良母角色。

平心而論，中等程度的母性教育並無不好。相反的，它乃是一種不因種族、國籍之不同而減色的女子教育內容，無論是日本人或是臺灣人，都會因它得到實際的好處，更何況處在男女教育雙軌制理論下的當時日本，提供這種課程的女子教育是理所當然，也是無可厚非的。

第三節　日臺共學制的眞相

日臺共學制，在理論上標榜一視同仁，教育機會平等的原則，自民國十一年四月實施。但在實際上，却並未見得給臺灣女子帶來更多的就學機會，可從以下幾項所顯示的統計資料來比較分析，在女子中等教育上的日臺共學情形㊵。

表一：

年次	臺北女子高等普通	彰化女子高等普通	臺南女子高等普通	合計
民國八年	二三八	六五		三〇三
民國九年	二九四	缺		二九四
民國十年	三〇五	缺	九三	三九八
合計	八三七	六五	九三	九九五

再以民國十二年至民國三十二年間，全省高等女學校日、臺人入學錄取人數，統計歸納，表列如下㈥：

表二：

年次	日人	臺人
民國十二年	六三八	二六六
民國十三年	八六〇	三四九
民國十四年	七九七	三七一
民國十五年	八二九	三四〇
民國十六年	九一〇	三二九
民國二十三年	一二一〇	四〇〇
民國二十四年	一一七一	四一四
民國二十五年	一一六八	四七九
民國二十六年	一三三〇	五五六
民國二十七年	一四二二	六七六

民國十七年	八三一	三五八
民國十八年	九三七	三六七
民國十九年	九五一	三六二
民國二十年	九七二	三五七
民國廿一年	一〇六九	三七五
民國廿二年	一〇三七	四〇九
民國二十八年	一三八八	七三五
民國二十九年	一六〇八	九二六
民國三　十年	一七五九	一〇四九
民國三十一年	缺	缺
民國三十二年	二三二四	一二四九
合計	二二九六一	一〇三六七

此表自民國十二年至三十二年，二十一年間高等女學校入學之日人與臺人數。若參照表一，可見在民國十一年，日臺未共學以前，臺灣就讀女子高等普通學校之人數總和，自八年至十年三年間，每年平均為三六〇人。至民國十二年，日臺共學實施後，臺人學生數反降，以後逐漸提高，但至民國二十二年止的十年間，臺灣女子人數亦只在五一八人左右，提高了一・四倍。若就此二十年中所增加的學校數與臺人增加的人數相比之下，人數的增加比不上學校增加的速度。高等女學校對臺人錄取的限制大，以致人數增長幅度小。

茲以民國十二年至三十二年，高等女學校日、臺人錄取率，比較表列如下㊅：

表三：

年次	日人錄取率	臺人錄取率	年次	日人錄取率	臺人錄取率
民國十二年	六四・五六	五〇・四七	民國二十三年	五一・二二	三二・五九

民國十三年	六一・九六	四四・六二
民國十四年	七二・二六	四四・三三
民國十五年	六七・三〇	四三・二〇
民國十六年	六七・五六	三九・七三
民國十七年	六二・七〇	四一・三三
民國十八年	四二・一四	五六・一五
民國十九年	五九・四四	四〇・八六
民國二十年	五九・三〇	三九・〇二
民國二十一年	六一・一六	三五・一一
民國二十二年	五五・七二	四〇・七四
民國二十四年	五三・九〇	三〇・一七
民國二十五年	五二・七三	三〇・七二
民國二十六年	五〇・七四	二九・〇八
民國二十七年	五四・一〇	三〇・一二
民國二十八年	五五・五九	二九・〇一
民國二十九年	五五・一一	二三・四八
民國三十年	五九・六五	二三・〇〇
民國三十一年	缺	缺
民國三十二年	六〇・八八	二一・七六
總平均	五八・三八	三六・二七

根據本表的新生入學比例，自民國十二年至三十二年的二十年間（缺民國三十一年）日人平均五八・三八％，臺人平均三六・二七％，日人錄取率高於臺人。日人進入高等女學校較臺人爲容易，錄取機會較大。

茲以民國二十九年（昭和十五年）爲例，將全省十八所高等女學校中的日、臺人數，比較統計，列表如下[83]。

表四：

學校名稱	班級數	日人	臺人	合計	日人與臺人之比
臺北第一高等女學校	一七	九一一	一九	九三〇	四八：一
臺北第二高等女學校	一七	八六八	二四	八九二	三六：一
臺北第三高等女學校	一七	八一	七四一	八二二	一：九
基隆高等女學校	九	三七五	五六	四三一	七：一
蘭陽高等女學校	六	一四一	一五一	二九二	一：一
新竹高等女學校	一三	四六七	一五七	六二四	三：一
臺中第一高等女學校	一〇	四五一	四五	四九六	一〇：一
彰化高等女學校	一三	二二三	四〇四	六二七	一：二
臺南第一高等女學校	一〇	五〇〇	一三	五一三	三八：一
臺南第二高等女學校	一三	一〇〇	五〇七	六〇七	一：五
嘉義高等女學校	一二	四八〇	一九三	六七三	二：一
虎尾高等女學校	八	七二	四四	一一六	二：一
高雄高等女學校	九	四〇九	三三	四四二	一二：一
屏東高等女學校	九	二七七	一四八	四二五	二：一
臺東高等女學校	一	五〇	九	五九	六：一

花蓮高等女學校	八	三三八	三六	三七四	九：一
私立淡水高等女學校	八	二八九	二九八	五八七	一：一
私立長榮高等女學校	八	三八一	三八三	七六四	一：一

表四以民國二十九年為例，統計全省高等女學校日臺人數之比與錄取率之比。其中除了臺北第三、彰化、與臺南第二這三所高等女學校臺人學生數多於日本人，蘭陽、私立淡水、私立長榮則日臺人之比很平均之外，其他各校的日人子弟顯多佔了大多數，其中尤以臺北第一、臺北第二、臺南第一、高雄、臺中，簡直都是日人女子的天下。

茲將日人佔絕對優勢的高等女學校中、日臺人數之比和入學錄取率之比，表列於下[64]。

表五：

校名	年次	入學人數（日、臺）	入學人數之比 日人：臺人	入學錄取率（日、臺）	入學率之比 日：臺
新竹	民廿六年	一二〇，四〇	三：一	七二・二八，二四・二四	三：一
虎尾	民廿九年	七二，四四	二：一	八八・八九，一四・八一	六：一
花蓮港	民廿七年	九九，一一	九：一	缺	缺
蘭陽	民廿七年	六二，四一		八一・五七，三八・三一	
屏東	民廿七年	七五，三三	二：一	平均　三二・七二	

高雄	民十三年	八七，二一	四：一	六五・九一，二三・〇八	三：一
	民廿七年	一〇二，五	二〇：一	四五・九五，一四・廿九	三：一
基隆	民廿七年	九五，一二	八：一	三九・六一，三四・二八	一：一
嘉義	民十八年	八〇，一九	四：一	七八・四三，五一・三五	一・五：一
	民廿七年	一一八，四七	三：一	五八・四二，二一・五六	三：一
臺中	民十一年	九八，二	四九：一	五六・三二，一五・三八	四：一
	民廿七年	一〇一，六	一七：一	四七・一九，二二・二二	二：一
臺南第一	民廿四年	九七，四	廿四：一	缺	

以臺人爲多數的高等女學校是臺北第三、彰化與臺南第二，試將其「日臺共學制」實施後，日臺人的錄取人數與錄取率，列表如下[85]。

表六：

校名	年次	入學人數（日、臺）	入學人數之比 日：臺	錄取率 日人、臺人	錄取率之比 日人：臺人
臺北第三	民廿七年	三七，一七〇	一：五	四四・〇五，三六・二五	一：一
	民廿八年	一六，一九一	一：一二	二九・〇九，三三・六九	一：一

彰化	民廿九年	一二，一九六	一：一六	二五・〇〇，二七・九二	一：一
	民十年	（臺人）一〇四		八五・二	
	民十一年	七，八七	一：一二	六三・六，六四・〇	一：一
	民二十年	三九，六一	一：二	六〇・九，五六・五	一：一
	民廿七年	五四，一〇一	一：二	五九・三，二一・一	二：一
臺南第二	民十年	（臺人）九三		八六・一一	
	民十一年	三五，五七	一：二	七九・五四，六四・二七	一：一
	民二十年	一七，八三	一：五	五六・六六，四八・五三	一：一
	民二五年	三〇，七〇	一：二	六一・二二，二六・八一	二：一

表六中所列的三校是全省高等女學校中，臺人多於日人的三校，在人數上雖然臺人佔多數，但錄取率則以日人爲高。從臺南第二，民國十五年的資料可看出，當年日人錄取率爲七八・五七％，臺人只有四四・七七％，日人錄取機會爲臺人的兩倍。彰化高女亦然，民國十五年日人錄取率是九二％，臺人是三八・八％，日人錄取機會爲臺人的兩倍半。臺北第三是臺灣女子中等教育的發祥地，仍不能保障臺灣女子入學的優勢，民國二十七年，日人錄取率是四四・〇五％，臺人錄取率是三六・二五％，日人仍高於臺人。

此三校原都爲臺灣女子專屬的學校，在日臺共學制下，臺灣人必須讓出一半以上的名額，還不及在其他女學校中就讀的少數臺灣女子之總和，所以從入學名額看日臺共學制，可看出臺灣女子的入學機會處在不利的情況下。

錄取率的高低除了可用來比較日臺共學制下的日臺人數和入學之難易外，更可以看出，高等女學校競爭之激烈情形，是前所未見的現象。以前的臺灣女子學校在召募學生上非常困難，想盡方法甚至仍招收不到足額學生。而今，時代不同了，高等女學校的入學競爭竟這麼厲害，非很優秀不易錄取，顯示出臺人接受新教育態度已經轉變。我們發覺，自民國八年以後，臺灣在社會、文化上已產生強烈的變遷了，它迎上時代前進的潮流，而不再頑固守住以前的傳統。這種開放的轉變，追求更高教育的意願增多是令人欣慰的現象，也是臺灣女子中等教育發展之主因。

此外，導致高等女學校入學競爭激烈的另一客觀因素，是由於學制使然。一則是公學校畢業人數激增，使高等女學校投考困難。二則因師範性質的講習科，或以後的補習科，以及臺北第一師範新設的女子演習科，其報考資格規定必爲高等女學校畢業者。故在臺灣欲尋求更高教育機會的有心人，必須先通過高等女學校這關，所以，高等女學校入學競爭激烈(八六)。

可知，在此期的高等女學校雖有二十所之多，但臺灣女子進入的機會則少之又少。以民國三十年爲例，臺灣公學校畢業女生有二六、六一三人(八七)，而進入高等女學校者是一、〇四九人(八八)。同年，小學校畢業的日本女生有三、八二七人(八九)，進入高等女學校人數是一、七五九人(九〇)。臺灣女子錄取率是二三・〇〇%，日人女子入學錄取率是五九・六五%(九一)，以當時日人在臺之少數而佔高等女學校名額之多數，可以想像高等女學校被日人獨佔的情形。

爲了保障日人女子的入學，臺灣女子進入高等女學校必須經過嚴格的選拔，讓大多數臺灣人落榜爲必須的手段，以此方法限制臺灣女子接受當時「最高等」教育之機會。因此許多富有而開明的臺灣人，不得不將女兒送至日本受教育，以民國三十年爲例，至日本留學的臺灣女子人數是八三二人㊂，同年進入本島高等女學校人數是一、〇四九人㊃，可見去日本受更高教育者比在臺灣受較高教育者的人數相差無多。去日本讀書的人數中，約有一半進入高等女學校，另一半則進入較高的專門學校。這是臺灣高等女學校並未能滿足臺灣女子的需求，無非是保障在臺日人女子受教育之機會，並且也是由於對臺灣人在中等以上教育之防範與限制的政策所致。類似如此的差別待遇都是臺灣女子中等教育發展上先天的遺憾，我們不能被「突飛猛進」或「非常發達」等含糊而又不正確的說法所迷惑，而忘記了臺灣教育仍籠罩在殖民政策強大的陰影之下的事實。

第四節　高等女學校各類統計

一、學費統計

高等女學校的學費，日人稱爲「授業料」，一般學費通常包括授業費用、教科書、參考書、學用品費、家長會費、校友會費、畢業旅行儲金、制服費及家事、裁縫、挿花材料及用具費等項目。通學生只繳一般學費，而住宿生還要繳納宿舍費及伙食費。各校對以上學費的收取數目和項目不見得完全一樣，所以各校學費互有差異。而通常都是每學期繳納，一學年分三學期。唯有伙食費是按月繳納。玆將有資料可查的學校之學費，表列如下㊄。

校名	年次		通學生 第一年	通學生 第二年	通學生 第三年	通學生 第四年	通學生 補習科	住宿生 第一年	住宿生 第二年	住宿生 第三年	住宿生 第四年	住宿生 補習科
臺北第一高女	民國十四年		五八	五六	六六	七六	五四	二〇一	一九九	二〇九	二一九	一九七
		(月)	五	五	五・五	六	五	一七	一七	一七	一八	一七
臺北第二高女	民國卅一年		七八	七三	七八	八三	八〇	二三二	二二七	二三二	二三七	二三四
		(月)	六・五	六	六・五	七	七	一九	一九	一九	二〇	一九
臺北第三高女	民國廿九年		一六三	一四三	一五五	一八四	一四〇					
		(月)	一四	一二	一三	一五	一二					
臺南第一高女	民國廿七年		八一	八一	八〇	八一	六三	二四一	二四一	二四〇	二四一	二二三
		(月)	七	七	七	七	五	二〇	二〇	二〇	二〇	一九
臺中高等女學校	〃		一四〇	一二一	一四二	一二九	七八	二九七	二七八	二九九	二八六	二三五
		(月)	一二	一〇	一二	一一	七	二五	二三	二五	二四	二〇
嘉義高等女學校	〃		一五四	一二一	一四七	一二九	一四八	三一九	二八六	三一二	二九四	三一三
		(月)	一三	一〇	一二	一一	一二	二七	二四	二六	二五	二六
花蓮港高等女學校	〃		一一六	九一	九一	九一	九一	二七六	二五一	二五一	二五一	二五一
		(月)	一〇	八	八	八	八	二三	二一	二一	二一	二一
基隆高等女學校	〃		一〇五	七〇	八五	六七	六三	一六四	一六四	一六四	一六四	一六四
		(月)	九	六	七	五	五	一四	一四	一四	一四	一四
屏東高等女學校	〃		一四三	八八	一一二	九八	無	二八一	二三六	二五〇	二三六	無
		(月)	一二	七	九	八		二三	一九	二一	一九	

從上表可看出，各校學費出入很大。其中，學費最高的是臺北第三高等女學校，以民國廿九年為例，通學生第一學年要一六三日元，第四學年要一八四日元，四年平均每年是一六一日元。這是當時學費最高的女學校。其次為嘉義，每年平均一三八日元；其次臺中，每年平均一三三日元；其次屏東高等女學校，每年平均一一〇日元；其他各校大約每年僅有一〇〇日元左右。其中的差異在那裏？何以臺北第三會最高？嘉義、屏東、臺中亦皆高於他校，理由何在？

以臺北第三為例，臺北第三的學費比別校多十日元，此外，差別最多的在於裁縫、手藝科（刺繡、編物等）材料費，平均每年要四二日元，沒有一個女學校收此項費用，所以此校學費每年比別校高出五十日元左右。這點如果從臺北第三的歷史發展來看是容易明白的，因為此校，就是臺灣女子中等教育中最早期的手藝科和技藝科演變而來的，故此校一直保有這項臺灣女子傳統手藝風俗的特色，雖然時代已改變，但她仍擁有值得固守的風格。

而家事烹飪材料費、生花材料、茶道材料只有臺北第一、臺北第二、基隆、臺中四校徵收，此四校亦是日人女子占多數的學校，對日本傳統的花道、茶道的修養較為重視。

學費次高的嘉義高等女學校，則以服裝費特高，超過其他學校甚多。別校的學生被服費只在第一學年徵收，但是嘉義高等女學校每年平均要繳廿九日元製作服裝，如此一來，其每年學費要比其他學校高出很多了。

所以，由此可知高等女學校各有不同的重點，表現在學費方面的差異就多少有些不同。

二、學生家庭背景分析

高等女學校，日人稱之為中產以上女子教育[95]，可見是中產以上家庭的女子就讀者為多。而且，高等女學校的校數一直增加，但是臺灣女子中只有極少數的人有入學的機會，每年平均不出五〇〇人[96]，這些極少數的臺灣女子可以說，皆出自中產以上之家庭。故而，從學生的家長職業分析，即可瞭解：㈠學生大多出身於何種家庭？㈡這些家長即是所謂的中產階級。根據各校學事一覽的資料，將學生家長職業加以分類，由人數最多者順序排列，以成下表，以供參考[97]。

校名	年次	第一	第二	第三	第四	第五
臺北第三高等女學校	民廿九年	商業 三九九	公務自由業 二〇〇	無業有收入 一三三	工業 八二	農業 三三
	民十年	商 一四二	農 七三	工 四五	其他 四五	
	民八年	商 一〇五	庶業 一〇六	農 四七〇	工 一八	
彰化高等女學校	民廿七年	農 一四五	商 一〇六	醫 四二	官公吏 三六	
臺南第二高等女學校	民廿五年	貸地貸家業 九二	物品販賣 九〇	公吏 二五	醫師 二五	教員 二二

臺北第一高等女學校	民十四年	官吏 三一〇	商 一九三	會社員 一一〇	庶 四五	工 三二
臺南第一高等女學校	民廿七年	官吏 一五九	銀行、會社 一〇三	商 六一	公吏 二九	雇傭 二七
臺中高等女學校	民廿七年	官公吏 二〇九	商 六五	會社員 六一	自由業 四〇	工業 二〇
嘉義高等女學校	民廿七年	官公吏 八五	商 六八	食品工業 七一	無業有收入者 五七	交通業 四五
基隆高等女學校	民廿七年	官公吏 一三二	會社員 二二六	商 七九	礦 一三	
屏東高等女學校	民廿七年	會社員 七四	官公吏 七〇	商 六六	貸地 三八	
虎尾高等女學校	民廿九年	會社員 四二	商 一八	官公吏 一八	貸地貸家 一四	教員 八
蘭陽高等女學校	民卅一年	官公吏 八四	商 六九	貸地 六一	會社員 五五	教員 二七

花蓮港高等女學校	民廿七年	商 七〇	銀行會社員 三四	農 一三	醫師 一一	工 九
高雄高等女學校	民廿七年	官公吏僱 一七六	銀行、公司 一〇七	商 七四	醫師 一四	工 一〇
臺北第二高等女學校	民卅一年	官公吏 一四一	商 七八	銀行、公司 七五	雇傭 三〇	教 二八

本表格分爲上下兩部分，上半部是臺灣女子佔多數的學校，代表臺灣女子的家庭背景。下半部是日本女子占多數的學校，代表日本女子的家庭背景。分別討論如下：

㈠臺北第三高等女學校中，如表所列的三年資料裏，家庭爲商業者比例很多，三年當中，每年皆占第一位。其次是公務業、自由業、農業和工業。

㈡彰化高等女學校的資料顯示，學生的家庭背景中農業居首，商業其次，再則爲醫生、官公吏與教員。此校代表臺灣中部地區，臺灣中部是主要的農業地區，故學生亦多來自農業家庭是不奇怪的。

㈢臺南第二高等女學校，民國廿五年的資料中，以出身於地主（貸地貸家業）的學生爲數最多，其次是商業（物品販賣業），再次是官公吏、醫師、教員。

由以上三校的資料，可歸納出：㈠臺灣社會中的中產以上家庭，其家長職業是商業、農業、官公吏、醫師自由業和教員此五者。㈡高等女學校的學生家庭背景，北部以商業爲多，中、南部則以出身農業者最多，故傳統的農業與新興階級的商業，對女子中等教育的重視程度大略一樣，但照比例來看，商業略高。

㈢此五種家庭是最有可能，也最有能力供應女兒讀較高程度學校的家庭，所以高等女學校之學生，多來自此五種家庭。

㈣本表下半部的高等女學校都是日本女子佔壓倒性多數的學校。其學生家長職業以官公吏佔最多數，其次是銀行、公司（會社）職員、商業、自由業、工業和教員。這些行業是居臺日人大多數從事的。根據民國十九年的國勢調查，居臺日人行業中，比例最大的是公務自由業，佔四三・五%，其次是商業，佔一七・九%，和工業，佔一七・四%[六八]。本表學生家長職業，與此調查之報告情形，完全符合，學生正是大多來自這三種家庭。

三、高等女學校畢業生狀況

高等女學校是臺灣島內程度最高的女學校，其校畢業生的情形如何？就職多或從事家事者多？這也是值得追究的問題。根據民國卅二年，臺灣總督府學事一覽的統計，自民前十三年有第一屆手藝科畢業生以來，至民國卅一年止，這四十餘年間，臺灣女子畢業於高等女學校的人數是八、八三〇人[六九]，而在民國十一年以前，從手藝科和技藝科以來的畢業人數共有六八二人[七〇]。而自改制爲高等女學校後（臺北第三），至民國廿九年，臺灣女子畢業於此校者共有二、三三二人[七一]，所以，臺北第三的畢業生佔全臺高等女學校畢業生的二六・四%，超過四分之一，其餘臺灣女子大多畢業於彰化或臺南第二兩所高等女學校，以及分散在其他各地的高等女學校。因此，以臺北第三、彰化、臺南第二，這三所高等女學校的資料，來研究臺灣女子畢業生的情況是很有代表性的。

此三校皆附設一年制的師範科或講習科或補習科，以培養公學校乙種本科正教員。高等女學校畢業生中有少數進入此類講習科或補習科深造，亦有少數至日本留學。但大多數皆從事家庭工作或就職。因此，將高等女學校畢業生分爲四類：一爲就職；二爲家事從事；三爲深造；四爲其他（包括死亡）。家事從事的人數中有一些是曾就職者，後因家庭緣故而辭職者，這類不應歸於就職者，故仍歸於家事從事類。所以，在職者是指至調查時仍在職者而言，並不包括曾就職者的人數。故，將臺北第三、彰化、臺南第二，及蘭陽高等女學校畢業生狀況，表列如下㊂。

臺北第三	民十一～廿九	總人數	就職者	家庭從事：曾任職者	家庭從事	深造	其他
（本科）		(日) 三五六	六二 一七・四%	二八	二五一	三	一二
				七八・三%			
		(臺) 一七一九	二六六 一五・四%	一五〇	一一七一	六六 三・八%	六六
				七六・八%			
臺北第三（補習科）	民十一～廿九	(日) 四三	一五 三三・三%	一一	一七		三
				六二・二%			
		(臺) 三三一	一〇七 三二・四%	一二八	九六		
				六七・八%			

彰化	民十一～廿六	(日)三九一	八六 二二%	九九 二五・二%		一三 四・五%
		(臺)一二二八	一五二 一二・四%	五八三 四七・五%		四四 三・六%
臺南第二	民八～廿五	(日)二三四 (臺)七三九	一一七 一二・一%	七五八 七七・八%	五〇 五・一%	四九 五%
蘭陽	民卅一	(日)四八	二六 五四・二%	一一 二二・九%	一一 二二・九%	
		(臺)三九	二七 六九・二%	七 一八%	五 一二・八%	

從以上資料可以看出，女子畢業後的就職率並不高，大約在一二%～一五%之間；日人女子大約在一七%左右。但是民國卅一年蘭陽高等女學校畢業生的就職率高達六九・二%。可見，剛畢業的女子，就職率是很高的，以後則因結婚或家庭等事故而放棄工作者不少，因此，離畢業時間越久，家事從事的人數越多，比例越大。

其次，就職者的工作類別大抵以教育從事和會社官衙兩方面為主。教育從事以公學校教員，准訓導或幼稚園保姆爲主[三三]，會社官衙則是公司職員或公務人員。

大部分的高等女學校畢業生仍爲家庭工作，以臺北第三爲例，至民國廿六年止，家事從事者的比例終於增至七六・八％。更何況臺灣中上之家庭，一向不贊成女兒拋頭露面在外工作[三四]，所以家庭從事者的比例始終都很高。

第四章　臺灣女子初等教育

日據五十年當中，臺灣女子初等教育的發展，可以分爲幾次轉變。一爲民前十四年（明治卅一年，西元一八九八）臺灣公學校令發布，帶來了全省公學校普遍的設置。二爲民國八年（大正八年，西元一九一九）臺灣教育令的公布，樹立臺灣教育制度，決定了公學校的政策及其在整個教育體系中的地位，三爲民國三十年（昭和十六年，西元一九四一）全省公小學校一律改爲國民學校，在初等教育發展上有重大的突破。因此，本章分爲四節研究女子初等教育的發展。

第一節爲　女子初等教育的準備時期：自日本據臺至臺灣公學校令發布，民前十七年至民前十四年（明治廿八年至明治卅一年）。

第二節爲　日據前期女子初等教育的發展，自民前十四年至民國八年（明治卅一年至大正八年）。

第三節爲　日據中期女子初等教育的發展，自民國八年至民國三十年（大正八年至昭和十六年）。

第四節爲　日據末期女子初等教育的發展，自民國三十年至民國三十四年（昭和十六年至昭和二十年）。

臺灣女子初等教育的發展是全體初等教育的一部分，但日人在第二次世界大戰結束前的教育制度，採取男女雙軌制的教育理論[25]，在教育目標、課程內容，乃至教育體系上都分別發展，在臺灣的初等教育系統，男女採同一制度，但課程內容與教學目標仍有基本的差異，相當強調爲了適應未來不同的生活型態，男女生應接受不同的教育之觀念，所以初等教育中，女子所強調的教育，正是本文研究之重點。

第一節　準備時期

臺灣在日據之前，一向有重男輕女的傳統風俗[26]和女子纏足的陋習[27]。女子出生的時候沒有人慶賀，長至六、七歲時卽要開始纏足，這是當時成爲美人的必備條件[28]。因此，女子在社會中無地位可言，也很少人認爲女子應受教育，所以更無正式的女子教育，「向來未有專設之女塾，雖亦有就學於私塾者，百不及一。且大都年至十二、三卽廢學在家，學裁縫、刺繡或幫助洗衣、烹炊等家事。富家則延師在家教學，然亦多在十二、三歲輟學，其所學課程與男生無差異，富家延師教育女子者，多選昔時賢文、女論語、孝經、閨則、烈女傳等課之」[29]。女子受教育僅止於此，而且百不及一，有百分之九十九以上，竟皆毫無受教育的機會。

日人據臺後，首先設置臨時性的國語傳習所，當時亦有極少數女子就學，但受四周男生嘲笑與不習慣而作罷，甚至女扮男裝，但亦不能持久而中途停止[30]。

對臺灣女子教育最早應推民前十五年（明治三十年）創立的國語學校第一附屬學校女子分教場，當時總督府對臺統治的重點在於鎮壓反抗與謀求財政獨立，因此，教育事業之展開乃置於次要的地位㊂，所以尚未有全面教育的計畫，對女子教育方面，全省只有設於士林的女子分教場一所而已。

女子分教場招收年滿八歲至十四歲之間的幼年組，授以簡單的日語及手藝課程。第一次招生有廿一名兒童報名上課。準備時期的女子教育缺乏長期性計畫，視實際需要而應變措施。

當時女子教育困難重重，其中最大的障礙是女子的纏足，學生通學皆由家人背負已屬不便至極，若再加上路中土匪埋伏，搶劫財物，危及性命，故大多半途而廢。

此階段在風雨飄搖中成長，成績雖不好，但爲日人發展臺灣女子初等教育，提供了寶貴而實際的經驗。

第二節　日據前期

一、臺灣女子初等教育政策與學制

民前十四年（明治卅一年，西元一八九八）總督府頒布臺灣公學校令、臺灣公學校官制，預定同年十月一日實施。在實施前發布臺灣公學校規則。依此規則，公學校由街、莊、社，量其有設置及維持之經費，經州、廳長認可而設立之。公學校規則指出：公學校爲本島人子弟施德教，授實學，以養成日本國民性格，並精通日語爲主旨㊂。爲了維持學校之經費，公學校學生之家長或監護人須繳納學費。學生入學年齡是八歲以上，十四歲以下，修業年限六年，爲了配合書房慣例，每學年分二學期，第一學期自二月一日至七月十五日；第二學期自九月一日至翌年一月三十一日。每一學年授課四十週，每週上課時數爲二八～三三時，每一時上課四十五分鐘。每週教授科目是修身、日語、作文、讀書、習字、算術、唱歌、體操，共八科。㉒公學校創立時有五十五校，至年底增至七十六校㉓時，全省共有女生十數人入學公學校㉔。隔年，公學校課程編制規則修訂，凡校有女生二〇人以上可與男生分別班級㉕，以當時女生就學情形看，只有臺北可能出現男、女分班的情形，其他地區公學校的女生數沒有能超過二〇名㉖。

以後公學校規則屢有修訂，至民國元年（大正元年）公學校之經營才漸告穩定，歸納此期幾次重要的修訂，分別敍述如下㉗：

㈠變更教育目標：第一次變更是民前八年（明治三七年），修改為「公學校對本島人兒童教授日語，施行德育，以期養成日本國民性格，並傳授生活必須之普通知識和技能為主要目的，女生尤以養成貞淑之德行為首要。」㉘次於民國元年，將公學校設立之目標改為「公學校以對本島人教授日語，施行德育，養成國民性格，並注重身體之發展，傳授生活必須之普通知識技能為目的」，且「女子教育更應順應男女不同的特性及將來不同的生活，施以適當的教育」㉙。

㈡變更學年：公學校向來與書房舊例同政策，將一學年分二學期，因此造成與其他學校之學制聯貫或經費預算等方面許多不便，因此改與其他之學校同制，於民前九年（明治卅六年），更改為三學期制，第一學期自四月一日至八月卅一日；第二學期自九月一日至十二月卅一日；第三學期為翌年一月一日至三月卅一日止。

㈢變更就學年齡：原訂八歲以上，十四歲以下的入學年齡，於民前八年（明治三七年）修改為七歲以上，十四歲以下。後因公學校入學人數仍然太少，為了鼓勵進學，於民前五年（明治四十年），將年齡放寬至七歲以上，二十歲以下。但至民國元年，則又改為年滿七歲以上，十二歲以下。可知自民前五年至民國元年的五年間，是臺灣女子初等教育史上，入學年限最寬的時期。

㈣變更修業年限：公學校初立時，修業年限爲六年，民前八年（明治卅七年）修訂一般爲六年，但可設二年以內之補習科。民前五年（明治四十年），原則上是六年，但爲了配合地方情形之需要可減爲四年，廢止補習科而設二年制之實業科。

二、公學校女子課程內容

日本當局全面推動初等教育以來，則站在男女就學機會平等的原則而實施，對女子求學，多方鼓勵與倡導㊂。並且順應女子的特性而施教，在課程上與男生略有不同，自民前十四年至民國八年之間，共經三次變革，茲分別敍述如下：

㈠民前十四年（明治卅一年）公學校男女課程表㊂：

學年＼學科	修身		國語作文		讀書		習字	
第一學年	1	人道實踐禮儀	5	假字、會話等	男12 女6	小學、三字經、孝經等	4	假字漢字
第二學年	1	同上	5	會話、普通文	12 女6	同上、大學、中庸	4	同上
第三學年	1	同上	6	日語讀本（上卷）	12 女5	(1)小學課本 論語	4	同上
第四學年	1	同上	6	日語讀本（上卷）	12 女5	(2)小學課本	4	同上
第五學年	1	教育動語 本島之制度	9	日語讀本（中卷）	12 女5	(3)小學課本	2	同上
第六學年	1	同上	9	日語讀本（下卷）	12 女5	(4)小學課本	2	同上

算術	3	實物計算	3	加減乘除	4	同上	4	同上	5	同上	5	同上
唱歌	1	單音唱歌	1	同上	1	同上	1	同上	1	同上	1	同上
體操	2	遊戲、普通體操	2	同上	2	同上	2	同上	2	同上	2	同上
裁縫	女6	運針法	女6	簡易衣服作法	女5	同上	女5	同上	女5	同上	女5	同上
合計	28		28		30		30		32		32	

由本表可知，男女生課程大致相同，女生減少漢文讀書課而以裁縫課補之而已。

㈡民前八年（明治卅七年）男女課程表修改如下㉓：

學科＼學年	時數	第一學年	時數	第二學年	時數	第三學年	時數	第四學年	時數	第五學年	時數	第六學年
修身	2	道德要旨	2	同上	2	同上	2	同上	2	同上	2	同上
日語	10	假字會話	13	同上	14	讀本	14	同上	14	同上	14	同上
算術	4	實物計算	4	加減乘除	4	同上	5	同上	5	同上	5	同上
漢文	5	單句、短語	5	簡易短文	男5 女2	簡易文章	男5 女2	同上	男5 女2	同上	男5 女2	同上
體操	2	體操遊戲	2	同上	2	同上	2	同上	2	同上	2	同上

裁縫					3	運針法	3	簡易衣服縫法	3	衣服裁法	3	同上
唱歌		單音唱歌		同上		同上		同上		同上		同上
手工										簡易細工		
農業										農事		同上
商業										商業概要		
合計	23		26		27		28		28		28	

備註：1.唱歌、手工、農業、商業增加時，撥修身以外課程，每週二小時或增二小時。

2.得缺漢文，其課由日語三時，算術、體操各一時塡充之。

3.裁縫課撥漢文課之時數，得缺裁縫課，其課由漢文課塡充之。

㈢民國元年（大正元年），六年制公學校課表如下[三四]：

學科＼學年	時數	第一學年	時數	第二學年	時數	第三學年	時數	第四學年	時數	第五學年	時數	第六學年
修身	1	道德要旨	1	同上	1	同上	1	同上	1	同上	1	同上
國語	12	會話讀本	12	同上	12	同上	12	同上	10	同上	10	同上
算術	3	數目計算	5	同上	5	加減乘除	5	同上	5	同上	5	同上

漢文	5	簡易單句	5	簡易短文	4	簡易文章	4	同上	男4	同上	男4	同上
理科									2	自然現象及利用	2	同上
手工圖畫	2	簡易細工	2	同上	3	細工、描寫	3	同上	4	同上	4	同上
農業					男2	農業概要實習	男2	同上	男3	同上	男3	同上
商業					男2	商業概要實習	男2	同上	男3	同上	男3	同上
唱歌體操	3	單音唱歌遊戲體操	3	同上	3	同上	3	同上	3	同上	3	同上
裁縫家事					女3	簡易裁縫手藝	女3	同上、家事	女7	家事實習同上	女7	同上
合計	26		28		男30 女31		男30 女31		32		32	

㈣民國元年，四年制公學校課程如下㈢：

學科＼學年	時數	第一學年	時數	第二學年	時數	第三學年	時數	第四學年
修身	一	道德要旨	一	同上	一	同上	一	同上
日語	一二	會話讀本	一二	同上	一二	同上	一二	同上
算術	三	百以內加減乘除	五	千以內同上	五	同上珠算	五	同上小數
漢文	五	簡易單句	五	簡易短文	四	同上	四	同上
手工圖畫	二	簡易細工	二	同上	男三女二	同上描寫	男三女二	同上
農業					男三	農業概要實習	男三	同上
唱歌體操	三	單音唱歌遊戲體操	三	同上	三	同上	三	同上
裁縫家事					女四	簡易裁縫手藝	女四	同上家事實習
合計	二六		二八		三一		三一	

由以上課程內容看來，早期男女課程大部分是相同的，民國元年以後，男女生課程差異越顯著，爲了

適應未來生活之需，男子以另加農業、商業爲主，女子則以裁縫、家事爲主。除了以上的差別之外，男女生的課程完全相同，完全是「日語熟練與日本國民性格之塑造」的基本課程。從民前十四年，明治天皇的教育勅語所指示的臺灣教育目標是「體認日本天皇制度之國體，重國憲、遵國法、義勇奉公、扶翼天壤，而爲天皇之忠良臣民」㉖，始終成爲臺灣教育的最高指標，而基礎的國民教育卽以此爲主要目標，這點是男女皆同。

其次是日語之熟練，以此割斷臺灣同胞的祖國意識，而使日本達到同化臺胞之目的的必要手段。

女子所特別注重的裁縫家事課程，意在培養未來的「賢妻良母」。裁縫是解決生活中「衣」的問題，家事則是日常生活中「食、住」的知識與技能。裁縫科從運針法的練習乃至平常衣服的製作、裁剪、畫法、刺繡、洗滌等方法。家事則是日常食、住、看護、育兒等知識和實習，都是日常淺近之事，亦是未來的賢妻良母應具備的知識，並兼勤勞、清潔、周密、節儉、利用等習慣之養成，實在是有用的知識與觀念，而這些都在女子初等教育中具備。

三、臺灣女子就學情形

爲了瞭解公學校中，女子就學情形，首先將全省公學校女子就學率與就學人數、統計，表列如下㉗。

（表見下頁）

由以上資料可知，自公學校設置以來，女子的就學率都很低。從民前四年的一・〇二％至民國八年的七・三六％，卽已增加了七倍。女子就學人數亦從民前十四年的二九〇人，至民國八年增至二一、九六一人，也已增加了七五倍之多。民前十四年每校平均只有女生三・八人，民國八年則每校平均有女生四四・八人，增加了將近十二倍，可知這二十二年中，女子初等教育增長的情形。

年代	校數	女生人數	就學率
民前十三 一八九九	96	382	
民前四 一九〇八	203	3,350	1.02%
民前三 一九〇九	214	3,389	1.04%
民前二 一九一〇	223	3,772	1.12%
民前一 一九一一	236	4,001	1.15%
民元 一九一二	248	4,879	1.37%
民二 一九一三	260	5,829	1.81%
民三 一九一四	270	6,827	2.02%
民四 一九一五	284	7,891	2.25%
民五 一九一六	305	10,082	2.86%
民六 一九一七	327	12,999	3.65%
民七 一九一八	394	17,684	4.95%
民八 一九一九	410	21,961	7.36%

其次再分析的是地理因素對女子初等教育的影響。因為公學校的設置是全島性的，而其設置或維持費皆由當地稅收或學生家長負擔，故人口密集的城市，稅收多，設立公學校的可能性高，人口稀疏或交通不便的鄉間或山區，其設置公學校的能力較小。所以，都市或人口稠密的鄉鎮容易設置公學校，其地區內的女子就學率高，而人口稀疏的偏遠地方，設置公學校機會小，其地區的女子就學率低，故從以下的資料可看出其女子就學率的差別㉖：

年次	直轄廳	支廳	全省平均
民國三年 大正三年	三·六二%	一·六四%	二·〇二%
大正四年	四·一九%	一·七九%	二·二五%
大正五年	五·〇七%	二·三二%	二·八六%
大正六年	六·一二%	〇·〇三%	三·六五%
大正七年	七·八二%	四·二五%	四·九五%
大正八年	一一·二一%	六·四四%	七·三六%

由上表可知城市的女子就學率幾乎是鄉村的雙倍，所以臺灣女子就學率與地理條件、產業狀況和家長觀念或社會因素皆有關係。

其次，再分析歷年公學校女生的畢業情形，玆統計如下表㊳：

年次	校數	畢業人數	年次	校數	畢業人數	畢業率
民前八年（明治卅七年）	一五二	一〇	民國二年	二六〇	二三四	
民前七年	一八〇	一〇	民國三年	二七〇	二四六	七·三%
民前六年	一九五	一六	民國四年	二八四	二九二	八·六%

民前五年	二〇七	四八	
民前四年	二〇三	四九	
民前三年	二一四	八七	
民前二年	二二三	一〇一	
民前一年	二三六	一五八	
民國元年	二四八	二四五	
民國五年	三〇五	五〇五	一三・三%
民國六年	三二七	七四三	一八・五%
民國七年	三九四	九六二	一九・七%
民國八年	四一〇	一一四九	一九・七%
合計		四八五五	

從上表可知，在民國四年以前，每校平均畢業不到一人。民國四年每校平均有一人畢業而已。且逐年增加，至民國八年時，平均每校畢業人數是二・八人。

若將表三與表一的女子就學人數相對照，更可以了解女生畢業率的情形。民前四年入學者有三三五〇人，至民國三年畢業時只有二四六人，故其年女生畢業率是七・三%，同年公立臺北松山學校女生畢業率是三・〇三%[illegible]。民國二年女生入學人數是五八二九人，至民國八年畢業時有一一四九人，故其畢業率是一九・七%，同年公立臺北松山公學校女生畢業率是一四・二八%[illegible]。

由以上資料可知，臺灣女子的就學率不但低，而且在這麼少數的女生中，她們求學的過程也很艱辛，六年後的畢業率更低，民前八年第一屆畢業率是二・六%[illegible]，至民國八年第十六屆是一九・七%，雖然其間已增加了六倍，但亦顯示女生的畢業率只在二・六%～一九・七%之間，相對的，中途退學，不能完成畢業者的比例高達八〇%至九七%，說明絕大多數都未能畢業。

四、本節結論

自公學校正式普設於全島以後，日人在臺的初等國民教育已全面展開。雖然在各方面皆未穩定，尚屬觀察試驗階段，在系統上與日人小學校截然不同，與傳統的私塾民學亦不相同。臺灣女子教育從無到有，却有天淵之別。不僅有正式的女學更是新知識的新教育，除了日文之外，我們不能否認課程內容可以增加日常生活中的新觀念和新知識。

雖然在當時的臺灣社會裏，風氣仍然保守，臺灣人對日式教育有排斥與拒絕之意，但日人對臺灣之統治能否順利，除了教育的手段之外，別無更好的辦法[33]。所以努力推行國民基本教育，因此也使臺灣人普遍接受到新世界的訊息，擺脫舊教育的束縛。藉由日人的公學校為臺灣帶來新教育，也為臺灣女子帶來新生機。

臺灣士紳對女子教育的觀念，也在這個時期轉變，由習慣性的忽視，轉為正視，「頓悟舊時之陋習，……從來對教育女子之事視之甚輕，直疑為一種虛飾。……以女子教育不可忽視，……提倡其意，直命自己女兒，熱心就學，解其纏足，尚勸誘他人之女子，共就於學，本島人之知重女子教育，誠可慶也」[34]。女學必要之說漸漸打開，了解「男女道歸於一轍，各宜就學，精心銳志，整發知能，成就大器，以冀乎時世文明，……況身為女子，身雖巾幗，畢竟為一家內助，所係非輕，賢者一入夫門，能使家庭安樂，內外親和……」[35]，提出了「母儀之根本，資乎女學」的論調[36]。此外，日人所提倡的女子初等教育，不在於能作詩詞歌賦，而是重視「四德」——德、容、言、工之修養，養成日常生活的勤勞習慣，是「一般的，每個國民應具備的基本教育」[37]，而不是空疏的、陳義過高的學問，這可說是日據時代女子教育的特色。

第三節　日據中期

一、學制變革

民國八年（大正八年），本省教育史上劃時代的臺灣教育令頒布，使臺灣教育制度和系統確立。但此會對公學校教育並無太多修改，同年四月，公學校實業科改爲簡易實業學校，仍附設在公學校中。民國十一年（大正十一年），新臺灣教育令公布，對中等以上教育帶來了大的轉變，實施內臺共學制，但初等教育仍然行日、臺分別制。同年制定的臺灣公立公學校規則中規定，成爲收容不常使用日語者之初等普通教育機構。修業年限六年，可視地方情形縮短爲四年或三年。就學年齡自六至十四足歲，每班兒童數可增至六十名或七十名，每學年仍分三學期。六年制公學校可設二年制高等科，六年制，或四年制公學校亦可設二年制補習科，此規則至民國三十年（昭和十六年）公學校改爲國民學校前變革不大[26]。

學齡	學年	學制		
6	一	三年制公學校	四年制公學校	六年制公學校
7	二			
8	三			
9	四			
10	五		補習科	
11	六			
12	七			高等科或補習科
13	八			

二、課程內容

民國十一年四月一日，總督府修訂臺灣公立公學校規則。玆將修改之六年制公學校和二年制高等科課程時數，列表如下㊱。

學科＼學年（時數）	第一學年	第二學年	第三學年	第四學年	第五學年	第六學年	第一年	第二年
修身	2	2	2	2	2	2	2	2
日語	14	14	14	14	10	10	9	9
算術	5	5	6	6	4	4	4	4
日本歷史					2	2	2	2
地理					2	2	2	2
理科				1	2	2	2	2
圖畫			1	1	1	1	(1)	(1)
唱歌			1	1	1	1		
唱歌體操	3	3						
體操			2	2				
實業科					男 4	男 4	男 5	男 5
裁縫家事				女 2	女 5	女 5	女 5	女 5
漢文	(2)	(2)	(2)	(2)	(2)	(2)	(2)	(2)
合計	22 (24)	24 (26)	26 (28)	男 27 女 29	男 30 女 31	男 30 女 31	29 (32)	29 (32)

備註：漢文為選修科目，可以視地方情形缺之。

實業科分為農、工、商三科，可視需要任選一科或加添一科或二科。

民國二十二年（昭和八年）十二月，總督府頒布修正臺灣公學校規則，六年制公學校的課程略有修改如下：

㈠實業科改爲必修科；㈡裁縫家事科改爲必修科；㈢圖畫科改爲男女共同必修[illegible]，可見公學校家事科女教員的供應已不成問題。

民國二十六年（昭和十二年），日本對華侵略日益兇猛之時，首先於一月十五日修正臺灣公學校規則，將漢文科廢止，積極加速對臺灣進行「皇民化教育」，企圖藉此完成消滅臺胞的祖國意識。

三、女子訓育教養之目標

臺灣教育令總則第一條明示，「臺灣之教育以教育勅語之旨趣，以育成『忠良國民』爲本義，以期適合於時勢與民情」，且「普通教育以注重身體之發達，施行德育，傳授普通知識、技能，涵養國民性格，普及日語爲目的」[illegible]，所以，女生之教育目標與男生一樣，皆以「注重日語之傳授，留意道德訓練與智能啟發」爲重點，但更應「注意男女之特性及其將來之生活，而施予適當之教育」[illegible]。

至於女子修身教育，除了「初就人道之要義，授以實踐之淺近事項，漸進而及於培養國家社會之責任感，俾重國法，崇尚公德，並助長公益之風氣」之外，「對於女生尤應注意養成貞淑之美德」[illegible]。日據中期的女生訓育，大致以此爲準繩。

所謂女子貞淑之美德，乃在於強調賢妻良母之修養，貞淑、柔順、寬大、慈愛、安靜、清潔、勤勞、節儉等之各種美德，實與中國婦德之修養，相去無幾。

四、女子就學情形

女子就學情形按地區不同而有差異，茲將女子就學率表列如下[illegible]：

年　　代	市	街	莊	全省平均
民國十二年	28.70	16.26	9.31	12.28
民國十三年	29.12	16.12	9.41	12.68
民國十四年	30.69	17.58	9.45	13.20
民國十五年	28.31	17.77	9.45	13.11
民國十六年	30.85	18.55	9.48	13.78
民國十七年	32.73	19.05	10.41	14.42
民國十八年	33.20	19.19	10.95	15.25
民國十九年	35.16	21.34	11.95	16.57
民國二十年	37.04	22.65	13.05	17.65
民國廿一年	40.99	24.64	14.29	19.70
民國廿二年	40.38	25.33	15.43	21.17
民國廿三年	42.69	27.64	14.15	23.04
民國廿四年	45.39	30.04	18.92	25.13
民國廿五年	47.31	32.60	20.87	27.37
民國廿六年	50.53	34.72	23.68	30.28

由上表可知，城市的女子就學率幾乎是街、莊的兩倍或三倍，城市的女子就學率亦爲全省平均的兩倍

，可見臺灣女子初等教育大多集中於都市中發展。這種現象與人口密、經費多、交通方便，和風氣開放等因素有直接關係。

此外，再將此期的女子就學人數、就學率、畢業人數與畢業率統計，列表如下[二四]：

年　代	校數	入學女生數	就學率	畢業人數	畢業率
民國 8 年	410	21,961	7.36	1,149	19.7
民國 9 年	467	26,816	9.36	1,311	19.2
民國10年	501	30,450	10.26	1,844	23.3
民國11年	592	35,480	11.65	2,608	25.8
民國12年	715	37,798	12.28	3,637	27.9
民國13年	729	38,922	12.68	4,077	23.05
民國14年	728	41,706	13.20	4,917	22.3
民國15年	735	41,941	13.11	5,067	18.8
民國16年	744	44,963	13.78	5,497	18.0
民國17年	749	48,271	14.42	5,887	16.5
民國18年	754	52,981	15.25	5,951	15.7
民國19年	758	59,203	16.57	6,263	16.0
民國20年	761	65,832	17.95	6,745	16.1
民國21年	762	72,727	19.70	7,521	17.9
民國22年	769	82,907	21.17	8,838	19.6
民國23年	775	92,951	23.04	10,364	21.5
民國24年	781	105,096	25.13	11,855	22.4
民國25年	783	119,268	27.37	12,625	21.3
民國26年	789	138,119	30.28	14,160	21.5
民國27年	796	164,333	34.16	17,018	23.4
民國28年	812	191,173	38.10	19,358	23.3
民國29年	824	226,812	43.42	22,427	24.1
民國30年	849	259,295	48.54	26,613	25.3

從上表資料看出。從民國八年至民國三十年之間，臺灣公學校校數增加二倍。女生就學率增加十五倍，入學人數增加十二倍，畢業人數增加廿三倍。可見此期女子就學人數大爲增加。

其次再將此期男生與女生就學率與就學人數作一對照比較，表列如下㊻：

年代	男生就學率	女生就學率	男女就學率之比	男生入學人數	女生入學人數
民國八年	三二・四二	七・三六	一〇：一	一〇九、八六九	二二、九六一
民國九年	三九・一一	九・三六	四：一	一二五、九五〇	二六、八一六
民國十年	四二・八六	一一・六五	四：一	一四二、三五五	三〇、四五〇
民國十七年	四五・〇一	一四・四二	三：一	一六二、三四〇	四八、二七一
民國廿六年	六二・〇五	三〇・二八	二：一	三〇二、三八〇	一三八、一一九
民國三十年	七三・六二	四八・五四	一・五：一	四二一、二八二	二五九、二九五

由上表可看出男女學生就學率增長的情形，男、女生就學率在民國八年時是十與一之比；民國九年女生就學率急增，與男生形成四與一之比；至民國十七年時已成了三與一之比，民國廿六年是二與一之比；至民國三十年時，男生與女生就學率已漸接近爲一點五與一之比而已。在這段時期中，女生就學率增加一五倍，男生就學率只增加二倍，女生增加的幅度與速度大於男生，男生就學率之比也由懸殊漸成接近。就學人數方面，女生增加了十二倍，男生增加三・八倍。由此看來，日據中期實在是臺灣女子初等教育急速增長的階段。

第四節　日據末期

一、學制變革

民國三十年（昭和十六年），「中日戰爭呈膠著狀態，與英美兩國又有斷交之虞，爲適應此局勢，乃對臺胞行懷柔政策，以減其後顧之憂」[37]。同年日本國內初等教育學制改革，臺灣亦隨之於三月改革初等教育，將小學校、公學校一律改稱爲國民學校。教育之目的在練成皇國民，尤其強化初等教育，以奠定皇國民之基礎[38]。臺灣女子教育也進入戰時體制下，以「皇國女子教育」爲本義，以日本軍國主義爲本的教育目標，是力求貫徹到底，盡忠報國，奉公守法，勇於爲國犧牲且堅持到底的精神，以練成皇國女子爲主。

在戰時體制的國民教育制度下，國民學校設置初等科與高等科，初等科修業六年，入學年齡爲六足歲：高等科修業二年，入學年齡爲十二足歲，並可設一年制特修科，入學年齡爲十四足歲。

此期的國民學校體制，列表如下[39]：

學齡	學年	學制		
6	一	初等科	初等科	初等科
7	二			
8	三			
9	四			
10	五			
11	六			
12	七	高等科	高等科	
13	八			
14	九	特修科		

二、課程內容

日人以「為眞正確保教育政策，必須考慮臺灣之實況」為藉口[illegible]，將課程表分為第一、二、三號表，第一號表國民學校卽為原來小學校，第二、三號表卽為原來臺灣人就讀的公學校，在同樣的學校名稱下仍保持日、臺人不同的系統。

在戰時特別體制之下，教育的內容特別重視「重點化」，使教育的內容簡素化為目標之一[illegible]，故課程內容分為國民科、實業科、理數科、體練科、藝能科，都是為了適應戰時，充實戰力，練成日本皇民而設。茲將課程第二、三號之課表內容及每週授課時數，列表如下[illegible]。

<table>
<tr><th colspan="2" rowspan="2">學科／時數／學年</th><th colspan="6">初等科</th><th colspan="2">高等科</th></tr>
<tr><th>第一學年</th><th>第二學年</th><th>第三學年</th><th>第四學年</th><th>第五學年</th><th>第六學年</th><th>第一學年</th><th>第二學年</th></tr>
<tr><td rowspan="4">國民科</td><td>修身</td><td rowspan="2">13</td><td rowspan="2">15</td><td>2</td><td>2</td><td>2</td><td>2</td><td>3</td><td>3</td></tr>
<tr><td>日語</td><td>12</td><td>11</td><td>7</td><td>7</td><td>4</td><td>4</td></tr>
<tr><td>國史</td><td></td><td></td><td></td><td></td><td>2</td><td>2</td><td>2</td><td>2</td></tr>
<tr><td>地理</td><td></td><td></td><td></td><td></td><td>2</td><td>2</td><td>2</td><td>2</td></tr>
<tr><td rowspan="4">實業科</td><td>農</td><td></td><td></td><td></td><td></td><td>男3 女1</td><td>男3 女1</td><td>男5 女2</td><td>男5 女2</td></tr>
<tr><td>商</td><td></td><td></td><td></td><td></td><td></td><td></td><td></td><td></td></tr>
<tr><td>工</td><td></td><td></td><td></td><td></td><td></td><td></td><td></td><td></td></tr>
<tr><td>水產</td><td></td><td></td><td></td><td></td><td></td><td></td><td></td><td></td></tr>
<tr><td rowspan="2">理數科</td><td>算術</td><td rowspan="2">5</td><td rowspan="2">5</td><td>5</td><td>5</td><td>5</td><td>5</td><td>3</td><td>3</td></tr>
<tr><td>理化</td><td>1</td><td>2</td><td>2</td><td>2</td><td>2</td><td>2</td></tr>
<tr><td rowspan="2">體練科</td><td>武道</td><td></td><td></td><td></td><td></td><td rowspan="2">5</td><td rowspan="2">5</td><td>男 女</td><td>男 女</td></tr>
<tr><td>體操</td><td rowspan="2">4</td><td rowspan="2">4</td><td>4</td><td>4</td><td>6 4</td><td>6 4</td></tr>
<tr><td rowspan="6">藝能科</td><td>音樂</td><td>2</td><td>2</td><td>2</td><td>2</td><td>1</td><td>1</td></tr>
<tr><td>圖畫</td><td></td><td></td><td></td><td></td><td></td><td></td><td></td><td></td></tr>
<tr><td>習字</td><td>2</td><td>2</td><td>3</td><td>男5 女3</td><td>男4 女3</td><td>男4 女3</td><td>3</td><td>3</td></tr>
<tr><td>工作</td><td></td><td></td><td></td><td></td><td></td><td></td><td></td><td></td></tr>
<tr><td>家事裁縫</td><td></td><td></td><td></td><td>女2</td><td>女3</td><td>女3</td><td>女5</td><td>女5</td></tr>
<tr><td colspan="2">合計</td><td>24</td><td>26</td><td>29</td><td>32</td><td>34</td><td>34</td><td>30</td><td>30</td></tr>
</table>

由以上課程看出，作爲南進基地的臺灣，在教學課程方面有極大的轉變，特別重視國民科，修身與日語的課程表越低的年級時數越多，體練科中，男子重武道，女子重體操課，是爲了培養強韌的體魄而設計的。而藝能科則加強工作時數，培養勤勞的習慣。

三、女子訓育

自從中日大戰全面爆發以後，日人對臺灣同胞的教育特別強調「日臺一體」、「一視同仁」的口號，以達成皇民化的目的。故而在國民學校制度實施以後，在對臺灣的訓育方面改以皇民化爲最高目標。臺灣公立國民學校規則指出：「基於教育勅語之旨趣，指導國民道德之實踐，涵養兒童之德性，令其自覺皇國之道義使命爲目標㊂，明白的說，卽培養臺灣人爲效忠日本天皇的「忠良國民」爲目標。對臺灣女子的訓育，乃以皇國女子的練成爲女子訓育的最高指標。具體地說，卽「操練皇國女子的德行與見識，提升溫良貞淑的實質，重視勤勞的習慣，創造生活上應用的技能，強健體力、氣力的磨練、堅忍持久志操的鍛鍊，使學校內外的生活都指向皇國女子之練成爲依歸」㊃。

所以，在戰時體制下的臺灣女子的基本訓育，仍是一貫的婦德涵養爲主，但更擴充到國防上、生產上及生活上的應用，使臺灣女子成爲戰時重要的一員，增強日本的戰力，這種目的，惟賴初等教育體系來推行，才能完成。

四、女子就學情形

日據末期只有短短的四年多卽因日本戰敗而終止，臺灣總督府的教育統計資料因日本戰爭的惡化而止於民國卅二年（昭和十八年），從有限的資料中，仍可掌握女子初等教育的就學情形，玆將民國三十年至卅二年，女生就學人數與就學率統計，列表如下㉟：

年代	校數	入學人數	女子就學率
民國三十年	八四九	二五九、二九五	四八・五四
民國卅一年	八一一	二九三、六七九	五四・二五
民國卅二年	九二二	二八九、八一〇	六〇・九四

臺灣女子初等教育並不因戰爭關係而減少，反而仍然繼續增加，民國三十年全省女子就學率已接近百分之五十，民國卅二年，國民學校，實施六年義務教育，使女子就學率提高至六〇・九四%，此期在日人的懷柔政策下，女子初等教育仍持續地增長。

第五章　臺灣女子師範教育

日人據臺後，開始對臺灣施行典型的殖民統治方式㊱，惟在教育上却採取同化主義原則，認為「教化事業是精神上的潛移默化，雖未能短期內收效，但却是安定臺灣、統治臺灣的不二之道」㊲。基於此，日人乃大力地推行普及日語運動，首先，企圖消滅臺胞的民族思想，進而同化於日人。於是積極展開臺灣之教育工作。而發展教育不可或缺的教師，則成為日人展開臺灣教育事業首先遇到的問題。

典型的殖民統治政策強調日、臺人的差別原則，也為了確保日人在臺的優越地位，必須嚴密地控制臺胞的思想發展。因此，在據臺之初，所有擔任教師的工作，皆是日本人。但是，這種教師的來源逐漸產生困難，不僅因日人教師的經費太大，且因隨著在臺教育事業的擴展，而呈現極其嚴重的缺乏現象，使總督府不得不考慮另闢在臺大量訓練臺胞之計畫，所以建立足以擔當殖民地教育任務的臺灣師範教育乃成勢在必行。

臺灣女子的師範教育亦然。在全省日益普及的公學校內，女生就學人數增加，需要足夠的女教師供應的情況下，逐漸使臺灣女子師範教育隨著建立且發展起來。

最早的臺灣女子師範教育，始於總督府國語學校第三附屬學校的手藝科。此手藝科原只是略具中等程度的教育而已，但是，此校的畢業生可擔任公學校家事科女教員，所以可以稱爲是臺灣女子最早的師範教育，雖並未眞正具有師範教育之實。

至民前六年（明治卅九年，西元一九〇六）手藝科學制改爲技藝科時，才有眞正設置師範科的計畫，但因總督府仍無意招收師範科學生，故只提高技藝科的學力程度，充當公學校的女教師，而仍未設置師範科，所以，此時的師範教育與普通中等教育是混合發展的，臺灣女子師範教育仍未見有明顯的系統。

民國八年的臺灣教育令，對臺灣女子整體教育有重大的影響。臺灣女子師範教育亦在此時樹立規模。在「臺灣女子高等普通學校」內，附設一年制的師範科。此師範科以後卽日漸發展，終在民國十七年（昭和三年），臺北第一師範學校內設置公學師範部女子演習科，是以臺灣女子師範教育能夠滙流歸宗，眞正掛上師範學校之名。由此可見臺灣女子師範教育自始卽與女子中等教育有不可分割的關係，兩者形同姊妹手足，且在同一環境內長大，至民國十七年才分別獨立發展。站在女子師範教育的立場而言，則可知臺灣女子師範教育的起源很早，但獨立系統的發展却非常緩慢，且不健全，至日據結束，全省仍未有一所獨立的女子師範學校。

為了便於研究，本章以民國八年為分水嶺，在此之前，稱為日據前期，分為醞釀階段與附屬階段；在此之後，稱為日據後期，分為師範科、講習科階段與演習科、補習科階段。

第一節　日據前期

一、醞釀階段，民前十五年至民前六年（西元一八九七～一九〇六）

日本當局發展臺灣女子教育時，只有女子普通學校之設，尚未有女子師範學校的計畫，最早的女子學校是在士林的國語學校第一附屬學校女子分教場。因為分教場設置年長組，招收年滿十五歲至三十歲的臺灣婦女，所以，年長組在基本上具有可發展成中等教育與師範教育的本質。

師範教育的重要性在女子教育的初創階段中，尚未受到重視，至民前十四年（西元一八九八）以後，全省開始設置臺灣人子弟就讀的公學校，臺灣女子亦正式上學，此時才漸感公學校女教師的缺乏，而公學校的女教員無法完全依靠日本女教師的供應。因此，最簡單的辦法卽直接從當時全省唯一的青年女子就讀的國語學校第三附屬學校手藝科的畢業生中，聘請為公學校家事裁縫課的女教員，因此，此期的手藝科，可以稱為是臺灣女子師範教育的發端，它與手藝科同存在一個系統中，亦尚未有明瞭的女子師範教育政策或目標來引導，只能說是臺灣女子師範教育的醞釀階段。

二、附屬階段，民前六年至民國八年（西元一九〇六～一九一九）

臺灣女子師範教育經過七、八年的醞釀，更在臺灣公學校的校數與女生就學人數與日俱增的情況下，使總督府益感臺灣女教師的缺乏，是一件日趨嚴重的痲煩問題，所以，開始有大量地栽培臺灣女教員的計畫出現。乃於民前六年（明治卅九年），將唯一的臺灣女子中等教育機關——總督府國語學校第二附屬學校，改換學制。將六年制，相當於公學校程度的本科廢止；將手藝科改為技藝科，使全校成為全部中等程度的技藝科，並增設師範科和師範速成科。至此，臺灣女子才有正式的師範科名稱出現，但是可惜的是，師範科與師範速成科始終沒有招生[58]，形同虛設。反將師範的任務加之於技藝科。所以民前六年，總督府公布的第二附屬學校規則中明白地指出，「本校以本島人女子師範教育與技藝教育之實施為主要目的」[59]，此時的師範教育與略具中等程度的技藝科混淆不清，但以技藝為工具，目的是培養公學校教員[60]，它不是純粹為技藝而設的技藝科。自民前三年（明治四二年，西元一九〇九），此校已完全以培養公學校女教員為主要的經營方針[61]。

此期的師範教育實在是依附技藝科而生存的，此兩種性質，到底誰重誰輕，可因不同的觀點而異。若以其功能而言，技藝教育只是工具和手段，眞正的目標是公學校女教員的培養，但從課程內容看，不能稱為眞正的師範教育，但是稱為「培養公學校技藝師資的師範科」倒符合事實[62]。

茲將民前三年，修訂的折衷式技藝與師範教育課程，表列如下[63]：

學科／時數／學年	修身	教育	日語	漢文	算術	理科	家事	裁縫	插花	刺繡	圖畫習字	手工	唱歌體操	合計
第一學年	1		8	2	2			6	4	4	4	3	2	36
第二學年	1		6	2	2	2	2	5	4	4	3	2	3	36
第三學年	1	3	5	1	2	2	2	4	4	4	2	2	4	36

綜觀上表，仍以技藝為主要，只追加教育、漢文、家事、手工四科而已㊹。

依據規程，技藝科招收年滿十三歲以上，公學校四年學業修畢，或具同等學力者，修業三年㊺。其學制如下表：

學制	四年制公學校				技藝科		
學年	一	二	三	四	五	六	七
學齡	8	10	11	12	13	14	15

因此，國語學校附屬女學校技藝科的畢業生只比六年制公學校畢業生高一年而已。以此水準的畢業生擔任公學校女教員之職，自難使公學校程度提高，蓋日人故意使公學校不如小學校㊻，其刻意製造差別待遇和歧視臺胞是很明顯的。

但是，隨著女學風氣的日漸開放，投考國語學校附屬女學校技藝科的女生程度日益提高，修畢公學校五年或六年畢業者人數越多㊼，在這種情況下，自然提高公學校女教師的素質。

依附在技藝科的師範教育共有十三年之久，至民國八年三月止，共得畢業生十三屆，三一九人，其中有二四三人就職，其中的大多數從事公學校教育工作，擔任准訓導、或代用教員等㊽，她們並不具備正式教師的資格，且程度較一般師範學校畢業之教員為低㊾。但她們畢竟是臺灣女子師範教育的先驅者，在臺灣女學初興階段裏，帶來重大的影響力，雖然在程度上不及男教師，但是她們秉承著臺灣女子善良柔順的美德，和獨到精湛的女紅技巧，在當時公學校女教師極度缺乏的情況下，她們深受公學校長的歡迎，且在各地普遍地建立良好的聲譽與模範的榜樣，直接鼓勵了更多臺灣女子進入公學校求學㊂，對臺灣女學風氣的開創與發揚，具有不可忽視的貢獻。

第二節　日據後期

臺灣在經過日人長達二十四年的統治之後，又漸恢復社會的安定，隨著又在第一次世界大戰後，於全世界掀起民族自決思潮和中國大陸新文化運動的影響，使臺灣亦風起雲湧地展開各種民族運動與新文化運動，在政治、經濟、教育上要求平等的運動隨著蔓延，臺灣社會、文化的變遷更快。由於時代的改變與臺胞的覺醒與爭取，更由於日本當局對臺灣統治方針的改變，使臺灣教育制度，全面獲得改善。民國八年，第一次公布臺灣教育令與民國十一年修改臺灣教育令，對臺灣女子的中等以上教育帶來重要的改革。

臺灣女子師範教育，自民國八年以後亦不斷地改變，並且迅速地發展；不僅在學制上獲有一席之地，在程度上，亦躍居全省女子教育的頂端，有值得研究的一面。為了便於研究，自民國八年至民國三十四年的廿六年之間，將日據後期臺灣女子師範教育分為：師範科、講習科、演習科與補習科四個階段來探討。

一、女子高等普通學校師範科（民國八年～民國十一年）

民國八年四月，臺灣教育令正式實施，使臺灣女子中等教育和師範教育有獨立的系統，以前隸屬於國語學校的附屬女學校技藝科，改制為臺灣公立女子高等普通學校，原依附其內的師範教育，分離為「師範科」，依據臺灣教育令第五章第三十條：「女子高等普通學校得設立一年制師範科，以養成公學校教員，……女子高等普通學校師範科，得由女子高等普通學校畢業者始得入學」㊃。

民國八年，師範科體系如下表：

學制	六年制公學校						女子高等普通學校			師範科
學年	一	二	三	四	五	六	七	八	九	十
學齡	6	7	8	9	10	11	12	13	14	15

由此系統觀之，師範科仍附設於臺灣女子高等普通學校之內，程度比女子高等普通學校高了一年。民國八年，全省只有臺灣公立臺北女子高等普通學校設置師範科，亦是全省唯一的「公學校女教員養成之附屬機關」㉜。

其課程內容，根據民國八年一月，臺灣教育令有原則性的指示：「師範教育特別重視德行之涵養，以公學校教員之養成爲目的」㉝。據此，臺灣公立臺北女子高等普通學校師範科規則，更明確地指出：「師範科在學生教養上除了應注意於德性的涵養、日語的熟練及國民性格的確立，養成貞淑溫良、慈愛、勤儉家事的好習性，並選擇適用於未來生活的知識與技能加以教導和實際應用之外」㉞，「更應注重具備爲人師表的品德與學力，了解公學校教育的本旨，注意教學方法的理論與實際經驗的獲得」㉟。

民國八年的師範科至民國十一年的講習科，其課程內容及授課時數，列表如下㊱。（見下頁）

至於女子高等普通學校師範科的給費標準，依照總督府規定，每年給學資三十六日元，按月支給。如在學中享有公費者，畢業後須至指定學校服職一年㊲。女子師範科學生畢業後，無須再經教師資格檢定考試，卽由女子高等普通學校校長頒發「丙種公學校教諭」之證書㊳。

科目＼時數＼科別		課程內容
修身	2	國民道德、教材研究
教育	6	心理學、教育學、教授法、臺灣教育法規
日語	6	讀本、作文、習字、文法、發音、教材研究
漢文	2	讀本、作文、教材研究
歷史地理	2	臺灣、南中國、南洋地理、教材研究
算術	2	筆算、珠算、教材研究
理科	2	博物、理化、教材研究
家事	2	衣食住、養老育兒、教材研究
裁縫	5	運針法、普通衣類、刺繡、造花、編物、教材研究
手藝		
圖畫	2	寫生、素描、教材研究
音樂	2	樂典、樂器、聲讀、教材研究
體操	2	體操、遊戲、教練
合計	36	

二、高等女學校講習科（民國十一年～民國十七年）

民國十一年，新臺灣教育令公佈，將臺灣中等以上教育改為大抵與日本國內相同的「日、臺共學制」，使臺灣屬於中等以上程度的女子師範教育亦隨之更改。由於女子高等普通學校延長修業年限為四年，而高等女學校附設一年制講習科「對公學校教員施以必要之講習」，「講習科之入學為原女子高等普通學校或大正十三年以後高等女學校畢業，身體健全，品行端正者」㊴，故此時的臺灣女子師範教育仍賴高等女學校訓練。

民國十一年，高等女學校講習科學制體系如下表：

學制	六年制公學校						高等女學校				講習科
學年	一	二	三	四	五	六	七	八	九	十	十一
學齡	6	7	8	9	10	11	12	13	14	15	16

雖然臺灣公學校女教員賴高等女學校栽培，但民國十一年的臺灣教育令，對於女子師範教育却有明文的法律規定，「師範學校修業六年、普通科五年、演習科一年。但女子修業年限五年，普通科縮短一年」㊵，這項法律並未真正實施，形同虛文。

但高等女學校所附設之講習科，程度上亦等於師範學校的女子普通科與演習科之修業年限五年，何以師範學校不招收六年制公學校畢業之女生，施以五年的師範專業教育，而委之於高等女學校，其原因大致有二，「一為女教師鮮能以教書為終身事業，通常在婚後，每因家庭關係而辭職，故不宜花太多經費去培養。二爲女教師必須教家事、裁縫，或適切指導兒童之實際生活，不宜太男性化，長期住校，接受專業訓練有所不妥」⑫，除了這兩個原因之外，與臺灣中上家庭，向來不注重讓女兒在外拋頭露面工作的習俗有關，發展臺灣女子師範教育仍有一些困難，但是最重要的原因關鍵，仍在於日人的差別政策，刻意壓低臺灣人教師的素質，以保障日人優越地位，日人認爲以此最高學歷的臺灣女子，去擔任公學校家事科女教員，已足足有餘了。

高等女學校講習科之課程與前之師範科課程相同，在內容上而言並無不同，只是程度提高，名稱不同。高等女學校講習科則根據高等女學校講習科生從學資給與規則，每年學資給予三十六日元，每月由學校校長支給⑬。在學中領受臺灣總督府之學資支給者，於畢業後，其服務期限與講習之時間相同⑭。講習科之畢業生，亦無須經過教師檢定，直接於畢業時，由高等女學校校長，授予「公學校乙種本科正教員」之證書⑮。

自民國十一年以後，高等女學校行日臺灣學制，所以全省高等女學校校數逐漸增加，至民國十七年止，已增加爲十二所⑯，雖然學校增加，但臺灣女子就讀高等女學校的人數與機會仍然非常有限，且大抵集中於臺北第三高等女學校、彰化高等女學校與臺南第二高等女學校三所而已。

茲以臺北第三高等女學校講習科爲例，自民國十一年至民國十七年止，有畢業生六屆，共一一〇人，其中日人三二人，佔二九%；臺人七八人，佔七一%；彰化高等女學校自民國十二年至民國十七年止，共有五屆畢業生，一一六人，其中日本人有廿九人，佔二五%；臺人有八七人，佔七五%。臺南第二自民國十五年設置講習科，至民國十七年共有二屆畢業生，因爲統計資料缺乏，故無法獲知⑰。

且以民國十七年的統計，全省有公學校女教員六九五人，其中臺灣女子有三九三人，又其中有二六六人出身自臺北第三高等女學校[63]，亦卽公學校臺灣女教員中有六七・八%出自臺北第三高等女學校，可見此校一直是臺灣女子師範教育的重鎭。

三、師範學校公學師範部女子演習科（民國十七年～民國三十四年）

民國十七年（昭和三年），臺灣總督府開始將臺灣教育令中，有關女子師範教育之法律條文，付之實施，「師範學校修業年限爲六年，普通科五年，演習科一年；但女子修業年限則定爲五年，於普通科縮短一年」[64]。據此法令，在臺北第一師範學校內，首開其先，設立了本省日據以來，臺灣女子的正式師範教育。僅設一年制女子演習科，「演習科之入學資格須爲具有普通科修畢者，中學校、或四年制高等女學校畢業者，或總督府所認定具同等學力者」[65]。因此之故，臺北第一師範學校公學師範部女子演習科成爲全省正式的唯一的女子師範機關，畢業後獲得「公學校甲種本科正教員」之資格[66]。其學制體系如下表：

學制	六年制公學校						高等女學校				臺北一師女子演習科
學年	一	二	三	四	五	六	七	八	九	十	十一
學齡	6	7	8	9	10	11	12	13	14	15	16

女子演習科之課程表如下：

科目	時數
修身	2
教育	5
日語	3
臺語	2
歷史地理	2
數學	2
博物	1
物理化學	1
家事	3
裁縫	3
圖畫	2
手藝	1
音樂	2
體操	3
合計	34

此一年制的公學部女子演習科課程表，與民國八年師範科或十一年的講習科相較之下，並無多少差異，只是在名稱與系統上完全屬於正規的師範教育體制，但仍只是全省師範教育的輔助機關而已㉖。

民國二十二年（昭和八年），女子演習科有了較大的改變。臺灣總督府以勅令廿八號，修正臺灣教育令，將師範教育修業年限延長一年，男生爲七年（普通科五年、演習科二年），女生爲六年（普通科四年、演習科二年）㉗，故而使女子演習科變爲二年制，其體制如下表所示：

學制	學年	學齡
六年制公學校	一	6
	二	7
	三	8
	四	9
	五	10
	六	11
高等女學校	七	12
	八	13
	九	14
	十	15
臺北一師女子演習科	十一	16
	十二	17

民國二十三年女子演習科課程表如下㉘：

學年＼時數＼科目	修身	公民	教育	日語	歷史地理	數學	理科	家事裁縫	圖畫手工	音樂	體操	合計
第一學年	2	2	4	4	2	2	2	4	2	1	2	28
第二學年	2	2	5	4	2	2	2	4	2	1	2	28

以上是基本科目之課程及時數。另有選修科目是，日語、漢文、臺灣語、歷史、地理、數學、理科、家事、裁縫、實業、圖畫、手工、音樂等科目，可任選一科或二科，但每週不能超過六小時，與基本科目時數相加，不得超過三十四小時。

民國三十年，由於全省小學校、公學校一律改稱爲國民學校，師範學校系統亦隨之改變，廢除小學師範部與公學師範部之分，一律改稱普通科，另仍設演習科。女子師範教育仍設女子演習科，學制一如民國二十二年之女子演習科。

其課程則分爲國民科（修身、公民、日語、史地、哲學或漢文）；理數科（數學、物理、生物）；藝能科（音樂、書道、美術、工作）；教育科（教育、心理衞生）；實業（農、工、商、水產）；外語科（選修英、法、德、中文）；家政科（家政、育兒、保健、被服、農藝）㉔。

民國三十二年（昭和十八年），臺北師範學校實已提高爲專科程度，設本科，修業三年，講習科修業一年。女子本科於民國三十二年，設於臺北師範學校，其體制如下表所示：

學制	學年	學齡
國民學校初等科	一	6
	二	7
	三	8
	四	9
	五	10
	六	11
高等女學校	七	12
	八	13
	九	14
	十	15
臺北師範學校女子本科	十一	16
	十二	17
	十三	18
講習科	十四	19

至此，臺灣女子的師範教育已略具專科程度，但未及有畢業生，日本即已戰敗投降，臺灣隨之光復。

四、高等女學校補習科（民國十七年～民國三十四年）

民國十七年，臺北第一師範學校設置女子演習科以後，一向負責培養公學校女教員的高等女學校講習科即予廢止，但改設一年制補習科。其學制一如以往的講習科。但是高等女學校附設的補習科，通常分爲三種類型，一爲升學準備，二爲家政補習，三爲公學校教員補習。各高等女學校可設其中一部、或兩部、或三部。所以，補習科亦可視爲非正式的師範教育輔助機關，與正式的臺北第一師範學校女子演習科成爲並列的兩個女子師範教育系統。

高等女學校補習科的學制系統至日據結束，皆無變動。其學制如下表所示：

學制	學年	學齡
六年制公學	一	6
	二	7
	三	8
	四	9
	五	10
	六	11
高等女學校	七	12
	八	13
	九	14
	十	15
補習科	十一	16

高等女學校補習科是非正式的師範教育，但由於其程度與師範學校女子演習科的程度相同，在總督府的一貫政策下，仍視爲重要的師資來源，故其畢業生仍授予「公學校乙種本科正教員」之證書[115]，足證其重要性不減於女子演習科。

茲以臺北第三、彰化及臺南第二高等女學校之教員補習科之課程爲例，說明補習科的女子師範教育內容。

㈠臺北第三高等女學校補習科課程時數表[116]：

科目	修身	日語	英語	地理歷史	數學	理科	家事	裁縫	手藝	圖畫	音樂	體操	法制經濟	教育	臺語	合計
時數	1	5	(4)	1	2	1	3	3	(4)	1	2	2	1	(6)	(2)	22 (34)

備註：（　）爲選修科目，依教員、升學、家政三組之不同需要而選。

㈡彰化高等女學校補習科第二部（教員養成）課程時數表[117]：

科目	修身	日語	公民	數學	理科	圖畫	家事	裁縫	手藝	音樂	教育	體操	合計
時數	1	4	2	2	3	1	3	4	2	2	7	2	34

㈢臺南第二高等女學校補習科課程時數表[168]：

科目	時數
修身	2
日語	5
歷史地理	1
理科	4
圖畫	1
家事	2
裁縫	4
音樂	1
體操	3
手藝	2
臺語	1
教育	4
合計	30

由以上高等女學校補習科的課程看來，與民國十七年的師範學校女子演習科的課程內容與時數皆無大不同，此兩種女子師範教育並無特殊的差別。但至民國二十二年以後，女子演習科延長為二年，而補習科仍是一年制，故而在程度上略低於女子演習科。且至民國三十二年以後，臺北師範學校設置女子本科、三年制，其程度又更提高。所以，據此趨勢而言，高等女學校補習科的師範性質將日漸淡薄，而女子師範教育也會成為正軌的系統之一。

茲將高等女學校的補習科人數統計如下表[169]：

校名	年代	畢業人數	日人	臺人
臺北第二高等女學校	民國十七~二十年	一〇九	一〇八	一
臺北第三高等女學校	民國十七~廿九年	二三九	五四	一八五
臺中高等女學校	民國十九~廿六年	二八〇	二六九	一一
嘉義高等女學校	民國廿三~廿七年	一五七	一一四	四三
彰化高等女學校	民國十七~廿七年	二四二	七八	一六四
高雄高等女學校	民國廿七年	一三	一一	二

第三節　本章結論

臺灣女子師範教育發軔甚早，幾與女子中等教育同時起步，日據的五十年間，與女子中等教育關係也寸步不離，形同姊妹。臺灣女子師範教育始終缺乏獨立發展的系統與規模。

綜觀整個日據時期的臺灣女子師資之培養，始終沒有超越「公學校家事科教員」這種角色的任務，除此以外，別無其他類型的女子師範教育存在。而這種基本程度的專科教員，只要具備「教子」的能力，能教導六至十二歲女童的家事科卽可。而高等女學校正是「相夫教子」的教育，其畢業生足可勝任教子與女紅家事之工作，此爲臺灣女子師範教育始終與女子中等教育緊密結合的主要原因。

此外，臺灣中上家庭的女子，一向無在外抛頭露面的習慣，而且，家事工作又是女子的天職，女子因家庭緣故而放棄工作，是理所當然的，所以，女性的工作時期是短暫的。基於這些社會因素，使臺灣總督府對臺灣女子師範教育採取折衷政策，不願專設女子師範學校，而將臺灣女子的師資培養工作，委之於高等女學校，導致臺灣女子師範教育無獨立系統，長期附設在女子中等學校當中，雖然在民國十七年以後，攀上了師範教育系統，掛上師範學校之名，但亦只是聊備一格的輔助機構而已㊳。

臺灣女子從事公學校專科女教員之職，亦不能獲得平等的待遇，她們的地位亦很低微㊴，除了因爲她們不是正統的師範學校本科畢業，在學力和學歷上比不上男教員之外，與傳統的中、日社會習俗中，女子地位卑下，男重女輕的觀念有關。因此，臺灣女子的師範教育已是臺灣女子教育中的最高學歷，但她們在公學校的地位，仍是附屬的性質，無資格負起眞正的教育責任。

雖然臺灣女子的師範教育系統不健全、程度低、待遇不公平，但她們無疑的是臺灣女子中的優秀份子。接受師範教育的高等女學校畢業生，她們有的是優異的成績，有的人是追求更高學歷的興趣，有的人則是志在教育工作的理想，她們是好學、好勝、有抱負的女子，她們也要克服一切困難，接受學業學識和為人師表的德行操練，在當時是稀少的，也是令人佩服的教育過程，稱她們是臺灣女青年中的「菁英份子」並不過譽。

第六章　臺灣女子其他教育

日本帝國主義在臺所設的女子教育機關，除了初等教育、中等教育及師範教育之外，尚有兩種教育亦屬臺灣女子教育之一部分。一是實業補習教育，二是屬社會教育範圍的日語講習所。

第一節　臺灣女子實業補習教育

一、學制沿革

日本當局在臺灣的殖民教育中，注重實業教育的發展，是其不變的一貫政策。但正規的實業學校之設置，則至民國八年，臺灣教育會公布以後㊂。在此之前的實業教育只有臺灣總督府國語學校實業部；或工業、糖業、林業講習所；或附屬於公學校的實業科而已。至民國八年以後，實業教育系統才獨立發展。而後有臺灣公立農業、工業、商業，三實業學校之設立。但是以上實業學校皆只有男生就讀，從未有臺灣女子畢業之紀錄㉝，雖然，在以上各校規則中並未限制女生就讀，並也有女生特別加強的科目㉞，但事實上全爲男生就讀的學校。

臺灣女子就讀的只有簡易實業學校一種，民國十一年以後，改稱爲實業補習學校㉟。

實業補習學校設置主旨在於：教育小學校或公學校畢業生有關職業之知識與技能，使能適應未來的國民生活㊱。民國三十二年，臺灣公立實業補習學校規則更指出：實業補習教育以皇國之道爲中心，依情況需要而設的實務教育，以奉公職守，成爲社會中堅國民之訓練爲目的㊲。至民國三十二年止，實業補習學校分爲六類：農業、工業、商業、商工、水產、家政等。臺灣女子就讀的以家政類爲最多，並有少部分就讀農業或商工兩類㊳。

實業補習學校之入學資格爲六年制尋常小學校或公學校畢業者。其修業年限爲二年，但可視地方情形之需要而延長一年㊴。

其學制系統如下表所示：

學制	學年	學齡
六年制公學校	一	6
	二	7
	三	8
	四	9
	五	10
	六	11
二年制或三年制實業補習學校	一	12
	二	13
	三	14

二、家政補習學校課程內容

實業補習學校的學科目是修身公民科、日語、國史（日本歷史）及與職業有關的科目及實習，女子加設家事、裁縫科，並可加設數學、理科、地理、體操、簿記、圖畫等科目㉚。以臺北家政女學校爲例，其修業科目是：修身公民科（二），教育（二），日語（三），家事（四），和裁（一〇），洋裁（六），手藝（三），音樂（一），體操（二），共三十四時㉛。

女子家政補習學校的課程比例中，以技藝科的比例最大，技藝科包括家事、和裁、洋裁、手藝四科，共廿三時，佔總時數的六八％。其次爲國民基本科目，包括修身公民、日語與教育，共七時，佔總時數的二〇％。其餘的藝能科是音樂、體操、習字三科，共四時，佔總時數的一二％。

三、女子家政補習學校的設施與發展

民國十八年（昭和四年），才有臺灣女子二六人就讀於農業補習學校的紀錄出現㉜。第一個女子家政補習學校——臺南女子技藝補習學校，於民國二十二年設立，第一年招生只有一〇二名日人就讀，臺灣女子無人就讀。自此以後，女子家政類實業補習學校日漸增設，至民國三十二年止，共有二九校，其發展情形如下表所列㉝。（表見下頁）

由表上可知女子家政補習學校的發展情形，以民國廿七年以後，急速增加，且臺灣女子就讀人數增加甚快。

臺灣女子就讀的實業補習學校以家政類爲最多，其次是農業補習學校，再其次是商業補習學校。實業補習學校的女子畢業人數，據統計，在民國廿七年時，有畢業生二一五人，大多數畢業於農業補

年代	校數	日人數	臺人數
民國廿二年	一	一〇二	
民國廿三年	二	一六九	三〇
民國廿四年	三	二五七	四二
民國廿五年	四	四一〇	六一
民國廿六年	六	六七九	一二五
民國廿七年	一〇	一二四二	四二三
民國廿八年	一四	一四五七	八六三
民國廿九年	二一	一六一八	一七二一
民國三十年	二四	一六七四	二六〇〇
民國卅二年	二九	一八四三	四四三七

習學校㊂。民國廿七年以後，家政補習學校發展迅速，至民國卅二年止，共有二九三七人畢業。大部分畢業於家政補習學校。從民國廿七年至卅二年的五年之間，女子實業補習學校人數，從四三二人增至四四三七人，共增加一〇・四倍，畢業人數從二一五人增至二九三七人，共增加一〇・三倍。家政補習學校校數從十所增至二九所，約三倍。

綜觀此期，女子實業補習教育的發展，以民國廿七年至卅二年之間，成長最突出，此期是日本帝國主義發動對華侵略的戰爭時期，何以在戰爭期中反有大幅的增長？約有以下原因促成：

（一）實業補習學校可以開發人力資源、發展建設、增強副戰力㉟

無論是農業、商業或家政補習教育，都是日本帝國主義者在臺實施殖民式教育中，程度較低下的實務教育，與中等高等以上自由教育形態不同，它具有愚民與經濟榨取的雙重目的，這些目的在戰爭期間，並不危險，且是極爲必要的手段，不僅符合日本當局一貫的教育政策，並可在戰爭期間，動員女子力量，開發人力資源，協助國防防護和生產之任務，培養副戰力，達到全國總動員的目標。因此之故，女子家政補習學校在戰爭期間，並未減少，反而增加。

（二）疏解高等女學校的壓力

民國十一年以後，臺灣人的普通教育思想勃興，向日本統治當局爭取了不少的教育機會，其中以中等程度以上之學校實施日臺共學制，影響最大。因爲實施共學制，提高了女子中等教育之內容，也因日臺共學制，不能避免的必須接受與臺灣女子共同競爭入學的事實，因此，全省二二所高等女學校，都充滿了入學錄取的強烈競爭性㊱，歷年來高等女學校的平均錄取率，日人爲五八・三八％，臺人爲三六・二七％㊲。日本當局雖然壓低臺人女子的錄取率，但仍不能禁止臺人女子的投考現象，因此，增設女子家政補習學校，表面上增加臺灣女子升學的選擇機會，實際上却在減低臺灣女子進入高等女學校的機會，避免了臺灣女子大量湧入高等女學校，相對地增加日人女子進入高等女學校的機會。如此，所以，在政策上亦符合日本對臺的統治目標，因此，實業補習學校的畢業人數中，臺人多於日人。

（三）家政補習學校的宗旨仍是相夫教子的賢妻良母主義

日據時期女子教育的核心是賢妻良母的教育理論，家政補習學校，卽以家政的硏究，技藝的培養爲主，與傳統臺灣女子的技藝教育傾向一致，因此，頗能符合當時臺灣女子教育之要求。更由於高等女學校的技藝主義漸漸衰退，家政補習學校正可補其不足，因此，家政補習教育仍至受臺灣女子的重視。此外，高等女學校的錄取率又低，許多臺灣女子只有退而求其次，進入家政補習學校就讀，其功用仍是一樣的。

第二節　臺灣女子的社會教育機構——日語講習所

一、臺灣社會教育背景

日本帝國主義者爲求遂其奴役殖民地人民之目的，對殖民地之社會教育極爲重視㊁。日人在臺灣的社會教育有其特殊性，一面採取一視同仁的同化手段，一面則隱含差別待遇的殖民政策之野心，因此，臺灣的社會教育，完全是日本統治者殖民與同化的工具。

第一次世界大戰後，臺灣的民族主義與民權運動逐漸抬頭，以臺灣文化爲本位的社會團體相繼出現。日本當局雖然改善對臺灣的統治方式，但也企圖消滅臺灣人的抗議運動，因此，開始大力提倡日式社會教育運動，以爲抗衡。

最早的日式社會教育團體，是民國九年（大正九年），在桃園郡成立的興風會㊂，以振興日本國風、提倡日臺融合親善爲宗旨，自此以後，全省各地的社會教育組織和團體，紛紛出現。帶動社會教育之發展。

民國十一年，日本臺灣總督府當局，標榜日臺融和，一視同仁，教育上採行日臺共學共通制；而日語普及運動更加速推動，以達到徹底同化臺胞的目標。

民國二十三年（昭和九年），臺灣總督府制定臺灣社會教化綱要，提示社會教育要點有六：一爲努力於皇國精神之涵養與國民意識之強化；二爲努力普及日語；三爲國民情操陶冶；四爲啟發培養與職業有關之知識技能；五爲日本公民意識的加強，建立義務、奉公之觀念；六爲圖謀生活向上與改善，革除迷信與陋習㊁，皆可視爲臺灣社會教育的目標。

民國二十六年，中日大戰爆發。臺灣的社會教育面臨新的挑戰與局勢，日本統治當局除了貫徹以往的目標之外，更要求臺灣同胞能對其赤誠擁護，支持「聖戰」，因此除了推行其忠良臣民的社會教育之外，更加強皇民化運動的推行，力圖斬斷臺胞的祖國意識。強迫使用日語，顯揚日本皇道思想與軍國主義，以達到「國民精神總動員」目的，臺灣的社會教育因此成爲皇民化的工具。

二、日語講習所的設施與發展

臺灣的社會教育機關，種類龐雜，大約可以歸納爲六種類型：一爲日語講習所，二爲青年訓練所，三爲男女青年團、少年（少女）團，四爲社會教化團體，五爲圖書館，六爲博物館。其中，與臺灣女子教育系統較有密切關係者，是日語普及運動的團體——日語講習所。

日語講習所爲一種成人社會教育，對失學的、不解日語的十二歲至廿五歲之間的青年男女，施以簡易的日語教育和日本國民精神研修。以促進日語普及，並培養公民資質向上，養成愛國情操，涵養婦德，快樂及優雅之情操，使日臺融合一致，並傳授生活之技能與知識，且體認時局，加強國防觀念㊂。

日語講習所收容對象是十二歲至廿五歲的本省男女青年，大多爲失學青年，白天工作，夜晚講習。修業期限分爲長期與簡易兩種，長期以一年至四年爲期，一年修業一百日，爲一期，每週三晚㊂，學生大抵以上課一期至兩期者爲多。簡易日語講習所的講習時間較短，通常以三個月至六個月爲一期，一期上課六十日以上㉝。

日語講習所常附設於公學校中，其課程以日語爲中心，並有算術、唱歌、遊戲、手藝、裁縫等課程㉞。平均每週上課時數爲十二時，其中，日語卽佔了七時，算術二時，修身、唱歌、體操各一時，女生加授裁縫手藝或家事二時㉟。

日語講習所爲失學社會青年的識字教育，是日人在臺推行日語普及運動中重要的角色，不少失學青年男女經由此類講習獲得粗淺的知識與技能，至昭和十三年止，全省有日語講習所三四五四所，簡易日語講習所三八五二所，學生共達四七二、一四二人，其中有四一．八七%能解日語㊱。不論日語講習所是否能達到如此宏大的教育效果，但它是補救失學青年男女接受基礎教育的大好機會。尤其，臺灣女子失學率的比例高達三分之二的情形下㊲，日語講習所，輔助正規教育的非正式女子教育機關，自有其不可忽視的價值。

第七章　結　論

在日本帝國主義者殖民統治下的臺灣女子教育，雖然有新內涵與新制度，在發展過程中亦有可觀之處。但是這種新式的女子教育，以異民族、異文化的方式展開，構成日據時期當中，臺灣女子教育的特殊意義。茲將研究所得，歸納下列五點說明之。

一、殖民統治下的差別教育

中日馬關條約後，臺灣卽淪爲日本的殖民地。日本統治當局在臺灣實行的教育，無論是何形式與內容，都是爲了統治者的利益，不是爲殖民地人民的幸福。

臺灣女子誠然尚未有新式的教育，然而在近代化過程中，第一個新式教育，却以異於本國民族文化的方式出現，自然引起先天性的排斥㊁。再則，被武力征服的臺灣同胞豈能輕易忘記喪國之痛？因此，縱然日式的臺灣女子教育比傳統的女子教育更進步，但是難以消除對日本帝國主義者的敵視與抗拒自然出現，導致了無法突破的障礙，造成現代式女子教育發展上的極大困難。

除此之外，日本殖民統治下的種族歧視與差別待遇，更是臺灣女子教育的致命傷。臺灣人的教育比起在臺日本人的教育是差一截的次等教育，卽使民國十一年以後，教育上的差別，在表面上似乎消失，但是事實上還是存在。在教育上還是處處保障日人的優越地位與特別利益。所以，殖民政策下的差別教育是日據時期無改變的特性。

二、臺灣女子教育在日據後期才有增長

民國八年以後，臺灣女子教育系統確立下來，分別以初等、中等、師範與實業四大系統發展，使日據後期的臺灣女子教育呈現質與量並增的現象。

玆將日據前期與後期的女子教育系統比較如下：

民國八年以前女子教育系統：

學齡	學年	學制	學制	學制
7	一	四年制公學校	六年制公學校	四年制公學校
8	二			
9	三			
10	四			
11	五			三年制技藝科
12	六			
13	七			

民國八年以後女子教育系統：

學齡	學年	公學校學制	實業補習學校學制	高等女學校	師範教育學制
6	一	四年制或六年制公學校	六年制公學校	六年制公學校	六年制公學校
7	二				
8	三				
9	四				
10	五				
11	六				
12	七	公學校高等科	二年制或三年制實業補習學校	四年制高等女學校	四年制高等女學校　師範學校
13	八				
14	九				
15	十				
16	十一				講習科　演習科

由以上兩系統可知日據後期的女子教育，系統分明，修業年限延長，程度提高。

就初等教育方面而言，女子就學率自民國八年的七・三六%提高至六〇・九四%，增加八・二倍。校數是四一〇增加至九二二校，增長二・二倍。就學人數由二一九六一人增至二八九八一〇人，增長一三倍。

在中等教育方面，偏重於質量的提高。從實業技藝教育提升爲普通中等教育。入學資格由四年制公學校畢業提高至六年制畢業，修業年限由三年延長爲四年。就讀的人數亦有增加，由民國八年的三〇三人，至民國卅二年的一二四九人，增長四倍。招生情形由招生不足演變至激烈競爭。但是由於日本當局的政策，不喜臺灣人進入中等以上學校接受高深教育，由此，臺灣女子只有非常少數進入高等女學校，至民國三十二年止，共有八八三〇人畢業。

師範教育是臺灣女子教育的最高階層，程度最高，發展較弱。臺灣女子以進入臺北第三、彰化與臺南第二補習科接受師範教育者較多。臺北第一師範學校公學師範部女子演習科，自民國十七年設立，至民國三十二年止，共有臺灣女子九一人畢業。

女子家政補習學校是後來居上的實務教育，自民國二十二年以後，有明顯的增長。至民國三十二年止的十年之間，校數增爲二九校，畢業人數二九三七人，實爲次於初等教育的主要女子教育。

三、賢妻良母主義是臺灣女子教育的核心

臺灣女子承襲古訓，以「主中饋，事奉舅姑、丈夫，養育子女，勤力女紅爲主要的日常工作」[36]，因此傳統的女子教育亦不脫離此範圍，注重婦德、婦容、婦言、婦功之教導與傳習。日據之女子教育即以中國的四德爲中心，揉和了大和民族的母性教育。包括社會、倫理道德之認識、仁慈忍耐、寬大安靜、貞淑柔順之個人美德；禮儀修飾、清潔周密、勤儉利用之生活習慣；裁縫手藝、家飾編織之技能培養，以及家庭經濟、育兒養老之知識。舉凡衣食住行的家政知識，未有不教導者，實與我國四德之精神一致。

從初等教育至中等教育、實業教育或師範教育，莫不以此爲核心。

四、臺灣女子教育具有完成自我和貢獻國家社會的特質

女子教育以賢妻良母主義爲中心，但仍注重向內尋求自我能力與人格之涵養，向外適應社會國家之需要以迎合世界潮流趨勢爲目標，堪稱一由內而外的完整教育。

日本統治者在臺灣的教育以同化爲目標，以漸進爲手段。因此之故，從初等教育開始即以普及日語爲首要之務，其功用在求同化，但是語文的效用與潛力也蘊藏其中。在臺灣女子教育中所偏重的日文課，即爲知識之鑰，它能打開閉鎖的心靈，去接觸人類知識與智慧的結晶，進而充實自我能力，發現自己的價值，創造改善自己與別人的生活。因此，縱使是日式教育的日文，亦與中文一樣，具備了使女性自我完成的特質。

除此之外，日式的女子教育極爲注重國家觀念，自基本教育始，即灌輸日本特殊的國體，天皇制度和日本國民公民所應具備的社會責任與地方福利的服務觀念，使女子仍以成爲社會的一份子爲榮，了解家庭管理直接使社會安定、國運興隆有關，使女性的生活超越狹隘家庭主義的限制，實可視爲賢妻良母主義的擴充與積極的發揮。

五、臺灣女子教育是程度淺近的實用性教育

日本當局在臺灣所提倡的女子教育都是程度甚低淺的普通教育而已。沒有提供專門或高等之教育。這

種現象，一方面以殖民地差別待遇的理由來解釋。另一方面與臺灣當時忽視女學有密切關係。

因此，日人治臺之初，卽以淺近的、實用的、大多數人爲對象的教育政策爲主，放棄空泛的、陳義過高的、不切實際的學問，以及以少數人爲對象之政策(三二)。

在內容上亦是以實際生活爲主，普遍注重身心平衡發展的體操、遊戲課程，亦注重日常生活藝術陶冶的音樂、圖畫課程。這些都是實用的知識與訓練，沒有高深的學問。整個女子教育，除了人數比例非常少的師範教育之外，都是程度甚低淺的日常生活基本教育。

註釋

(一) 陳冠學，老臺灣（臺北，東大圖書公司，一九八一）頁六十三。
(二) 同(一)。
(三) 李國祁，中國現代化的區域研究：閩浙臺地區，一八六〇～一九一六（臺北，中央研究院近代史研究所，一九八二）頁五二九。
(四) 臺灣省文獻委員會，臺灣省通誌，教育志（臺北，衆文，一九七〇）。
(五) 請參考李又寧、張玉法，中國婦女史論文集（臺北，商務，民七十年）和張玉法、李又寧，近代中國女權運動史料（臺北，傳記文學社）所收集之各種婦女史料與論文所顯示的豐富內容。
(六) 趙文藝，我國近二十年來女子高等教育發展之研究（臺北，正中，一九七四）。
(七) 臺灣總督府，學事一覽，昭和十八年。
(八) 張壽山，日據時代臺灣國民教育之分析（民國四十六年國立政治大學教育研究所碩士論文）。
(九) 吳文星，日據時期臺灣師範教育之研究（國立師範大學歷史研究所碩士論文，民國六十八年）。

⑩ 臺灣教育會編，臺灣教育沿革誌，分爲臺灣教育會公布之前與臺灣教育會公布之後兩期；臺灣省通誌教育志則分爲，日據前期、日據中期與日據後期。吉野秀公，臺灣教育史（昭和二年），則分爲臺灣人教育基礎時期、確立時期和發展期。綜觀以上所述大抵皆爲民國八年（西元一九一九年）臺灣教育令的公布爲分水嶺。

⑪ 張壽山，前引文，頁三～四。

⑫ 臺灣教育會編，臺灣教育沿革誌（臺北，該會，日、昭和十四年），頁十六。

⑬ 吉野秀公，臺灣教育史（臺北，日、昭和二年），頁三十六。

⑭ 同⑬。

⑮ 臺灣教育會，前引書，頁七〇九，統計是四八名學生。佐藤源治，臺灣教育の進展（日、昭和十八年），附錄頁四，引用前項資料，亦是四八名。臺北第三高等女學校創立滿三十五年紀念誌（臺北，該校，日、昭和八年），頁九，統計是三七名。臺北第三高等女學校創立滿三十年紀念誌（臺北，該校，日、昭和三年），頁四十四，列爲四〇名，並說明首次招生，學生在中途入學或退學，至五月廿七日開學時，共有學生四〇名開始上課，此項資料應爲正確。

⑯ 臺灣省文獻委員會編，臺灣省通誌教育志，教育行政篇（臺北，該會，民五十九年），頁六十七。

⑰ 臺灣教育會，前引書，頁七〇九。

⑱ 臺北第三高等女學校創立滿三十年紀念誌，頁四十六～四十七。臺北第三高等女學校創立滿三十五年紀念誌，頁八～十二。

⑲ 同上註，頁四十七～四十八。

⑳ 臺灣省文獻委員會，臺灣省通誌教育志，制度沿革篇，頁七十七。吳文星，日據時期臺灣師範教育之研究（臺北，國立師範大學歷史研究所，民國六十八年），頁一。

㉑ 陳宏文，馬偕博士在臺灣（臺北，東輝，民國六十一年），頁七十七～七十八。
李國祁，中國現代化的區域研究——閩浙臺地區，一八六〇～一九一六（臺北，中央研究院近代史研究所，民七十一年），頁五三二。
汪知亭，臺灣近代教育史料新編（臺北，商務，民六十七年），頁二〇。

㉒ 陳宏文，前引書，頁七十八。

㉓ 陳宏文，前引書，頁八十三～八十四。

㉔ 吳文星，前引書，頁九。

㉕ 臺北第三高等女學校創立滿三十年紀念誌，頁五〇。

㉖ 臺灣教育會，前引書，頁七一〇。

㉗ 臺北第三高等女學校創立滿三十年紀念誌，頁四十八。

㉘ 同㉕，頁五十二。

㉙ 同㉕，頁五十六。

㉚ 同上註。

㉛ 同㉕，頁五十三～五十四。

㉜ 臺北第三高等女學校創立滿三十五年紀念誌（臺北，該校，昭和八年），頁十一。

㉝ 臺灣教育會編，前引書；頁五十四～五十五；同㉖，頁五五八～五七九。

㉞ 臺北第三高等女學校一覽（昭和十五年）。

㉟ 前田孟雄，「臺灣兒童の教育上困難る事の一」，教育雜誌，第三期（臺北，臺灣教育會，明治三十四年），頁三十九。

㊱ 前田孟雄，前引文，頁三十八～三十九；吳漫沙，「臺北的藝旦」，聯合文學，第三期，（臺北，聯合文學雜誌社，民國七十四年一月），頁七十四。

㊲ 吳文星，「日據時期臺灣書房教育」，思與言，第十六卷，第三期（臺北，思與言雜誌社，民六十七年九月），頁二六四。

㊳ 「教育品展覽會」（國語學校第三附屬學校通信），教育雜誌，第三期（臺北，臺灣教育會，明治三十四年），頁七十～七十四。

㊴ 同㉒，頁十二。

㊵ 吳文星，日據時期臺灣師範教育之研究（臺北，國立師範大學歷史研究所碩士論文，民六十八年），頁九。

㊶同㉜，頁十三。
㊷臺灣省文獻委員會，前引書，教育行政篇，頁七十一。
㊸同㉟，頁七十六。
㊹張壽山，日據時代臺灣國民教育分析（民國四十八年，國立政治大學教育研究所碩士論文），頁一二五。
㊺同㉞。
㊻同㊲，頁九十四。
㊼臺灣教育會，前引書，頁八二三。
㊽同上註；臺灣省文獻委員會，前引書，教育設施篇，頁五十六～五十七。
㊾同上註。
㊿同㊲，頁八十七～八十八。
(五一)同㊲，頁八十九。
(五二)同㊲，頁九十五～九十六。
(五三)臺灣公立臺北女子高等學校一覽（大正八年）。
(五四)當時日人女子已有臺北高等女學校，創於明治三十七年和臺南高等女學校，創於大正六年，參見臺灣省通誌教育志，教育設施篇，頁六十五。
(五五)同㊲，頁一〇一。
(五六)同㊲，頁九十九。
(五七)同㊲，頁九十二。
(五八)吳文星，日據時期臺灣師範教育之研究（臺北，民國六十八年國立師範大學歷史研究所碩士論文），頁四十三。
(五九)陳紹馨，臺灣的人口變遷與社會變遷（臺北，聯經，一九七九），頁二。
(六〇)同(五八)，頁三十八～三十九。

(六一) 同(五八)，頁四十四。
(六二) 臺北第三高等女學校創立滿三十年紀念誌（臺北，該校編印，日、昭和三年），頁一二八。
(六三) 同上註。
(六四) 同(五八)，頁三。
(六五) 同(五八)，頁三。
(六六) 同(六二)，頁一〇六。
(六七) 同(六二)，頁一四一。
(六八) 同上註。
(六九) 臺灣省文獻委員會，臺灣省通誌教育志，教育設施篇（臺北，該會編印，民國五十九年），頁六十五。
(七〇) 臺灣省文獻委員會編，前引書，制度沿革篇，頁七十三。
(七一) 臺北第三高等女學校創立滿三十五年紀念誌（臺北，該校，昭和八年），頁十八。
(七二) 臺灣教育會編，臺灣教育沿革誌，頁八二八。
(七三) 臺灣教育會，前引書，頁八二九～八三一。
(七四) 臺北第三高等女學校創立滿三十年紀念誌，頁一一九～一二〇；臺灣教育會，前引書，頁八三七～八四〇。
(七五) 臺北第三高等女學校創立滿三十五年紀念誌，頁十七～十八。
(七六) 私立淡水高等女學校編，該校學則及諸規程，附學事關係法規（臺北，該校，昭和十四年），頁一六二，臺灣公立高等女學校規則，第十條。
(七七) 臺灣省文獻委員會，前引書，教育設施篇，頁六〇～六一；臺北第三高等女學校創立滿三十年紀念誌，頁一三八～一三九。
(七八) 臺灣省文獻委員會，前引書，教育設施篇，頁六十四；高雄州立高雄高等女學校一覽（高雄，該校，昭和十三年）。
(七九) 福島政雄，母性教育論（東京，藤井書店，昭和十八年），認爲女子教育的中心問題乃是母性的陶冶。
(八〇) 本表根據大正八年、九年、十年的臺北女子高等普通學校一覽；昭和十三年，臺中州立彰化高等女學校一覽；昭和十一年，臺南州立臺南第二高等女學校一覽所統計之資料編製。

（八一）本表根據臺灣總督府學事年報第廿一期至卅六期資料，及昭和十三年至十八年，總督府學事一覽的統計資料編製。

（八二）同上註。

（八三）臺灣總督府文教局編，臺灣の學校教育（臺北，該局，昭和十六年），頁三十二～三十三。

（八四）本表根據以下各資料：新竹州立新竹高等女學校一覽（昭和十三年）；臺南州立虎尾高等女學校一覽（昭和十五年）；花蓮港廳之花蓮港高等女學校一覽（昭和十三年）；臺北州立蘭陽高等女學校一覽（昭和十七年）；高雄州立屏東高等女學校一覽（昭和十三年）；高雄州立高雄高等女學校一覽（昭和十三年）；臺南州立嘉義高等女學校一覽（昭和十三年）；臺中州立臺中高等女學校一覽（昭和十三年）；臺南州立臺南第一高等女學校一覽（昭和十六年）。

（八五）本表根據以下資料：臺北州立臺北第三高等女學校一覽（昭和十五年）；臺中州立彰化高等女學校一覽（昭和十五年）；臺南州立臺南第二高等女學校一覽（昭和十一年）。

（八六）臺北第三高等女學校創立滿三十五年紀念誌，頁十五。

（八七）張壽山，日據時代臺灣國民教育之分析，頁一三八。

（八八）參閱本章本節表二。

（八九）張壽山，前引文，頁一三八。

（九〇）同（八六）。

（九一）參考本章本節表三。

（九二）臺灣總督府文教局編，臺灣學事一覽（昭和十三年），頁三十七。

（九三）同（八六）。

（九四）同（八四）。

（九五）高木平太郎，「本島女兒の教育に就いて」，教育雜誌，第七十一號（明治四十一年二月），頁三十三。

（九六）參閱本章第三節，表二。

（九七）同（八四）。

（九八）李棟明，「日據時期臺灣人口社會增加研究」，臺灣文獻第二十卷第二期（臺北，臺灣文獻委員會，民五十八年六月），頁一一九。

（九九）臺灣總督府文教局，臺灣學事一覽（昭和十八年），頁六十。

（一〇〇）臺北州立臺北第三高等女學校學事一覽（昭和十五年）。

（一〇一）同上註。

（一〇二）同（八四）。

（一〇三）同（九六）。

（一〇四）吳文星，日據時期臺灣師範教育之研究，頁五十一。

（一〇五）林本，日本教育之理論與實際（臺北，開明，民國五十六年），頁一二二～一二三。

（一〇六）蔡振豐，苑裏志列女傳（臺北，臺灣銀行經濟研究室，民國四十八年，臺灣文獻叢刊第四十八期），頁七十九。

（一〇七）洪敏麟，「纏腳與臺灣的天然足運動」，臺灣文獻第二十七卷，第三期（臺灣文獻委員會，民國六十五年九月二十七日），頁一四三。

（一〇八）鄭連明，臺灣基督教長老教會百年史（臺北，臺灣基督教長老會，民國五十四年），頁九十一。

（一〇九）臺灣省新竹縣志，卷七，教育志（新竹縣文獻委員會，民國六十五年），頁三十。

（一一〇）臺灣教育會，臺灣教育沿革誌（臺北，該會，昭和十四年），頁二四八；李園會，日本統治下における臺灣初等教育の研究（臺中，臺中師專，民國七十年），頁一八九，指出明治三十一年，國語傳習所女學生數有五人。

（一一一）吳文星，日據時期臺灣師範教育之研究（臺北，國立師範大學歷史研究所，民國六十八年碩士論文），頁十一。

（一一二）臺灣教育會，前引書，頁二二九。

（一一三）臺灣省文獻委員會，臺灣省通誌教育志教育設施篇（臺北，該會，民國五十九年），頁十七。

（一一四）臺灣教育會，前引書，頁四〇八。

㉕ 臺北第三高等女學校創立滿三十年紀念誌（臺北，該校，昭和三年），頁五十七。
㉖ 吉野秀公，臺灣教育史（昭和十四年），頁一六九。
㉗ 同㉕。
㉘ 張壽山，日據時代臺灣國民教育之分析（臺北，國立政治大學教育研究所碩士論文，民國四十八年），頁四十五～四十九。
㉙ 臺灣教育會，前引書，頁二九五。
㉚ 臺灣教育會，前引書，頁二六三。
㉛ 新竹縣志，卷七，教育誌，頁三；吉野秀公，前引書，頁六。
㉜ 臺灣省文獻委員會，前引書，頁二十～二十一。
㉝ 臺灣教育會，前引書，頁二七一。
㉞ 臺灣教育會，前引書，頁三一五～三一六；張壽山，前引文，頁七十四。
㉟ 臺灣省文獻委員會，前引書，頁二十五。
㊱ 民前十六年（明治三十年，二月十八日），漢譯明治天皇教育勅語公布，參閱吉野秀公著，前引書，頁一一二。
㊲ 臺灣總督府文教局編，臺灣總督府學事年報，第十八期（大正九年），頁二十五；張壽山，前引文，頁一二五；臺灣教育會，前引書，頁四〇八～四一〇。
㊳ 臺灣總督府學事年報，第十二期～十七期統計資料。
㊴ 臺灣省文獻委員會編，前引書，頁三十三～三十四；張壽山，前引文，頁一二五。
㊵ 臺北市立松山公學校開校四十周年紀念誌（臺北，該校，昭和十二年），頁三十四～三十六。
㊶ 同上註。
㊷ 民前十三年入學女生有三八二人，此屆於民前八年畢業十八人，其畢業率是二・六%；參閱臺灣省文獻委員會編，前引書，頁三十六，頁三十三。
㊸ 吳文星，日據時期臺灣師範教育之研究（臺北，國立師範大學歷史研究所，民國六十八年碩士論文），頁十一。

(一三四)「女子教育風化」，教育雜誌，第七十八期（臺北，臺灣教育會，明治三十六年九月）漢文部，頁二十一。
(一三五)「女學必要說」，教育雜誌，第七十九期（明治四十一年十月）漢文部，頁十一～十二。
(一三六)「女學勿忽」，教育雜誌，第十一期（明治三十六年二月）漢文部，頁二十一。
(一三七)木村匡，臺灣の普通教育，參閱吉野秀公，臺灣教育史，頁一三二。
(一三八)張壽山，前引文，頁四十九～五十；臺灣省文獻委員會編，前引書，教育行政篇，頁一〇三。
(一三九)臺灣省文獻委員會，前引書，教育設施篇，頁三十。
(一四〇)張壽山，前引文，頁一二二。
(一四一)臺灣省文獻委員會編，前引書，教育行政篇，頁六十。
(一四二)張壽山，前引文，頁九十。
(一四三)張壽山，前引文，頁九十四。
(一四四)臺灣總督府文教局編，臺灣總督府學事年報，第二十一期至三十五期（大正十二年至昭和十二年）統計資料。
(一四五)引用張壽山，前引文，頁一三一、頁一二五、頁一三八資料。
(一四六)引用張壽山，前引文，頁一二五、一三八資料統計而成。
(一四七)臺灣省文獻委員會編，前引書，制度沿革篇，頁七十七；張壽山，前引文，頁十一。
(一四八)吳文星，前引文，頁七十二。
(一四九)張壽山，前引文，頁五十二。
(一五〇)吳文星，前引文，頁七十三。
(一五一)下村壽一，聖戰完遂と女子教育（東京，藤原喜代藏，昭和十九年），頁二三八。
(一五二)張壽山，前引文，頁七十八～七十九。
(一五三)張壽山，前引文，頁九十四。
(一五四)下村壽一，前引書，頁二四七～二四八。

(一五五) 張壽山，前引文，頁一二五；臺灣省文獻委員會編，前引書，教育設施篇，頁三十五。
(一五六) 陳紹馨，臺灣的人口變遷與社會變遷（臺北，聯經，一九七九），頁一〇八。
(一五七) 吳文星，日據時期臺灣師範教育之研究，頁十二。
(一五八) 吳文星，同上文，頁二十三。
(一五九) 臺灣總督府國語學校第二附屬學校規程，第一條；臺北第三高等女學校創立滿三十年紀念誌（臺北，該校，昭和三年），頁七十六。
(一六〇) 臺北第三高等女學校創立滿三十年紀念誌，頁八十六。
(一六一) 同上註，頁八十九。
(一六二) 同(一六一)。
(一六三) 同(一六〇)，頁八十七～八十八。
(一六四) 同(一六〇)，頁八十七。
(一六五) 民前六年（明治三十九年）臺灣總督府國語學校第二附屬學校規程，第五條。
(一六六) 臺灣省文獻委員會編，臺灣省通誌，教育志，教育設施篇，頁五十七。
(一六七) 「附屬女學校通信」，教育雜誌，第一一九期（明治四十五年三月（民國元年，西元一九一二年）），頁六十～六十一。
(一六八) 臺灣公立臺北女子高等普通學校學事一覽，大正八年。
(一六九) 吳文星，前引文，頁二十三。
(一七〇) 「女生增加」，教育雜誌，第一一〇期（臺北，臺灣教育會，明治四十四年四月），漢文部，頁十四～十五。
(一七一) 臺灣省文獻委員會編，前引書，教育行政篇，頁一三九。
(一七二) 臺北第三高等女學校創立滿三十年紀念誌，頁一〇四。
(一七三) 民國八年，臺灣教育會，第五章，第二十六條；臺灣省文獻委員會，前引書，教育行政篇，頁一三九。
(一七四) 臺北第三高等女學校創立滿三十年紀念誌，頁一一四。

(75) 同上註，頁一一八。

(76) 同(74)，頁一三八～一三九。

(77) 臺灣省文獻委員會，前引書，教育行政篇，頁一四一。

(78) 同(74)，頁一四五；吳文星，前引文，頁一六五。

(79) 臺北州立臺北第三高等女學校講習科學則，第一章第一、第五條；臺北第三高等女學校創立三十年紀念誌，頁一三六。

(80) 民國十一年，臺灣教育令，第十五條；臺北第三高等女學校創立滿三十年紀念誌，頁一二九。

(81) 吳文星，前引文，頁五十一。

(82) 同(74)，頁一三八。

(83) 臺灣省文獻委員會，前引書，教育行政篇，頁一四四。

(84) 吳文星，前引文，頁一六六。

(85) 參閱本文第三章第一節之表格。

(86) 臺北第三高等女學校一覽（昭和十五年）；臺中州立彰化高等女學校一覽（昭和十三年）；臺南州立臺南第二高等女學校一覽（昭和十一年）。

(87) 臺北第三高等女學校創立滿三十年紀念誌，頁一六九。

(88) 臺灣省文獻委員會，前引書，制度沿革篇，頁七十五；臺灣教育令（民國十一年），第十四條。

(89) 同上註。

(90) 吳文星，前引文，頁一六六。

(91) 吳文星，前引文，頁七十六。

(92) 臺灣省文獻委員會，前引書，制度沿革篇，頁七十六。

(93) 臺灣省文獻委員會，前引書，教育設施篇，頁八十～八十一。

(94) 吳文星，前引文，頁七十六。

(一六五)臺北第三高等女學校創立滿三十年紀念誌，頁一六九。

(一六六)同上註，頁一七〇。

(一六七)臺中州立彰化高等女學校一覽（昭和十三年）。

(一六八)臺南州立臺南第二高等女學校一覽（昭和十一年）。

(一六九)本表根據，臺北州立臺北第二高等女學校一覽（昭和六年）；臺北州立臺北第三高等女學校一覽（昭和十五年）；臺中州立臺中高等女學校一覽（昭和十二年）；臺南州立嘉義高等女學校一覽（昭和十三年）；臺中州立彰化高等女學校一覽（昭和十三年）；高雄州立高雄高等女學校一覽（昭和十三年）。

(一七〇)吳文星，前引文，頁七十六。

(一七一)臺灣省文獻委員會，前引書，教育設施篇，頁二。

(一七二)臺灣省文獻委員會，臺灣省通誌教育志，教育行政篇（臺北，該會，民國五十八年），頁一二八。

(一七三)臺灣總督府文教局編，臺灣學事一覽（臺北，該局，昭和十八年），頁六十指出，自民前十五年至民國卅二年的各級學校畢業生統計資料中，實業學校皆無女生畢業紀錄。

(一七四)臺灣省文獻委員會編，前引書，教育設施篇，頁九五～一〇〇。

(一七五)張壽山，日據時代臺灣國民教育之分析，頁一二一。

(一七六)同(一七四)，頁一〇一。

(一七七)臺灣教育會編，臺灣學事法規（臺北，該會，昭和十八年），頁六七三～六七四。

(一七八)臺灣總督府文教局編，臺灣學事一覽，民國二十二年（昭和八年）農業補習學校有廿五校，臺灣女生畢業廿八人。民國二十三年，畢業十八人；民國二十四年，畢業廿五人，民國二十五年，農業畢業廿六人、商業五一人，以後家政類補習學校人數與畢業人數激增，農、商仍只是少數。

(一七九)臺灣總督府文教局編，臺灣總督府學事年報，第三十六期（臺北，該局，昭和十三年），頁十四；臺灣省文獻委員會，前引書，教育設施篇，頁一〇一。

⑳ 同⑲。

㉑ 臺北家政女學校同窗會編，臺北家政女學校同窗會會員名簿（臺北，該會，昭和十七年），頁二十六。

㉒ 臺灣總督府文教局編，臺灣總督府學事年報，昭和八年，頁二二一～二二三。

㉓ 本表根據臺灣總督府學事一覽，民國二十二年至民國三十二年之統計資料編列。

㉔ 從臺灣總督府學事年報，民國二十二年至民國二十七年的二一五人畢業生中，農業補習學校畢業者共有一三五人。

㉕ 臺灣省文獻委員會，前引書，教育設施篇，頁一〇四。

㉖ 臺北第三高等女學校創立滿三十年紀念誌，頁十五。

㉗ 參見本文第三章第三節。

㉘ 臺灣省文獻委員會編，臺灣通志稿教育志，教育行政篇（臺北，該會，民國四十七年），頁三一三。

㉙ 臺灣教育會，臺灣教育沿革誌（臺北，該會，昭和十四年），頁一〇二〇。

㉚ 臺灣時代社教育部編，臺灣教育事情（臺北，該部，昭和十二年），頁十；臺灣總督府社會局編，社會教育概要（臺北，該局，昭和九年），頁四。

㉛ 臺灣教育研究會編，臺灣學事年鑑（臺北，該會，昭和十五年），頁二八三～二八四。

㉜ 臺北市社會教育課編，臺北市教育要覽（臺北，該課，昭和八年），頁二十六。

㉝ 同㉜，頁二八六。

㉞ 同㉝，頁二十七～二十八；臺北松山公學校編，臺北松山公學校創立四十年紀念誌（臺北，該校；昭和十四年），頁四五～四六。

㉟ 臺灣總督府文教局編，臺灣與社會教育，頁七〇。

㊱ 臺灣總督府學事年報，第三十六期（臺北，臺灣總督府文教局，昭和十三年），頁二十六；佐藤源治，臺灣教育的進展（臺北，昭和十八年），頁一四〇。

㊲ 參閱本文第四章第三節。

㊳ 汪榮祖，晚清變法思想論叢（臺北，聯經，民國七十二年），頁三。

㊴ 徐秉愉，「正位於內，傳統社會的婦女」，杜正勝編，吾士與吾民（臺北，聯經，民國七十一年），頁一四七～一四八。

㊵ 吳文星，日據時期臺灣師範教育之研究（臺北，國立師範大學歷史研究所碩士論文，民國六十八年），頁十八。

參考書目

壹、圖書部分

一、中文圖書

1. 任時先，中國教育思想史（臺北，商務，民國六十三年）。
2. 李又寧、張玉法，近代中國女權運動史料（上、下冊）（臺北，傳記文學社，民國六十八年）。
3. 李又寧、張玉法，中國婦女史論文集（臺北，商務，民國七十年）。
4. 汪知亭，臺灣教育史料新編（臺北，商務，民國六十七年）。
5. 汪知亭，臺灣教育史（臺北，臺灣書店，民國四十八年）。
6. 汪榮祖，晚清變法思想論叢（臺北，聯經，民國七十二年）。
7. 何清欽，光復初期之臺灣教育（高雄，復文，民國六十九年）。
8. 李國祁，中國現代化的區域研究：閩浙臺地區，一八六〇～一九一六（臺北，中央研究院近史所，專刊四四，民國七十一年）。
9. 林本，日本之成長與教育（臺北，開明，民國六十四年）。
10. 周瑞章，最近之日本教育（上海，商務，民國二十四年）。
11. 馬以工，尋找老臺灣（臺北，時報，民國七十二年）。
12. 陳宏文，馬偕博士在臺灣（臺北，東輝，民國六十一年）。

13. 陳東原，中國婦女生活史（臺北，商務，民國七十年）。
14. 陳冠學，老臺灣（臺北，東大，民國七十年）。
15. 陳啓天，近代中國教育史（臺北，中華，民國五十八年）。
16. 陳紹馨，臺灣的人口變遷與社會變遷（臺北，聯經，民國六十八年）。
17. 陳顧遠，中國婚姻史（臺北，商務，民國七十二年）。
18. 黃中，我國近代教育的發展（臺北，商務，民國五十九年）。
19. 黃文點，臺灣基督教長老會北部教會大觀——北部說教百年周年紀念刊（一八七二～一九七二）（臺北，臺灣基督長老教會，民國六十一年）。
20. 程謫凡，中國現代女子教育史（上海，中華書局，民國二十三年）。
21. 楊士養，臺灣信仰名人傳（第一、二集）（臺北，臺灣教會公報社，民國五十五年、五十六年）。
22. 葉霞翟，家政教育論文集（臺北，華崗，民國六十二年）。
23. 趙文藝，我國近二十年來女子高等教育發展之研究（臺北，正中，民國六十三年）。
24. 臺灣省文獻委員會，臺灣省通誌，卷五，教育志（三八～四一冊）（臺北，該會，民國五十九年）。
25. 鮑家麟，中國婦女史論集（臺北，牧童，民國六十八年）。
26. 戴國煇，臺灣史研究（臺北，遠流，民國七十四年）。
27. 幼獅翻譯中心譯，日本的現代化與教育（臺北，幼獅，民國六十二年）。

二、日文圖書

1. 大日本聯合女子青年團編，女性と公共生活（東京，寶文館，昭和六年）。
2. 下田次郎，女性の心理上教育（東京，大正書院，日昭和二年）。
3. 三宅也寸子，我子の性教育（東京，文化生活研究會，日、大正十三年）。
4. 下村壽一，聖戰完遂と女子教育（東京，日本經國社，日、昭和十九年）。

同上，新日本女子教育理論（東京，日、昭和十一年）。

5. 小尾範治，社會教育概論（東京，大日本圖書會社，日、昭和十一年）。

6. 千葉敬止，女子青年學校の經營（東京，東洋圖書會社，日、昭和十四年）。

7. 小澤錦十郎，女子教育論（東京，目黑書店，日、明治四十五年）。

8. 井上嘉三郎，社會教育——日女學校（東京，東洋圖書株式會社，昭和三年）。

9. 斗六家政女學校編，斗六家政女學校卒業紀念（斗六該校，日、昭和十八年）。

10. 日本文部省教育史編纂會編修，明治以降教育制度發達史，第十一卷（東京，該會，日、昭和十六年）。

11. 中島太郎，近代日本教育制度史（東京，岩崎玉店，日、昭和四十一年）。

12. 中越榮二，臺灣の社會教育（臺北，日、昭和十一年）。

13. 石井李代子，日本家子教育（東京，培風館，日、昭和十二年）。

14. 片圖重助，女子青年團指導教範（東京，啓文社，日、昭和七年）。

15. 石澤吉磨，文化中心家事新教育法（東京教育研究會，日、大正十二年）。

16. 吉田態次，女子教育の理念（東京，同文書院，日、昭和六年）。

17. 吉田態次，社會教育原論（東京，同文書院，日、昭和九年）。

18. 吉野秀公，臺灣教育史（臺北，日、昭和二年）。

19. 伊集院一秀，隨筆公學校教育二十年（日、昭和十五年）。

20. 私立淡水中學、私立淡水高等女子學校學則及諸規，附學事關係法規（臺北，淡水，該校，日、昭和十四年）。

21. 私立臺北女子高等學院學友會，あさひかづり（臺北，該會，日、昭和十一～十四年）。

22. 佐佐木，女子體育（東京，目黑，日、昭和十四年）。

23. 李園會，日本統治下における臺灣初等教育の研究（臺中，臺中師專，民國七十年）。

24. 佐藤源治，臺灣教育の進展（日、昭和十八年）。

25. 沼田笠峰，現代小女とその教育（東京，同文館，日、大正五年）。
26. 林勇記，女子青年學校の經營（東京，紙硯社，日、昭和十六年）。
27. 皇民奉公令中央本部，青年鍊成之情況（日、昭和十八年）。
28. 高雄州立屛東高等女學校一覽（日、昭和十三年）。
29. 高雄淑德學校校友會，たちばな（高雄，該會，日、昭和十五年）。
30. 福島政雄，母性教育論（東京，藤井書店，日、昭和十八年）。
31. 臺中州立臺中高等女學校一覽（臺中，該校，日、昭和十三年）。
32. 臺中州立彰化高等女學校一覽（彰化，該校，日、昭和十五年）。
33. 臺中州教育課，臺中州教育狀況（臺中，該課，日、昭和十二年）。
34. 臺中家政女學校，臺中家政女學校校報。第一、四年（臺中，該校，日、昭和十三、十六年）。
35. 臺北市社會教育課，臺北市教育要覽（日、昭和八年）。
36. 臺北州立臺北第一高等女學校，各學校教授方針並教授要項一覽（臺北，該校，日、昭和四年，西元一九二九年）。
37. 臺北州立臺北第一高等女學校一覽（臺北，該校，日、大正十四年）。
38. 臺北州立臺北第二高等女學校一覽（臺北，該校，日、昭和十二年）。
39. 臺北州立臺北第三高等女學校一覽（臺北，該校，日、昭和十五年）。
40. 臺北州立基隆高等女學校一覽（基隆，該校，日、昭和十三年）。
41. 臺北州立蘭陽高等女學校一覽（日、昭和十七年）。
臺北家政女學校，臺北家政女學校同窗會會員名簿（臺北，該校，日、昭和十七年）。
42. 臺北家政學校同窗會會員名簿（臺北，該會，日、昭和十五年）。
43. 臺北第一高等女學校創立廿五週年紀念（臺北，該校校友會及同窗會編，日、昭和四年）。
44. 臺北第二師範所屬公學校編，公學校五、六年農業教授細目（女子用）（臺北，啓明會，日、昭和十二年，西元一九三七年）。
45. 臺北第三高等女學校創立滿三十五年紀念誌（臺北，該校，日、昭和八年）。
46. 臺北第三高等女學校創立滿三十年紀念誌（臺北，該校，日、昭和三年）。
47. 臺南市花園尋常高等小學校，學校少年（少女）團の組織と經營（臺南，該校，日、昭和十四年）。
48. 臺南州，學校少年（少女）團の組織と經營（臺南，日、昭和十五年）。
49. 臺南州立臺南第一高等女學校一覽（日、昭和十六年）。
50. 臺南州立臺南第二高等女學校一覽（日、昭和十一年）。
51. 臺南州立嘉義高等女學校一覽表（日、昭和十三年）。
52. 臺南州立虎尾高等女學校一覽（日、昭和十五年）。
53. 臺南州教育課，教育研究論文（臺南，該課，日、昭和六年）。
54. 臺南州教育課，教育論文集（臺南，該課，日、大正十四年）。
55. 臺南長老教女學校，燈，創立五十周年紀念（臺南，該校，日、昭和十二年）。
56. 臺南第二高等女學校校友會，豐榮，第六九、七〇號（臺南，該會，日、昭和十三年）。
57. 臺灣公立臺北女子高等普通學校一覽（臺北，該校，日，大正八、九、十年）。
58. 臺灣時代社教育部編，臺灣教育事情（臺北，該社，日、昭和十二年）。
59. 臺灣教育令，臺灣教育沿革誌（臺北，該會，日、昭和十四年）。
60. 臺灣教育會編，臺灣學事法規（臺北，該會，日、昭和十八年）。
61. 臺灣教育會，臺灣教育會關係法規輯覽（日、昭和十八年）。
62. 臺灣教育研究會，臺灣學事年鑑（臺北，該會，日、昭和十五年）。
63. 臺灣總督府，女子公民科教科書，第一、二冊（臺北，該府，日、昭和十、十一年）。
64. 臺灣總督府編，厚生省制定女子體力章檢定實施要綱（臺北，該府，日、昭和十八年）。

65. 臺灣總督府文教局編，臺灣の學校教育（日、昭和五～十六年）。
66. 臺灣總督府文教局，臺灣學事一覽（日、大正十一～昭和十八年）。
67. 臺灣總督府文教局，臺灣總督府學事年報（臺北，該局，日、明治三十六～昭和十二年）。
68. 臺灣總督府文教局，全國青年團處女會，家長會，主婦會詞（臺北，該局，日、昭和二年）。
69. 臺灣總督府文教局編，學系統計事務提要（臺北，該局，日、昭和十二年）。
70. 臺灣總督府文教局社會課，臺灣青少年團紀要。
71. 臺灣總督府臺北第一師範學校，臺灣總督府臺北第一師範學校一覽（臺北，該校，日、昭和七～十六年）。
72. 臺灣總督府臺北第一師範學校一覽（日、昭和七、十二、十六年）。
73. 臺灣總督府學務課編，臺灣教育志稿（日、明治三十五年）。
74. 彰化市女子公學校，彰化市女子公學校創立二十周年紀念誌（該校，日、昭和十二年）。
75. 廣賴均，日本女子の現代教育（東京，モナス，日、昭和十一年）。
76. 靜修女學校，靜修學校，第十號（臺北，該校，日、昭和十一年）。
77. 雜賀三省，女子體育學（東京，廣文堂，日、大正十三年）。

貳、論文部分

一、碩士論文

1. 王惠姬，清末民初的女子留學教育。臺北，國立政治大學歷史研究所碩士論文，民國六十九年。
2. 王婷婷，清末女子教育思想。臺北，私立文化大學史學研究所碩士論文，民國七十年。
3. 吳文星，日據時期臺灣師範教育之研究。臺北，國立師範大學歷史研究所碩士論文，民國六十八年。
4. 林勝利，清代女權思想的萌芽與發展。臺中，私立東海大學歷史研究所碩士論文，民國六十五年。
5. 張壽山，日據時代臺灣國民教育之分析。臺北，國立政治大學教育研究所碩士論文，民國四十八年。
6. 賈德琪，清末（一八四二～一九一一）新女子教育之興起。臺北，國立師範大學教育研究所碩士論文，民國七十年。

7. 廖秀眞，清末中國女子教育（一八六二～一九一九）。臺北，國立臺灣大學歷史研究所碩士論文，民國六十九年。

二、期刊論文

1. 王詩琅，「日據初期的籠絡政策」，臺灣文獻，第廿六卷第四期（臺北，臺灣文獻委員會，民國六十五年三月），頁三十一～四十九。

2. 李汝和，「日據時期殖民文教之入侵與漢學之潛流」，臺灣文教史略，第四章（臺北，臺灣文獻委員會，民國六十一年），頁五十二～五十六。

3. 李棟明，「日據時期臺灣人口社會增加之研究」，臺灣文獻，第二十卷第二期（臺北臺灣文獻委員會，民國五十八年六月），頁一～二十八。

4. 吳文星，「日據時代臺灣書房之研究」，思與言，第十六卷第三期（臺北，思與言雜誌社，民國六十七年九月），頁二六四～二九一。

5. 吳漫沙，「臺北的藝旦」，聯合文學，第三期（臺北，該社，民國七十四年一月），頁七十四～七十七。

6. 洪炎秋，「臺灣教育演進史略」，中原文化與臺灣（臺北市文獻委員會，民國六十年），頁四四四～四五六。

7. 洪敏麟，「纏脚與臺灣的天然足運動」，臺灣文獻第廿七卷，第三期（臺北，臺灣文獻委員會，民國六十五年九月），頁一四三～一五七。

8. 徐秉愉，「正位於內，傳統社會的婦女」，杜正勝編，吾士與吾民（臺北，聯經，民國七十一年），頁一四三～一八七。

9. 許恪士，「臺灣清代教育的演變」，臺灣文化論集（臺北，中華文化出版事業，民國四十三年），頁二三七～二四七。

10. 黃武忠，「美人心事，文人與藝旦座談會記錄」，聯合文學，第三期（臺北，該社，民國七十四年一月），頁六二～七三。

11. 黃得時，「從臺北帝國大學設立到國立臺灣大學現況」，臺灣文獻，第廿六卷第四期（臺北，臺灣文獻委員會，民國六十五年三月），頁二二四～二四五。

12. 臺灣省文獻委員會，「日人治臺政策與歐美各國東南亞殖民政策的探討」，臺灣文獻，第二十卷第三期（臺北，該會，民國五十八年六月），頁一九〇～一九四。

13. 王金海，「婦人教育の理想」，臺灣青年，第二卷第一期（東京，新民會，日、大正十年一月），頁五六～六〇。

14. 中島左一，「女子教育奬勵に關する予が經驗」，教育雜誌，第五十二號（臺北，臺灣教育會，日、明治三十九年），頁一九～二五。

15. 前田孟雄，「臺灣兒童の教育上困難なる事の二」，教育雜誌，第一〇一號（臺北，臺灣教育會，日、明治四十三年一月），頁三五～四〇。

16. 高木平太郎，「本島女兒の教育に就いて」，教育雜誌，第七十號、七一號（臺北，臺灣教育會，日、明治四十一年一月、二月），頁十七～二十一，三十一～三十八。

17. 臺灣教育會，「教育品展覽會」，教育雜誌，第三號（臺北，該會，日、明治三十四年十二月），頁七〇～七四。

（雲林工專學報，第四期，七十四年五月）

馬太安阿美族的婚姻制度

劉斌雄

阿美族（Ami）是臺灣土著族中最大的一族，人口五萬餘，分佈於中央山脈以東沿太平洋的狹長地帶，大部分居於平地，只有極少數居於山谷中。他們又因分佈地域的不同而略有習俗、語言上的差別，大約可分爲五個羣：居於北部花蓮平原者爲南勢阿美，中部在海岸山脈以東者爲海岸阿美，以西者爲秀姑巒阿美，南部在卑南平原者爲卑南阿美，在恒春附近者爲恒春阿美。

馬太安社（*vataʔan*）爲秀姑巒阿美族主要部落之一，社址在臺東線鐵路光復站正北二公里處的小丘陵上，位於花蓮溪（*tarawadau*）上流馬太安溪（*satavo*）與清水溪（*tsiogan*）之合流處，西面爲馬錫山（*tsikurusajan*）。現在行政區隸屬於花蓮縣光復鄉，其部落密集於大平、大馬、大同、大安四個村。阿美族的部落形態以定居、聚居，和成員衆多爲其最明顯的特點㈠。馬太安社是十七世紀荷蘭古文書上所記載阿美族村社中僅存的古社之一㈡，現有三百六十三戶、二千三百六十二人㈢，其戶口之衆、定居之久，爲阿美族最典型部落之一。

有關馬太安社或秀姑巒阿美族社會組織調查或研究的文獻向來不多，除了佐山融吉氏著的蕃族調查報告書阿眉族篇及河野喜六氏的番族慣習調查報告書第二卷等有初步報告而外，以後少見有專文著錄。本所同人，曾計畫馬太安社的民族學調查及秀姑巒阿美族社會組織調查工作，後承中國東亞學術研究計畫委員會之推薦，得哈佛燕京社之補助，在民國四十七年及四十八年兩度舉行之。本文係根據筆者參加該項調查所得有關婚姻制度的資料而寫成者。（編者案：作者爲中央研究院民族研究所研究員）

關於阿美族的婚姻，除上述諸書有簡單的記述外，岡田謙氏在其所著阿美族的家族生活一文中有較詳細的報導㈣。該文注重家庭構成及功能的分析，但有關婚禮部分，僅有南部池上社的一事例。在阿美族古老婚俗消失殆盡的今天，仍不失爲一種重要的文獻。

阿美族和漢族大規模的接觸，始於清朝末期。日據時其居住地域被置於一般行政區域內，並未與平地人隔離，日人並曾致力於其生活習慣的改善。加以基督教傳入該族已有三、四十年的歷史，族人大半已改信耶穌教或天主教。今天在馬太安社可看見的婚禮，均在教堂裏由牧師、教士執行。凡此種種，皆成爲促進古老婚姻禮俗的迅速解體之主因。

本文係原始婚姻習俗之蒐集及記錄，故以長老階級的老人爲採訪的對象。主要報告人有馬太安社現任總頭目兼總司祭（*Sapaluŋau*）何有柯先生（*unak-tavoŋ*）和連再芳先生（*isin-tavoŋ*），推定其年齡均在七十至八十之間；翻譯由陳阿順先生（*vasadawas*）擔任；此外現任花蓮縣議員王錫山先生夫妻、田誠次先生及吳金妹先生夫妻，曾給予多方協助，謹誌謝忱。稿成後蒙衞惠林教授及林衡立先生審正，丘其謙先生斧正全文，亦在此敬申謝意。

一　婚姻形態

根據美國人類學者 Murdock 氏所下的定義，婚姻(marriage)是一種介乎男女之間爲社會認可的關係，包括經濟合作、同居及相互的性行爲。這種關係在文化模式的法則上是有規則地詳細舉出誰可以或不可以進入這種關係，怎樣才可以建立和終止這種關係；每對配偶對於這種關係可以或不可以做些什麼㊄。

本文注重制度的記述，擬討論有關婚姻的諸形態、禁婚法則、求婚、婚禮、離婚再婚及特殊婚俗等諸問題。

馬太安阿美族的婚姻形態，以配偶組合的形式而論，是以單偶婚、招贅婚、嫁娶婚、收繼婚（妻姊妹婚、夫兄弟婚）、長幼婚爲其主要的內容，其通婚的一般方式即以戀愛爲媒介，但偶而有交換婚的發生。

㈠單偶婚

本族的婚姻是嚴格的採用一夫一妻的單偶婚(monogamy)制度。雖然離婚再婚的風氣相當盛，但除了在神話上有多偶婚(polygamy)的傳說外，實際上沒有這種例子，而且是被視爲禁忌的，阿美族人稱之曰 *akaka ramol a pakape*，意思是「不可娶妾(*kape*)」㊅。

馬太安社的洪水神話傳說着種種特殊的婚姻形態，除了有幸免於水災的兄妹後來結婚成爲人類始祖的兄妹婚(brother-sister marriage)以外，還有兩兄弟共娶一婦的一妻多夫婚(adelphic polyandry)。這些神話裏的婚俗反映着他們現在認爲不合理的婚姻觀念，茲收錄於下：

這是祖神們還在舞鶴(*kalala*)臺地居住時所發生的故事。男神 *majau* 和女神 *tsiŋatsiŋau* 有一個獨生女，名叫 *tejamatsan*，她全身發光，無論到什麼地方去都不能隱蔽其光輝。海神 *panasajan* 和女神 *rijar* 的兒子，雷神 *kaduŋkuŋ* 與 *kalawatsan* 兩兄弟到 *tejamatsan* 的家求婚(*miholol*)。哥哥 *kaduŋkuŋ*

先到，*tejamatsan* 的父母即有許配之意，故對後來的弟弟 *kalawatsan* 即拒絕了。其兄再來，與女的父母商量的結果定於五天後迎女成婚。跟着他弟弟也來了，再與女之父母談判，但被拒絕。弟弟 *kalawatsan* 說：「再過兩天我一定要來娶她！」*tejamatsan* 返答說：「我本來就有意嫁給你的，不必介意父母反對吧！」兩天後 *kalawatsan* 果然來了，其母立即把女兒隱藏起來。她瞞着 *kalawatsan* 說：「女兒不在」，但是她的女兒是不能隱藏的，她的光輝透過任何的東西都看得到。故 *tejamatsan* 立刻被發見了，*kalawatsan* 立即帶她向東方去。後來其兄 *kaduŋkuŋ* 發覺此事，即向其父母 *panasajan* 及 *rijal* 大發雷霆，最後向其父母提議說：「冬天我要娶她；夏天讓 *kalawatsan* 再娶她吧！」這是兄弟娶一婦（*makakotai ko malukakaʔai*）的提議。起初父母不許，雷神 *kaduŋkuŋ* 越發脾氣，雷聲四起，海水因而大退。母親不得已而許之，海水就大漲，淹沒所有的平地。當時的住民差不多都給這次洪水淹死了。死者昇天，變成天上的繁星。而現今臺地上的石柱即爲當時家屋的木柱所化成的。當時避水逃生者有乘木臼（*dodaŋ*）而免難的 *pilukalau* 和 *marokirok* 兄妹；乘壁板（*tsavoŋ*）避難的 *tsihtsih* 和 *patorau* 姊弟。前者漂到 *tsatsoraʔan*（鳳林山），後者漂到 *amanalai*（拔仔社西方山地）。這二組兄妹及姊弟，成人後結成夫妻。後來的人類就是從這二對兄妹、姊弟繁衍下來的。前者的後裔稱曰 *pakadodaŋai*，後者的後裔稱曰 *pakatsavoŋai*。馬太安社即是 *pakadodaŋai* 的直系後裔所建立者。

(二)招贅婚

男人入贅於女家爲阿美族正常的婚姻法則，稱爲 *mikadavoʔai*。這種婚姻與母系承繼法則有密切的關聯，蓋本族的社會原是一個典型的母系社會(matrilineal society)，其承嗣（descent）、繼承（inheritance）、襲位(succession)的原始性質都是母系的，婚姻居住法則（residence）也是以從妻居的招贅婚爲正則。

阿美族的招贅婚帶有濃厚的服役婚的性質，男先到女家服務數天後始行同居，結婚手續至此方可認爲完成。這種招贅婚本來就缺乏隆重的儀禮，不過女家迎接女壻時，亦有數種婚禮儀式存在（參看婚姻儀禮項）。

男人入贅後的第二年，白天需回母家幫助家事，如狩獵、上山砍柴、建築、開墾等工作，謂之*pahavai*。以一整年爲一期，前後共需服務二期。婚後妻子也常到丈夫家去幫忙，如早上汲水、晚上舂米等，也謂之*pahavai*。

㈢嫁娶婚

嫁娶婚限在某家無女嗣時，爲延續家嗣計而行之。這種婚姻方式在印度尼西亞（Indonesia）文化圈裏頗爲普遍，稱之爲 ambil-anak marriage。

男家無女嗣而欲娶妻時，即請媒人（*kajakai*）去女家說項。媒人多請姨母（va'e）擔任之。假若女家答應，當晚男家的母親隨同媒人或二、三個近親去女家把新娘帶回來，此時不要聘禮（與招贅婚的場合相同）。新娘來後，與家族一同吃飯，頭二、三夜新娘跟婆婆睡在一起。第四天黃昏，乘女家吃飯的時間，新郎擡着當天從山上砍下來的柴薪到女家去，從後門走進，靜靜的把木柴放在簷下，旋即回家，以後每隔數天便送柴一次，曰*pakasoi*。

經過一年後，新婦始回娘家去幫工，曰 *pahavai* 。此後每遇娘家開墾或農忙時（*tavudan*），便回去幫工。媳婦回去娘家後過了五天或六天，婆婆乃在家做好了糯米糕（*sahakhak*），到女家去把媳婦接回來，大家一起吃糕。女婿如聞知岳家將行採伐（*valewan*）、開墾（*tavudan*）、種植（*sapanajan*），或收穫（*pipanajan*），便偕同其妻到岳家去幫工，亦曰 *pahavai* 。這種嫁娶婚，稱之曰 *nilikidai*。

入贅的男子因與岳父母感情不洽而離開贅家時，其妻有隨夫到男家來者，曰 *nidodoʔai* ，其後他們從男家分戶自成一家，稱曰 *ipaladah*。其子女即承繼父系，故例應認爲嫁娶婚的另一種形式。

近十年來，嫁娶婚這一形態有繼續增加的趨勢。這顯明的是受了漢族文化的影響。其伴隨而來的現象爲賣買婚——聘金制度。就筆者所採集系譜的例子觀之，全家族仍舊單行女招男贅的傳統方式的已不多見，大部分的家庭已是女有嫁有招、男有娶有贅的混亂狀態，但是，全家族改行漢式的嫁娶婚者也僅有一例。由是，與其說馬太安阿美族已在從母系社會轉變到父系社會的過程中，不如說該族的婚姻有兩可居處的傾向較爲實際。

㈣收繼婚

喪偶的鰥夫和寡婦常被視爲有禁忌的人。這種人帶有危害別人的巫術能力，但其再婚不在禁忌之列。經過一段時期的守忌後仍可再婚。當鰥、寡可以再婚時，入贅的鰥夫和原配偶的姊妹之結婚或入嫁的寡婦和原配偶的兄弟之結婚常被優先考慮，因而往往有妻姊妹婚（sororate）或夫兄弟婚（levirate）等收繼婚的發生。這些婚姻形態，均被稱爲 *maʔarodai* 。

1.妻姊妹婚　這種婚姻是說贅婿喪偶時再贅於其妻的姊妹者。本族對喪偶者無論男女均稱爲 *madapo-*

nohai，應守五年的喪期。在此期間鰥夫必須在贅家服喪，不許離贅家，並禁止參加一切的公共活動。在服喪的第三年，贅家和本家的雙方親家即可商量收繼婚事宜，若兩家協議並徵得當事者的同意，第四年鰥夫即可與其亡妻的姊妹成婚。否則，鰥夫服滿五年的喪期後，離開贅家回本家去，以後即可自由覓尋再婚對象。

2.夫兄弟婚　夫兄弟婚是在行嫁娶婚家寡婦再嫁於亡夫之兄弟時所發生者。這種再婚的手續與妻姊妹婚相同。

阿美族的這兩種收繼婚，似與其子女撫養制度有密切的關係。通常行招贅婚之家，母親死亡時其子女的撫養責任不落在父親身上而落在亡母之姊妹身上，即姨母有撫養其姪之責，此撫養關係稱曰 *milipotai*。假若撫養姪子的姨母尚未結婚（或已離婚或爲寡婦），其與姊夫或妹夫結婚則被認爲最合適，因對其所收養子女的養育更爲方便。實際上，假若收養子女的姨母有某種的理由而不能另招夫壻者，這種妻姊妹婚是更容易發生的。如是，妻姊妹婚是與招贅婚並存的現象。嫁娶婚則反之，其妻死亡時撫養子女的責任落在父親的肩上，與妻家無關，故這種鰥夫再娶亡妻之姊妹的事，除了偶然的場合外是無從發生的。

夫兄弟婚只能發生於行嫁娶婚之家，其理與上述相同。阿美族本來以招贅婚爲最優勢的婚姻形態，嫁娶婚是在特殊的情況下才會發生的，故夫兄弟婚可說是較罕見的婚姻形態。

關於收繼婚的實例，筆者以現總頭目 *unak-tavoŋ* 家一例記錄於下：

表一　馬太安社總頭目 unak-tavoŋ 家系譜簡表

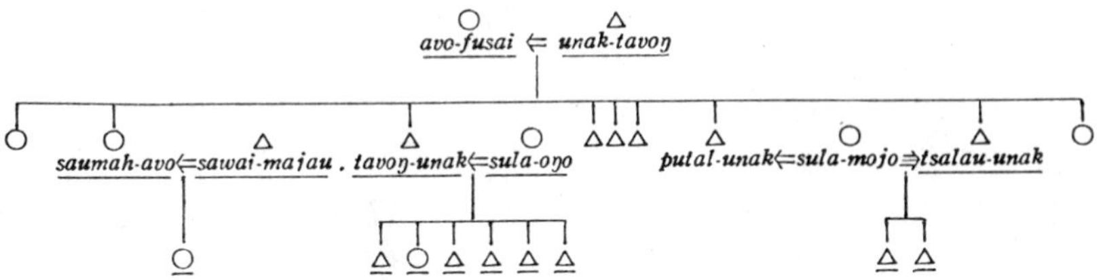

unak-tavoŋ有九個子女：長女夭折；次女 saumah-avo 招贅夫婿生一女後離婚；長子 tavoŋ-unak 娶婦後分家，現有五男一女；次子、叁子、四子均夭折；五子 putalunak 娶 sula-mojo 爲婦後從軍而戰死，寡婦 sula-mojo 再與亡夫之弟 tsalau-unak 再婚，生二男後死亡；最幼的三女夭折。現頭目夫妻跟次女 saumah-avo、六子 tsalau-unak 及三個孫子女同住於一家。

(五)長幼婚

在一般的場合，夫妻的年齡是男大於女數歲，族人也認此爲理想的配偶，稱曰 matotoŋai 或 maʔodum，但由於本族離婚、再婚的風氣很盛，長幼相婚者也常見，族人指稱妻之年齡大於夫者或夫之年齡大於妻十歲以上者曰 mapodai，相反的夫之年齡比妻年輕或妻之年齡輕於夫十歲以上者曰 matsakatai。

(六)交換婚

兩家互相交換女婿或媳婦的婚姻爲交換婚。這種婚姻方式是很受歡迎的，其原因不是由於求偶的困難，而是由於求人力之均衡。蓋招贅婚在男家說，是一筆勞動力的損失，然因女婿的互相交換會使兩家的勞動力恢復平衡。報告人稱「交換婚曰 matsatsuvurisai，多數是出於兩家雙親協議而決定的，只有兩家往來親密，家況相若，又有恰當的子女可互相配合時，這種婚姻始有實現的可能。但在偶然的場合也有相同形態的婚姻發生。唯這種婚姻常是不受歡迎的，因爲如有一方的夫妻失和而離婚時，常影響到另一方的情緒，有時也往往促使後者的離異」。

除上述的各種婚姻形態而外，偶而有連襟爲一對兄弟（siblings）或從表兄弟（first cousins）者，族人稱曰 *madadovoŋai* ，爲較罕見的婚姻形態。

二　禁婚規定

馬太安阿美族的婚姻並無嚴格的羣體外婚(exclusive group exogamy)制度，然有血親團體內近親禁婚(incest taboo)的法則，及仇敵禁婚以及養育於同一家屋者禁婚的法則，前者是血親內之關係，後兩者是非血親羣間的關係。

㈠近親禁婚　依血緣關係在父、母雙系一定範圍以內的血親禁止婚配，其適用範圍，於母系嚴而於父系寬，但其程度在阿美族各社不盡相同。

馬太安社，在整個阿美族之中，可算是近親禁婚規定最嚴格的一社。特稱在禁婚範圍內之血親爲 *ma-linaina?ai* 或 *malaina?ai*。其關係範圍如下頁表二：

表上表示嚴格的近親禁婚範圍，其一般原則爲：

1女系親族 *pakaina?ai*　在平輩旁系第四從表兄弟姊妹（fourth cousin）關係以內者嚴格禁婚。按，本族人平常稱在女族平輩旁系第五從表兄弟姊妹（fifth cousin）關係以內者應禁婚（*akakalamod to saka-*

表二　馬太安社近親禁婚範圍表

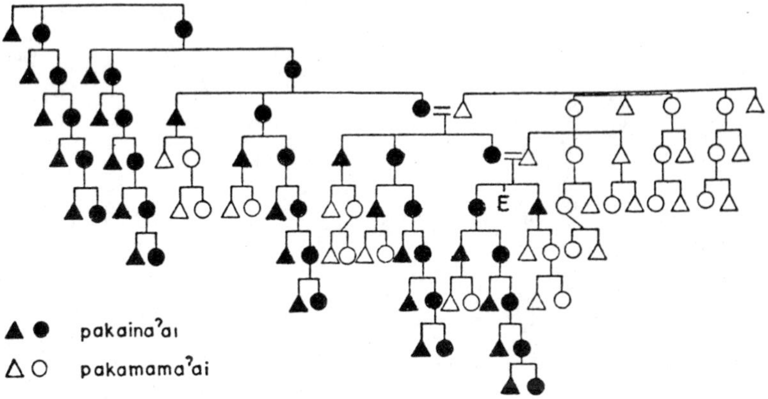

lima asadak pakainaʔai)，但其第五從表兄弟姊妹不在嚴格禁婚之列，若其曾二、三輩血親，如曾、高祖母等尚在世而卑輩的第五從表兄弟姊妹的系譜關係仍可追溯清楚時即禁其婚，否則仍可通婚，故在表上略之。

2.男系親族(*pakamamaʔai*)　包括父族、祖父族、舅父族、表舅族、外舅公族等，其在平輩旁系第二從表兄弟姊妹（second cousin）關係以內者嚴禁其婚姻。按，族人稱在平輩旁系第三從表兄弟姊妹(third cousin)關係以內者也應禁其婚(*akakalamod to saka-toro asadak pakamamaʔai*)，但第三從表兄弟姊妹間的婚姻不在嚴格禁止之列，故在上表略之。

3.男系親族之中，男性同胞之子女在平輩旁系第一從表兄弟姊妹(first cousin)關係以內者禁婚。

以上是馬太安阿美族的近親禁婚情形。上述範圍以外的血親都是可婚的對象，無論母系親族或父系親族，不同行輩間的親族皆可通婚。但是，本族沒有血族內婚的傾向，或親族關係愈近愈好的優先婚配制之存在。馬太安的報告人常強調說，凡系譜關係已不清楚者即可結婚，但假若系譜關係清楚，雖是經過了十代，其婚姻也應禁止。又說，血族內婚必然的會使 ŋaŋasawan（親族、姻族的總稱，爲親族功能團體的最重要單位）的人數減少，這將會削減 ŋaŋasawan 之勢力，是很不利的；或說，離婚時將會影響親族間的和氣，總之，本族有忌諱親族內婚之傾向。

雖然近親禁婚，並且連遠親間的婚姻也不受歡迎，但是阿美族的婚姻却完全建立於男女當事者的自由選擇，故間或也有侵犯近親禁婚的規定者。該族自述近親禁婚的理由如下：

(1)其行爲如禽獸，是很不合理的（riŋusus）。

(2)夫妻間的失和將會破壞親族間的和諧（paraʔad to kasamaraʔinainaʔai）。

(3)不能擴大親族功能團體（mikutsop to ŋaŋasawan）。

(4)會生育不良的兒女（mavura ko wawa）。

(二)有仇敵關係者禁婚（tsai kalamodamod ko silarisinanai）　其構成仇家之條件如下：

1借貸不還者（kalaʔalawan）　如杵（asolo）、臼（tefukan）、篩（sasiwasiu）等類日常的家具用器，久借不返時便會鬧成大事件。被借的一家經過許多次的索取而仍未歸還時，即憤而召集所有的血親和姻親（ŋaŋasawan）集合商討，再派代表交涉，對方也同樣的召集血親和姻親（ŋaŋasawan）對抗之，交涉不得結果時最後訴於直接行動，由一方（多爲被借者）破壞另一方的房屋，至此事件即可認爲告一段落，但以後兩家即結下永不解的怨仇。其後裔假若結婚，族人相信會獲得嚴重的肺症（vutos）而死。

2侵奪土地者（kavavavaʔan laʔad）　阿美族本來的農業爲原始的燒田農耕法，每年增換新地耕作。新耕地由社民共同伐採開墾，並平等的分配於各社民。因新耕地必須重新分配，間有會引起境界紛爭者，此時多由頭目（*komod*）來解決之。頭目解決不了，在發生糾紛之土地上兩家重覆的播種時，這塊地成爲爭執之地稱曰 *kavavavaʔan*，兩家都不能收穫。紛爭至此，兩家均召集其 *ŋaŋasawan* 相抗爭，事情發展到一方燒掉或毀掉另一方的房屋爲止。事件一經發生，兩家從此結下不解之深仇。兩家的家族更深深地被咒咀着，假若其間有人結婚，相信必受其祟，會患脚病或生出來的子女不育而亡。

3. 圍牆堵塞通路者（*pakasaŋaʔai*） 在房屋四周的圍牆把鄰家的通路也堵塞時所引起的事件。鄰家抗議但又未得改善，即破牆通過。兩家於是立即召集其 *ŋaŋasawan* 相抗爭，最後鬧到一方燒掉另一方的房屋，曰 *nanatslan no naʔilohai*，肇事者及其近親族逃亡於部落外暫避一、二個月，兩家從此變成仇家。

4. 傷害流血者（*tsirumisai*） 誤殺乃至傷害流血事件發生時，加害者及其近親族逃亡於部落外居住半年乃至一年，其間由部落中有力者或遠親斡旋賠償事宜，如得被害者的親族的諒解後可以復歸，但是兩家親族間從此結成仇家。

5. 曾犯通姦者（*tadan*）

以上五種仇家禁婚十代，如仇家相婚（*patsitsiamalamod*），會招致吐血、脚病、子女夭折等不幸的結果。

㈢養育於同一家屋者

1. 同住在同一家屋使用同一灶者稱曰 *tsatsai a parol*，無論是母系或父系其血緣如何疏遠，皆不可通婚。

2. 無嗣者收養之養女或養子要遵守生母養母兩家的婚姻禁忌。

3.所收養的孤兒（*milipotai*）與親生子女間，應遵守親兄弟姊妹間的禁婚規則，或者說，其禁婚範圍不宜限於五代以內，倘若記憶能及，應延到十代。

三　求偶方式

㈠結婚年齡　阿美族男子必須經過年齡階級的最初幾個階段後，始被認爲具有結婚資格。年齡階級的組織因社而異，從而青年必須經過的階段在各社也不盡相同。馬太安社，每隔四年舉行成年禮一次，每一級接受一個專名稱號，此稱號永遠屬於該一級，各級的級階及與此相伴之社會責任與待遇雖然隨着年資而有變動，但級名則永遠保持下去。他們是在階級服從、長幼提携的原則下互相督率以完成男性的教育訓練與服務部落的責任。最新的一級稱爲 *atolots* 或 *sapalilots*，即最幼之子弟級，有常守會所和服公役的義務，並是學習一切重要的技能，如狩獵、漁撈、獵頭等等之階段。經過這一階級之後，始被認爲是一個完成的青年。青年開始參加年齡階級的年齡在二十至二十五，故男人的結婚年齡應在二十五至三十之間。

女人無年齡階級之組織，只有自然年齡的分組。從十五至十八左右者稱 *masalimutsdan*，十八至二十二、三左右者爲 *limutsdan*。後者爲已俱備一切女人應有的技能者之意，前者是指正在學習 *limutsdan* 的意思。女人到 *masalimutsdan* 階段即可結婚，但進 *limutsdan* 階級後結婚者也常見，故女人的結婚年齡多在十六、七至二十二、三之間。

㈡理想的配偶　馬太安人所列舉的理想配偶的條件有三，風度、禮貌及善良。這些德性適用於男女雙方的。

1. 風度　稱曰 *asisiu*，指活潑的動作、有節度的談吐、健康的身體、明朗的品性等。

2. 禮貌　稱曰 *saritsai*，原義爲問好，族人在路上相遇時，必須先由年幼者向長輩問好，勤於問候者表示其性情溫厚，否則被視爲其性陰鬱或傲慢。

3. 善良　稱曰 *kakawau*，指沒有不良的嗜好，性情純良者。在女人則表示貞淑而勤於工作。

此外，族人對女人的美貌（*katoriai*）或家產（*tsihavajai* 或 *kakitaʔan*）都不甚重視。而且說貌美者其性情善變，對於富裕的家庭也持有保留的看法，他們說，入贅於富家，自己的勤勞便不易顯揚的，而入贅後贅家的家道衰落時，則又會感到很大的羞恥。

最不受歡迎的女人是性子粗魯、行爲不檢曰 *maʔamitelai*，淫蕩者曰 *mawaʔel*。男人之不受歡迎的性格爲遊手好閒，首尾不能貫徹者曰 *tsajai pimulan*，態度輕薄者曰 *mapulaʔai*，有竊盜癖者曰 *karakol-iniwai*。這類人常常過了結婚年齡而找不到配偶。

此外，身體的或精神的病症，常常構成結婚生活的障礙。族人認爲不適於結婚生活的病症，有以下幾種：

(1) 傴僂（*takonol*）患此症的男女均不可結婚。

(2) 粗皮（*mapodasai*）男的尚可，女的患此病即無人入贅。

(3) 拐子（*malilomai*）

(4) 瞎子（*movodehai*）

(5) 癱子（*mapokohai*）

(6)啞吧(*makajai*)

(7)瘋子(*tadamakajai*)

上述的在身體或精神上有缺陷者，也有結婚的，男的多有生活技能者，其配偶多爲寡婦(*madaponohai*)，或超過結婚年齡女人(*olawa no torik*，爲編條的殘餘部分之意）。

㈢求偶　本族的婚姻完全建立於男女的合意上，求婚完全出於男女當事人的主動，但未經自由戀愛而由父母主婚的也有。男女一般的求婚形態如下：

族人在路上相遇時，無論老幼男女，互相問好爲禮。女對意中人(*kaimahan*)借這個機會索取檳榔，向男示意。男知悉女意之後，對她懷有好感，便在當天晚上或次日晚上，到女家附近去等女出來或從外面回來的機會，奏口琴(*teftef*)表示來意，男女的交際從此開始。男女相會之處常爲女家穀倉（*alili*）簷下床板突出處（*pala?adaŋ*），坐下來談心。青年男女相會時羞被其家人撞見，故無人敢進女家去。本族的習慣，一個女人常有幾個求愛者，一個男人也常追求幾個女人。故每一個青年男女晚上都可能有幾次的約會，其時間多在事先約好的。每次約會，女人都用煙卷（cigar）款待男友，約會時，多把意中人的時間故意排在最後，談心時可隨意的延長。夜晚到了 *kasariusiwan*（約相當於十二點乃至一點左右）時刻氣候轉冷時，所有的約會便都結束。這種婚前的交際，其期間至短者也有半年或一年，長者即達數年之久。男女經過長期的交際，互相了解對方的性格，一方面由對方待遇之厚薄，各自選擇理想的伴侶。

男女兩人想結婚時，在夜晚相會時商量，商定後，各自回家告訴雙親求其承諾。女人怕羞不敢直接告訴其父母時，多請姨母轉告，或先告訴母親，再由母親和父親商量，或召集近親一起商量。如果是招贅，女家雙親的承諾是絕對必要的。假若女的雙親反對，這件婚事只好作罷，否則只有女人私奔到男家去的一途。在女家，對結婚的許可與否，其決定多着重父親的意見，因父親常在會所和青年們接觸，較知其品性的好壞或勤惰。男即回家告訴其雙親曰「我現在對家事的工作感覺嫌怠了，我要離家出去」，間接的表示其有出贅之意。在招贅婚的場合，男的雙親通常不會阻撓。

婚姻的決定，首先由女家的雙親邀集近親商量，假若認爲男的品性不壞，合適於其家時，再調查男女兩家的血緣、仇敵和收養關係，假若查到有觸犯上述的任何一條禁婚規定，這樁婚姻即被拒絕。另方面，雖不觸犯禁婚規定，但男方不中女家之意時，亦多托辭於兩家的仇敵的關係，拒絕男女兩人以後的往來。

四 婚姻儀禮

阿美族婚姻既以招贅婚爲主，而招贅婚的本質又帶有濃厚的服役婚性質，故其婚禮簡單，缺乏隆重的儀式（如全社盛裝舉行盛大的宴會或跳舞會等），男先到女家服務數天的工作後即行同居，結婚手續至此始認爲完成。其結婚時期本來沒有任何的限制，不過初婚者男的受其年齡階級的約束，另一方面入贅者爲着討取女家的歡心，多選擇豐年祭(*ilisin*)及農忙期結婚。婚禮的頭一天女家迎接女壻的方式有數種不同的禮式存在。初婚者的婚禮稍隆重，再婚者則極簡單。其代表性的婚姻禮式，有如下的種種：

㈠鳴臼報喜禮(*rokirokun*，*rokirokanai*，*koŋakoŋanai*)　名稱的來源係由於舉行婚禮當天女家鳴打槽形木臼(*dodaŋ*)而得。戀愛成熟的男女先私下談妥招贅之事，此曰*nikton sakaramod*。原來兩人晚上的相會是在女家穀倉簷下舉行的，女人馬上進入屋內與其雙親商量，此曰 *nikton to sowal*。男人即在屋傍等候消息。女家必要時再邀請近親們來商討，經過種種的考慮而認該青年為合適的女壻時，即給女兒同意的答覆，應舉行的婚禮方式由女家決定。男女均為初婚時，古時大多數的場合舉行鳴臼報喜禮，祝賀其女兒的成婚。這是馬太安阿美族許多婚禮方式之中最隆重的一種。

女家此時立刻敲打槽形大木臼，打者多為女之母親，其打法是兩手拿着木杵兩根，連續不斷的敲打槽臼的兩壁，此稱曰 *nikoŋakon* 。女的即出來向男的報告，男的聽到好消息後立刻回去，但不直接回到自己家裏而跑到舅父（*vake*，無者即伯叔父）家去。女的看到男的回家後立刻拿糯米(*hamai*) 出來在槽形臼處舂搗，此稱曰 *nirokirok to hamai* 。女的有姊妹者，都出來幫忙舂米。女家同時起火燒開水，舂好的糯米即用開水洗乾淨再用蒸器蒸之。在蒸米的期間仍繼續不斷的敲打槽形臼，此刻的打法即改為首先的敲打法，*nikoŋakon* 。在靜寂的夜裏起了鼕鼕隆隆的臼聲，部落民就曉得有一樁婚禮正在進行了。

新郎隨着其舅父來到女家，舅父進屋，新郎留在屋外等候。女家把蒸好的糯米糕(*hakhak*)及酒(*topah*)供於客人面前，新娘穿了套袖衣坐在客人旁邊，新娘的父母即坐在爐邊。此時客人說，拿頭布(*sokin*)來，在外邊等候的新郎立刻從窗外把頭布拋進去。客人把頭布、糯米糕及酒三件東西排好（參照下圖），即開始禱告(*miftek*)，坐在旁邊的新娘也模仿客人的動作而作禱告。此禱告稱曰 *mitodon miftek no vake no vanainai* 。客人先把右手食指指頭浸於酒壺裏沾濕，後再捻一塊糯米糕持於手掌，做禱告時用指頭把手裏的糯米糕捻成小塊，一面拋一面唸道：

「在天上的神祇們，請看吧！今天晚上我到這裏來為孩子們舉行婚禮，*sapaluŋau* 、*komod* 、*to*-

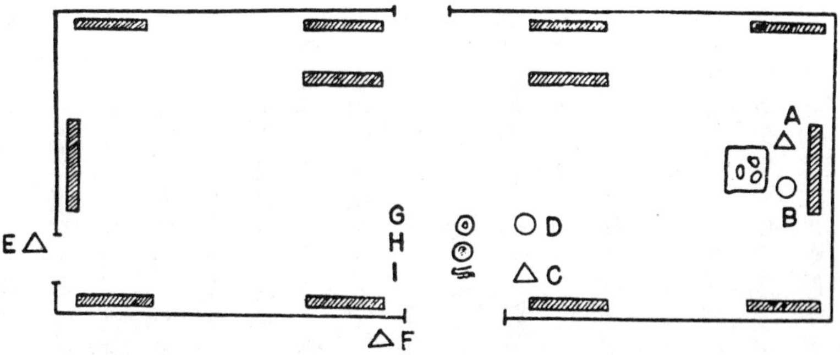

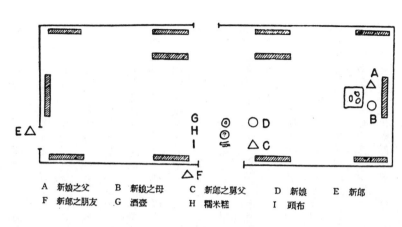

A 新娘之父　B 新娘之母　C 新郎之舅父　D 新娘　E 新郎
F 新郎之朋友　G 酒壺　H 糯米糕　I 頭布

ma?o?ol sapatorok，你們來替我的孩子的結婚祝福(*pa?o?ol*)吧！賞賜孩子們二胎或三胎的嬰兒吧！替我的孩子們所種植的農作物祝福吧！使其繁殖而豐收吧！替我的孩子的狩獵祝福吧！使我的孩子來到本家以後出去打獵時，他離家一步立刻就能捕到野獸吧！……」

客人正在做禱告時，有一位新郎的朋友（這位朋友應有很多兄弟姊妹，而沒有一個死亡者）從正門進來，偷偷摸摸的把糯米糕偷去。此刻客人看到他出去後即說一聲，「青年人，我是正在做禱告的！（*saftek ako wawa?*)」，新郎的朋友聽到客人的這一說，就從外邊抓一團糯米糕遞給客人。

禱告畢，女家乃款待客人喝酒吃飯，但新郎不參加，仍留在屋外等候之。當晚新郎不留宿於女家而回去自家或會所住宿。以上的婚姻形式稱曰*pa?aliai*。

第二天，新郎一天亮就起床，上山砍柴，但運回來的薪柴仍放置於自家，再出去找昨天晚上一塊兒到女家去的偷糯米糕去的朋友的父親，相伴到女家去。此時，新郎帶長槍(*elots*)、網袋(*avo?o*)等私物去。到女家要進門時，假若新郎是部落的重要人物，朋友的父親就把放置於屋簷下的木臼擡進去，把牠拖下時大聲的說：

「新郎帶來的獸肉哦(*tama no name*)！」

在女家，新娘及其父親招待新郎及客人共同吃早飯（其他的家族先吃飯，不參加）。飯後客人告辭回去，新郎即留在女家，開始在女家工作。當天晚上新郎仍不留宿於女家，而到會所去住宿。

第三天，新郎早起上山砍柴，此時所撿的薪柴應爲已乾枯的*kuwatsin*草的莖部，稱曰 *alal* 。已乾的*alal*是比生木容易生火的，故特選優良的薪材送去女家可以表現新郎的工作能力。第三天也與第二天相同，新郎整天在女家工作，到了晚上即回到會所去休息。

在第四天或第五天中的一天，岳父叫女婿到山上去採籐心，女婿採回來即分爲二束，其一由新娘送到男家去，曰 *pavates* 。新娘從這天開始到夫家去幫忙一些零工，如早上汲水或晚上舂米等工作。

到了第八天乃至第十天（最早者則在第五天），黃昏一過新娘家即關門，表示留新郎於家之意。新郎從此開始與新娘同居，結婚手續至此才告完成。從此以後，新郎每天早上上山撿柴，但不一定需要採取乾枯者，砍生木也可。

馬太安阿美族人稱夫妻曰 *palamod* 。但行上述的鳴槽臼而結婚者稱曰*paʔale*，或 *mipaʔaleʔai* 。男女初婚時(*makapikatsau*)古時多採用這種方式，再婚者則不可用之。報告人之一連再芳先生(*isin-tavoŋ*)初婚時即舉行這種婚禮，可能爲該社舉行過鳴臼報喜禮的最後之一人。

㈡執炬親迎禮(*mialaʔai*)

成婚的當晚，新娘手拿一把火炬(*lonlon*)，走在前面，後隨伴着其舅父(*vake*)、姨母(*vaʔe*)等，走到新郎家去迎接新郎；回來時新郎走在前頭，手拿火炬，身帶長刀、袋子等私物，新娘次之，舅父、姨母們最後。到女家後幾天的節目與上述同。點火炬而結婚的夫妻稱曰 *patsumodai* ，這種婚禮多在收穫小米時期的前後舉行。

㈢贄糕禮(*pahamamunanajanai*)　這是一樁不由男女自由戀愛，而由女家父母決定的婚姻。假若某家有一位到達結婚年齡的女子的父親發現一位青年男子堪做其理想的女壻時，女家便做一個直徑約九十公分、厚十五公分的糕餅，在黃昏後晚飯前的時刻帶着妻、女等送到男家去。糕一被送進門，男方就不能拒絕這樁婚事了。

㈣郊遊禮(*katatavaroŋan*)　利用太巴塱社(*tavaroŋ*)舉行豐年祭(*ilisin*)的第二天（稱曰*kalisinan*，招待馬太安社的親友爲例），想結婚的男女相偕訪問太巴塱社的親友，並在每一家接受獸肉禮物，黃昏時帶這些禮肉回來，先在男家把一部分禮肉拿來做菜吃，再一塊兒到女家去，以後幾天的節目與上相同。在這一天舉行婚禮者稱曰 *katatavaroŋan* ，即遊太巴塱社而結婚之意。

㈤借佩煙袋禮 (*mapisoraratai*)　馬太安社豐年祭的第七天稱曰 *mapisorarat* ，舉行新年齡階級的入會式，當天有以每個年齡階級爲單位的跳舞會。未婚的女子到會場，取未婚男人的煙袋掛在自己的肩膀上爲樂。友好，但不是自己意中人的煙袋當天還他，意中人的往往藏之達數月甚至數年之久。當天有意結婚的男女，經女的取了男的煙袋後，在會所等待跳舞終了，兩人相偕到女家去。在這天結婚者稱曰 *mapisoraratai* ，意爲在舉行年齡階級入會式當天結婚者。

㈥幫女家收穫禮(*pipanajan*)　豐年祭過後半年，爲小米收穫季節。在這時期想結婚的男女，多在收穫開始前夕，男人利用幫女家的忙來完成他們的婚姻。女家決定在小米收穫的日期時，女的在晚上相會時告訴男人。收穫當天男人在會所等待，女家一家人來到時男的替女父挑工具，並攜帶竹筒（*tenos*）或瓢器（*tanoman*）等容水器二個，一塊兒到旱田工作，傍晚自動的挑收穫物回女家。這種幫小米收穫而結婚者稱曰 *pipanajan*。

(七)幫女作田禮(*malupaliwai*)　鰥夫寡婦或離婚者想再婚時，男的早上伴着女的一塊兒到女的旱田去工作，黃昏時一塊兒回到女家去，立即舉行同居生活，婚禮手續至爲簡單，等於我們社會的同居關係者。這種結婚方式稱曰 *malupaliwai*。一年四季均可舉行。

五　離婚與再婚

(一)促使離婚的幾個因素

在阿美族，離婚、再婚都是合法的；離婚、再婚者不受社會的歧視，雖然有不少白頭偕老的夫妻，但本族離婚、再婚的頻繁，爲其婚姻制度特色之一。

在母系而行招贅婚爲主的阿美族社會裏，入贅以後，男人在女家的地位是很低微的。家裏的主權屬於妻方，丈夫無權過問，又必須辛辛苦苦的日夜爲女家勞動，在家時還要小心翼翼的服侍女家家屬，可說是辛勞備至。故族人異口同聲說「與其當女壻（*kadavo*），不如當牛馬」，可知其境遇之壞。夫妻失和，或女壻與妻家失和（*matoka?ai ni tsajaipimulan*）時，男的則逃回本家，離婚於是成立。失和可以說是本族離婚最大動機之一。

其次，配偶的通姦行爲也是離婚的重大理由之一。族人不過問婚前的性關係，但婚後一定要絕對的貞潔。假若一方發見對方有姦情，可立刻離婚。以後兩家所屬的親族便成仇家，永遠不准通婚。

久婚不育或子女夭折之夫妻，也被認爲必須離婚。在他們的觀念裏，這是父母剋子女的緣故，這種迷信與族人對鰥夫寡婦的看法出於同一觀念。爲着避去這種厄運，必須離婚，或採用下節所述的幾種再婚的辦法。

最後，本族還有一種離婚的動機，不基於夫妻兩性間所發生的事件，而基於兩性所屬的親族團體間所發生的事件。這種動機可以說是社會性的。夫妻兩人所屬的親族發生仇敵關係時，兩親族間不但要停止通婚，連所有互通婚姻者也必須立刻離婚，雖已久婚生育子女也不能例外。由仇敵關係而引起的憎惡呪咀，會深深的作祟對方——這種巫術觀念是強有力的支配着本族——兩族間結婚者會引起吐血、子女夭折等等不幸。

㈡離婚的幾個步驟

族人想離婚時，所採用的方式相當多，以下係馬太安社常見的幾種離婚的步驟。

1妻嫌夫時(*osi no vavahe*)　男人發覺妻之態度轉變冷淡而對己表示嫌惡時，便乘晚上在會所當夜值的時候(*misorarat awed*)，攜帶自己的私物，如衣服、長槍、長刀、網袋等東西去，在任務完成後仍住留於會所，或回去自己的家裏，此稱曰 *niraliu* ，即出走之意。過了二、三天，岳母到女壻家把他帶回去，稱曰 *miʔala*。夫回來以後妻的態度仍不改變時，當夜夫再出走到會所住宿。上述的行爲重演了幾次以後，女家不再叫他回來，最後其妻把一切留在其家的丈夫的私物送去夫家，稱曰 *mitsudo* 。兩人的關係發展到此即被視爲完全結束，以後男女再婚，各聽其便。

2.岳父母嫌惡女婿時（*osi no ina or mama*）　岳父或岳母嫌惡女婿時，常藉瑣事駡他，謂之 *misaradai* 。女婿不耐其呵責時，多在收穫期開始前携帶日用品逃回其家（其方法與前同）。其妻便去叫他回來（*miʔala ko vavahe*），但他看岳父或岳母的態度仍沒有改變時，當夜不留宿再住到會所。以後岳母把女婿的私物悉數送去（*mitsudo*），女婿與女家的關係於此完全斷絕。

有妻子不忍與夫離婚者即出走到男家去，曰 *midodo*。此時這一對夫妻不能與男家家族同用一個爐，必需另起爐灶，不久男家另建一屋成爲分戶（*ipalahai*），在這種情形下，其子女應承嗣父系而非母系。

3.男被妻子及岳父母嫌惡時（*miraliwai to domak*）　男人出走後（*niraliu*），其妻馬上送其私物來（*mitsudo*），夫妻的婚姻關係就此斷絕。

4.親家嫌惡媳婦時（*saritsai*）　婚後女對夫待遇很好，但對夫之父母頗爲冷淡時，親家對媳婦兒不滿意，會唆使其子離開贅家回來，此稱曰 *pakarat* 。夫出走後，其妻想找其夫回去，但男人却避之不見，或出去再找女友，妻子無奈何，只好把夫的私物送回去，兩者的關係至此結束。由父母的唆使而離婚者稱曰 *saritsai*，此外，由朋友的唆使而離婚者稱曰 *pavarat* 。

5.妻子別戀時（*saʔapa*）　男的知悉其妻有新歡時，就帶了自己所有的東西，不留一物於女家，也不偷偷摸摸的逃走，他走時在門口向女說「妳跟他結婚吧！」說完立即回去。這樣離別的夫妻以後絕不能再復婚，兩家也成爲仇敵關係。

6.夫嫌妻時(*dantosana osi*) 夫嫌其妻而想離婚時，故意把事做不好，惹起妻子或岳父母的不滿，或故出謠言(*salikaf*) 使其岳父母發怒，謂之*conlon*。岳父責罵曰 *misaradai* ，但他挨罵也不走。至於其岳父氣的不能再忍時，把女婿的煙袋扔到屋外去(*nivahokolai to alovo*)，表示趕他走的意思。但他把煙袋撿回來，仍留在女家不走。過了二、三天岳父氣的再扔其煙袋。這種事情重演到第三次時，男始離開女家回去。這樣被女家趕出來的人在習慣上是可以馬上再婚的。

7.夫故稱有別戀而離婚者(*pakatsaŋawai*) 夫嫌惡其妻而妻不想離婚時，借故使妻發怒。夫多從朋友處借首飾品來故意放在自己的衣服堆裏面，讓妻整理衣服時發見疑他有別戀而叱責之。夫受叱罵後，馬上返回其家去(*niraliu*)，以後女家又把他找回去(*miʔala*)，經過幾次的逃走及挽留，最後女家把男的所有的東西送去(*mitsudo*)，夫妻關係至此終了。

8.為 *pahavai* 而離婚者(*pahavajai*) 男人入贅滿一年時，回到本家去幫忙家裏的工作一年，此稱曰 *pahavai* ，前已述及。入贅的男子未滿一年而擅自回家幫忙自家工作時，女家即發怒而把男的私物送回去(*mitsdo*)，離婚於此成立。

9.妻有類似不貞行為時(*watsai*) 夫不在家時，妻有不貞嫌疑的行為時，也不被寬恕，需受通姦(*ta-dan*)罪的處罰。假若丈夫晚上從打獵回來時發見其妻與別的男人談話，立刻上前奪取男的頭布(*sokin*)等東西，以這些東西作不貞的證據提出離婚的要求。男女離婚後兩家成仇敵關係，兩家的親族十代不能結婚。

10.親族間發生仇敵關係而離婚者(*pakaʔeloʼai asapilariu*) 夫妻雙方的母系親族間發生嚴重的事件而成仇敵關係時，該夫妻必須立刻離婚。

11.發見其祖先間有仇敵關係時(*palalias*)　結婚後夫妻發見其祖先間曾有仇敵關係時，兩者應商量而離婚。

(三)離婚後的權利義務

1.子女的歸屬　因其婚姻形態而定，招贅所生的子女歸於母親，嫁娶婚則歸於父親。因本族以招贅婚爲主，故後者的例子較少。離婚後男離開女家，但他與所生子女間的關係仍繼續維持，生父等到長子成人後通常送給他一支火槍或長槍，無者則給長刀一口，此曰*niaror to no mama*;對長女則給 *paliokun*(男用的腰布，給女後則改稱曰 *hatau*)一枚，此稱曰*niaror to hatau mama*。

2.男的入贅後，女家做給女婿的東西應均還給男人，否則，女家會被稱爲「剝光男子」的家庭，以後就沒有男人敢入贅她家。

3.夫妻共同墾作的旱田，悉數歸屬於女的。

4.有子女時，離婚後兩者間的親屬關係仍不改變，稱前妻曰 *mano vavahe*，稱前夫曰 *mano vainai* 。兩家仍互相來往，有喜、喪事時，均以姻族相待。

5.無子女時，兩者的姻族關係立刻消失，但其親屬稱謂仍沿用。

6.因仇敵關係而離婚者，勿論子女的有無，其姻族關係及親屬稱謂均立刻解消作廢。此稱曰*marasawal konika tsiŋaŋasawan*。

(四)再婚

在一般的情形，再婚時不再舉行如初婚時所行的鳴臼報喜等較隆重儀式，僅採用幫女作田的簡單方式，婚期無特定的季節，一年四季均可。除了鰥夫寡婦之外，離婚的男女無需遵守嚴格的禁婚期間，普通找到新對象時即可結婚。族人稱離婚後找新對象結婚者曰 *niraliwai* ，本社再婚的大半數都屬於這一類。離婚過的夫妻，間有棄其前嫌而復婚者，族人即稱之曰 *mitsukosai* 。

以上是最常見的再婚形態，至於鰥夫或寡婦的再婚，偶爾形成妻姊妹婚或夫兄弟婚等特殊形態的收繼婚。關於其細節，在上文已說及。此外有尙根據於本族的巫術觀念，暫行離婚後再復婚者，其詳節在下文記述之。

六　基於巫術觀念的特殊婚俗

阿美族人以爲離婚是因爲婚姻的失敗，並不是不法的行爲，故離婚者可以儘早得到再婚，惟鰥、寡（*madaponohai*）與子女不育者則被認爲有危害未來配偶或子女之生命的可能，終於破壞婚姻，必須使其有一段期間守鰥、寡或脫離婚姻，以避免危害。這種人，族人稱之爲 *mamai tamdau* ，意思是「吃人者」。下面記述鰥、寡應守的禁忌及子女夭折者嘗採用的幾種諱避祟禍的特殊婚俗。

㈠鰥、寡在服喪期間應守的禁忌：

1在整個服喪期間應留在喪家（女壻即在贅家）不許外出進他家。服喪期間在古時候爲八年（在 *okak* 時代），後改爲七年（在 *olas* 的時代），至於 *panon-mama* 的時代乃改爲五年，近年服喪的期間繼續縮短，在 *olam-kasapal* 的時代四年即可，最後到 *tugud-karo* 的時代再縮到三年，以後一直沿用到現在。

2.嚴禁到旱田去工作，犯者，會引起雨災。鰥夫寡婦的外出相信也會引起雨災的，故在久旱時所舉行的求雨（*misaʔodal*）儀式中，有由鰥夫寡婦擔任的節目。族人相信部落內所有鰥夫寡婦排成一列到河裏，裸體沐浴，一定會招一陣大雨來。

3.鰥夫不得參加年齡組織的活動。

4.鰥夫寡婦均不得穿黑色衣服，必須穿白色的。

5.不得把東西直接用手拿給別人，受者會患瞎眼症，此稱曰 *mapohai*。

6.在家時應坐在屋內後排角隅處。

7.不得由正門進出。

8.不得與外來者共同吃飯。

(二)子女夭折者常採用的幾種避厄的婚俗：

1.一對夫妻婚後不生育，或子女不到週歲而夭折時，夫妻即商量離異，各與他人結婚一個時期，企圖把自身的厄運傳染給別人，然後原配夫妻再行結婚，他們相信以後其運勢可好轉。舉行這種婚姻者稱曰 *paraʔadai*。

2.子女連續死亡時，夫妻協議先行離婚，然後重新舉行隆重的婚禮儀式，此稱曰 *pasamadai*。夫妻協議後，先由其夫逃回母家，稱曰 *palaʔad*，然後妻把其夫的私物悉數送回（*mitsudo*），經過一、二個月後，晚上其妻拿着火把，用最初的婚姻禮式把其夫帶回來。

3.當子女患病連續死亡而舉行最後一個孩子的喪禮時，不願舉行上述2.項 *palaʔad* 的夫妻（懼怕在離婚的一、二個月當中，配偶再與他人結婚者），便在喪禮當中兩人裸着身體合圍院中的一棵小檳榔樹，平常選樹齡有五、六年而未曾結過果實者，隔着樹幹互相擁抱而立，參加喪禮的親屬友人們羣起向之吐痰而惡罵，曰「你這個貪吃的！」，意將夫妻身上的煞氣傳染到檳榔樹上，以去厄運而求運勢的轉好。舉行過這種儀式者稱曰 *misakarivatsan*。因此族人認爲初生的檳榔多帶有煞氣，人吃即會傳染，因此禁止年輕人吃之。

註釋

㈠ 李亦園：南勢阿美族的部落組織，民族學研究集刊第四期，一九五七年，頁一六四。

㈡ 中村孝志：蘭人時代の蕃社戸口表，南方土俗第四卷第一號，一九三六年，頁四四。

㈢ 爲民國四十七年八月底在該社調查所得的戶口及人口總數。

㈣ 岡田謙：パンツアハ族の家族生活，未開社會に於ける家族，一九四二年，東京。

㈤ George P. Murdock: *Outline of Cultural Materials*. 1950, p. 84.

㈥ *kape* 的原義是指男人挑二擔柴薪者而言，後來轉而指稱男人所娶的第二房即妾之意。根據戶口及系譜資料，現時本族女子做漢人的妾者有一例，古時在清朝末期駐於該社的總理（漢人）娶該社女子爲妾者有一例。這些例子均發生於本族女子和外族的通婚上，本族間內即未曾發現過有多偶婚的例子。

（民族學研究所集刊，九期，一九六〇年）

大南魯凱族婚姻

謝繼昌

前　言

魯凱族居住在臺灣南部的中央山地，人口約有六千五百人，分爲以下三個亞羣：

1. 下三社羣：包括瑪加（Torokuka）、多納（Koŋatavaŋ）和萬山（Oponohu）三社，分佈在高雄縣北部山地的濁口溪流域，即今高雄縣茂林鄉境內。

2. 魯凱羣（Rukai proper）：共有八個社，分佈在屏東縣北部山地，隘寮溪上流地區，即今屏東縣霧臺鄉境內。

3. 大南羣（Taromak）：只有臺東縣卑南鄉大南村一個社㈠。

從地理位置來看，下三社羣和魯凱羣是西部羣，大南羣則是東部羣。「大南社」魯凱人稱之爲 *Taromak*，原在深山中，約四十年前在日本人命令下，才開始逐漸向山下遷移㈡。現今大南村的位置在東臺縱谷南端西側大南溪上游的南北兩岸，也就是在臺東平原的山脚地帶，海拔一二五公尺左右。臺東平原及其附近地區有阿美族、卑南族、排灣族、魯凱族和漢族等五種人，其中以只有一個社的魯凱族人數爲最少；大南社與卑南族毗鄰，固然其社會、文化受卑南等族影響不小，然而在這些強大異族的包圍下，爲了利於防守迫使他們不得不長久居住於有險可恃的深山中，形勢促使他們緊密地團結在一起，因而大南魯凱族的文化具有深厚的保守性與獨立性，這是我們研究魯凱族所不能忽視的。

筆者先後去田野調查四次，第一次爲民國五十二年七月卅一日至九月卅日，第二次爲民國五十三年二月二日至十四日，第三次爲民國五十三年九月十三日至十月十二日，第四次爲民國五十四年二月十日至三月九日，合計約四個月半，除搜集社會組織方面之資料外，並搜集有關宗教和經濟方面的材料。

在大南村調查期間，承蒙村中長者毛路資、陳崢松、孟泰斗等先生的熱心報導，村長陳紹寬先生及古明哲、孟田榮、劉輝諸先生和大南村派出所員警等地方人士的協助，謝秀連女士和林清松、謝來德等先生的幫助翻譯，使工作得以順利進行，是筆者所衷心感激的。

本文從開始撰寫乃至完成，凌師純聲都予以許多鼓勵，此爲筆者所深爲感激並應致最大謝意的。鮑克蘭先生斧正英文摘要，丘其謙先生審閱初稿，王人英兄、陳春欽兄提供寶貴意見，在此特致謝意。

一　擇　偶

(一)

大南魯凱族男孩子到了八歲左右加入少年會所，一直到十五歲左右才離開少年會所，在這段期間，常常晚上成羣結隊到年齡相仿的女孩子家去唱歌玩耍，稱爲 moaalaalon ，是進青年會所以後「追求女友」的一種實習，但是不准許玩到天亮。

男子到了十五歲後，就要加入青年會所。青年會所裏有三個年齡階級，茲述其級名及相關年齡於下：

級名	年齡
valisen	十五歲～十八歲（或十六歲～十九歲；十七歲～二十歲）
tauponsonsalu	十八歲～廿一歲（或十九歲～廿二歲；二十歲～廿三歲）
mokasapala	廿一歲或廿二歲、廿三歲以上獨身者

最低的 *valisen* 級是一個「性」隔離的階段，嚴禁與女性交往。做了三年的 *valisen*，參加一次成年禮升爲 *tauponsonsalu* 以後，就有資格和女性交往，可是必俟三年後升爲*mokasapala*才准許結婚。

valisen 的訓練至爲嚴格，是會所中服勞役的階級。爲了維持「性」的隔離，也加強了其訓練之嚴格性，茲述 *valisen* 的有關「性」的隔離的訓練於下：

1.青年會所的青年每天晚上要在會所內會食，會食的飯例由 *valisen* 到各青年家中去取。通常*valisen* 到青年家時，小聲地說：「飯！」該家女青年就會從門縫伸出手遞給他一個飯包，但他接時必須面向着牆不可看女青年的面孔，不准和女青年談話，只是可以捏一下女青年的手，做一個暗號，表示他是什麼人。

2.若 *valisen* 常到女青年家門口去講話，或常與女青年在一起，被上級青年發現時，則於他回會所後，上級青年立即責問說：「你是 *tauponsonsalu*（此級可以和女青年交往）嗎？脫下裙子去抱女像（爲會所內之女性裸體彫像）！」在他抱過女像後，還要用一大把稱爲 *akasi* 的葉子或咬人猫 *ili* 的葉子㊂加以毒打，嚴重的每一個上級青年都要用這種葉子輪流打他，通常爲了使犯者羞愧，在打完以後還命令他說：某某家（即該 *valisen* 常去的女青年家）的菜很好吃等類的話。若 *valisen* 屢犯不悛，他的父母就要以牛、槍和檳榔袋等物賠償會所名譽的損失。若 *valisen* 與女青年發生了苟且的關係，則他的父母要賠償會所兩頭牛，且絕對不准許他和該女青年結婚。

3. *valisen* 絕對不可以像其他會所青年一樣，晚上到女青年家去遊玩以追求女友（追求女友情形參看後「婚姻程序與儀禮」一節）。

現在大南魯凱族的會所雖然仍舊存在，但是已經逐漸衰微㊃，用毒葉刑罰的習慣幾乎完全廢除㊄，晚上會食的習俗也沒有了，因此會所內 *valisen* 「性」隔離的訓練所剩也無幾。有許多人到了進會所的年齡却不進會所㊅，因此這些人就可以不受會所有關「性」的隔離的訓練和限制了。

大南魯凱族在每年的七、八月間舉行一年一度的收穫節慶典，在慶典中以「盪秋千」爲最富戲劇性的節目，凡是「女青年團」（稱爲 *lanukupalupalua*）的青年們都要參加，輪流爬上盪索由青年會所的青年們來拉曳搖盪，盪完要下盪索時，就由一個方才拉曳盪索的青年把她抱到她的情人或男友的懷中，她躺在男的膝蓋上用手蒙著臉，片刻，隨即羞赧地下來。「盪秋千」是婚前男女青年關係表現的最戲劇化與最羅曼蒂克的一刻。

(二)

女子到了十五、六歲加入女青年團（*lanukupalupalua*）後，就可以開始和異性交往。女青年團有二年齡階級，第一級稱爲 *asakil mokapalupalua*，是剛加入的人，一年後就升爲第二級，稱爲 *mokapalupalua*，是有結婚資格的人了。

一般選擇配偶時，男的所理想的對象的條件如下：

1.階級相同　2.身體強健　3.心地善良　4.勤勞　5.會織布

至於女的所理想的對象的條件有以下幾項：

1.階級相同　2.身體強健　3.心地善良　4.勤勞負責　5.善於打獵和獵頭

(三)

大南魯凱族爲一階級社會，分爲貴族 *talialalai*、士族（*alapulua*）和平民 *kauokauolu* 三個階級，同級婚是通行的婚姻，稱爲 *matasisen ka malumalumau*，一般承家者和長嗣都必須行此種婚姻，尤其是階級地位高的人家，更必須拘守同級婚㊆。不同階級間的婚姻有兩種：一種爲升級婚，稱爲 *moa pulenpulen* 或 *moa talialalai*；（前者意爲向「天」爬升，後者意爲向「貴族」爬升。）；一種爲降級婚，稱爲 *moatae-tae* 或 *moa kauokauolu*（前者意爲向「地」降下，後者意爲向「平民」降下。）。升級婚和降級婚可以說是一個婚姻的兩種說法，不過普通是以家主爲主從其配偶立場來說的，如果家主的階級高於其配偶則爲升級婚；家主的階級低於其配偶則爲降級婚。階級間的婚姻並不能改變當事人與生俱來的「既有地位」(ascribed status)，然而却可改變他們子女的地位，茲述升降級婚改變子女的地位的情形於下：

1.升級婚

(1)平民與貴族升級婚二次，則所生之子女升爲貴族。

(2)士族與貴族升級婚一次，則所生之子女升爲貴族。

(3)平民與士族升級婚二次，則所生之子女升爲士族。

(4)平民與士族升級婚一次，所生之子女再與貴族升級婚一次，則所生之子女升爲貴族。

2.降級婚

(1)貴族與平民降級婚二次，則所生之子女降爲平民。

(2)貴族與平民降級婚一次，則所生之子女降爲士族。

(3)士族與平民降級婚一次，則所生之子女降爲平民。

通常階級低的人和高階級的人結婚，都是高階級人的最小的子女，不可和長子女結婚，這是因爲長子女多半是承家之人 *tinnumalutaŋa* 的緣故。例如筆者的翻譯謝來德君，名叫 *akatulasi*，爲一平民，家名爲 *latiala*，因爲是長子，所以是 *latiala* 的承家者。謝君能力甚強，曾任會所領袖，與大貴族 *lavuleŋa* 家獨女古玉華（名 *aliniŋ*）甚善，議及婚事，但終因平民身份而爲女方長輩所拒絕。

爲更進一步瞭解大南魯凱族階級內和階級間的婚姻情形，茲將大南魯凱族四十多年前舊社 *kapaliua*、二十多年前舊社 *ilila* 和現在大南村三時代的各戶主的婚姻情形，列表於下㈧：

下三表中所用略號如下：

T：貴族（*talialalai*）A：士族（*alapulua*）K：平民（*kauokauolu*）

表一　舊社*kapaliua*同級婚、升級婚、降級婚數表（C.一九二六年）

婚別	對婚別／聚落數	kapaliua	onasi	ataiin	tatulaa	總計		百分比
同級婚	T△⇐T△	三四	○	四	○	三八	一一八	七六・一三%
	A△⇐A△	一	○	○	○	一		
	K△⇐K△	三五	二二	二○	二	七九		
升級婚	T△⇐A△	二	○	○	○	二	一二	七・七四%
	T△⇐K△	五	○	三	一	九		
	A△⇐K△	一	○	○	○	一		
降級婚	K△⇐T△	六	○	二	三	一一	二○	一二・九○%
	K△⇐A△	三	二	○	○	五		
	A△⇐T△	四	○	○	○	四		
不詳者		三	○	二	○	五		三・二三%
合計		九四	二四	三一	六	一五五		一○○%

表二　舊社 ilila 同級婚、升級婚、降級婚數表（C.一九四一年）

婚別		對數		百分比
同級婚	T△⇐T△	一七	六一	六六・三〇％
	A△⇐A△	五		
	K△⇐K△	三九		
升級婚	T△⇐A△	三	一一	一一・九六％
	T△⇐K△	三		
	A△⇐K△	五		
降級婚	K△⇐T△	三	一二	一三・〇四％
	K△⇐A△	七		
	A△⇐T△	二		
不詳者			八	八・七％
合計			九二	一〇〇％

表三　大南村同級婚、升級婚、降級婚數表（一九六五年三月）

婚別		對數		百分比
同級婚	T△⇐T△	三一	一一一	六〇・九九％
	A△⇐A△	一四		
	K△⇐K△	六六		
升級婚	T△⇐A△	四	二六	一四・二九％
	T△⇐K△	九		
	A△⇐K△	一三		
降級婚	K△⇐T△	九	三二	一七・五八％
	K△⇐A△	九		
	A△⇐T△	一四		
不詳者			一三	七・一四％
合計			一八二	一〇〇％

由以上三表可以見出同級婚在三個時代都是優勢婚，但是它的比例數越來越低，而其他二種婚姻的比例數則越來越高。同級婚的佔多數，可以顯示出傳統的牢不可破的階級性的門當戶對觀念；但是它的比例數的減少，可以見出隨著時代的進展，受外來文化的衝擊，階級制度式微的情形。由於階級內婚的盛行，因此當在本部落內找不到匹配的對象時，就只有向四圍他部落去尋覓，是以形成了地域外婚的情形。大南魯凱族稱地域外婚爲 *atoapatsa* 。在舊社 *kapaliua* 時代，與卑南、排灣和其他魯凱部落相婚，重要的外婚社名如下：

1. 卑南族：知本 *katɕiol* 、建和 *kasapaka*
2. 排灣族：*malepele*
3. 魯凱族：屛東之大武社 *lapoa* 、霧臺社 *butai*

在舊社 *ilila* 時代，除了和方才所述三族相婚外，又和布農族通婚，其時重要外婚社名如下：

1. 卑南族：知本、建和、利嘉 *rikabon* 、太平 *tamalakau*
2. 排灣族：*tolohuai*
3. 魯凱族：屛東之大武、去怒 *kinnula*

今日大南魯凱族的外婚情形更見普遍，除了和卑南、排灣和魯凱、布農各族通婚外，又和阿美族、漢人發生婚姻關係，其重要外婚地名或社名如下：

1. 卑南族：建和、利嘉、檳榔
2. 排灣族：*malepele* 、金崙 *kanaron* 、新園 *ɕintian* ㊈

3.魯凱族：屏東縣霧臺鄉之大武、去怒、霧臺、阿禮 *atili* 等村

東部臺灣近年來在「開發東部」聲中，以及國軍退除役官兵就業輔導委員會的扶助，前來的退伍軍人甚多，他們在汗馬餘生，除了致力於謀生外，多半娶一當地女子為妻以享家室之樂。山胞女子由於生活條件較差，家長貪愛錢財，自己本身的愛好虛榮享受，甚至有一些因為民族的自卑感，因此與平地人——尤其是退伍軍人結婚的一天多於一天。大南魯凱族離日趨繁華的臺東鎮頗近，這種現象尤其顯著；民國五十一年五月十八日國軍退除役官兵就業輔導委員會派遣一個開發總隊來開發大南溪谷，最初有一千餘名隊員，到了民國五十三年二月間，隊員增至二千零四十名，政府對這批退役軍人特予優待，准許他們在當地成家，並於成家後，可以分配到將來開發出來的田地，定居該地，這無異鼓勵這些退役軍人與當地女子結婚。他們採取銀彈攻勢，就可娶到一個大南魯凱女子，聘金由筆者所見實例，少則為五千元，多則為一萬三千元。一般魯凱族家長見錢眼開，甚至有將未成年女孩子與退役軍人成婚的，筆者曾親見一十二歲尚不懂人事的女孩嫁給退役軍人，其他十三歲到十六、七歲的也不少；大南魯凱族沒有守寡的習慣，所以寡婦近年來和退役軍人結婚的也不少，因為她們身價低，並且常有房子甚至還有田產，雙方講定簡單的條件，請請客，就可以搬進去住，因此這種人、財兩得的事也為許多人所樂為的。此外，也有少數大南魯凱女子遠適他地漢人的，多為退役軍人之妻。

二　禁婚規定

大南魯凱族有以下數種禁婚規定：

1.血親禁婚：大南魯凱族的血親禁婚範圍大體與最小親族（minimal kindred）範圍相一致，是以自我出發(ego-oriented)向父、母、同胞兄弟姊妹和子女六個方向展開的；因爲大南魯凱族是一個父系世系羣(patri-lineage)社會，所以它的禁婚範圍父方比母方要來得大些，茲以自我（ego）爲出發點畫大南魯凱族的血親禁婚範圍圖於下。

一般相信在這個禁婚範圍內結婚的人，他們所生下的孩子會跛足、瞎眼或多病，所以很少有人願意犯這個禁忌的。大南魯凱族稱前述之最小親族爲 atesa，在 atesa 和血親家族 *tatana* 之內是絕對禁婚的。

是由自我（ego）擴展及第一從表（*nimalesakauea*）的親屬關係範疇（category）；*tatana* 則是一個包括父、母、同胞兄弟姊妹和子女的血親團體。

2.血仇禁婚

兩家間發生殺戮事件後，則兩家之人以後不能共

圖一　大南魯凱族血親禁婚範圍圖

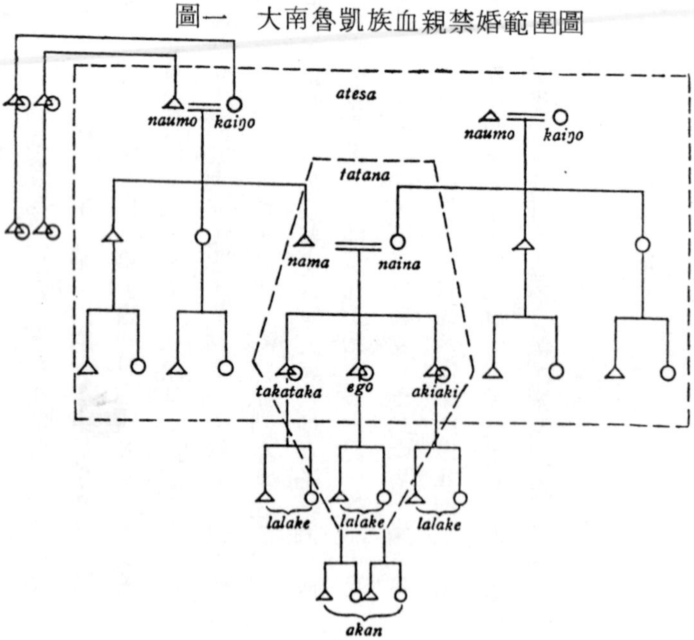

飲一杯酒，也不能分食一物，也不能在一起做祭，更不許通婚。如 *laakaluko* 和 *latakalaus* 兩家貴族，在打獵的時候，不幸後者之 *masekeseke* 此人誤射死前者之 *lavelasi*，從此以後二家就世世代代不准結婚。

3.通姦而禁婚

兩家間發生了通姦的事情，則二家以後不准結婚。

4.共居者禁婚

凡同住於一家屋者，不論其親戚關係有多遠，一律不准結婚；然而通常住於一家屋者，多屬於血親禁婚範圍內的人。所以此一原則與「血親禁婚」原則多所重疊。

三　婚姻形態

大南魯凱族有以下數種婚姻形態，這些婚姻形態，就一對配偶的組合來講，有的是互相排斥的(exclusive)，比如嫁娶婚和招贅婚就不能同時存在；有的則是互相並存的(inclusive)，比如單偶婚和收繼婚是可以同時存在的。

1.單偶婚

大南魯凱族的婚姻是嚴格的一夫一妻制(monogamy)，遍翻我們所調查的系譜，就不曾發現多偶婚(polygamy)的例子，即使貴族也不例外，這與地理和文化上相近的排灣族貴族之有納妾的習俗⑩是迥然不同的。在他們神話傳說上也沒有敍述多偶婚的。因此當筆者詢問他們關於多偶婚的事情時，他們就斷然說他們沒有這種事例，而說是一種平地人的習俗（指平地人的一夫多妻（polygyny）婚俗）。

2.嫁娶婚

嫁娶婚稱爲 *kiaonmala* 或 *kiadela* ，相對於招贅婚而言，是一種優勢的婚姻形態㈡。因爲大南魯凱族爲一並系化父系世系羣（ambi-inclined patri-lineage）社會㈢，所以嫁娶婚就變成了一種最通行的婚姻。

3.招贅婚

招贅婚稱爲 *mulengetsi*，是在沒有男嗣承家情形下的一種婚姻形態。入贅的男子通常地位較低，並且多半不是負有承繼家名義務的長子。招贅婚所佔比例較少㈢。嫁娶婚在大南魯凱族是一種主要的(primary)婚姻形態，而招贅婚則是一種輔助的（subsidiary）或次要的（secondary）婚姻形態，因爲每一個家族只要有男嗣時，都是行嫁娶婚以維繫其家系於不墜的，只有在沒有男嗣時才不得已行招贅婚的；因此從一個家系縱的方面來看，嫁娶婚只是它的一個過渡的婚姻形態，下一代有男嗣時，則又恢復了嫁娶婚的傳統。

行招贅婚的男子的動機不外有三：第一是爲提高地位而行升級婚；第二因爲招贅婚所需聘禮較少；第三因爲自己不是長子，不能分到多少財產，入贅女家可以補足此種缺憾。

4.服役婚

大南魯凱族認爲男子婚前乃至婚後爲女家服勞役，是一種理所當然的事，不論嫁娶婚或招贅婚都是這樣，毫無軒輊。大南爲一對女人極爲尊重的社會，舉例來說，他們沒有像漢人「只重生男」的根深蒂固的傳統觀念，生男或生女對他們都是一樣，生女對某些人來講無寧是更好的事，因爲將來由於婚姻的服役，可以得到許多人力的幫助。敬重女人的處世態度，主要是靠著服役的婚姻制度來予以維繫與強化。

男子十五歲參加會所，到三年以後升爲 *tauponsonsalu* 級，可以開始和異性交往，這時他就時常帶著下級青年爲女青年家工作；一旦選中一個女孩做其情人以後，就專心爲此一女孩工作，有時還邀請同伴和親戚們去替女家工作，工作的項目有以下等種，如旱田的開墾、除草和收割，砍柴，幫忙建屋……等等，自從耕種水田以後，也幫做水田的各種工作。此外，女友或女友之父母去深山工作或打獵時，他有負責接他們回社的義務。女家的一些零碎事務，諸如燒飯等事他也要去幫忙。

會所青年對於女友服役之情形，在一年一度的收穫節的豐穫祭（latɔŋ）那天達到最高潮；當天把所有會所青年分成組，每組內有一個人是有情人的，全組人從清早直到晚上都要幫忙該人之情人家做小米糕。

此外，除了婚前的服役之外，婚後新婚夫婦必須住在女家，俟生下第一個孩子爲止，通常都是一年以上，在此段期間男子也是爲女家服一切勞役。

5. 收繼婚

收繼婚依一般民族學的研究可分爲夫兄弟婚（levirate）和妻姊妹婚（sororate）兩種，二者在大南魯凱族的婚例中時有所見，然所佔比例並不算太高。大南稱收繼婚爲 *mosololu*（*mosololu* 意爲「代理」），二種之中以夫兄弟婚較爲常見，而夫兄弟婚中除了有叔接嫂、兄接弟婦兩種外，更有伯、叔接侄媳之變形形態。

收繼婚無論男女通常都是發生在再婚的情形下，其產生的原因經我們分析有二：第一是經濟的原因，因爲聘禮的籌集是一件不容易的事，窮苦的人家常要花五、六年的時間努力耕種、打獵來換取聘財；爲了節省聘禮，收繼婚正好可以達到這個目的；若是夫兄弟婚時，男女爲同一家名的人，女方娘家過去已得過聘禮，所以就不再要了；若是妻姊妹婚時，女方除了是初婚要一些聘禮以外，即可完全省掉。第二是道德的原因：大南魯凱族認爲一個人對於死去同胞之子女負有撫養的責任，而有行收繼婚機會時，則正好可以充分盡到這種責任，因此人們也就樂意行收繼婚了。

除了以上五種婚姻形態以外，大南魯凱族過去可能還有掠奪婚㊃，此可從婚姻儀禮中的「阻止抬新娘」和「割褲子」的儀式的可能是掠奪婚的遺跡見出㊄。近年來因爲受漢人的影響，尤其是民國四十七年以後退伍軍人大批湧入臺灣東部，漸漸又有一種買賣婚出現，女子之出嫁與否咸視男方所出之聘金高低爲度。聘金少則爲五千元左右，多則達一萬三千元，並且還有漸漸增加之趨勢。

四　婚姻狀況

茲先將大南魯凱族一九三三年至一九六二年的婚姻狀況列表於後：

由下表可見，十四歲以下幾乎皆未婚，而少數已婚的則全爲女性，而其數目由一九三三年的一人增至一九六二年的四人，似有增加之趨勢。二五～三九歲年齡組的有偶人數最多，此可從一九三三、一九五八、一九五九、一九六〇、一九六一、一九六二的資料見出。各年有偶之總人數，平均起來女略多於男，除了一九三三和一九五三兩年男多於女外，其他九年皆女多於男。照理嚴格一夫一妻制的社會㊅，男女有偶數應該相等，一九三三年男多於女三人，一九五三年男多於女一人，極可能是統計之誤；其他女多於男除了統計或有錯誤外，則可能是由於大南村內新園排灣族住戶頭人階級納妾的結果㊆。

表四　大南魯凱族婚姻狀況（一九三三～一九六二）

婚姻狀況			一九三三 計	一九三三 男	一九三三 女	一九五〇 計	一九五〇 男	一九五〇 女
已婚	計		二一四	一〇八	一〇六	四一七	一九九	二一八
已婚	未滿十五歲		一	〇	一	〇	〇	〇
已婚	十五歲以上 有偶	十五～二四歲	三九	七	三二			
已婚	十五歲以上 有偶	二五～三九歲	八五	五〇	三五			
已婚	十五歲以上 有偶	四〇歲以上	八九	五〇	三七			
已婚	十五歲以上 有偶計		二一一	一〇七	一〇四	三三八	一六四	一七四
已婚	十五歲以上	喪偶	〇	〇	〇	六三	二四	三九
已婚	十五歲以上	離婚	二	一	一	一六	一一	五
未婚	計		三二六	一七四	一五二	四五一	二四〇	二一一
未婚	未滿十五歲		一七九	九三	八六	二九九	一四七	一五二
未婚	十五歲以上	十五～二四歲	九一	五九	三二			
未婚	十五歲以上	二五～三九歲	二五	一二	一三			
未婚	十五歲以上	四〇歲以上	三一	一〇	二一			
未婚	十五歲以上計		一四七	八一	六六	一五二	九三	五九

一九五一			一九五二			一九五三			一九五四			一九五八			
計	男	女	計	男	女	計	男	女	計	男	女	計	男	女	計
四一一	二〇〇	二一一	四五六	二一六	二四〇	四七九	二二八	二五一	五〇一	二三九	二六二	五八五	二七〇	三一五	五七四
〇	〇	〇	〇	〇	〇	〇	〇	〇	〇	〇	〇	一	〇	一	二
三三七	一六四	一七三	三七三	一八三	一九〇	四〇三	二〇二	二〇一	四二〇	二一〇	二一〇	四九〇	二三九	二五一 } 六四 一一九 六八	四九三
五六	二五	三一	七〇	二六	四四	六五	二〇	四五	六九	二四	四五	八一	二六	五五	七〇
一八	一一	七	一三	七	六	一一	六	五	一二	五	七	一三	五	八	九
五一六	二五四	二六二	五三七	二八三	二五四	五八五	三一〇	二七五	六四〇	三三六	三〇四	七六八	四〇七	三六一	七六四
三四二	一六八	一七四	三八九	一九六	一九三	四二九	二〇九	二二〇	四八四	二三八	二四六	六一二	三〇〇	三一二	六二四
一七四	八六	八六	一四八	八七	六一	一五六	一〇一	五五	一五六	九八	五八	一五六	一〇七	四九	一四一

一九五九	男	二七四	〇	二四三	二六	五	四〇三	三一七	八六
	女	三〇〇	二	二五〇（六〇、一二八、六二）	四四	四	三六一	三〇七	五四
一九六〇	計	五九二	〇	五〇七	七八	七	八三三	六八六	一四七
	男	二七七	〇	二四八	二七	二	四三二	三三九	九三
	女	三一五	〇	二五九（五〇、一四六、六三）	五一	五	四〇一	三四七	五四
一九六一	計	六一〇	一	五三〇	七一	八	八八三	一二七	一五六
	男	二九〇	〇	二六四	二三	三	四八〇	三七八	一〇二
	女	三二〇	一	二六六（五七、一三四、七五）	四八	五	四〇三	三四九	五四
一九六二	計	六〇四	四	五二五	六七	八	九四六	七五三	一九三
	男	二八三	〇	二五七	二一	五	五一三	三八三	一三〇
	女	三二一	四	二六八（四九、一三二、八七）	四六	三	四三三	三七〇	六三

資料來源：(1)一九三三年取自昭和一一～一二年（一九三六～一九三七）出版高砂族調查書第一編頁八二～八三，第三編頁四〇六～四〇七。

(2)一九五〇年以後者，乃筆者一九六四年抄自卑南鄉公所。

註1：一九三四年至一九四九年，一九五五年至一九五七年資料缺或不能使用。

註2：此資料含住在新園的排灣族，但八〇%以上爲魯凱族。

喪偶者以女性爲多，一九五三、一九五八、一九六一、一九六二等四年女性喪偶數高達男性喪偶數兩倍以上，此乃因爲女性一般較男性長壽之故。喪偶數佔已婚數的百分比甚高，平均爲一三・八二%，但由於環境衞生的改善，比例逐年在降低，一九五〇年爲一八・六四%，一九六二年則降至一一・九三%。茲依表四材料將喪偶比例數列表於後：

表五　大南魯凱族喪偶百分比（一九五〇～一九六二）

年份＼項目	已婚數	喪偶數	喪偶百分比
一九五〇	三三八	六三	一八・六四
一九五一	三三七	五六	一六・六二
一九五二	三七三	七〇	一八・七七
一九五三	四七九	六五	一三・五八
一九五四	五〇一	五九	一八・七七
一九五八	五八五	八一	一三・八〇
一九五九	五七四	七〇	一二・二〇
一九六〇	五九二	七八	一三・一九
一九六一	六一〇	七一	一〇・一六
一九六二	六〇四	六七	一一・九三
平均			一三・八二

表四上所見之離婚數不多，但是實際之離婚數則遠過此數，因爲許多人離婚以後馬上再婚，已經不計算在內了。離婚數一般男多於女（一九五〇、一九五一、一九五二、一九五三、一九五九、一九六二等六年皆男多於女）。

以下再根據筆者調查的民國五十二年七月底的戶口資料來與前述大南魯凱族的婚姻狀況做一比較。民國五十二年大南魯凱族一、〇六六人，其中已婚者四二六人，未婚者六四〇人，茲將其年齡組區分，比例及已婚者之婚姻狀況列表於後：

表六　一九六三年大南魯凱族之婚姻狀況

		計	百分比	已婚	百分比	未婚	百分比
0~14歲	計	506	100.00	0	0.00	506	100.00
	男	273	100.00	0	0.00	273	100.00
	女	233	100.00	0	0.00	233	100.00
15~39歲	計	338	100.00	213	63.02	125	36.98
	男	173	100.00	83	47.98	90	52.02
	女	165	100.00	130	78.79	35	21.21
40歲以上	計	222	100.00	213	95.95	9	4.05
	男	125	100.00	122	97.60	3	2.40
	女	97	100.00	91	93.82	6	6.18

表七　一九六三年大南魯凱族已婚者之婚姻狀況

			實數	百分比
男	計		二〇五	一〇〇・〇〇
	有配偶	初婚	一四三	六九・七六
		再婚	四八	二三・四一
	離婚		五	二・四四
	喪偶		九	四・三九
女	計		二二一	一〇〇・〇〇
	有配偶	初婚	一五六	七〇・五九
		再婚	三五	一五・八三
	離婚		四	一・八一
	喪偶		二六	一一・七七
男女合計	計		四二六	一〇〇・〇〇
	有配偶	初婚	二九九	七〇・一九
		再婚	八三	一九・四八
	離婚		九	二・一一
	喪偶		三五	八・二二

由以上二表見出：四十歲以上的人幾乎都結了婚，未婚者比例僅佔四・〇五％。十四歲以下皆未婚，若將未計算在魯凱族戶口資料內嫁與退伍軍人的女子也包括在內，則已婚數恐將超過前此各年最高的四人之數（一九六二）。

男女有偶數皆爲一九一人，益可確信大南魯凱族爲一嚴格一夫一妻制的社會。

喪偶數也以女性爲多，幾達男性之三倍；喪偶比例爲八・二二％，較以前各年平均之一三・八二％降低甚多，可爲衞生改善和使用近代化醫藥之明證。

離婚比例爲二・一一％，並不太高；再婚比例高達一九・四八％，從戶口資料見出其中離婚後而再婚者較多。

五　婚姻程序與儀禮 ㈥

大南魯凱族的婚姻程序與儀禮分爲追求、議婚、訂婚和結婚等四大步驟，茲分述於後：

㈠追求（*moaalaalon*）

男子在會所裏從最低級的 *valisen* 升爲 *tauponsonsalu* 級以後，每天工作回來，吃過了晚飯，就常和兩個以上的同伴們一起到女青年家去玩，追求女子，稱爲 *moaalaalon*。追求時，男子帶著檳榔和菸草，用來招待女方老人們，稱爲 *asotalo* 。女子由一個以上的女友陪同待客，坐在男青年們的對面；如果女子已經就寢，父母一定會把她叫醒。女子父母分檳榔給在場的男女青年食用表示歡迎之意。男女青年這時集體

對唱情歌 *samatepalupulua* ，茲述一情歌於下：

(1)男：妳們到什麼地方去做工了？

女：我們卑微的人到人家比較不想去的地方工作了。

(2)男：你們去田裏了，你們所帶來的禮物是在那裏？

女：因爲我們運氣不好，我們沒拿到什麼東西。

(3)男：不要試驗我們的心，因爲我們對你們肚子很餓（肚子餓指「愛」之意）。

女：可能你們不喜歡吃放有地瓜藤和藜的飯。

(4)男：凡是樹芽（意指不論任何東西）我們都喜歡吃。

女：我們聽過人家說你們是最喜歡挑剔的人。

(5)男：別人雖然這樣挑剔，我們却沒有這樣做。

女：你們的心好像同我們在一起。

諸如此類的情歌，一直唱到半夜才散，女子縱然瞌睡已極，也要強忍不睡陪客。有時男女雙方感情特別好也有一直唱到天亮的。

會所青年同伴之間，知道某人對某一位小姐傾心，就會催促他去「追求」。通常在晚飯後對他說：「我們去 *talulu* 吧！」*talulu* 意指「追求」，是會所同伴間專門用語。

有時女方很喜愛某一個常來玩的青年，就會催促男方早日送「定情禮」*saualaalona* 來。一個青年看中了某一位小姐，先和父母談過，如果父母也看中，就可以送「定情禮」，表示正式追求之意。但是因爲父母對於子女的婚姻有絕對的主權，所以通常都是由他們代爲物色追求對象的。在送「定情禮」之先，男方要找一個親戚到女方去問是不是可以送？什麼時候送爲宜？女方這個時候多半會說：「我們家生活很苦，有那麼多的孩子，又有老人們，那個男孩子忍受得了嗎？我們女孩子的脾氣又不小，他也忍受得了嗎？」使者把這些話傳告男方，男方這時立即表示他的男孩子可以忍受。其後男方父母、親戚就把「定情禮」送去女家，定情禮是檳榔和荖藤兩種東西，檳榔的數量有時多達一牛車。女方在家等候的親戚，過去多半是女性，但是現在却不同了，因爲男方也送酒來，男的爲了喝酒，也就願意來了。女方收下「定情禮」之後，等人都回去了就把「定情禮」分送給親戚。

此後，男子經常帶着青年同伴和親戚們去幫女家工作。

男女二人在送過「定情禮」以後，互相稱爲「情人」*siçilaŋa*。以後男子經常偕同兩個以上的同伴，去女家找女友唱歌、談話，別的男子不可以明明的「追求」，更不可以送「定情禮」了。男女兩人這時可以互相交換頭巾、戒子和煙斗等物，當爲兩個人之間私下定情的信物。

在每年七、八月收穫節的豐穫祭 *latoŋ* 那天，女方所有親戚要帶一些當天做好的小米糕到女家去，把小米糕集起來，然後大家送到女孩子的情人家去；男方早在數日前，請了所有親戚去打一次獵，把獵物都集中在家裏，就在這個時候分贈給男女二人伯、叔、姑、舅、姨的親戚（此種親戚稱爲 *lamaputaputake* ）。男家收下小米糕之後，要再邀集親戚們去打一次獵，並且要找些有蜂幼虫的蜂房，回來以後，把獵物、蜂房送到女家去。

(二)議婚(*makalivaliva lasiçilaŋa*)

追求短爲二年，長至四年以後，如果男女雙方情感尚洽，就開始「議婚」，由男方主動，徵得女方同意，定好「議婚」日期。到了「議婚」那天，男女雙方第五從兄弟姊妹 *ɕilimalaneŋa* 以內的親戚，各集中男女家中。這時男女二當事人之父母，請其同胞之女孩（必須是十三歲以上之潔身童女）各二人組成一種叫做 *atalivalu* 的傳話隊，由男家出發跑去女家，告訴女家有一個聘禮是水缸，女方答好；之後再跑着回報男家。第一個聘禮講完，再講鍋和刀二件聘禮，方式如前，完全是一種儀式性的動作。其後才正式商談聘禮。商談聘禮之事由男女雙方第二從表兄弟之親戚五六個人來擔任。這五、六個人組成的商談隊稱爲 *atala-uaka*，也是從男家出發，來往於兩家之間協議聘禮的事。

關于聘禮 *sapatsa*，因婚姻形態之不同，其種類與數量也就跟着不同。茲從社會階級觀點敍述於下：

1.同級婚的聘禮：(1)頸飾 *pitsiel* 一，(2)檳榔袋 *takeleŋa* 一，(3)胸飾 *ɕilo* 一，(4)綁褲 *katɕin* 一，(5)水缸 *salau* 一，(6)鍋 *alɔn* 一，(7)鐵排耙 *kakala* 一，(8)毯子（或棉被）*tsauopu* 一，(9)刀 *lapo* 一，(10)牛 *koon* 一，(11)禮肉 *amal*（通常爲豬一頭）。

貴族同級婚的聘禮中必須有一全套的禮服 *kinnikaliŋialatsa*，該禮服有下列六種東西：(1)檳榔袋一，(2)男用豹牙帽 *akemotsi* 一，(3)豹皮衣 *likulau* 一，(4)綁褲一，(5)上衣 *kiin* 一，(6)圍巾 *imai* 一。

然同級婚爲入贅婚時，則其聘禮不稱爲 *sapatsa*，而稱爲 *sakilaisai*，其種類亦少，只有下列三種：(1)檳榔袋一，(2)槍 *kuon* 一，(3)禮肉。

2.升級婚的聘禮：

A平民與貴族婚者：(1)豬或牛二頭（其中一頭殺了做禮肉 *amal*），(2)全套禮服（如前述貴族同級婚者），⑶檳榔袋一，⑷手鐲 kalasi 一，⑸頸飾一，⑹水缸一，⑺鍋一，⑻鐵排耙一，⑼毯子一，⑽刀一，⑾腰飾帶 alivute 一。

如爲了贅婚，則聘禮稍減，其種類爲：⑴全套禮服（如前），⑵刀一，⑶鐵排耙一，⑷毯子一，⑸水缸一，⑹槍一。

B平民與士族婚者：其聘禮一如平民士族之同級婚者。

平民入贅士族家時，則要送以下六種聘禮：⑴槍一，⑵刀一，⑶檳榔袋一，⑷鐵排耙一，⑸水缸一，⑹禮肉。

3.降級婚：

A貴族與平民婚：只刀一把而已。

B貴族與士族婚：⑴刀一，⑵鐵排耙一，⑶頸飾一，⑷毯子一，⑸禮肉。

女方知道了男方要給的聘禮以後，普通還會要求增加一兩樣東西。現在的聘禮除以上所說的那些東西以外，還要幾千塊錢；至於退伍軍人的聘禮只有錢一樣，因此有高達一萬三千元的。商談隊來往於雙方商量聘禮的數目，最多不能超過四次。若談成則男家親戚帶酒去女家喝。如女方無意相婚，就故意要求很多的聘禮，使男方無法答應，只好作罷。男方雖然遭到這樣的拒絕，但是絕對不會要求女方給付過去他們幫忙工作勞役的代價；因爲被拒婚，無論男子本人或他的親戚朋友們，都認爲是很羞恥的事。男子對女子也不會有文明社會常見的毀容等傷害的報復行爲，甚至連怨恨的心思也不會有，此主要因爲「服役婚」的根深柢固，人人認爲替女友家工作乃理所當然之事（參看第三節「婚姻形態」）。如果女方有意，即使聘禮很少也會答應的。「議婚」時把婚期也談定，通常大約在幾個月以後；如果女子年紀還小，婚期就延長些。

㈢訂婚(*saopenlatsa*)

在結婚前一、二天，先訂婚，稱爲 *saopenlatsa* ，多在收穫節完了以後的農閒時間舉行。訂婚當天早晨由女方父母遠至第二從兄弟姊妹(*ɕiusaleneŋa*)範圍內之女性親戚去男家檢驗聘禮是否全備，謂之*akete*（若聘禮不完備，則不能舉行婚禮）。這天會所青年去山上採檳榔和荖藤送到男家，由一位行爲端正的男人或會所領袖(*ɔmalutaŋ*)，用檳榔和荖藤各做成叫做 *tinnukula* 的東西，檳榔者是檢選一串檳榔，在底部相對的兩個枝上各套上一個耳環，再用藤條繞着這兩個枝的下部，整齊地一條一條地綁縛，這樣綁縛叫 *takele* 。然後在兩個枝上，由所套之耳環處向枝梢各順序綁上紅黃綠三色布條；最後在主枝下部用藤條綁成一個提把。荖藤者是檢選約長二尺左右的荖藤十六根，上下各八根排好，用藤條在左右沿直線纏繞綁紮起來，並將藤條伸出在中央結成一個提把。這樣做成的兩種東西叫做 *tinnukula* ，爲訂婚時所不可少的。

從中午起男女兩家的親戚就分別聚集在兩家了。 這時由四名雙方家長的兄弟姊妹的女孩組成的叫做 *atali-ualu* 的傳遞隊，拿着二件 *tinnukula* 從男家跑去女家給女家的人看一下，但是並不把它放下，接着又跑回來。如此到第三次時，才眞正送到女家放下。四個女孩在兩家間跑時，兩家的人都對她們開玩笑。女家將二個 *tinnukula* 收下以後，男家之人就到女家去喝酒，商定結婚日期。男孩子這時也親自招待雙方親戚們。婚期多半就在第二天；如果延長的話，大都是女方的意思，男方是希望越快越好。

㈣結婚（*alaŋ*）

一般訂婚的次日即舉行結婚典禮。在結婚以前男女二家的任何瓜葛糾紛都必須解決，否則就不能舉行結婚典禮。婚禮通常由新娘的父親來主持。無論任何階級人結婚時，都一律要請部落正、副頭目（二人家名分別為 *labalius* 、 *latumalatsasi* ）和 *laakaluko* 、 *lavulega* 、 *laiinaliki* 、 *lasagilata* 四大貴族來參加。

婚禮普通約需五天，現在依照五天的順序，把結婚的儀禮敍述於下：

1.第一天，早晨新娘和女儐相 *ali* 到全部落各家致送一、二個檳榔和一些荖藤，通知要結婚之意，有點類似閩南人結婚前女方送給親友們的喜餅。晚上由一個聲音宏亮的男方女性親戚站在女家門前高處喊着：「現在你們的朋友要結婚了，都去參加不要坐失機會」！這也是一種通知的方法；當晚不喊次日早晨喊也可以。晚上男女雙方親戚齊集女家喝酒、唱歌。會所青年和女青年團團員也都來女家唱歌或跟新郎、新娘聊天。這樣直到天亮，大家整晚不睡。

2.第二天天一亮，會所青年們就去山中，搬來幾天前砍好的木柴，兩根柴一捆，堆疊在女家門前空地上，兩旁插上木頭，成為一個兩根柴寬，高度與屋簷相等的木榤，這個木榤稱為 *liva*。木榤頂放一種從山中採來的 *pakaumutsu* 草，以及槍和禮刀 *tamo*。在木榤旁邊插一根大竹子，於其枝上吊着木製的小刀槍和一種叫做 *lokotsi* 的果實（此種果實代表人頭）。立起木榤，有祈求豐獵和出草順利之意，同時表示新郎對女方的尊重和對新娘的愛護。這天會所青年也從山中採來很多棕樹葉和竹子，在男家屋前空地上蓋結婚飲宴時用的涼棚，並且做些婚宴用的竹杯等物。

下午由四位女方的老婦人在女家屋內歌唱，歌頌女家的崇高與純潔，並且祈福求祥，這種歌頌稱為

valeleai，其歌詞有以下這樣的話：

「神看顧我們，使新婚夫婦不吵架，到死和好。也使村裏的人不爭吵。」

這時男方由一些老頭把聘禮送到女家去，一路上喊着："e! pa! sasala"的話，意爲「我什麼都抓到了，無論什麼動物都打到了，無論什麼地方都去過了，把敵人的頭砍得一塌糊塗」。聘禮送到女家，經女家檢驗後收下。

這天新郎和新娘晨起後，就穿上禮服 ɕinnikanikalatsa，新郎著上衣，穿短裙 lapiti，戴頭巾 pɔnlai，佩上右肩左斜和左肩右斜的兩個檳榔袋，戴上各種飾物；貴族還要戴豹牙帽 akemotsi。新娘著上衣kakiŋa，穿裙 toŋa，腰掛帶有小鈴的腰帶 lapoi ，肩佩右肩左斜的檳榔袋，頸子掛上頸飾 pitsielu，胸飾ɕilo等飾物，頭戴 kaliuasalu 帽（此帽上插有鐵片等飾物）。昔日貴族和平民的衣飾是不同的，平民絕對不可穿貴族的衣服（民國五十二年八月十九日溫忠成atau和孫美妹 selee 結婚時，曾有平民女子王秀琴avoŋalu穿著貴族的衣服前來參加婚禮，遭到貴族女子陳玉嬌 saitsai 扯下衣服的事例）。男儐相 talaki、女儐相從這天早上起，就一直陪着新人，不稍遠離。他們四個人都不吃早飯，據說是爲了減少去小解的痲煩。

這天晚上，會所青年和女青年團的女青年們，都到女家陪伴新郎新娘，唱歌聊天一如前晚。

3.第三天天一亮，男女青年們就開始跳舞 malikasau ，邊跳邊唱，通宵達旦。

這天是最重要的一天，重要的禮儀都在這天完成。新娘這天想到以後不能再和男女青年同伴們一起工作，一起唱歌遊玩，就開始哭泣 sialiŋaliŋau 起來。這天下午要開始「迎親」akaakopuŋa，把新娘從女家接到男家去。「迎親」可以分三個程序，現在敍述如後：

(1)抬新娘 *akoopu*：新娘家在大南社時，由會所青年們到女家去，把新娘用毯子包起抬出。這時女方父母和親戚們會極力阻止抬出，新娘好不容易被抬出以後，就由青年們輪流背負到男家，女儐相也由男儐相背負着送到男家，在男家門口又有一些女方的親戚阻止把新娘抬入。阻止抬新娘稱爲 *teketekee*，多由男人來做，雖然是儀式性的行爲，但是一般非常認眞，所以有時幾至動武而使新娘昏了過去。㊈

如果不是同社的婚姻時，抬新娘出女方的社口或進男方的社口時，女方的親戚都加以阻止，當要進大南社口時，女方親戚會說出下列四個詞要求四種東西：

(A) *alai*：背小孩兒的帶子

(B) *soalinka*：指貝飾 *linsil*

(C) *samulepa*：原意爲開門，此乃指酒

(D) *saopuka*：胸飾上的一個重要的玻璃珠子

男方通常儀式地答應，而於女方親戚到男家以後，饗以好酒就算把四種東西給了他們。在兩社之間的路途上，新娘可以自己下來走，以免由人背負之苦。新郎和他的父母也要到新娘社中參加抬新娘的活動，可是一到大南社口就要趕快回家，準備迎接新娘的到來。

(2)親吻 *uauma* 和梳頭 *karotsi*：會所青年們把新娘抬入男家，衝破阻撓的人羣以後，就把新娘放在坐在床上的新郎膝上。新郎這時用鼻子輕吻新娘的面頰，叫做 *uauma*。然後新娘下床由新郎的女性近親爲之梳頭 *karotsi*；梳頭的時候要在頭髮上塗些豬油。

(3)嘗新祭 *tila*：梳過頭以後，由新娘舂一把小米，簸去粟殼，煮熟，放在容器 *taumel* 裏。接著由新娘先做嘗新祭；其方式是用左手拿木匙舀一匙煮熟的小米飯(*pulasi*)，在門口外用右手食指蘸小米飯三次，在地上劃三下，叫做 *tolasi*，劃時向土地 *taetae*，上帝 *iapunoŋ* 和祖先 *malutoton* 禱告，通知神明她以後要參加這家的各種小米的祭祀了，求神保護她，給她好運。做完了這個祭，把木匙內剩下的小米飯吃掉。隨後新郎也同樣地做祭，祈求神明保佑他們，賜福他們。茲述嘗新祭禱告詞如下：

koso ka latomo naii ka lakaiŋo naii tsilai naii kemukemu amanni naiimoapalisi kemokema naiia matitalema
你 是 祖先 我們 祖先 我們 看 我們 保守 這個 我們 繼承的人 保守 我們 給幸福
munai asaɕiɕiya naiia asalekema amanni naii moapalisi ka malutautaŋ naii ka latomo naii ka kaiŋɔ naii
我們 給好運 我們 給保佑 這個 我們 繼承的人 祖 先 我們 祖父 我們 祖母 我們

譯文：你是我們的祖先，看顧我們，保守我們這些繼承的人，保守我們，給我們幸福，給我們好運，保守我們——我們祖先和祖父母的繼承人。

嘗新祭做好，「迎親」就告結束。這時男女雙方親戚就在男家屋前空地上所搭好的涼棚下飲宴，互相敬酒（像喝連杯酒等），敬菜，不時大家還唱唱歌，男女青年們都穿着漂亮的衣服，手牽着手，邊唱歌邊跳舞，新人也參加。近年來的歌舞幾乎都是向阿美族和漢人學來的。跳舞飲宴作樂一直到半夜結束，然後新郎和新娘到女家去。

4.第四天新人到了女家，這時新郎和新娘共同舂、煮小米，由新郎一個人做嘗新祭，新娘必須在後面看著。祭完，男女青年就在女家屋前空地上跳舞，新郎和新娘也參加進去。跳到一個時候，新娘和女儐相就退出到女儐相家去；由女儐相的母親用堅固的布和一種堅韌的叫做 *halipol* 的樹皮，在新娘腰部和兩條大腿間纏繞並且縫上，目的在遮住私處。做這種事的婦人必須從前也穿過這種縫紮的褲子 *tsaeɕi* 的，她可以得到一點工錢。縫紮好，女儐相就陪新娘回到女家；新娘一到屋子裏，因爲懼怕等一會兒割褲子的儀式就會哭起來。天快亮時，屋子外跳舞的男女青年們都進屋子裏來唱歌。這時新郎、新娘和男女儐相四人並排坐在床沿上，新郎新娘坐在中間，男儐相挨著新郎，女儐相挨著新娘，四人一齊向前彎腰三次稱爲 *ɔlai* 。然後新郎把新娘抱到屋子中央的地上。翻開裙子，用小刀割開縫紮的褲子，一直割到摸到陰部爲止。這種儀式稱爲 *mutsaisi*。新娘拚命抵抗，有時她逃到屋子外面去了，青年們就幫着捉回來。據說 *mutsaisi* 的儀式有長到五天五夜才完成的。新郎在割的時候必須小心不傷害到新娘的皮膚。男女青年圍觀此儀式時，各爲同伴們加油。也有的人說，天快亮時，男女青年進屋子以後，新郎就進來把新娘的上衣解開一個鈕扣，然後去附近山上採茎藤，這樣做稱 *iulolai* 。茎藤採回放在女家，這時青年們早已走光了，新郎就開始 *mutsaisi* 的儀式。後一種情形是後來受外來文化影響而演變的結果。*mutsaisi* 儀式，凡是婚前沒有發生過性關係，而且是第一次結婚的男女，才有資格做。新娘穿着縫紮的褲子也表示其身貞潔。據報告人陳崢松(*tanlupake ki latakalausi* ，民國五十二年夏間做筆者報告人時，年約七十八歲。)說，行過儀式就表示把新娘以前閉鎖的身體打開了，也表示新郎新娘互相的愛慕。*mutsaitsi* 和前面說過的「阻止抬新娘」的 *te-ketekee* 儀式，多少顯示了掠奪婚姻的痕跡⑩。

mutsaisi 的儀式舉行以後，當晚兩個人就可以同房正式成爲夫妻。新婚同房的第一夜叫做 *tatusata* 。

5.第五天清晨，新郎要去山中砍柴，分送給女方的親戚；新娘則要去幫新郎的親戚挑水。結婚儀禮到此就算結束。如果 *mutsaisi* 的儀式延宕很久才完成，或是不同社不同部落間的結婚，整個結婚儀禮所需的時間自然就長了。

婚後的第三天，男子的父母到女家去看望新婦的父母，送一個碗和一把小刀。這兩件東西稱爲 *saosi-sineŋa*。這天新婚夫婦回男家住一晚，第二天再回女家來。

婚後一週，新婚夫婦在女家做些糕餅，燒點獵物，招待資深的男女青年們吃一頓晚飯，叫做 *tokoopu*。席中唱歌喝酒，都表示與同伴們 *lahapal* 離別的意思，可說是一種惜別會。以後新娘的父母或有請男女儐相和他們的父母吃一餐飯的，這餐飯叫做 *makiusoso*。

新婚兩個月左右的時間，夫婦兩個人無論到那裏去，都要在一起，不可分開，以示恩愛。

結婚以後夫婦住在女家，等生下一個孩子，才搬到男家住。如果沒生孩子，普通過兩三年後就可以到男家去住了。住在女家時間的長短，有時要看男女雙方需要人力的情形而定；如果男家急需人手幫忙工作，就可能早些搬去。住在女家的時間，男子要替女家服務，做一切的工作，這是一種典型的服役婚制度。

女子從娘家跟着丈夫搬到男家去住時，可以帶去一套衣飾稱爲 *saiiluke*。

六　離婚與再婚

(一)離婚 *mateteuatsi*

大南魯凱族離婚的原因歸納起來有以下十一點：

1.夫或妻與人通姦：通常夫或妻與人通姦，立即可以離婚，甚至一方有通姦的嫌疑，就可以要求離婚。例如大南村東園九十二號的謝杜阿英 *mune* 平日與夫謝源德 *kelesai* 平素不洽，一日發現其夫的一隻木屐丟在他常去的昔日女友家屋後面，就硬說二人發生了通姦關係而要求離婚。

2.妻不生育㊂：大南魯凱人認爲結婚的目的就在生孩子，生孩子乃是結婚的當然結果，因此只要結婚多年不育，就會導至離婚。

3.夫或妻懶惰：「人力」是大南魯凱族經濟生活上的一個重要因素，只要有足夠的「人力」，生活就不會成問題；相反地，如果「人力」不足時，就有饔飧不繼之虞。「懶惰」便減少了「人力」，影響到生活，所以就成爲離婚的原因。例如，大南村東園四十五號的張清連 *amolison* 就是因爲嫌其妻 *tavalai* 懶惰而與之離婚的。

4.婿與岳母不和：報告人毛路資 *mulotsi* 過去即是因爲和其岳母不和，才和前妻 *aeles* 離婚的。

5.公、婆虐待媳婦：例如大南村蘇巴陽六號劉德治 *taukie* 的前妻潘秀枝，因爲在他服兵役期間，婆婆要求她做許多苦工，使她苦不堪言，因而要求離婚。

6.夫或妻衰老或身體發生缺陷：例如大南村東園二十八號的毛路義 *kilakilau* 因嫌其妻 *ulotes* 老邁而與之離婚；大南村東園四十六號杜福明 *koi* 之父 *sontoke* 因嫌其母 *aliniŋ* 眼睛有毛病而離婚。

7.貴族家不喜歡平民的夫婿：例如報告人孟泰斗 *kelele* 雖爲平民，但因是村中有名之獵人，爲貴族所賞識，遂得與貴族女毛阿妹 *lavoues* 結婚。但是後來孟泰斗打獵成績漸漸不好，其岳父母甚不悅，又嫌棄起他的平民身份來，遂命毛阿妹與之離婚。

8.夫打獵成績差：前述孟泰斗之例即是。

9.夫妻不和：住在大南村東園九十五號的最大貴族古明謙 atsake 脾氣素來不好，因此先後與 lekea、kalatso 二妻不和而離婚。

10.夫或妻有偷竊行爲：夫或妻偷竊被人發現，重者即行離婚。

11.男女雙方家庭發生仇敵關係：這種事例較少。

在第五節「婚姻狀況」一節的表四和表七裏，我們發現大南魯凱族的離婚比例不高，民國五十二年只有二．一一％，但是因爲有一些離了婚以後又再婚的，所以離婚實際比例數應該還要高些。通常一般家庭都避免離婚，尤其是孩子多的夫婦，離婚以後孩子固然受苦，自己也將爲親友們所不齒。離婚以後，子女多半歸男方撫養，因爲男人娶妻的主要目的就在生育子女延續家系，但是如果因爲男子與人通姦而導至離婚時，女方則有權利要求養育部分子女。招贅婚離婚後，子女歸女方養育，但若因女方與人通姦而導至離婚時，則全歸男方養育。

一般離婚以後，搬出去的一方不能帶走任何財物，如果沒有子女的，只可以將其私人用物帶走。女人如再婚時，必須償還聘禮，償還的聘禮稱爲 sakuluma，由再婚的對象負擔，其數量和價值由前夫和未來丈夫雙方親戚商訂，普通和前夫所付聘禮相等。

離婚以後，也有破鏡重圓的事，稱爲 masaɕiuli。

(二)再婚 atioa

在表七裏我們看見大南魯凱族的再婚率高達十九．四八％，再婚的情形在大南社會是頗爲普遍的。推究其原因有以下數點：

1.離婚以後多半立即再婚。

2.環境衞生及衞生習慣差，死亡率高，因而喪偶（喪偶之人稱爲 *inavaŋolu*）之機率大，再婚的機會是以增加。

3.毫無守寡或不再娶的觀念。

4.未婚前青少年時代，男女兩性接觸機會多，在前面「擇偶」和「婚姻程序與儀禮（所述「追求」的部分）」二節裏，我們看見除了男子做 *valisen* 時嚴禁與女性交往外，男女從孩提時代一直到結婚以前交往的時機可謂頻繁，由於男女之間認識的深刻而提供了再婚的絕佳機率。

住在大南村東園一百一十號的溫路資 *tiŋolotsi* 可以做爲大南魯凱族的一個極端典型的例子來看。他現在（民國五十二年）只有六十一歲，却已經結了七次婚，除目前太太不計，只有第六位是離婚，其他五位都是病故的。他在妻子離婚或病故以後，都立即再婚。與現在太太結婚時，他才五十七歲。

男子妻子病故，再婚前必須做一個與亡妻斷絕關係的儀式，稱爲 *salikute*，這個儀式很簡單，是由男子之父、母、伯、叔、舅、姑、姨和兄、姊等帶酒去亡妻家，與亡妻之親戚一起飲宴，通知他要再婚之意。*salikute* 以後才算眞正與亡妻斷絕了關係。女人再婚無須 *salikute*。

再婚儀禮比較簡單，普通僅有三天。婚後，男子要在女家服役一個月左右。

七　結　語

以上我們已經把大南魯凱族的婚姻敍述了一個大概，現在我們再談幾點以爲本文之結語。

㈠R. H. Lowie 曾說[32]，婚姻與家庭是相輔相成的，二者都是在生物的基礎上的「文化的超組織」（cultural superstructure)；婚姻是一種制度，而家族則是具體表現此種制度的團體。G. P. Murdork 給「婚姻」下過一個定義說：「婚姻是一對男女之間，包括經濟合作、同居和性生活，爲社會所認可的關係。關於誰可以和誰不可以進入這種關係；如何建立和終止這種關係；以及每一個進入這種關係的人，在此關係中可以和不可以做什麼，在文化模式的規範（culturally patterned norms）上是有規則地詳細列舉的。婚姻關係與其特徵地被包括在內的家庭這種社會團體相比，是迥然不同的。」[33] W. H. R. Rivers 曾說：「婚姻可視爲人類社會規範兩性關係的一種工具。」[34]三氏有關「婚姻」的定義及其與家庭的關係的說法，證之大南魯凱族婚姻，是千眞萬確的。

㈡陳師奇祿曾對西部魯凱羣霧臺村的婚姻做過研究[35]，將之與東部大南魯凱族的婚姻比較，我們可以發現有許多相同的地方，而見出二地之緊密的親緣關係。像爲延續家系而招贅，實行印度尼西亞文化圈流行的所謂 ambil-anak 婚姻；階級內婚的盛行；女子緊縛下體的擬似掠奪婚儀式；沒有守寡的貞操觀念；聘禮因家族地位而有所不同等。但是二地也有不同之點，像霧臺魯凱族結婚至有子嗣始告成立，在大南魯凱族則沒有這種情形；霧臺村男子可與頭目女子行升級婚而其女子則不可與頭目男子行升級婚，在大南村則無此種明顯的情形；霧臺村僅女子犯重婚罪而大南村則男女一視同仁㉖。以上這些重男輕女的事情，在大南村完全沒有，並且由於服役婚的盛行，生女對某些人來講無寧是更好的事，社會上一般非常尊敬女人；我們認爲這極可能是受了附近尊重女權的卑南族母系社會的影響的結果㉗。

㈢同級婚爲多；聘禮、禮服因階級地位而不同；任何人結婚時一定都要請正、副頭目和四大貴族來參加。這些都表示了大南魯凱族社會的階級性。

大南魯凱族因爲家名、家系制度盛行，著重住居 (residence) 因素，所以同級婚以承嗣家名者（多爲長子）爲主，非承嗣家名者不嚴格要求階級內婚。大南魯凱族在血親禁婚範圍以外盛行近親內婚，同曾祖父母的第二從表相婚例子不勝枚擧，其目的在於使鬆弛的親屬關係拉緊。階級內婚和近親內婚互相配合，在維持家系的前提下，就宗教的意義言之，可以使一家屋中的祭祀繼續不斷；就經濟的意義言之，可以使財產不落入外人手中。對於貴族，則更可以使特權不外溢，頗似古代的埃及和秘魯的階級內婚㉘，只是沒有那麼厲害。大南魯凱族正、副頭目之二家（家名分別爲 *labalius*, *latumalatsasi*）各有二家扈從的「服務平民」 *saɕia kauokaulu* （前者爲 *lakutalau*, *lasavalo*二家；後者爲 *lakateseŋa*, *lala-uon* 二家）。正、副頭目與服務平民以及服務平民與平民之間不易通婚，此情形和 British Columbia 的 Tsimshian 人相似㉙。

㈣婚禮第二天立起稱爲 *liva*的木棨以祈求豐獵和出草順利；下午由四個老婦人來唱祈福求祥之歌；送聘的老頭高喊著表示抓到很多野獸和獵到很多頭的話；家族新成員的擧行嘗新祭。這些顯示了婚姻的宗教和經濟意義，木棨旁大竹子上掛的小刀、槍和代表人頭的 *lokotsi* 果實以及手拿著聘禮的老頭口裏喊著話，似乎還有巫術性的象徵意義。

㈤人類學家在處理一個文化時，必須視之爲一個整體（as a whole），其內各部分是互相依存（interdependent）、互相作用（interacting）、互相調適的（mutually adjust）㉚。由大南魯凱族婚姻之與政治、宗教、經濟等方面的密切關係，以及其內的各種活動旨在使個人和社會團體從婚前的「一種均衡」（a state of equilibrium）達成一種「新的平衡」（a newly adjusted situation），我們認爲這種看法和研究的態度是對的。

㈥由於新娘外流日益增多，男子找配偶越來越困難，所以近年來會所青年拒絕幫忙和參加嫁給漢人的婚禮，以爲消極之抗議。另外，在軍中服役的人，近年來留營的越來越多，固然因爲軍中生活比他們自己的生活好，然而「留營」却可以使他們暫時忘掉婚姻的煩惱也是一個重要的原因。大南魯凱族現已幾乎全部信外來宗教㉜，教徒結婚時多半行新的宗教儀式，舊有的婚姻儀式和活動在逐漸減少中，「割褲子」的*mutsaisi*儀式從民國五十二年以後已經不再有了。臺灣土著族已經在急遽的「涵化」（acculturation）中，雖然本文對這方面的問題沒有做深一步的探討，但是我們不得不承認「涵化」是今日對臺灣土著族研究時所不可忽視的一個重要課題。

註釋

㈠ 衛惠林，一九六三年，頁一；陳奇祿，一九五五年，頁一〇四。

㈡ 古野，一九四五年，頁二〇一。

㈢ *Akasi* 學名爲 Lapartea detrostigme Wedd. 閩南話稱爲咬人狗 *kalonkau*，廣東話稱爲 *rainkel*；*ili* 學名爲Urtica Thunbergiana Sieb. et Zucc. 參看古野，一九四二年，頁一五三—一五四，*ili* 經筆者帶回請本院植物所鑑定學名如上，與古野所說學名不同。

㈣ 民國五十三年二月間筆者在大南村調查，統計會所成員應有八十五人，但是實際只有四、五十人，並且仍舊照過去習慣經常睡在會所裏的只有二十二人。會所變成了青年們的休憩所，它的教育、守衛和服部落勞役的功能已喪失殆盡。

㈤ 民國五十二年八月初筆者在大南村目睹會所舉行的成年禮，典禮中本來要用毒葉來鞭打兩位行成年禮的 *valisen* 和所有其他會所青年，使這種已經三年不用的刑罰恢復起來，但是爲派出所巡官所阻止，因而沒有成功。

㈥ 民國五十二年八月初會所舉行成年禮時僅有二位 *valisen* 參加；民國五十三年二月間全會所僅有六位 *valisen* ，這些都可以看出近年來進會所人數稀少的情形。

㈦ Mabuchi, 1960, p. 137.

㈧ 大南魯凱族在四十多年前（日本大正十五年），由 *kapaliua* 遷住 *ilila*（參看古野，一九四五，頁二〇一），後來又在二十多年前（民國三十、卅一年左右）遷住今大南村東園聚落。筆者於民國五十四年二月間在大南村調查時，承村中長老孟泰斗（七十三歲，前臺東縣議員孟田榮先生令尊。）、毛路資（七十二歲）、吳錦文（七十一歲）和謝丸賀（六十三歲）諸先生的協助，調查到三時代各戶主的婚姻情形，此三表就是根據這次調查材料整理而成的。

㈨ 新園在行政區劃上屬大南村，但是在地理上與大南村其他部分相距遠且環境不同。該地人屬排灣族(*Butsul*)羣之 *Paumauma*，民國三十三年在日本人強迫下，從今臺東縣金峯鄉比魯村(*viliaulu*)之深山中舊址遷來。

(〇) 衞惠林，一九六〇年，頁七九。

㈡ 由筆者所調查的民國五十二年七月底的戶口資料顯示，在一百九十六戶中，有一百八十三戶爲嫁娶婚家族，所佔百分比爲八三・一六%；另三十三戶爲招贅婚家族，百分比爲一六・八三%。

㈢ 謝繼昌，一九六五年，頁五〇—五一。

㈢ 同㈡。

（一四）國分，一九三五年，頁九三。

（一五）參看「婚姻程序與儀禮」一節。

（一六）參見前「婚姻形態」一節。

（一七）排灣族有納妾制度，參看衛惠林，一九六〇年，頁七九。

（一八）參看佐山，一九一七年，頁二二四；鈴木，一九三二年，頁二三八。

（一九）國分，一九三五年，頁九三。

（二〇）國分，一九三五年，頁九三。

（二一）佐山，一九一七年，頁二二五。

（二二）Lowie, 1953, p. 87.

（二三）Murdock, 1950, p. 84.

（二四）Rivers, 1924, p. 37.

（二五）陳奇祿，一九五五年，頁一〇三—一二〇。

（二六）謝繼昌，一九六五年，頁一六一—一六六。

（二七）在第二節「擇偶」談到地域外婚的地方，我們發現大南魯凱族歷代都與附近知本、建和、利嘉等社卑南族通婚；此外大南魯凱族做祭時以檳榔、小竹、陶珠為主要祭物，與其他魯凱族不同而與卑南族完全相同，這些都顯示了極大的卑南化的情形。

（二八）Lowie, 1947, p. 17.

（二九）Ibid, p. 15.

（三〇）Titiev, 1963, p. 11.

（三一）民國四十一年基督敎傳入，民國四十二年天主敎傳入，現在二敎派敎徒約各為全人口之一半。

參考書目

古野清人　一九四五　高砂族の祭儀生活，三省堂。昭和二十年，東京。
佐山融吉　一九一七　蕃族調查報告書——排灣族、獅設族。大正六年，臺北。
國分直一　一九三五　蕃界南路の海と山，臺灣時報十月號。昭和十年，臺北。
陳奇祿　一九五五　臺灣屏東霧臺魯凱族的家族和婚姻，中國民族學報第一期。民國四十四年，臺北。
鈴木作太郎　一九三二　臺灣の蕃族研究。昭和七年，臺北。
臺灣總督府警務局　一九三六　高砂族調查書第一編。昭和十一年，臺北。
衛惠林　一九六〇　排灣族的宗族組織與階級制度，中央研究院民族學研究所集刊第九期。民國四十九年，南港。
　　　　一九六三　魯凱族的親族組織與階級制度，中國民族學報第三期。民國五十二年，臺北。
謝繼昌　一九六五　臺東縣大南村魯凱族社會組織，民國五十四年。（未刊，存國立臺灣大學考古人類學所。）

Lowie, R. H.
1947 Primitive Society. New York.
1953 Social Organization. ed. III, New York.

Mabuchi, T.
1960 The Aboriginal Peoples of Formosa, in Murdock edited, *Social Structure in Southeast Asia*, *Chicago*.

Murdock, G. P.
1950 Outline of Cultural Materials. New Haven.

Rivers, W. H. R.
1924 Social Organization. London.

Titiev, M.
1963 The Science of Man. New York.

（民族學研究所集刊，第二十三期，民國五十六年春季。）

日據時期臺灣的放足斷髮運動㈠

吳文星

一　前　言

日據時期是臺灣社會體質激變的時期。在日本的殖民統治下，臺灣的社會經濟結構、思想文化，乃至風俗習慣，均產生重大的變化。纏足和辮髮原是臺灣社會根深蒂固的風俗習慣，然而自一九〇〇年起，即有放足團體之出現，展開解放纏足之運動；其後，斷髮運動踵繼而起，迨至一九一〇年代中期，遂達到社會大衆普遍放足和斷髮之目標。通常社會運動係指一羣人有組織、有目標、講究方法策略、具持續性的集體行爲。由此觀之，此一時期臺灣的放足斷髮運動實是個典型的社會運動，它代表新規範和價値的追求與接受。更有進者，由於殖民政權不僅視纏足和辮髮爲陋習，且視之爲同化的障礙，因此在運動過程中扮演特殊的角色。誠如 Lamley 所指出的，放足運動力量之消長與總督府支持之強弱成正比，而斷髮不但是個重要的社會問題，同時也是個政治問題（一九六四：四〇六—四〇七）。毋庸置疑的，該運動所造成的變革對殖民政權具有特殊的意義，對臺灣社會亦有相當的影響。惟向來鮮有學者對該運動作較完整的探討和深入的分析㈡，委實不無缺憾之處。有鑑於此，本文擬以社會運動的概念探討放足斷髮運動組織的發展、運動方式的演變，以及社會大衆對該運動的迎拒過程，並從而分析該運動的意義和影響，以明此一時期臺灣社會變遷之梗概。

二　臺灣總督府對纏足辮髮之態度及政策

日據之初，日人卽將吸食鴉片、辮髮、纏足等視之爲臺灣社會三大陋習。惟鑑於風俗習慣改變不易，加以臺胞武裝抵抗正風起雲湧，故對禁革上述習俗抱持審愼態度，不希望因遽行禁革而刺激臺人。一八九五年七月三十日，民政局長水野遵在致基隆支廳長伊集院彥吉的信函中，已淸楚地顯示以暫時維持現狀爲原則，略謂：

……雖然吸食鴉片、蓄留辮髮及婦女纏足等爲本島向來之弊風惡習，一時亦難以遽然改易。……對於上述習俗，希轉知所屬，不宜濫發表可能傷害人民感情的談話（臺灣總督府警務局一九三八：七四一）。

隨後，總督府當局在決定施政方針時，參考西洋各國的殖民地統治經驗，認爲採「放逐主義」將臺人盡逐出島外，或採「同化主義」將日本憲法強施於臺灣，並明令禁止辮髮纏足等臺人的風俗習慣，非但均將徒然釀成各地的紛擾，且恐難以獲致成效。加以徵諸於數月間的經驗，取締辮髮纏足，只是更刺激臺人，並無益於施政；況且卽使保留辮髮纏足，亦絲毫無礙於施政。由是乃決定暫採「放任主義」政策，不干涉臺人的風俗習慣（臺灣總督府警務局一九三八：六四七—六四九）。翌年，第二任總督桂太郎就任時，宣布的施政方針中表示：

內地（指日本）法規雖宜逐漸施及臺灣，然因人情風俗語言不同，若撤銷彼此之區別，而繩之以同一法規，則不特難免彼此衝突，且不能達到保護人民生命財產之目的，故應隨著地方行政之推行，調查各地人情風俗語言之異同，其法規之不適合者，以勅令或律令訂定特殊規程，以期達成法規之目的（井出季和太一九三七：二五三）。

由上可見總督府欲以臺灣風土人情不同爲口實，行特別立法，俾便殖民統治。一八九六年十二月，第三任總督乃木希典對地方官員指示民政方針時，則明確地指示臺胞風俗習慣的處理方針，略謂：

本島居民自祖先以來卽奉爲規範之舊慣故俗，根深柢固，幾成爲不成文法，其甚者異於我國（指日本）定例，而至於有礙施政者，應予廢除，固不必論；然而如辮髮、纒足、衣帽等，則須在一定的限制下漸收防遏之效。其他良風美俗則應繼續讓其保持，以利施政（臺灣總督府史料編纂會一八九六，一二，二；井出季和太一九三七：二六五）。

此一時期，總督府基於財政收入、治安及所謂「人道」上的考慮，確立了鴉片的漸禁政策，旋於一八九七年一月頒布「臺灣阿片令」，禁止一般人民吸食鴉片，僅限經醫師證明而領有牌照之煙癮者，可購吸官製煙膏（井出季和太一九三七：三九－四〇；劉明修一九八三：五〇－五五、七七－七八）。同時，亦確立了辮髮、纒足的漸禁政策。而日本政府亦指示總督府對需假以時日始可望收變革之效的風俗習慣，應聽任其自然，勿率加干涉（臺灣總督府警務局一九三八：一八四）。因此，一八九七年四月臺灣居民國籍歸屬確定前夕，雖有總督府官員認爲將來若仍聽任成爲日本國民的臺人辮髮漢服，實有損於日本之體面，於是建議立法使臺胞斷髮改服，但未爲乃木總督所接納（臺灣總督府警務局一九三八：七四一－七四二）。

一八九八年，兒玉源太郎繼任臺灣總督後，更加強化上述漸禁政策，其民政長官後藤新平即一再表示欲移風易俗，改造中國民族之性格，殊非易事（井出季和太一九三七：三〇〇）。他指出即使是日語的學習已難期在短短的二、三代就能完全奏效，至於風俗習慣和心性的改變，更不用說了，故如欲解決上述問題，統治基礎必須建立在「生物學原則」上（佐藤源治一九四三：六八—六九）。質言之，上述「生物學原則」乃是漸進主義原則，亦即是對臺胞不施以極端的同化主義或破壞主義，對臺胞的風俗習慣和社會組織予以適度的尊重，甚或巧妙地加以利用。蓋此一時期總督府正傾力於鎮撫反抗及構築殖民統治的基礎工事，此一因應現實需要的政策，足以籠絡人心，消弭反抗（吳文星一九八三：八—九）。其後，雖然日人輿論建議總督府當局頒行斷髮令，作為防止中國人非法入境及掃蕩「匪徒」之手段，惟仍未能左右總督府當局的既定政策（臺灣總督府警務局一九三八：七四二）㊂。

要而言之，此一時期，雖然總督府認為臺胞的辮髮、纏足是必須革除的陋習，惟在漸禁政策下，總督府並不明令禁纏斷髮及嚴格取締，以立即收變革舊俗及外表同化之效，而只是透過學校教育或報章雜誌的宣導，鼓勵臺人放足斷髮。一八九五年九月，總督府刊行「臺灣開化良箴」，揭示臺人宜戒之風俗習慣六項，其中，分別強調鴉片、辮髮及纏足三者戕害身心，有害衛生，實宜戒除（連溫卿一九五四：一〇四）。中國放足運動展開後，「臺灣新報」、「臺灣日日新報」、「臺灣慣習記事」等報章雜誌即隨時報導蘇、浙、閩、粵、湘、鄂等省及橫濱、神戶等地中國維新之士倡組不纏足會的消息，轉載重要的戒纏足言論和諭示，使臺胞能及時獲悉中國官民推動放足運動之狀況㊃。

在漸禁政策下，除了罪犯及所謂的「土匪」等係被總督府強行斷髮外，早期臺胞的放足、斷髮概屬個人自發性的抉擇和自由意志的行爲。例如一八九六年春，臺北富商李春生應邀携家人遊日，因不甘辮髮受辱，故一行八人斷髮於旅次。李氏述其斷髮緣由，略謂：

予素喜西制，嘗慕改妝效顰，以爲利便，奈格於淸俗，不肯權變爲憾。今者，國旣喪師獻款，身爲棄地遺民。此次東遊，沿途頻遭無賴輩擲石譭罵之苦，因是決意斷辮改妝，以爲出門方便之計（一八九六：一〇上下）。

另如一九〇一年十月，由於警察制帽改變，留辮髮的臺人巡查補因戴該帽多所不便，在當局的獎勵下，遂紛紛斷髮，甚至出現集體斷髮的行爲，不久，其數已達三百餘人（臺日一九〇一，十，一三；十，二〇）。此時總督府頗爲注意防止地方官強迫臺胞斷髮，所以當一九〇一年臺南噍吧哖支廳（今玉井鄉）利用壯丁團討伐抗日義民時，發生街、莊長、保正等五千餘人斷髮事件，總督府接獲報告後，深不以爲然，乃通告各地，表示若斷髮風氣係出自於人民的自由意志，則可，若係官方強迫爲之，則不妥；強調應聽任自然的趨勢，絲毫不得加以干涉（臺灣總督府警務局一九三八：七四七—七四八；臺灣總督府史料編纂會一九〇二，五，五）。

正因爲總督府此時採聽任臺胞自由意志斷髮之政策，故斷髮數時有增減，未必呈成長之勢，據報載，一九〇二年一月臺胞斷髮者僅李春生、辜顯榮等廿八人（臺灣總督府警務局一九三八：七四七）；是年八月，另一報導表示臺胞斷髮者不過是部分士紳、學生及巡查補等，爲數寥若晨星，連被強制斷髮的罪犯，出獄後大多仍重新蓄髮留辮（臺灣慣習研究會二卷三號一九〇二：七三—七四）。

三　放足運動之發軔

一八九九年末，臺北大稻埕中醫師黃玉階糾合紳商同志四〇人，籌組臺北天然足會，並向臺北縣當局提出立案申請，從此揭開組織化放足運動的序幕（臺灣總督府警務局一九三八：七四二）。天然足會之成立反映出總督府的宣導已收到若干效果，臺灣社會開明的紳商受到影響，逐漸接受時潮而改變觀念，不僅對纒足之弊害有所認識，且鑑於中國大陸放足運動之發展，益感責無旁貸而思作遙相呼應之舉。此由下述言論可略窺一二，在臺北天然足會成立大會上臺南稟生蔡國琳致賀辭時表示：「天然足會者，支那有識者流嘗倡爲是會，而國人牢不可破，排議者衆，卒未實事奉行，尋至同盟敗約，厥功未竟。然近時士夫潛究新法，終曉然夫此事因革損益之由，屢屢襄諸同志，導其家人，以身先爲倡率。」（臺日一九〇〇，三，二四）連雅堂撰「臺南天然足會序」時亦指出：「纒足之害論者多矣，而其大端不出於張香濤（之洞）、梁卓如（啟超）之二序，一則謂其害人功，一則謂其拂天性。嗚呼，斯二者其患更甚於洪水猛獸，而不一拯救之，是舉巾幗之婦皆爲無告之罪人，正人君子豈能默默而息哉，此不佞所以有提倡天足會之舉也。」（臺日一九〇〇，四，三）

另一方面，日本社會新氣象之刺激亦頗有助於放足運動之發起。日據之初，總督府即迭次邀請或招待臺灣各地紳耆前往日本旅遊參觀，不少人對日本女子保持天足，普受學校教育，參與社交活動，進退自然有度，在工商機構做事者甚夥，其能力不殊男子等，留下良好且深刻的印象。例如一八九六年春大稻埕富商李春生應邀携家人七人遊日，返後撰有「東遊六十四日隨筆」一書，書中對所見日本女子之種種活動讚美不已，茲略舉一二，以見其概。如對男女社交，略謂：「日東之俗，與歐西無異，雖女子與男人相聚一所，執役爲活，觀其操持職守莫不貞誠恬靜，雖無時不同室授受，而其往來交接，不論或男或女，端肅誠慤，悉皆守身自持，幾莫知其有曖昧之當避也。」（一八九六：三六下）談及教育，則謂：「日本國多學堂，男女貴賤舉皆識字，風尚好義，人重交誼。」（四五下）又謂：「貴族女學校院，……制度軒昂，悉仿西式，……院中女學徒多至五百餘名，長幼咸集，悉爲縉紳之女。」（五八下）其後，臺北天然足會籌組時，李氏卽爲發起人之一，並膺任該會顧問要職（臺日一九〇〇，一二，七）。官方資料指出，臺人前往日本觀光，目睹日本女子能從事各種工作，益感纏足之害，其後，乃由這些人起而倡導解放纏足（臨時臺灣戶口調查部一九〇八：三五〇）。

日本官民的鼓勵和支持亦是放足運動得以順利組織化的要因之一。官方資料載稱，黃玉階係「接受當局的慫恿」而出面籌組臺北天然足會（臨時臺灣戶口調查部一九〇八：三五九）。該會籌組之初，日人輿論卽深表支持，經常報導該會消息，比喻該會猶如「木鐸」，稱許該會「實如紅十字事業之義例美風」（臺日一九〇〇，一，一九；二，四）。一九〇〇年二月六日，該會獲准成立（臺灣總督府史料編纂會一九〇〇，二；臺日一九〇〇，二，八）。隨後，日本官民協助該會募集會員及籌措經費，不遺餘力。

三月二十日，臺北天然足會假大稻埕普願社舉行成立大會，總督兒玉源太郎、民政長官後藤新平、臺北縣知事村上義雄等親自出席，與會者多達二五〇人，盛況空前（臺日一九〇〇，三，二三）。會中，村上的賀辭明白顯示儘管總督府對變革風俗抱持放任主義的漸進政策，仍希望假手臺灣社會上流階層組織社運團體，以身作則，倡成變革風氣。村上表示：

茲矯正弊俗係屬目前之急務，倘政府頒法佈令，強制解纏，未嘗不於端正風俗之道得於速收成效。然強而行之不如盛行風教，感乎衆心，俾得各自悅從向化，久而久之，風自移，俗自易，洵爲妥且善也，故今者設立此會豈非盡善盡美之良舉哉。蓋矯風事本難於獨行，雖世俗之非盡人而知，無奈勇莫逆潮。……若非在上流者躬行實踐，勢合力集，倡率風行，其矯弊俗誠恐難以望其成。（臺日一九〇〇，三，二四）

該會獲准成立後，隨卽刊印會旨和會規，廣招會員，設會址於臺北大稻埕日新街普願社後棲上。其會旨在於「革故鼎新，改除纏足以成天然」。會規要點如下：㈠會員家中已纏足婦女若仍可放開者，宜卽放足；日後所生女子或娶婦不得仍舊纏足。㈡會員分爲正會員、掌理會員、贊助會員、鼓舞會員四種，贊同本會旨趣期自痛改纏足者爲正會員，辦理會務者爲掌理會員，協助本會及贊助經費者爲贊助會員，到處鼓吹放足、勸人入會者爲鼓舞會員。㈢會員達百人時將舉行成立大會，其後每增一百人則開會一次，以顯此會盛行。㈣能解纏並宣導者，由本會報請政府表揚。㈤遠地願入會者可就地成立支會（臺日一九〇〇，二，二二；臺協會報第一七號一九〇〇：六八）。

招募會員頗爲順利，三月初已有三〇〇餘人，其中，大稻埕茶商公會會員全體加入天然足會（臺日一九〇〇，三，二）。至中旬，增爲六〇〇餘人。該會正式成立後，臺北縣下各辦務署積極鼓勵各區長、保正招募會員（詳見臺日一九〇〇年四—六月）。四月下旬，有正會員一二〇〇餘人、贊助會員四〇〇餘人（臺日一九〇〇，四，二一）。一九〇〇年十二月底，計有會員一、六九〇人（內臺北縣一、五二八人、臺中縣一五六人、臺南縣和宜蘭縣各三人），其中放足者（卽婦女會員）一四七人，保持天然足者二六七人（臺日一九〇一，三，十二）。迨至一九〇三年七月，計有正會員二、二七〇人（內臺北廳一、二〇三人、深坑廳三〇四人、基隆廳二二〇人、宜蘭廳五人、桃園廳一六一人、新竹廳五五人、臺中廳二八七人、臺南廳八人、澎湖廳二七人），其中，放足者一九九人，保持天然足者四三二人（臺灣慣習研究會三卷一二號一九〇三：八六）。由上顯示，一九〇一年以後，該會會員卽已成長甚緩，而放足者亦爲數不多，可以說該會成立三年期間成效不大。根據會規，該會在彰化、臺中、澎湖、基隆、桃園、深坑、新竹等地先後成立支部。

該會係社會中、上流階層組成的團體。據報載，會員概皆「地方紳耆商賈」（臺日一九〇一，一，一一）。主要幹部會長黃玉階、副會長葉爲圭、顧問李春生、正幹事長林望周、副幹事長陳志誠、陳瑞星，另評議幹事若干名，「臺灣日日新報」認爲「皆老成經事」（一九〇〇，十二，七），其身分或爲區長、參事，或爲宿儒、富商。支會領導人亦均是地方基層行政領袖，例如深坑支部長黃祖壽係參事、副部長張建成係區長，新竹支部長鄭如蘭係紳耆、副部長高福係參事（臺日一九〇三，九，廿七）。由此可知，此時放足運動係以臺灣社會中、上階層爲主要的勸導對象，蓋總督府希望由中、上階層率先變革，造成解放纏足之風氣，而收上行下效之結果。

該會經費係向會員募集及賴社會各界之捐獻。當其成立之初，總督府爲使該會有充裕的經費從事活動，使放足運動早日倡成風氣，故積極地籲請日人各慈善或衛生團體及其會員踴躍贊助，例如臺北縣署透過各辦務署將該會會旨會規一萬餘份，分發給日本紅十字會會員，鼓勵其樂捐（臺日一九〇〇，三，二）。

縣知事村上義雄則函寄二〇〇份會旨會規給臺灣協會，要求會員們鼎力相助（臺協會報第十八號一九〇〇：七〇）。職是之故，日本赤十字社臺北支部、臺灣協會、日本婦人衛生會、日本婦人會、大日本婦女教育會、日本赤十字社篤志看護婦人會等紛紛捐助該會（以上均見臺灣日日新報及臺協會報）。該會舉行成立大會時，累計各項捐款達二、〇〇〇日圓（臺日一九〇〇，三，二四）。然因該會會員不必繳納會費，使得該會欠缺經常且固定之收入，故至一九〇一年十二月遂發生經費困難之問題，後以黃玉階捐出其鹽館每年利金百餘日圓，又將普願社與該會合併，而將該社每年所得捐款二五〇日圓撥充使用。此外，復得兒玉總督應允每年贊助一、〇〇〇日圓，從此方才解決該會的經費問題（臺日一九〇一，十二，五；臺灣慣習研究會二卷一號一九〇二：七四；三卷一二號一九〇三：八五—八六）。

勸導及鼓吹放足爲天然足會的主要任務，因此該會旋發行「天然足會會報」月刊作爲宣傳機關，報導會員動態、放足狀況，刊載勸導解纏或戒纏的詩文，例如一九〇四年初該報刊載了文字淺易的「俗語勸解纏足歌」十一首，說明纏足有違反人道、戕害身心、不便作息、有害衞生、違背自然及不合潮流等弊害，並強調天然足之好處㊄。同時爲輔助文字宣傳之所不逮，亦經常假普願社講堂，利用宣講時機鼓吹放足（臺日一九〇一，一二，一四；臺灣慣習研究會三卷一二號一九〇三：八四）。

該會爲廣收會員及鼓勵會員踴躍放足或保持天足，訂定三種獎勵辦法：㈠在社員門上掛一標幟，以表彰其行，亦明示其原係纏足之家。㈡贈送繡鞋一雙給放足者。㈢給放足者佩帶繡有「臺華章」三字的徽章，以示榮耀，並使其有別於婢僕（臺灣慣習研究會一卷五號一九〇一：七〇）。惟似因礙於經費，加上一九〇一年十一月改革地方官制，廢縣置廳，該會活動一度呈停滯狀態，是以前兩者迄未見實行；後者雖早於一九〇一年三月總督府卽准予採行（臺日一九〇一，三，卅一），却遲至一九〇三年九月始將該徽章製好（臺日一九〇三，九，十八）。是時，該會鑑於成立以來僅致力於鼓吹放足，未敢採強制手段，致成效不彰，保持天足及放足之數在全島婦女中有如滄海之一粟，因此開始講究實質的獎勵，對凡是放足或保持天足者分別佩授上附藍色或紅色絲帶的徽章一枚（臺灣慣習硏究會三卷一二號一九〇三：八六—八七）；同時，兒玉總督另贈送印有「不敢毀傷孝之始也」八字的絲巾一條，以資紀念（臺灣總督府警務局一九三八：七四六）。由此觀之，該會成立之初所訂的獎勵辦法顯然並未能立卽且有效地付諸實施，而流於徒具虛文。

除臺北天然足會之外，一九〇〇年三月，另有參事許廷光、臺南新報記者連雅堂等臺南地區紳商，籌組天足會，由連氏草擬會規八條，內容與臺北天然足會大同小異，亦積極地招募會員（臺日一九〇〇，三，卅一；四，三；井出季和太一九三七：三五七）。翌年四月，總督府亦准許該會製作徽章，以獎勵放足者（臺日一九〇一，四，五）。至於該會會員、經費及活動概況則一時不得其詳。

概言之，一九〇一年底以降，天足會所推動的放足運動一度呈停滯狀態。迨至一九〇三年，大阪舉行博覽會，在總督府的鼓勵下，臺灣社會中流以上紳商前往參觀者多達五〇〇餘人（臺敎一八號一九〇三：二一），由於目睹日本女子的敎育及生活狀況之進步，因此自是年八月起各地士紳紛紛提出重視女子敎育及解放纒足之呼籲。臺南廳利用此一時機，使放足運動產生新的作法，亦卽是利用廳參事會議，討論放足問題，與會參事商朝鳳、吳子周、李學禮、蘇有忠等，一致表示爲徹底革除纒足陋習，應於保甲或農業組合規約中加入禁纒足條款，並嚴格執行（臺日一九〇三，八，廿三）。日人輿論熱烈地與之唱和，讚揚此一主張係代表「民情維新」（臺日一九〇三，八，三〇）。九月十五日，臺南廳召開農業組合諮問會，除農事問題外，並討論解放纏足問題，鑑於南部地區勞力缺乏，放足實有必要，為求迅速奏效，於是議決於農業組合規約中附加禁纏足條款。吳道源、陳鴻鳴、王璽農等人乃擬訂天然足會規約，分發給各街、莊長，其要點如下：㈠本會設本部於臺南市五帝廟街三官堂，設支部於臺南廳下各街莊役場或保甲事務所。㈡會員女兒年六歲以上者不得纏足。㈢會員兒子年十歲以下者，今後不得娶纏足女子。㈣會員女兒若仍纏足者，處以罰金五～一〇〇日圓。㈤會員賣天足之女兒予人為婢者，處以罰金五～一〇〇日圓。㈥本會設會長、支部長（由街、莊長充任）、幹事長、幹事、勸導員、贊助員及書記等。㈦本會經費以捐款充之，不足時，以衛生費補助之。上述條款旋獲總督府認可，於是臺南本廳及關帝廟（關廟）、灣裏（善化）、安平、大目降（新化）、噍吧哖（玉井）等支廳農業組合先後鼓勵修改其規約，一時其他各廳亦紛紛倣效（臺日一九〇三，九，廿；臺灣總督府警務局一九三八：七四五）。實際執行情形雖不得而知，惟時人言論已指出：「去年此時（大阪）第五博覽會剛結束，前往內地觀光的臺人紛紛鼓吹放足，曾幾何時，復歸沉寂。未知計畫制訂否？目的達到否？現況如何？吾人亟欲知其詳。」又云：「鼓吹殖產興業與放足係當時二大熱潮，然而向來熱得快冷得亦快，其亦五分鐘熱度，未知是否均冷却了？」（臺灣慣習研究會五卷三號一九〇五：七五－七六）。由此推斷，此種驟熱驟冷的放足運動成效可能有限。

據一九〇五年之調查，纏足者有八〇〇、六一六人，占臺灣女子總數一、四〇六、二二四人的五六・九％，若總數扣除五歲以下未達纏足年齡之幼兒數，則比率增為六六・六％，可知當時臺灣有三分之二的女子纏足。放足者計有八、六九四人，僅占纏足者的一・一％；就地區而言，以新竹放足者八六一人，占該廳纏足者的一四・五三%，成果最佳；蕃薯寮（旗山）六二二人，占一二・六一%，居其次；彰化放足者二、二九一人，爲數最多，但僅占二・五八%；至於放足運動中心臺北則僅二五六人，占〇・二六%，臺南有九一二人，占一・四七%。毋庸置疑的，五年之間放足運動成效甚微。惟值得注意的，就年齡觀之，青少年女子纏足者顯著地減少（五～十歲者占該齡女子總數的三二・五%，十一～十五歲者占五四・六%，十六歲以上者占六八～七九%），而放足者爲數最多（十歲以下者有一、六三〇人，占該齡纏足者的三・一%；十一～十五歲者有二、〇二五人，占二・七%；十六歲以上者占〇・五～一・〇%）。總督府指出，其原因在於社會風氣漸知纏足之害，不忍使妙齡女子陷於殘廢狀態，加以少女未達婚嫁年齡，保持天足或放足較不受社會注意和嘲笑（臨時臺灣戶口調查部一九〇八：三五三—三七四）。此外，學校教育之影響實不容忽視。

四　放足斷髮運動之掀起熱潮

對總督府而言，教育爲同化的工具，移風易俗爲貫徹同化政策必要的過程，尤其是辮髮纏足等陋習更須速予革除，因此宣導和鼓勵放足斷髮乃是殖民教育的主要任務之一。一九〇〇年放足運動展開之初，臺北縣下各公學校卽曾做調查和勸說，當時全縣女學生計四四八人，其中纏足者三六〇人，支持天然足會而放足者僅二三人（臺日一九〇〇，五，十八）。其他各地學校亦扮演類似的角色，例如一九〇一年二月二十日，基隆辨務署指示轄內各公學校長獎勵女學生放足或保持天足（臺日一九〇〇，二，廿四）。一九〇二年編「臺灣教科用書國民讀本」第九册中編有「纏足」一課，指出纏足女子傷殘身體，造成不良於行，工作不便，災變時易受傷害等，並表示近來女童漸漸放足，誠是一好現象（臺灣總督府一九一二：三二上～三三上）。然而由於此時女子入學受教育者爲數甚少㈥，加以高達百分之五〇以上的退學率（Tsurumi 一九七七：六三），使得受學校直接影響而放足的女子有其侷限。

至於斷髮，學校初亦止於宣導和鼓勵，而聽任學生自由斷髮。一九〇二年二月，國語學校（案：係臺北師範學校的前身）已有十餘名學生斷髮（臺灣總督府警務局一九三八：七四八）。日人認爲臺胞如此固守舊習，實有害於教育的成效，希望公學校的臺籍訓導以身作則，率先斷髮，作爲學生之模範，使學校成爲孕育善良風俗習慣之源泉（笠井源作一九〇五：一三）。

國語學校爲公學校師資及臺胞公私業務人才的培養機構，對於學生新觀念的灌輸及新習慣的養成，無疑的較爲重視。一九一〇年八月，該校曾以「本島善良的風俗習慣」爲題調查學生意見，七五名受調查者中有一一人提及漸興起的斷髮和不纏足風氣實爲善良風俗㈦。由此顯示，教育的結果，學生已漸以新觀念衡量向來臺灣社會的風俗習慣，從而有助於其本身養成新習慣。是年底，國語學校學生由於競相斷髮，四〇〇餘名臺籍學生中已約有百人斷髮，影響所及，公學校學生斷髮者日增（臺日一九一〇，十二，廿二）；而另一所臺灣最高學府醫學校亦流行斷髮，二〇〇名學生中已約有半數斷髮（臺日一九一〇，十二，廿六）。要言之，此乃是以學生爲中心的自發性斷髮風氣之興起。誠如其後「南部斷髮會啟」中所云：

我臺改隸版圖，已易十七裘葛，斷髮者亦不乏其人，而實以學校爲正鵠。良以文明之灌輸，首由學校，教育既遍，則風化不關而自開（臺灣時報二三號一九一一：七六）。

同時，一九一〇年之際，中國大陸因受革命的影響，資政院通過斷髮案，由是而興起剪辮之風（臺灣總督府警務局一九三八：七四九）。影響所及，香港亦有「剪髮不易服會」的成立，不旋踵，剪髮者已超過一萬二千人（臺日一九一〇，十二，十七）。而韓國併於日本後，韓人亦爭斷結髮（小牧辰次郎一九一一：一一五）。

在上述內外新風氣的激盪下，遂有組織性斷髮運動之出現，並促使一度沉寂的放足運動改弦易轍，再度掀起熱潮，從此該兩運動相互觀摩和呼應，纏足和辮髮成爲日人「改良風俗」要求下，欲同時一併革除的目標。茲分述該兩運動的發展概況如下：

㈠斷髮運動

一九一一年初，有臺灣日日新報記者謝汝銓與大稻埕區長黃玉階共同發起「斷髮不改裝會」，揭櫫該會以漸次遵從國習、同化於日本爲目的。以辮髮不合時潮、不衛生、不便，且有礙於同化，亟須剪除，惟爲免購置洋服增加經濟負擔，故可暫不改裝。其會規要點如下：㈠定於明治四四年二月十一日紀元節舉行第一次斷髮大會，其後會員每超過十名以上，則繼續實施之。㈡會員之義務只限於斷髮。㈢會員姓名刊載於報紙上，以資鼓勵。另會員每人交二日圓，作爲斷髮費和宴會費。該會旋獲總督府之批准，黃、謝兩人分別被推爲正、副會長（臺日一九一一，一，廿五、廿七）。該會如期假大稻埕公學校舉行成立及首次斷髮大會，總督府內務局長、檢察官長、衛生課長、臺北廳長、臺北製糖會社長、辜顯榮、洪以南等中、日官紳數十人，出席觀禮祝賀，儀式隆重，是日在會場集體斷髮者多達百餘人，其中，公學校學生三〇人（

臺日一九一一，二，十三）。

雖然斷髮不改裝會明揭以斷髮爲始，逐漸移風易俗，而馴至同化於日本爲最終標的。惟對許多知識分子而言，斷髮運動毋寧是順應時勢之所趨而追求文明進步之舉，其與放足運動的本質並無二致。是以該會的贊助者劉克明致友人詩中，以鼓吹文明者相期許，略謂：「改圖十有七年春，束縛物長漸革新；袖手旁觀觀豈得，文明鼓吹屬吾人。」（一九三〇：一七六）一九一三年，頭圍（頭城）斷髮會成立時，生員陳書致賀詞表示斷髮爲無法阻遏的時潮，並以中國大陸斷髮風氣相激勵，略謂：「於今菁華日煥，競趨斷髮，求進文明。蓋處廿世紀風潮之代，智識角逐，非審時變通，不足以圖存也。……若謂時機未熟，則中華大陸奉滿清辮髮二百餘年之制，去歲民國成立，不期年而斷髮殆遍。」（畏勉齋詩文集）而時論評斷髮風氣之所以能一唱百合，亦無不強調由於臺胞知識漸開，文明日進，競圖維新，勢所當然，有以致之㈧。

另一方面，對總督府及日人而言，毋庸置疑的，其所要求的斷髮運動乃是以同化爲依歸；然而，由於斷髮亦非日本固有的習俗，而是明治維新以後始接受自西洋的風尚，當其傳入之初，亦曾被日本社會視爲夷狄之風而拒斥之。本乎上述經驗，日本官民亦強調斷髮爲不可阻遏之時勢（臺日一九一一，十二，十三），指出辮髮不便、不美、不衞生及在工廠工作危險，引日、韓人斷髮並未易服爲例，支持斷髮不改裝論（小牧辰次郎一九一一，一五—一六）。由此觀之，斷髮運動可說是藉著現代化的變革而獲致同化的目的，因此不難獲得追求現代化文明的知識分子之支持。

其後，爲期一年有餘，各地區街莊長、臺籍教師等公職人員及紳商名流紛紛響應斷髮運動，率先斷髮；並倡組「斷髮不改裝會」或「斷髮會」，訂定會規，內容與臺北的「斷髮不改裝會」大同小異，除鼓勵會員個別斷髮外，並利用日本的紀元節（二月十一日）、神武天皇祭（四月三日）、始政紀念日（六月十七日）等節日，舉行集體斷髮大會，或擇期舉行慶祝會，以掀起高潮。據載，基隆、臺中、南投、臺南、宜蘭、鳳山、嘉義、阿緱（屏東）、彰化、北投、艋舺、大稻埕、桃園、大嵙崁（大溪）等地，先後均有斷髮團體的成立，每次斷髮大會參加人數由百餘人至四百餘人，會員自由入會，惟入會後不得任意退會，而一旦斷髮卽不得再度蓄辮㊈。總之，運動的參與雖屬自由意志，惟組織的約束則具有強制性。

值得一提的，教育界對運動的參與尤爲積極。斷髮運動甫起，卽有日人認爲臺籍公學校教師係地方新知識分子，負有鼓吹文明思想之責任，實應以身作則，率先斷髮（小牧辰次郎一九一一：一六）。身爲公學校教師的蔡培火更是呼籲臺籍教師積極響應該運動，以盡社會上流階層之責任。略謂：

遠有天然足會，近有遍及全島的斷髮不改裝會，希在全島公學校執教的訓導們，能乘此良機，自覺各位責任之重，奮發猛進，支持該會之目的，成爲先驅者。蓋推行風俗習慣的代表者，乃是居社會上流階層的有力者。……而我們正是本島社會的有力者且居上流地位者。因此，此時我們不能置身事外，應不猶豫地協助。不！必須自奮自勵，徹底貫徹該會主旨（臺教一〇八號一九一一：四五）。

總督府學務課長隈本繁吉亦利用學事講習會演講之機會，諄諄勉勵臺籍教師以身作則，善盡教育工作者「勸良風，改惡習」之責（臺教第一一三號一九一一：六—七）。

因此，在斷髮運動中，公學校常是集體斷髮大會的場所，公學校教師每係斷髮會的重要成員，而在教師的鼓勵和督導下，幾乎每次斷髮大會都有數十名乃至百餘名公學校學生參加集體斷髮（臺日一九一一，五，十八；六，十九；一九一二，三，十三）；甚至有實施全校斷髮者，例如宜蘭公學校卽是（臺日一九一一，五，廿三）；有些公學校則自購剃刀，由教師親自剪去學生的辮髮（臺日一九一二，二，廿八）。

當社會中、上流階層紛紛響應斷髮運動時，有部分士紳或基於民族意識，或狃於舊習，對斷髮運動或消極排斥，或顯現出感傷無奈，或加以諷刺譏評，甚或組織護辮團體，以相對抗。臺灣割讓之初，一些反應較敏銳的士紳卽預感到遲早辮髮難保，而將喪失可作爲民族認同的表徵，因此憂心忡忡。其時（一八九五），攜眷返歸原籍泉州的臺北生員王采甫曾作「哀頭髮」一詩，感嘆歷來每當朝代鼎革，人民卽被迫改易髮型，如今臺灣淪入異族，恐不能免於斷髮，略謂：「……今日臺輿歸割讓，蓬頭應必變光頭；可憐改革萬民愁，惟有頭中髮最苦；猶幸全忘得半存，詎知此生亦難保。」（吳逸生一九六〇：六七）當斷髮運動掀起熱潮時，鹿港生員洪棄生作「痛斷髮」一詩，大嘆生不逢辰，略謂：「我生踽踽何不辰，垂老乃爲斷髮民！披髮欲向中華去，海天水黑波粼粼。天爲穹廬海爲壑，桃源路絕秦中秦。況是中華亦久變，髮短更甚胡中人！吳繩雖約難爲綸，且留尺寸來反脣，國人姗笑倭人瞋。……科頭違世廿載匀，戴之如山五十春；垂之亦自嫌剡剡，斷之夫豈能彬彬！……在茲可憐斷尾鳳，遯荒須跨無角麟。……」（一九七二：三四八—三四九）由上雖亦見民族意識之流露，惟不容否認的，洪氏係抱持清室遺民心情，反對斷髮運動，蓋其同時亦不滿中國大陸的斷髮風氣；論其心境實類似於民初仍不忘情舊朝文物的清室遺老，對新時代的種種變革採取拒斥的態度，可說是效忠舊朝的表現，並非純然的民族主義。面對無法阻遏的斷髮風潮，洪氏拒不斷髮，並作「蓄髮詩」，敍其寧留「不歐不亞亦不倭」的辮髮，任人笑罵，躲避「獰吏」的取締，並表明其不從「時髦」的決心⑩。嘗有率先斷髮易服的友人以其畫蘭册請洪氏題字，洪氏賦詩諷喻其有如「蘭蕙失移根，一朝化茅如」，遂至於「不待靈均來，臭味先齟齬」；指責婉惜之餘，提出共勉道：「所願同根人，深求空谷侶；似蘭勿似茅，吾將施縞紵」（一九七二：三一四—三一五）。要之，洪氏的言行因適爲對立於殖民政權藉現代化變革而求收同化之目的，故而突顯出民族主義之意義。

如前所述，倡導斷髮運動者強調斷髮係響應維新風氣、追求文明進步之舉，故接受斷髮者自然覺得其已變成文明人的模樣㈡。然而，對反對者而言，認爲追求文明維新未必需要斷髮，而在於是否具備新知識。例如王釆甫對發起「斷髮不改裝會」的瀛社（詩社）社友謝汝銓、林湘沅、黃玉階、楊仲佐、魏清德、葉鍊君、王毓卿等人斷髮，作諷刺詩贈之，略謂：「歐洲習俗暫東漫，風氣維新此一番；避世何須同散髮，憤時可免上衝冠。文明頭腦今先覺，強毅鬚眉亦壯觀；君獨現身爲首唱，不教垂辮長鬖鬖。」另贈謝汝銓詩云：「君當斷髮我留鬚，莫謂形殊志各殊；同是維新經濟客，祇憑內裏見功夫。」（林欽錫一九三三：一五五上）其後，對日漸盛行的斷髮風氣，林氏更是極盡挖苦譏諷之能事㈢。

概言之，反對斷髮者係以舊士紳爲主，惟他們的心境各殊，不能一概而論。其中，有的純係對辮髮懷抱深厚的感情者，有的則是反對一切新變革的極端保守者，有的以辮髮作爲民族認同的依據，有的則作爲效忠舊朝的象徵。由是觀之，若將所有反對者均視之爲反現代化者，固失之過當；同樣的，若過分強調其反同化的意義而一概標榜其爲民族主義者，亦有所不宜。況且廣義的斷髮易服乃是順應西化時潮的現代化變革，未必卽是同化於日本。吾人由主張各異的反斷髮團體之出現更足以佐證上述論斷，一九一二年春，首先有臺北「保髮會」之成立，明揭會員將「留以辮子，以見滿清先帝於地下」（臺日一九一二，三，十四）。隨後，新竹地區的保守士紳亦起而效尤，訂定章程，組成保髮團體（臺日一九一二，三，廿一）。另外，張希袞（公學校教師）、黃應麟（區長）等艋舺、大稻埕、大龍峒地區人士五〇人，於三月十日組成「守髮誼」，會旨略謂：「臺民隸帝國版圖，政府尚採用舊慣，未下剪髮之令，曲禮臺民之情，姑從舊制，聊作紀念，故倡守髮誼，以仰體政府曲原美意，候政令裁奪。」（臺日一九一二，三，十四）表示將待總督府明令斷髮時，才願意剪辮。據資料顯示，上述反斷髮運動的個人或團體所發揮的影響力似均十分有限，對斷髮運動並未構成大阻力。雖然如此，吾人亦不可忽視其所顯示的政治和社會意義。

㈡放足運動

當黃玉階等因籌組「斷髮不改裝會」而往見總督佐久間佐馬太時，總督一面嘉許其動機，一面表示希望其能並纏足一舉而革除之，略謂：

辮髮欲斷，固爲美舉，而於婦女之纏足，尚望致意，勸令解纏。本督自蒞任以來，頗關心斯事，但移風易俗，決非勉強執行之故，隱忍至今。彼老婦之難解者，可作罷論，如少女可以解者，及早解之（臺灣時報一九號一九一一：七三）。

其後，鑑於斷髮風氣日盛，輿論卽一再表示放足爲當務之急，以天然足會先倡於斷髮會，却未若斷髮迅卽風靡全島，實甚爲遺憾。由是呼籲斷髮者應立卽解其家眷之纏足，並希望能利用斷髮之熱潮，進而開啟解纏之風氣㊂。

由於總督府及輿論均對向來的放足運動感到失望和不滿，因此該運動的做法遂不得不有所改變，以求實效。臺南廳於鼓勵男子斷髮的同時，亦推動放足運動，惟因鑑於纏足之害甚於辮髮，事關人道，委實不得不出之於強制手段，以補勸導之不逮，於是在保甲規約中規定：除了蹠趾彎曲無法恢復者外，未滿廿歲的纏足者均須解纏，對女兒絕不可纏足，違約者將受保甲處分之制裁。亦卽是由保正、甲長審查，其行爲輕重，科以一〇〇日圓以下之罰金。以期「使陳年問題，且不良習俗，漸至絕跡」（臺日一九一一，五，十八；臺灣時報廿二號一九一一：四九—五〇）。影響所及，臺南廳下的斷髮和放足同時盛行。例如鹽水港居民在警察監督，保正、甲長勸告下，明治三十年（一八九七）以後出生的纏足女子一〇五人，悉數解纏，使得女子放足數與男子斷髮數相當（臺日一九一一，四，五）。「臺灣日日新報」明白地指出，斷髮盛行完全係人民自由意志，政府並未加以強制，但顯然的放足則是以保甲處分的公權力去推動，因而顯示出易風改俗做法的趨勢（一九一一，六，廿三），蓋此一借助公權力的做法，成爲日後總督府通令各地將禁纏足條款附加於保甲規約之先聲。

臺北廳另由陳宇卿（參事洪以南之妻）、施招（艋舺區長黃應麟之妻）等發起「解纏會」，號召婦女入會，不收會費，經費由兩位發起人樂捐。成立之後，報名入會者頗爲踴躍，三個月之內，會員已達一、〇六一人，其中，已放足及保持天足者六三一人。該會遂於八月十四日假艋舺公學校舉行成立大會，會員出席者多達千餘人，日本達官顯要夫人十餘人及地方官紳數十人亦光臨該會，盛況空前。會長陳宇卿在會中演說，表示該會旨在順天理而全人道，以革除數百年的纏足之風，爲未來的婦女開一光明之途。並表示其本身已率先解放裹纏達卅六年之足，願會員們能引以爲範，共襄盛舉（臺日一九一一，八，十四；臺灣時報廿五號一九一一：四五—四六）。同時，臺灣日日新報記者魏清德（潤庵）作「解纏足歌」數首，登載該報漢文欄，協助勸說放足㈣。此種由婦女自組團體，推動放足運動，較諸過去天然足會由男子領導鼓吹解纏，委實是一大進步。由此亦反映出部分婦女本身已漸改變觀念而有所自覺，不待男子之鼓勵，卽主動參與放足運動。惟據報導，該會的影響力並未能迅速開展，而收一呼百應之效。致數月之間纒足減少有限，並仍有新纒者。因此輿論呼籲該會應更積極活動，而宗教家、婦女團體及醫生等宜協助之（臺日一九一二，一，十五）。自從臺北解纒會開婦女團體推動放足運動之先河後，其他地區亦漸由該地婦女領袖領導放足運動，例如彰化由區長楊吉臣、參事吳德功、吳汝祥等夫人發起組成「解纒足會」，於一九一四年十一月廿五日召開大會（臺日一九一四，十一，廿七）。十二月，臺中由林獻堂、林烈堂、參事吳鸞旂等夫人發起「解纒足會」，並率先放足；翌年一月廿四日召開解纒大會時，會員數及放足數已多達一千餘人（臺灣總督府警務局一九三八：七四六；臺日一九一五，一，廿六）。

宜蘭解纒足會推動放足運動亦十分積極，該會自一九一二年一月十八日起，由主要幹部會同各保正、醫生等，挨家逐戶調查各年齡的纒足女子，由醫生詳細檢查鑑定是否能解，經鑑定須放足者即登記爲解纒足會會員，與之約定放足期限，贈送藥水，並書寫名牌貼於門上，俾便管區警察監督放足（臺日一九一二，一，廿六）。因此不及一個月，市內女子放足者多達八六八人（臺日一九一二，二，十一）。迨至一九一四年十二月，黃張氏聯珠出任該會會長，繼續推動放足運動（臺日一九一五，一，三）。綜上可知，此一時期各地放足運動紛紛改弦易轍，婦女組成的放足團體漸成運動的主體，做法較諸天然足會時期更具強制性，惟寬嚴不一，且各地似未能相互呼應而同時掀起熱潮，因此若考其成效，無疑的，各地必然相當懸殊。

在放足運動中，公學校一直是扮演相當重要的角色。此一時期，配合男生斷髮的熱潮，更是積極促使女生普遍放足。一九一三年編「公學校用國民讀本」卷八編有「阿片と纒足」一課，指出該兩者爲臺灣社會最大陋習，惟可喜的是近來保持該陋習者已漸減少（臺灣總督府一九一四：三三一三五）。除了將纏足問題編入正課之教材使學生認識其弊害及時潮趨向外，有些學校另透過其他教學及展覽會加強宣導，使學生自覺而自動放足，例如臺北國語學校附屬女學校卽是，一九一四年之際，該校一一〇餘名學生已無人纏足（臺日一九一四，十二，四）。當時討論纏足問題的論文亦指出女學生已甚少纏足，而肯定係教育之功有以致之㊄。

五　放足斷髮新觀念之建立與普及

概言之，一九一一年組織性斷髮運動展開後，不久卽在全島各地獲得熱烈的響應，其間雖然有部分舊士紳抱持反對態度並加以抵制，但並不影響整個運動的擴展，故一年之間臺灣社會中、上流階層及學生已大多斷髮。例如臺南市自一九一一年六月十七日舉行第一次斷髮會，有四百餘名「上流」人士斷髮後，踵繼者不絕，半年期間，該市「中等社會以上剪髮者十有其九，每宴會時，有辮子者甚少數。」（臺日一九一一，六，十九；一九一二，一，廿三）無怪乎，一九一二年自閩返臺南省親掃墓的許南英目睹歡迎他的紳商故舊已鮮見辮髮，錯愕惋惜之餘，於賦詩感謝他們時，不禁嘆道：「斷髮從吳俗，焚心抱杞憂！」（一九六二：一〇七）蓋當時福建斷髮風氣未開，單福州一地辮髮者卽多達三〇萬人，福建都督正制訂取締規則，擬對辮髮者課稅、取消司法優待及限制參政權、任官權等，甚或抓人強行剪辮（臺日一九一二，一，廿九）。此外，由一九一二年臺中廩生林朝崧（癡仙）所作詩中，一則顯示斷髮已釀成風氣，使士紳名流不得不依從，一則可略窺其斷髮後心境之悲愴和無奈，其詩云：「大好頭顱斫與誰，心長髮短不勝悲；半生寂寂羞看鏡，萬事茫茫泣染絲。叫月禿鶬聲最苦，經霜髡柳態先衰；江山滿目空搔首，風景全殊總角時。」（一九六〇：一四二）

至於放足運動，雖亦呼應斷髮運動而掀起熱潮，有些地區且見顯著的成效，例如臺南市，「南北游女，一律解纏，齠幼女子，大都解放，卽有纏者，亦祇略爲約束，俾勿粗野。至笄年以上，唯實在彎折成窩者，驟難復原，偶一鬆放，寸步難行，不得不暫仍其舊。其他皆自變舊時鞋様，而爲半解之風，亦有解而勿纏者，永久持續。」[六]惟因各地運動策略寬嚴不一，且鮮見相互配合和呼應，故整體成果仍未臻理想。易言之，正如時論所說的，「成效僅及一方，未能普遍遐邇」（臺日一九一五，一，九）。

一九一四年底，「臺灣日日新報」鑑於纏足陋習久未能革除，於是舉辦「論纏足之弊害及其救濟策」徵文比賽，由於投稿頗爲踴躍，評審結果，計選出最優者三名，另選佳作四一篇，自一九一五年一月一日至四月十六日在該報連載。其中，關於作者背景，經核對有關資料，擁有科舉功名及舊學出身者至少十三人、國語學校畢業者五人、醫學校畢業者四人，另有女子二人[七]。由此顯示，新、舊知識分子已一致認爲纏足是必須速謀方策加以革除的陋習。易言之，當時臺灣社會的新、舊領導階層對廢除纏足已產生共識。

歸納諸文所指陳的纏足之弊害，値得注意的，有半數以上認爲纏足戕害身體、不衞生、行動不便、浪費人力資源、生育孱弱子女而有害強種等，尤其是後兩項，論者紛紛指出纏足女子不便於工作，因之不事生產，完全仰賴男人供養，成爲社會的寄生蟲，不僅有害於家庭生計，而且浪費人力資源，妨礙產業經濟發展而損國計。陳子英具體地估計經濟損失，略謂：一五〇萬女子普通工資一日四〇日錢計，則全臺一日損失五〇〇萬日圓（一九一五，三，五）。另一方面，論者本諸進化觀念，認為今日乃生存競爭、優勝劣敗的時代，國勢之盛衰端視種族之強弱，纏足使得女子身體羸弱，以致嚴重影響後代子孫之健康及國家之強弱。廖學枝詳切地強調：「良種良子，故衰母多生弱兒之理，三四代間，凡人未知其害，十數代至數十代，乃至百數十代，其毒愈明，遂至種族不振者，非無稽之談，即近世進步科學之眞理也，可憂哉纏足。」（一九一五，一，一）本乎上述觀點，論者紛指中國之所以積弱，甚至清朝之所以覆亡，殆由於纏足之故。總之，論者所最強調的纏足弊害，正如吳興所謂的「小而關於生計之得失，大而關乎國家之盛衰，故中國懦弱之由。」（一九一五，四，九）由上顯示，西方資本主義經濟思想及達爾文進化論所衍生出的富國強種思想，已成為臺灣先進知識分子的新價值規範和推動社會變遷的動力，此誠是值得注意的現象。此外，論者所指陳的纏足弊害尚有違反天道人道，侵害女子之自由，使女子成為男人之玩物，違背男女平等精神，阻礙女子教育之發展，妨害社會之進步，以及不合時潮、不雅觀、易致難產等，在在反映出知識分子已逐漸接受近代西方文明的知識和觀念，從而建立新的價值判斷、道德標準及審美觀念。

指陳纏足弊害的同時，論者紛紛檢討向來放足運動成效不彰的原因，其中許多人不約而同拿斷髮運動與之相較，一致肯定斷髮運動由於社會領導階層以身作則，官民倡導得法，故能一唱百和，風行全島，旋即收大半男子剪辮之效㈥。綜合各論者之意見，向來放足運動成效不彰之主因，厥有六端：㈠積習已久，加以社會風氣未開，觀念未變，遂仍墨守舊習。㈡倡之者因循姑息，未能以身作則；和之者徘徊觀望，每解而再纏。㈢天然足會領導人及會員多係男子，而非婦女自覺而自組放足團體，因此倡導和勸說不易收效，且亦無權強制女子放足。㈣天然足會僅由舊紳商組成，新知識分子未曾參與以共襄盛舉。㈤女子教育不發達。㈥官民均抱持漸禁主義，致生姑息之弊，運動做法每隨人、時、地不同而異，且往往中途廢弛，而使運動功虧一簣。證之以前兩節所述，顯示上述意見並非純屬個人主觀之批評。事實上，歷來已不斷有報導反映類似的意見。例如「臺灣日日新報」於一九〇三年八月廿三日載稱，臺北天然足會所發起的放足運動，由於「時機尚早，加以勸誘方法不適當，結果並未成功。」十月六日，指出身爲臺北天然足會副會長的葉爲圭，家中女子仍舊纏足，與其所倡導者「殊不免自相矛盾」。一九〇五年，總督府舉行戶口調查結果，表示傳統臺灣社會纏足女子概非從事勞力工作者，尤其是中流以上家庭極爲盛行，未纏足者每被視爲粗鄙不文，不但遭人恥笑，且頗難婚嫁，因此女子競相以纏足爲榮。天然足會的倡導，雖使人漸知天足的好處，奈因舊習牢不可破，致難以斷然解放，或成效不彰（臨時臺灣戶口調查部一九〇八：三五一—三五二、三六九—三七〇）。總而言之，上述意見實可視之爲向來放足運動的總檢討。

在諸文所提出的救濟策中，教育仍然被認爲是根本解決之道，論者紛紛表示由於教育之成效，公學校女生已甚少纏足，但因歷來女子入學者不多，故影響有限。今後宜加強女子教育，鼓勵學齡女子入學，使更多的女子得知纏足之害而放足或保持天足。除學校教育外，另輔之以社會教育，在各地經常舉辦演講會、展覽會或放映幻燈、電影等，使失學或成年女子普知天足之利、纏足之害及解纏之法，從而相率放足㈨。

其次，論者紛紛呼籲社會領導階層負起倡率之責，具體而言，正如黃爾璇所云：「參事、區長、保正及紳士須以身倡率，以家人先之，既纏者解，未纏者天然；一家解纏，數家合宴以賀；如有頑固者流，勸導而非笑之；凡有子弟結婚，纏足者毋與爲婚。」（一九一五，一，六）林知義亦表示：「中流以上，如名紳、巨商，以及參事、區長、保正、甲長者，家有幼女，先要改纏以爲模範，家有子弟，暫勿與纏足之家結婚。」（一九一五，四，十二）其他類似之意見尚多，玆不復贅[20]。

復次，值得注意的，絕大多數論者希望公權力積極介入，亦卽是一方面建議總督府頒布禁纏足令，明訂法規，據之以獎勵、處罰或課稅，其較具體者，例如李氏寶表示：「有行政權者出解纏令，立取締法，如阿片令之厲行，使旣纏者一切解放，未纏者自五、六歲以下，嚴禁纏縛，若狡情不解，徵以稅金，……處以嚴罰，則社會同進文明。……以此救濟，施其急策，用其公權，而得以奏效也。」（一九一五，四，十四）王祖派建議：「違禁不解者，每月徵一圓；若富家則視其家之財產而徵，或以別法攻擊之。」（一九一五，一，十四）趙璧則謂：「對纏足者，不妨科以罰金，令其納稅，年納二圓或四圓，充女學之用。」（一九一五，一，十六）要之，民意已反映對纏足者可不稍寬赦[21]。

另一方面，論者建議重整組織，利用總督府有關部門或地方行政制度，普遍設立放足機構或團體。例如林厥修建議總督府設一解纏獎賞會，在各廳設支會，由參事、區長、富紳巨室贊助之；在各學校設立青年天足婦會，由總督府補助經費，而學務委員和教師負鼓吹之責；在各支廳及各派出所設立解纏勸誘會，由警察負責推動；全臺保甲聯合設立解纏同盟會，由保正、甲長負責推動，並於保甲規約中增訂禁纏足條款（一九一五，一，廿六）。許子文建議總督府設預防纏足部，嚴禁十六歲以下女子纏足，違反者按保甲連坐法加以處罰，十六歲以上女子願放足者予以重賞。（一九一五，三，廿五）郭鏡蓉希望總督府能設一全臺解纏足會，各廳設支會，由參事、區長、保正等協助推動（一九一五，三，十一）。翁俊明則倡議：「先出募集有志者，使與衞生課共設臨時解纏局，將全島以纏足之分布別爲數區，增設支局，本局以衞生課，支局以各廳警務課衞生系之官兼攝之，局設常務員及鑑查員若干名，由本島先覺者充之。」（一九一五，一，十）尤其是主張利用地方行政制度設解纏會者爲數最多，其最具體者乃黃爾璇所倡議的，「以各區長爲會長，保正爲副，甲長爲幹事，立有會規，以漸禁爲主義，每年總會二次，以區長爲區議長，報告調查結果及演說，每月例會一次，以保正爲保議長，警官爲監臨，會期附於保甲會議之日，保甲規約篇增加解纏足一件，則寬嚴相濟，方能持久而普及，無始興中止之虞。」（一九一五，一，六）其餘的類似意見不勝枚舉，玆不復贅㊂。此外，趙雲石和黃氏眞珠建議由各地婦女領袖組織解纏會，在城鄉普遍設立支會、分會，派遣專人巡廻宣導和鼓勵（一九一五，一，一；一，三十）。羅樵山提議在愛國婦人會內附設天然足會，由各地幹事及委員分別兼任天然足會分會會長和委員，負責倡導放足（一九一五，一，十二）。陳子英則建議由當時最受社會歡迎的國語學校及醫學校畢業生倡組禁娶纏足會，較乎設天然足會爲上策（一九一五，三，五）。

至於獎勵辦法，論者或建議廣興實業，以增加天足女子的工作機會（一九一五，一，一；三，三），或提議利用養蠶、製帽蓆、紡織及製茶等業，作爲放足女子之獎勵（一九一一，一，六）。同時，希望報章雜誌除協助鼓吹放足外，並披露放足者的姓名，以示榮耀㊂。亦有論者建議發抽獎劵給放足者（一九一五，一，廿八）。

綜合上述意見，可知臺胞知識分子已漸主張以嚴密的組織系統，假借公權力而出之以強制的手段，以求達成普遍放足之目的。是以儘管「臺灣日日新報」表示「罰金以厲行者，則尤策之拙也」，而較爲贊同擔任評審的醫學校校長高木友枝的兩點綜合意見：㈠禁公學校女生纏足，㈡由各廳女子組成天然足會或解纏足會，以推動放足運動，並改裝（一九一五，一，一）。惟不久總督府卽因勢利用，以公權力輔助放足斷髮運動。

六　勵行放足斷髮及其影響

一九一四年三月，臺北廳有「風俗改良會」之成立，倡導變革舊俗（原房助一九三二：九四）。不久，臺中廳長枝德二亦慫恿臺中地區名流林獻堂、林烈堂、蔡蓮舫、蔡惠如等倡組「風俗改良會」，以革除辮髮和纏足的陋習，轄內各支廳長莫不盡力以促其成（臺灣總督府警務局一九三八：七四六；洪敏麟一九七六：一四八）。十一月，日本自由主義元老政治家板垣退助至臺倡組「臺灣同化會」，會旨亦標榜改良風俗，以革除辮髮纏足及其他陋習爲該會要務之一（臺日一九一五，一，二十；井出季和太一九三七：四二九；臺灣總督府警務局一九三九：一七、二〇）。該會旋網羅臺灣各地（臺東、澎湖兩廳除外）大部分參事、區長、保正等社會上流階層人物入會（蔡培火一九七一：二〇—二一）。影響所及，各地再度紛紛掀起放足斷髮熱潮。如前節所述，當時彰化、臺中均由婦女領袖倡組「解纏足會」，並舉行解纏大會。十二月廿九日，宜蘭亦在解纏足會會長黃張氏聯珠發起下，舉行解纏足大會，同時有七〇〇餘人放足（臺日一九一五，一，三）。翌年（一九一五）初，宜蘭廳各參事、區長積極鼓吹斷髮解纏，一再召集各保正、甲長、壯丁團員及紳商等開會，陳述同化會要旨，商討實施斷髮解纏之方法，決議轄內男子悉數斷髮，女子則限期厲行放足（臺日一九一五，一，十三、十六、二十；二，八）。至二月中旬，統計七市街，男子未斷髮者僅四一二人，尤其是員山區十五歲以下女子已全部放足，日人輿論譽云：「可謂他莊之模範，其

實行成績，尤爲蘭地之最佳良云。」（臺日一九一五，二，廿五）

其他各地情況亦相若，均在廳長、支廳長督促下，由參事、區長本人或其夫人發起組織斷髮會或解纏足會，調查辮髮及纏足人數，鼓勵限期斷髮放足，並舉行大會㊃。日人輿論許其成效略謂：「時機一動，捷如桴鼓」（臺日一九一五，三，六）。三月九日，「臺灣日日新報」表示：「臺中廳屬前由地方有志之士提倡風俗改良會，全廳剪辮風行，復倡解纏，已八、九分達到目的。」迨至四月十三日，報導指出：「臺中廳管內解纏足數，總數達十萬人之多，一日分比例得八十二、三人，上流社會諸婦人率先示範，所餘皆中流以下尚頑迷未肯解纏。」由上顯示，此時無論斷髮或放足均已形成風氣，社會中、上流階層多已紛紛接受變革，所不逮者唯少數極端保守之紳耆及一般民衆。同時，由前節所述可知，此時知識分子已紛紛建議總督府以公權力介入，明令禁止纏足辮髮，並強化運動團體的組織和作爲。易言之，勵行放足斷髮的時機已經成熟。

因此，總督府乃乘勢利用，企求一舉徹底根除辮髮纏足陋習。四月十五日，總督府以纏足頗難改善爲由，通令各廳長將禁止纏足及解纏事項附加於保甲規約中（臺灣總督府史料編纂會一九一五，四，十五；臺灣總督府一九一六：三九六—三九七）。從此，正式利用保甲制度全面推動放足斷髮運動。據保甲規約第三十四條第五款規定：婦女纏足有害身心，故嚴禁之。但從前纏足者，務使漸次解放，早馴於天然足。第六款規定：矯正固有陋習，改正不良風俗。至於罰則，據第八〇條規定：有違規約者，保正、甲長審查其行爲輕重緩急，將違反者處以過怠金百圓以下（目黑五郎一九三六：附錄七六—八〇）。

據「臺灣日日新報」報導可知，自四月下旬開始，全省各保甲如火如荼地展開斷髮解纏活動，根據保甲會議的決議，在派出所警察監督下，區長、保正、甲長、壯丁團員等逐戶實查未斷未解人數，規定期限，實施斷髮解纏；或舉行斷髮大會和解纏足大會，實施集體斷髮放足；或舉行慶祝會及紀念會，以掀起高潮。許多地區均以六月十七日所謂「始政紀念日」為最後期限，如有「頑執不聽」，則依照保甲規約處分㉕。在上述雷厲風行空氣下，原斷髮成效較差地區如鳳山，至六月上旬已是「中等社會之人已剪去大半，所存者惟守舊之儒及下等社會居多。」（臺日一九一五，六，十一）一般情況殆如大稻埕和艋舺二地，「雖老師宿儒與極為頑固者，前屢勸不聽者，亦不再持異議矣」；或如新竹「現下未斷者僅少數老人及特殊情形者」（臺日一九一五，六，十五）。至於放足亦概如臺南，「市民婦女見男子剪辮之雷厲風行，已漸覺悟，故紛自解去。」（臺日一九一五，六，廿五）。

儘管如此，為達到徹底放足斷髮之目的，總督府進而於六月十七日鼓勵全島各廳名流紳商倡組「風俗改良會」，以促進放足斷髮更收速效，作為所謂「始政二十周年紀念事業」之一（臺日一九一五，六，廿八）。八月五日，據「臺灣日日新報」社論「陋習完全破除」（陋習全く打破せらる）一文宣稱，全島各廳紛紛成立「風俗改良會」，推動斷髮解纏運動，官方並未施加任何壓力，完全是各保甲著著進行，統計臺北、宜蘭、桃園、臺中、南投五廳，斷髮者有七二七、〇一六人，解纏者有四八五、八二五人，仍辮髮者九〇、三八九人，纏足者一八三、九一八人，未斷未解者概均囿於舊習或迷信而遲疑不決的保守老人及生理因素而不宜放足者，認為此乃革故鼎新漸見收效之徵㉖。另一記載指出，數月之間全島斷髮者達一三三萬餘人，仍辮髮者僅剩八萬人（臺灣總督府警務局一九三八：七五二）。案據規定，當時纏足者若蹠趾已彎曲無法恢復，則可免解纏。同樣的，總督府亦准許六十歲以上男子保留辮髮（張深切一九六一：一七）。除此之外，似無人可倖免。易言之，此時放足斷髮運動，一則已爲社會多數人所接受，一則由於公權力的介入，已具有強制性。因此雖然有若干人仍較傾向於傳統或抱持民族意識而不願接受變革，亦無法堅持到底。吾人從洪棄生憤懣悲嘆之餘所詠諸詩即可略窺其概。其一、「厲行斷髮散足事感詠」：

是何世界任戕殘，警吏施威六月寒；削足妄思求適履，髡頭謬說慶彈冠。時無美鬒人人鬜，家有金蓮步步難；癸女丁男顚倒甚，此間奚事不心酸！

其二、「逃剪髮感詠」：

穆生久懼楚人箝，藏尾藏頭二紀淹；髮短忽驚城旦酷，令輕猶比路灰嚴。山中夏馥緘鬚去，稷下淳于努目瞻；匿跡時將形影問，余顱何術葆鬑鬑！

其三、「再爲厲行斷髮詠」：

長嘆無天可避秦，中華遠海總蒙塵！本爲海島埋頭客，更變伊川被髮人。愧與伍間傖父輩，錯成廿載寓公身；江湖滿地供樗散，不數褌中蟣蝨臣（一九七二：三六六）。

另外，由張深切的回憶亦充分顯示由於大勢所趨和現實所迫而不得不依從的悲愴，略謂：

在要剃髮當兒，我們一家都哭了。跪在祖先神位前痛哭流涕，懺悔子孫不肖，未能盡節，今日剃頭受日本教育，權做日本國民，但願將來逐出了日本鬼子，再留髮以報祖宗之靈。跪拜後，仍跪著候剪，母親不忍下手，還是父親比較勇敢，橫著心腸，咬牙切齒，抓起我的辮子，使勁地付之幷力一剪，我感覺腦袋一輕，知道髮已離頭，哇地一聲哭了，如喪考妣地哭得很慘，父親好像殺了人，茫然自失，揮淚走出外面（一九六一：一六）。

無可否認的，上引回憶文字充滿感性的文學筆調，難免有若干程度的渲染和誇張，惟未嘗不可用來說明當時連視斷髮有如「失節」的強烈民族主義者已不得不「從俗」了。無怪乎一九一六年在臺南的許南英無奈地嘆吟道：

已矣！舊邦社屋，不死猶存面目！

蒙耻作遺民，有淚何從慟哭？

從俗，從俗，以是頭顱濯濯！（一九六二：二二）

放足斷髮普及後究竟有何影響？誠是個值得探討的問題。就放足而言，「臺灣日日新報」曾報導「解纒後中部婦人」，略謂：「一、從來陰鬱之性質，一變而爲快活。二、從來不曾勞動之婦人，有出田野看牛或幫助耕耘者。三、從事勞動得相當之工賃。四、婚時聘金，因是而增進。五、夫婦男女共力，謀生饒裕，家庭圓滿。」（一九一五，四，十三）由上顯示，放足使女子便於從事生產，增益家計收入。易言之，人力資源的增加乃是放足運動最重要的成果。前節有關纒足救濟策諸意見中，卽有論者建議廣興實業，以獎勵放足或增加天足女子的工作機會。證諸放足實況，一九一五年戶口調査顯示，各業女子人口中纒足者所占比率，以農業一四・九八%（一七三、五三〇人）最低，雜業一九・五四%（一九、三〇八人）居次，公務及自由業二二・〇四%（五、三二三人）居第三，工業二二・九五%（三〇、二五一人）居第四，其餘的分別爲商業二五・五九%（三九、五〇四人）、半就業二七・五七%（一〇、〇〇七人）及無業者三二・五四%（一、一一五人）等。考其原因，無業者概屬娼妓；半就業者多半生計豐裕，纒足無妨者；商業者因職業上不覺纒足痛苦，故仍多纒足者；工業者以從事手工業者較多未放足；自由業者多屬知識分子，故多放足；雜業及農業者因屬須出勞力的工作，故放足者較多，惟因從事者多，故纏足人數仍甚爲可觀。易言之，放足的多寡隨職業性質而異（臺灣總督府官房臨時戶口調查部一九一八：三九七—三九八，四一一—四一二）。要之，放足運動結果，使絕大多數女子得以天足從事生產，實有助於經濟之發展。

其次，放足斷髮的結果漸產生「易服」風氣，西式服飾業代之而興。一九一一年放足斷髮掀起熱潮時，「臺灣日日新報」卽指出：「易風改俗之趨勢使得中國製布帛商及其他中國式裝飾品等商店生意清淡，將來代之而起的是洋服公司。」（六，廿三）總督府的出版品「臺灣」一書亦表示，市街村落到處可見斷髮男子，而且衣服鞋帽往往改易日本樣式，而被誤認爲是日本人（一九一二：一五—一六）。一九一五年初，宜蘭盛行斷髮時，亦是「市內帽子店、裁縫店大見好況，每軒帽子店，自晨迄夕，購帽客紛至沓來。近日賣出帽數多至二、三百頂，至少百餘頂，就中最暢銷者如毛色打鳥帽。若裁縫店更爲忙碌，各軒顧客塞滿門庭，大有應接不暇。」（臺日一九一五，一，七）在此種紛紛易服的風氣下，洪棄生感慨系之，乃作「時俗尚新製感賦」加以諷刺，略謂：「倭製衣冠短髮裁，喜歡生面一朝開；豈知此是無顏帢，我輩如何戴得來！」（一九七二：三六七）

復次，值得注意的，日人認爲放足斷髮乃至易服雖不失爲同化成效之一大進展，惟不過是肇始臺胞外表同化之端，實有待積極致力於精神的同化，此乃今後殖民政策上最重大的課題（松村鶴吉郎手稿）。總督府亦作如是看法，因此乃進而鼓勵臺胞組織日語普及會和風俗改良會等，以求達成使臺胞內在同化之目的。例如一九一一年彰化紳商學界紛紛斷髮後，當地紳士張晏臣等因「念斷髮之後，不可不通曉國語（卽日語），故另組彰化同學會，每日夜習國語二小時。」（臺日一九一一，十二，十九）而如前所述，一九一五年六月十七日以後，各地紳商紛紛在總督府的鼓勵下組織「風俗改良會」。翌年三月，總督安東貞美向地方官會議指示施政方針中，復明白地表示：「國語之普及、習俗之改良，乃是本島統治之根蒂，固不待言。」（井出季和太一九三七：五六四）時人邱及梯頌揚安東總督上述政策使「革故鼎新漸見收效」，略謂：

前年（一九一五）始政紀念日，開斷髮會，久已此唱彼和，迄今深沾治化，全島幾無蓄髮之人。去春（一九一六），全臺各處設立國語研究會，男女老幼研究熱心。客臘，提倡改曆會、同風會、改良會，加入贊成，雲集響應。艋舺女學校生徒多穿和服；臺中、臺南各處女子公學間亦有服之者；即如臺南廳下六甲支廳，地近山麓，風氣閉塞，後前該地人民跣足居多，自風俗改良會創設，入會者雖寥寥無幾，陋俗漸革，跣足者今已戴帽穿屐，宛如都會人士。……可見習俗改良之設，收效顯徵諸目前（臺灣時報第九七號漢文之部一九一七，一〇：七）。

當時，臺北女子高等普通學校教師廣松良臣固然強調教育乃是同化的根本之道，仍不得不對總督府此一由外而內的同化策略予以稱頌和肯定的評價。略謂：

同化新附民不僅需要相當長的時間，有時還會沾染不好的風氣。因此，一個國家若想在短時間內收同化之效，必須具體地講求漸進的同化方法。（臺灣）改隸後，總督府在這方面講求不遺餘力，當然內地化並非能一蹴可及。其所採取的方法不一，其中，由外表而及於內心者乃是獎勵放足和勸導斷髮。目前，中年以下男子已甚少辮髮；至於纏足，亦漸被瞭解是不文明的，因而向來纏足者放足，幼童則不再纏足。另如服裝，近來穿和服或西服者顯著地增加。此乃先獲致外表同化而令人欣喜的現象。然而，外表的同化有時不過是模倣罷了，並非眞正的同化。眞正的同化必須是內心的同化，亦卽是精神、思想、感情的同化。本乎此一意義，總督府在各地倡組國語普及會和風俗改良會，以公學校教師和地方警察擔任指導者，以求普及國語和改良風俗。目的在於普及國語以求溝通意見，理解國民精神，涵養國民感情，而收同化之效，自不待言。惟此國語講習會係官廳獎勵而組成的民間團體，故往往虎頭蛇尾。因此眞正徹底的同化，且可永久持續的方法，不外乎普通教育（廣松良臣一九一九：二七一—二七二）。

總而言之，對總督府而言，放足斷髮運動並非一單純而獨立的運動，而是整體同化政策的一環，其順利獲致成功成爲日後一連串同化變革的開端和範例，其深具歷史意義，自不待言。

此外，放足普及後，亦逐漸改變社會的審美觀念，時人趙雲石卽表示：「由今日觀之，蓮步蹁躚者已成怪象。」（臺日一九一五，一，一）影響所及，婚姻擇偶漸不再以足之大小爲取捨標準，更使未婚女子不再輕易纏足。而隨著纏足人數日減，使得裹布業日漸衰微，新製鞋業代之而興，乃是必然的變遷，茲不復贅。

七　結　論

總括而言，放足斷髮乃是在殖民政權的同化政策下，以及臺灣社會由傳統進入現代的過程中，必然產生的結果。易言之，其具有同化與現代化雙層意義。對殖民政權的總督府而言，前者的意義尤大於後者。

蓋因風俗習慣係社會行爲的傳承，其在社會生活的各方面建立穩固的基礎，並以微妙且強勁的約束力支配著社會成員。故風俗習慣的變革成爲同化政策所必須面臨的最實際且最現實的問題。在此一意義下，「移風易俗」乃是同化（日本化）的同義語；無怪乎放足斷髮風氣日漸形成時，總督府以風俗上已肇始同化之端，而感到十分欣慰（臺灣總督府民政部殖產局一九一二：一五—一六）。然而，就放足斷髮本身而言，其意義未必卽是同化，蓋因此兩種風俗習慣原係西方文明的一部分，並非日本所固有，明治維新之初傳入斷髮風習時，日本一般民衆亦曾視之爲夷狄之風，而加以拒斥。明治維新以降的日本係以西方取向的現代化爲其追求的目標，由是乃逐漸接受西方文化而改變其文化的體質，從而產生類似於西方的觀念和習慣；本乎此，其對臺灣社會遂要求放足和斷髮。就臺灣同胞而言，由於對時潮的認識及新文明的追求，起而倡導和響應放足斷髮運動，實未必卽全是基於同化於日本之動機，而反對者亦未必盡然係出之於民族意識，此在前文中已詳作論析，玆不復贅。論者卽曾指出，放足斷髮運動實爲日據時期收效最大的生活近（現）代化運動（黃得時一九六八：四—六）。要之，正由於廣義的放足斷髮乃是現代化變革，故放足斷髮運動遂能在官民較少歧見下合作推動而順利成功。

儘管如此，作爲一個殖民政權，若要在短期內使被統治者接受隱含同化意義的新風俗習慣，勢非講究適當的策略和手段不可。日據初期，總督府本持漸進主義原則，對纏足辮髮等臺灣社會的風俗習慣採漸禁政策，不立卽頒布法令，強制地禁纏斷髮，而代之以教育、鼓勵、勸導等方式，透過學校、報章雜誌、民間團體等展開放足斷髮運動。亦卽是以間接途徑或扮演幕後角色，以求減少阻力，避免節外生枝，而使運動順利開展。一九〇四年之際，臺中、彰化、南投、斗六、嘉義等五廳聯合會議，曾建議總督府頒布纏足禁令（臺灣總督府一九〇五：二二〇）。然而總督府鑑以時機尚未成熟，並未採行。由此可見，總督府決策之愼重。迨至一九一五年，由於臺灣社會領導階層已紛紛主動要求總督府以公權力介入，明令禁止纒足辮髮，顯示出厲行放足斷髮的時機已經成熟，總督府始正式以法令輔之，以強化運動的效果。儘管總督府及其輿論一再強調該運動係出於臺胞的自覺及自動奮起，惟無可否認的，在整個運動過程中總督府始終扮演著一定的角色，左右運動力量之消長及運動風潮之起伏，同時，設法消弭運動之阻力於無形。因此，在整個運動過程中迄未出現明顯的官民對立或紛歧的現象。

就運動過程觀之，其發展井然有序，由點而面，由上而下；蓋該運動乃是由個人自發性行為漸至於團體組織性活動，由社會中、上階層身先倡率而漸及於下層民衆，由自由意志的變革漸轉為強制性的放足斷髮，由城市而漸達於鄉村。其中，値得一提的，參事、區街莊長、保正、甲長及教師、醫生等社會領導階層，固然是運動的主要倡導者和推動者，然而因殖民政權以公權力利用地方行政制度和規約相輔助，遂使社會領導階層得以十分積極且有效地扮演社會動員的角色。同時，亦充分顯示在殖民體制下保甲制度的功能較諸傳統的保甲大為擴張且更為有效。其結果，可以說相當徹底地完成變革目標。

誠然對大多數臺胞而言，放足斷髮乃是「革故鼎新」意義下思想規範、價値觀念及行為習慣的改變，由是而帶來趨向新潮的易服改裝風氣，以及增加人力資源而促進殖民地經濟之發展。對總督府而言，放足斷髮則是開啟藉社會運動以達到同化目的之先河；其後，所謂「國語普及」和「風俗改良」運動踵繼而起，無疑的，乃是受放足斷髮運動之激發和影響有以致之。

論者或強調臺灣的放足斷髮運動之倡起及其蔚成風氣，乃是受中國大陸放足斷髮運動影響所致。關於此一問題，本文雖未及詳作比較探討，惟從若干史實顯示，兩者之關係似未盡如此。無可否認的，中國大陸的放足斷髮運動略早於臺灣，經由報章雜誌的報導，對臺胞有識之士或有所啟示；然而，正如前文所述，臺灣該兩運動之倡起實有其獨特的背景和條件，故與其說臺灣直接受大陸之影響，毋寧說兩地受到現代時潮激盪而生的「遙相呼應」之運動。至於放足斷髮運動之發展和成效，更有顯著的不同。蓋因大陸幅員廣大，各省官民的認識和做法不一，風氣的普及實非易易。例如山西省於一九一七年閻錫山掌省政時，始積極推行水利、蠶桑、種樹、禁煙、天足、剪髮等「六政」，其中，關於天足，係令各縣設立天足會，宣導天足之意義，以各機關職員及村長副爲會員，首先戒禁，並規定自民國六年六月一日起，十歲以下女子不許再纏，違者酌予懲處。十一歲以上已纏足女子，勸令解放。更特製天足獎品彩畫十萬張，獎勵放足女子。關於剪髮，係規定自民國六年十一月起，官界一個月、學界兩個月、商界三個月等限期剪除辮髮，普通人民則先予勸導，繼而強迫，以民國七年三月爲考成期（郭榮生一九八四：三六—三九）。此外，五四運動期間，「禁止婦女纏足」仍是婦女運動所致力的目標之一（張玉法一九七七：三四〇），足見時至一九一〇年代末期纏足仍是大陸知識分子亟欲變革的舊習。反觀臺灣，則在數年之前已普遍放足斷髮。總之，兩地的放足斷髮運動之關係仍有待進一步作實證研究，目前實不宜率加論斷，以免失之偏頗。

註釋

㈠　本文參考與會專家學者所提供之寶貴意見，作大幅度的增補和改寫，謹特此致謝。又本文曾獲民國七十四年度行政院國家科學委員會獎助，特此致謝。

(二) 相關的論文計有(A)王一剛（詩琅），日據初期的習俗改良運動，臺北文物，第卅五期，頁一三－二二，民國四十九年十一月。(B)洪敏麟，纏脚與臺灣的天然足運動，臺灣文獻，第廿七卷第三期，頁一四三－一五二，民國六十五年九月。

(三) 例如一八九九年四月廿一日「讀賣新聞」著論認爲「臺灣難治」之因固有多端，統治之初未實施斷髮實爲要因之一，蓋保留辮髮致難以分辨良民、土匪及中國人。另一方面，斷髮者概係臺人中任公職者、無賴、囚犯及歸順的土匪等，影響所及，紳商及良民因恐被誤認爲囚犯或土匪，故不願斷髮。由是建議總督府速頒法令厲行斷髮；同時，對囚犯、土匪等不良之徒則保留辮髮（臺灣協會會報第八號一八九九：六五－六六）

(四) 詳見臺灣新報，明治三十年（一八九七）十一月三日，設不纏足會；十二月二日，此唱彼和，横濱不纏足子會啓；臺灣日日新報，明治三十三年一月十九日，內地に於ける天足會の景況；三月三十一日，天然足會氣運の勃興；明治三十六年七月廿六日，前署川督岑勸戒纏足；七月廿九日，外事：湖南巡撫趙中丞頒發勸戒足說等；臺灣慣習記事，第二卷第四號，明治三十五年四月廿三日，淸廷禁止纏足；第二卷第十一號，明治三十五年十一月廿三日，戒纏足說（轉載自「大公報」）；第三卷第五號，明治三十六年五月廿三日，淸國に於ける纏足廢止論の風潮。

(五) 詳見臺灣慣習記事第四卷第二號一九〇四，二，十三，頁七七－八〇。茲錄其中一首如下：

上蒼創造人，男女脚相同。算是天生成，好走又好行。可惜憨父母，看作纏脚好。愛子來縛脚，情理講一抛。著縛卽是娘，無縛不成樣。女子未曉想，不過看世上。別人此號樣，出在爾爹娘。老母心肝殘，脚帛推緊緊。

(六) 日據初期公學校女學生數如下表：

年度	人數	年度	人數	年度	人數
一八九八	二九〇	一九〇一	一、六五七	一九〇四	二、八九六
一八九九	四四三	一九〇二	二、〇九〇	一九〇五	三、六五三
一九〇〇	一、一三三	一九〇三	二、四六九	一九〇六	四、〇九五

資料來源：Tsurumi 一九七七：一九。

(七) 詳閱臺灣總督府國語學校編，臺灣風習一斑，提及斷髮和不纏足爲善良風俗者有鍾進、賴石傳、陳郁文、林玉湖、李奎璧、黃鉷、陳文彬、吳培銓、陳湖古、劉達麟、何春喜等。

(八) 詳閱臺灣日日新報，大正四年一月八、十二、十三、十七日，鐵雄、羅樵山、顏瀛洲、胡南溟等所寫「論纏足之弊害及其救濟策」諸文。

(九) 詳閱臺灣日日新報，明治四十四年三月～四十五年三月。該報經常報導紳商名流斷髮消息及各地斷髮會的活動。關於紳商名流斷髮消息，例如明治四十四年二月九日刊登臺灣日日新報記者謝汝銓、陳永錫、楊仲佐等斷髮後照片；四月一日載林獻堂毅然斷髮；六月十三日載臺中張錦上、蔡惠如、林烈堂等斷髮；十二月十九日載彰化楊吉臣、吳汝祥、張晏臣、吳德功、李崇禮、蘇世珍、楊炳煌等紳商及斷髮會員已有一千餘人斷髮；十二月廿二日載大稻埕歐陽光輝等一批紳士斷髮；明治四十五年一月十九日、二月十五日載板橋林祖壽、林鶴壽、林嵩壽、王道霞等斷髮；餘不備舉。至於斷髮會活動分見於明治四十四年二月廿六日、三月十一日、四月一日、五月十、廿三日、六月十九、廿三日、十二月五、十九日、明治四十五年一月八、十、十三日、二月十、十三、十七日。另臺灣時報，第十九號（一九一一、二）、第廿二號（一九一一、五）、第卅一號（一九一二、三），亦均載有斷髮會消息。

(一〇) 「蓄髮詩」：不歐不亞亦不倭（余爲不今、不古編髟），我髮雖短未嫽婀；我頭不與人同科，可屈可伸奈我何！垂垂漸覺成盤螺，有如玉山長嘉禾；不似童山空峩峩。隨俗不隨鄉人儺，老子頭顱聊自摩；任人訕笑語言訛，閉門縮頸甘藏窩。道逢獰吏掩而過，抱壁相如避廉頗；自笑楊朱爲一毛，有慚膚撓與目逃！幾莖衰髮奚堅牢，如斯時世須餔糟；但余未能從時髦，耄矣老夫愛皤皤（一九七二：三四九）。

(一一) 例如義塾（書房）教師潘雲菴斷髮後賦詩抒感，略謂：「斷髮歸去志氣高，百般利便樂陶陶；雖然未得新文教，頭腦光明亦足豪。」又云：「悔染陋風卌四春，奮然割去一時新；而今僥得文明様，洗濯圓顱見性眞。」（臺日一九一二，一，十四）

(一二) 王采甫作「戲贈友人」：(A)大呼世界唱文明，一片隆隆斷髮聲；眞箇維新成別調，洋冠胡服盛聯盟。(B)維新聞唱表同情，種種頭髮忽改更；宴會莫能操國語（案：指日語），令人空笑大憨生。(C)面目未非認恍然，俗毛一去無拘牽；詩壇若忽逢吟侶，好似山僧學坐禪。(D)求新頭髮必須先，對鏡重觀每自憐；夜半山妻初夢覺，誤驚枕畔一僧眠。(E)青絲雖斷情絲加，一割無憂反目嗟；爲愛細君長結髮，好教妝飾助盤鴉。(F)香楠柱架合歡床，閫內威風厄季常；莫繫辮鬃煩索子，牽來眞覺化爲羊（吳逸生一九六〇：六七—六八）。

㈢呼籲放足運動應以斷髮運動爲範之時論計有(A)陳以言，天足論，臺灣日日新報，第三八八四號，明治四十四年三月十六日。(B)論說：一步を進めよ，臺灣日日新報，三八九七號，明治四十四年三月三十日。(C)周火生，纏足之害，臺灣時報，第廿一號，頁七七—七八，明治四十四年四月二十日。(D)蘇瑤池，就纏足而言，臺灣時報，第廿二號，頁七六—七七，明治四十四年五月三十日。(E)黃應麟，勸改纏足，臺灣時報，第廿四號，頁六〇—六一，明治四十四年七月三十日。

㈣魏氏作「解纏足歌」計有四首，茲錄其一：上天生蒸民，男女別其性。厥性既云殊，所司亦有定。男以勤國家，女以操臼井。方今世文明，競爭日以騁。婦人於社會，爲職豈全屛。所當健身體，努力完使命。胡爲纏此足，詡詡自矜幸（劉克明一九三〇：一七七—一七八）。

㈤詳見臺灣日日新報，大正四年一月一日及四月十六日，廖學枝、詹安等所撰之「論纏足之弊害及其救濟策」諸文。

㈥詳見臺灣日日新報，大正四年一月一日，趙雲石，論纏足之弊害及其救濟策。

㈦作品入選之作者姓名依名次先後如下：趙雲石（名鍾麒、廪生、南社社長、臺南地院通譯、一月一日）、廖學枝（一九〇八國師畢、教、一日）、黃爾璇（字衡堂、舊學、詩人、六日）、邱筱園（名世濬、舊學、書房教師、中醫師、陶社社員、七日）、鐵雄（八日）、翁俊明（一九一四醫畢、十日）、羅樵山（十二日）、顏瀛洲（十三日）、王祖派（一九一二醫畢、十三～十四日）、歐陽朝煌（十五日）、趙璧（生員、參事、區長、十六日）、胡南溟（名殿鵬、生員、臺灣日日新報及臺南新報記者、十七日）、許景山（廿五日）、林厥修（廿六日）、楊啓俊（廿八日）、吳榮棣（生員、教、廿九日）、黃氏眞珠（女、卅日）、陳燦堂（卅一日）、陳玉麟（一九〇九醫畢、二月二日）、朱阿貴（一九〇九國師畢、教、廿八日）、林摶秋（舊學、臺北瀛社社員、三月二日）、許伯珍（三日）、陳以言（四日）、陳子英（五日）、陳燦堂（六日）、李種松（生員、莊長、保正、漢文教師、七日）、陳坤（一九〇三國師畢、教、十日）、郭鏡蓉（生員、臺北瀛社社員、十一日）、方輝龍（一九一八醫畢、十二日）、邱鏡湖（生員、十三日）、賴逸（十六日）、余永思（十八日）、劉阿祿（二十日）、宋榮華（舊學、保正、區長、廿一日）、陳瓊堂（廿二日）、許子文（舊學、南社社員、教、廿五日）、范洪亮（廿六日）、盧子安（一九〇二國師畢、教、廿七日）、邱玉枝（三十日）、蘇清海（四月六日）、吳興（九日）、林知義（生員、區長、教、十二日）、李氏寶（女、十四日）、詹安（一九一五國國畢、十六日），括號內爲已知的學歷、經歷及作品刊載日期。案：國師係指國語學校師範部，國國指國語學校國語部，醫指醫學校。

(18) 文中檢討向來放足運動成效者有趙雲石、邱筱園、許景山、楊啓俊、朱阿貴、許伯珍、李種松、賴逸、盧子安、李氏寶、廖學枝、黃爾璇、鐵雄、羅樵山、王祖派、趙璧、胡南溟、林厥修、陳燦堂、詹安等，其中、廖學枝以下十人提及斷髮運動成效。

(19) 參閱趙雲石、廖學枝、黃爾璇、邱筱園、王祖派、鐵雄、翁俊明、歐陽朝煌、林厥修、陳燦堂、黃氏眞珠、朱阿貴、林摶秋、陳坤、余永思、蘇清海、詹安等之論文。

(20) 參閱廖學枝、王祖派、歐陽朝煌、吳榮棣、陳坤、李種松、詹安等之論文。

(21) 另參閱翁俊明、歐陽朝煌、朱阿貴、羅樵山、楊啓俊、許伯珍、陳以言、陳子英、郭鏡蓉、方輝龍、邱鏡湖、宋榮華、劉阿祿、范洪亮、盧子安、邱玉枝、吳興等之論文。

(22) 另參閱廖學枝、鐵雄、王祖派、歐陽朝煌、趙璧、胡南溟、楊啓俊、陳燦堂、陳玉麟、朱阿貴、林摶秋、陳子英、陳坤、盧子安、林知義等之論文。

(23) 參見趙雲石、黃爾璇、翁俊明、歐陽朝煌、鐵雄、趙璧、陳燦堂、林摶秋等之論文。

(24) 詳見臺灣日日新報，大正四年一月十五日，塗葛窟（彰化北斗）解纏足會；二月十一日，蒜頭（嘉義朴子）斷髮會；二月廿三日，臺中犁頭店（內埔）解纏足會；三月三日，溪湖解纏足會；三月五日，沙轆（沙鹿）解纏足會；三月六日，斷髮風靡；三月十二日，頂雙溪（臺北雙溪）斷髮會；三月三十日，安坑剪辮；四月十三日，大里杙（臺中大里）解纏足會。

(25) 詳見臺灣日日新報，大正四年四月廿五日（宜蘭）協議解纏辦法；五月六日，臺中牛罵頭（清水）舉行解纏足會；五月十五日，（臺南）開斷髮紀念會；五月廿五日，基隆斷髮解纏；六月四日，議查斷髮解纏；六月九日，新竹廳之奮發，六月十日，南港斷髮解纏；六月十一日，木柵斷髮解足會；六月十三日，臺南之剪辮解纏；六月十五日，深坑、稻艋斷髮解纏；六月十九日，臺南市開斷髮祝賀會；六月廿日，新店管內斷髮解纏；六月廿三日，宜蘭各地厲行解纏斷髮。

㉖ 關於解纏人數，另據一九一五年十月舉行的「第二次臨時臺灣戶口調查」，當時不含五歲以下幼兒的女子數爲一、三五三、七六三人，其中，保持天然足者五九八、七〇九人（占四四・二三％）、放足者四七六、〇一六人（占三五・一六％）、纏足者二七九、〇三八人（占二〇・六一％）。放足人數稍異於報紙的統計，茲附上，以供參考（臺灣總督府官房臨時戶口調查部一九一八：四〇〇）。

參考書目

小牧辰次郎　一九一一　剪髮論，臺灣教育會雜誌，第一〇六號，漢文部，頁一五－一六。

王一剛（詩琅）一九六〇　日據初期的習俗改良運動，臺北文物　三五・一三－二二。

井出季和太　一九三七　臺灣治績志。臺北：臺灣日日新報社。

目黑五郎、江廷遠　一九三六　現行保甲制度叢書。臺中。

李春生　一八九六　東遊六十四日隨筆。福州：美華書局。

佐藤源治　一九四三　臺灣教育の進展。臺北：臺灣出版文化株式會社。

吳文星　一九八三　日據時期臺灣師範教育之研究。臺北：國立臺灣師範大學歷史研究所。

吳逸生　一九六〇　王采甫、黃菊如詩文選，臺北文物　九（四）：六五－七二。

林欽賜編　一九三三　瀛洲詩集。臺北：光明社。

杜朝崧　一九六〇　無悶草堂詩存。臺灣文獻叢刊第七十二種。臺北：臺灣銀行經濟研究室。

松村鶴吉郎　對人政策（未刊稿，確切著作時間不詳，據推斷約在一九一七年左右）。

洪棄生　一九七二　寄鶴齋選集（全三冊）。臺灣文獻叢刊第三〇四種。臺北：臺灣銀行經濟研究室。

原房助　一九三二　臺灣大年表。臺北：臺北印刷株式會社。

許南英　一九六二　窺園留草。臺灣文獻叢刊第一四七種。臺北：臺灣銀行經濟研究室。

笠井源作　一九〇五　現時の公學校訓導に就て，臺灣教育會雜誌　三五：八－一四。
連溫卿　一九五四　再就臺灣文化的特質而言，臺北文物　三（三）：九九－一〇六。
張深切　一九六一　里程碑。臺中：中央書局。
張玉法　一九七七　中國現代史。臺北：東華書局。
陳　書　畏勉齋詩文集（未刊稿、陳漢復先生藏）。
黃得時　一九六八　天然足會與斷髮不改裝運動，臺灣研究研討會紀錄續集。國立臺灣大學考古人類學專刊第五種。臺北：臺灣大學考古人類學系。
郭榮生　一九八四　閻錫山先生年譜。苗栗：臺榮印刷廠印。
曾笑雲編　一九三四　東寧擊鉢吟前集。臺北：青木印刷工場。一九三六　東寧擊鉢吟后集。臺北：明星堂印刷所。
廣松良臣　一九一九　帝國最初の殖民地臺灣の現狀。臺北：臺灣圖書刊行所。
臺灣總督府編　一九一二　臺灣教科書用國民讀本，九。臺北。
臺灣總督府編　一九〇五　臺灣總督府民政事務成績提要，第十編，明治三十七年分。臺北。一九一六　同上書，第廿一編，大正四年分。臺北。
臺灣總督府民政部殖產局　一九一二　臺灣。臺北。
臺灣總督府臨時臺灣戶口調查部　一九〇八　明治三十八年臨時臺灣戶口調查記述報文。臺北。
臺灣總督府官房臨時戶口調查部　一九一八　大正四年第二次臨時臺灣戶口調查記述報文。臺北。
臺灣總督府學務部編　一九一四　公學校用國民讀本，卷八。臺北。
臺灣總督府史料編纂會編　一八九六　臺灣史料（稿本）。一九〇〇　同上書（稿本）。一九〇二　同上書（稿本）。一九一五　同上書（稿本）。
臺灣總督府國語學校編　一九一〇　臺灣風習一斑㈠㈡㈢（手抄本）。臺北。
臺灣慣習研究會編　一九〇一～一九〇七　臺灣慣習記事，第一～七卷。

臺灣教育會編　一九〇一～一九一五　臺灣教育會雜誌（簡稱「臺教」），第一～一七六號。
臺灣協會發行　一八九八～一九〇七　臺灣協會會報（簡稱「臺協會報」），第一～一〇〇號。
東洋協會臺灣支部發行　一九〇九～一九一九　臺灣時報，第一～一一三號。
臺灣日日新報社發行　一九〇〇～一九一五　臺灣日日新報（簡稱「臺日」），第四九四～五四五八號，明治三十三年一月一日～大正四年八月五日。
臺灣新報社　一八九七　臺灣新報，第三〇七～三九八號，明治三十年十月一日～十二月卅一日。
臺灣總督府警務局　一九三八　臺灣總督府警察沿革誌，第二編，上卷。臺北。一九三九　同上書，第二編，中卷。臺北。
隈本繁吉　一九一一　公學校本島人教員に對する希望，臺灣教育會雜誌一一三：六－七。
蔡培火　訓導諸君に檄す，臺灣教育會雜誌　一〇八：四五－四七。
蔡培火等著　一九七一　臺灣民族運動史。臺北：自立晚報社印行。
劉克明　一九三〇　臺灣今古談。臺北：新高堂書局。
劉明修　一九八三　臺灣統治と阿片問題。東京：山川出版社。
Lamley, Harry Jerome. 1964 The Taiwan Literati and Early Japanese Rule, 1895-1915. Ph. D. Dissertation, University of Washington (Unpublished).
Tsurumi, E. Patricia. 1977 *Japanese Colonial Education in Taiwan*, 1895-1945. Cambridge: Harvard University Press.

（中央研究院民族學研究所專刊，乙種之十六，民國七十五年六月）

臺灣民報中有關婦女政治運動的言論（一九一〇—一九三二）

梁惠錦

一　前　言

日本據臺五十年間，臺胞前仆後繼，奮起抵抗日本帝國主義者的奴役統治。起初採取武裝抗日行動，各地義民紛紛崛起，組織游擊隊，襲擊日本官衙。後因多次遭受日本統治者的無情報復，慘酷殺戮，株連幼童，使臺胞武裝抗日行動遭受嚴重創傷，武裝抗日起義乃漸趨沉寂。代之而起的是議會請願、社會改革、文化運動等溫和迂迴的非武裝抗日運動。而臺灣民報、臺灣議會設置、和臺灣文化協會，即此非武裝抗日運動的三大主力㈠。

在政治上臺灣民報代表臺胞喉舌，不斷地指責日本統治當局之惡政暴令，糾正日本民間對臺灣的歧視和曲解，提醒臺胞莫忘祖國。在文化上則時常介紹世界新思潮，提倡漢文，倡導白話文學，反對日本奴化教育政策，報導學界動態。在經濟上一面抗議日本的經濟剝奪，一面教導臺胞經濟趨勢和股票、糖、米行情。在社會方面則呼籲改良惡俗，灌輸島民衞生觀念、科學知識等等。以上種種，研究臺灣民報的學者專家，莫不給予高度肯定的評價。本文僅就鮮爲人言的婦女政治運動，來討論臺灣民報的言論觀點及成就。

限於資料和篇幅，本文所指臺灣民報，只就民國九年（日本大正九年，西元一九二〇年）七月十六日「臺灣青年」創刊，迄民國二十一年（日本昭和七年，一九三二年）四月九日「臺灣新民報」週刊第四一〇號截止，包括了「臺灣青年」、「臺灣」、「臺灣民報」、「臺灣新民報」週刊四個時期。

二　臺灣民報重視婦女運動之緣起

臺灣知識份子開始重視婦女運動，一如其他的文化思潮、社會運動，有其歷史背景和時代需要。茲分述如下：

(一)歐美女權運動的激盪

鴉片戰爭打破了中國閉關自守的門戶，西方各種新式思潮，源源不絕，湧入中國，女權思想亦其中之一種。女權思想的覺醒，可以遠溯至文藝復興時代。文藝復興時代對於「人」和自我的追求，促使人們體認到要求自由的必要。

產業革命以後，由於機器的發明和動力的改進，使生產力、生產方式、生產組織和生產關係都發生了巨大的變化，原有農村經濟、封建社會遭受摧毀，工廠制度暨工業城市興起，農村手工業相繼破產，農村人口紛紛流向都市，走入工廠。因為工廠產品式樣取決於機械，勞工手藝的重要性減低。又因為工廠利用機械動力，體力也不再是生產的必要因素。使得許多無工作經驗的婦女，也可以進工廠加入勞工的行列，換取低微的工資。資本家們鑒於女工手眼靈巧、易於管理、安於現狀，又貪其工資低廉，莫不樂於僱用女工，尤其是那些勞力密集的輕工業製造工廠，如紡織業等㈡。女工工資雖然低微，畢竟有了自己的收入。獨立的經濟權，促使一些好學的女性有能力自修上進，智識經驗的累積，產生了無數的知識婦女。

女子走出家庭進入社會，視野日趨廣濶，眼見產業革命，造成中產階級興起，努力爭取民權，發起各種社會運動、政治革命，推動文化改革，漸漸地意識到也有需要採取行動，爲女性爭取權益，因而開始提倡女權。資本家歡迎工資低廉的婦女勞工，故而反對束縛婦女自由的封建制度，而做了婦女解放運動的贊助人㈢。

歐美婦女從十九世紀開始進行參政運動。一八四八年美國婦女在紐約舉行第一次參政運動大會，通過要求婦女享有平等政治權利的議案。到了一八六九年，在史丹頓夫人(Mrs. Stanton)及安東尼女士(Susan B. Anthony)的領導之下，成立了國民婦女參政會(National Woman's Suffrage Association)，以要求修正合衆國憲法，使婦女獲得參政權爲目的。同年十一月，畢契爾女士(Henry Ward Beecher) 又領導成立美國婦女參政協會(American Woman's Suffrage Association)，以從事運動修正各州憲法爲目的。到了一八九〇年，兩個團體合併爲美國國民婦女參政協會 (National American Woman's Suffrage Association)，設總會於紐約，分頭向聯邦政府和各州政府請願要求婦女參政權。美國婦女運動頗有成績，一八六九年懷俄明州(Wyoming) 首先給予婦女參政權，到了一九一九年第一次世界大戰結束時，美國四十八州中，已有十四州賦予婦女平等參政權了。至於歐洲方面，法國女權思想濫觴雖早，但是婦女運動成果不彰。倒是起步較晚的英國，却爲歐洲婦女運動，奠下礎石。約翰穆勒 (John Staurt Mill, 1806-1873) 於一八六五年當選議員以後，首先向國會提案給予婦女參政權，可是反應寥落。一八六七年以後，英國婦女組織婦女參政聯合會(National Union of Women's Suffrage Societies)，不斷地宣傳婦女參政運動，請願改正選舉法案。至一八九〇年又出現了婦女社會政治聯合會(Women's Social and Political Union)，以激烈的手段要求婦女參政權，不幸兩個團體的成績俱不出色。

民國三年（一九一四）第一次世界大戰爆發，英國壯丁男子紛紛効命疆場，英國婦女立刻停止參政運動，轉而投入爲國抒難的行列。或駕駛汽車幫助運輸，或從事軍需品製造以裕士兵之需要，或赴戰地救護傷兵，或在本國慰問出征軍人家屬以鼓舞士氣。民國六年（一九一七）美國對德宣戰，美國婦女亦馬上停止參政運動，專心從事於戰時婦女職務，如救護傷患、戰地通訊、進入工廠等等。戰爭期間英、美婦女義勇傑出的表現，贏得男性的尊敬和信賴。民國七年（一九一八）戰爭結束，英國政府便賦予三十歲以上婦女選舉權。次年又頒布男女職業平等法，解除了女性在就業上的限制。到了民國十七年（一九二八）英國婦女終於獲得了和男子完全平等的參政權㈣。美國婦女參政權，也於民國九年（一九二〇）得到全國性的承認。

臺灣民報有關婦女運動的論述中，時常追述歐美婦女運動簡史，每每盛稱英、美婦女自立自強、自助人助的女權運動精神和方式。彭華英「臺灣有婦人的問題嗎？」文中說：

「特別是婦人在大戰的四年半期間，對於社會、國家貢獻很大，而且又非常盡力於戰後的經營。基於上述的理由，英國在一九一八年給予婦人同樣參政的權利」㈤。

玉鵑女士「猛醒吧！黑甜鄉裏的女青年」文中稱頌道：

「歐洲大戰中，女子的不異於男子的活動，大概大家都曉得吧！女子不在男子之下，現在已經被證實了。英國的婦人、德國的婦人，已在一九一八、一九一九年得了選舉權及被選舉權。美國的女子也於一九二〇年得了同男子平等的選舉、被選舉權了」㈥。

「臺灣民報」第一百九十號，頁二，「臺灣的婦女運動今年要展開嗎？」也推崇歐美婦女因為在戰爭中表現傑出，而爭取到參政權。說：

「……尤其是歐洲大戰後的歐美婦女權增大了很多，這當然是她們對於社會、國家有所盡職的結果，也是我們可稱讚的地方。世界大戰後，所謂歐美的婦女運動確實劃成一新紀元。英國婦女的獲得參政權、美國各州獲得參政權的婦女們逐日增加了好多。又最近某國有一位女士卽做過外交大使。這個原由，就是他們有了時代的覺悟。自己認定了存在社會上價值之重大，決不是像男子們惡罵的卑劣、懦怯、依賴、無能為一樣。他們覺醒自己的價值，欲脫離被男子們壓制的社會，就轟轟烈烈地開始各種的婦女運動了。到了大戰後卽大為顯著，成績也最好。」

臺灣民報也時常艷羨歐美婦女運動的成就，並鼓勵臺灣婦女，急起直追，做為努力的目標。「臺灣」第四年第五號，頁七四，「婦人的覺醒」文中曰：

「戰後婦人的發展非常醒目，婦女們像男子一樣加入政界、商界，極為活躍，熱切地努力於實際解決婦女問題。英國的アスタ女士㈦是女性議員，在世界上也享有很高的名望。土耳其共和國國會有五、六十位女議員。又屢次聽說美國州高等法院任用女性推事，今年其外務大臣（按：國務卿）秘書也任用了婦女。同時俄國勞農政府新近任命婦女擔任駐挪威公使。……惟獨臺灣的婦女心甘情願像囚牢般地鎖在家中做婚姻的奴隸嗎？我百餘萬的婦女同胞姊妹們，爲自己也爲下一代醒醒吧！」

劍如「婦人參政運動」中說道：

「如像歐美各國男女皆有平等，女子也有參政權，比喻美國有代議士、也有州的知事、有市長。俄國有婦人做大臣，英國也有代議士。所謂文明的國家，皆有承認女子的能力。……不像我們鬱鬱沉沉沒有一點兒生氣，女子如像木偶像一樣；……希望女子自己也要覺醒起來，開始解放運動啦」㊇。

「臺灣新民報」第三百四十一號，頁一三，「敬告臺灣婦女」中說：

「在婦女參政運動爲今日世界大勢之所趨的情況下，婦女參政爲各國婦女所不能避免，必然要解決的問題。換言之，是世界所承認的潮流，只是時間的遲早和實行的問題而已。……臺灣婦女姊妹們，希望你們瞭解本社的宗旨用心，投下你們純潔的一票，支持我們。」

此外，臺灣民報在談及婦女運動時，也喜歡引述歐美女權運動者，如愛倫凱（Ellen Key）、穆勒等人的理論。由臺灣民報鼓勵婦女政治運動，時常簡介歐美婦運歷史，稱讚歐美婦女運動精神，津津樂道歐美婦女運動的輝煌成果，以提示臺灣婦女猛醒奮起，充分反映出臺灣民報重視婦女運動和歐美女權運動關係非常之密切。

㈡中國婦女運動的啓發

臺灣民報自「臺灣青年」問世以來，就表現出其喚醒漢民族國魂，振奮民族志節，鼓舞民族運動，激勵民權政治，啓發抗日思想的特性。字裏行間，處處表現出孺慕祖國、關心中國事務的情懷。因此中國的革命運動、新文化運動、白話文運動，無不深深的影響臺灣同胞。自然中國的婦女運動，也啓發了臺灣知識份子對婦女運動的關心。

據陳東原「中國婦女生活史」書中認爲：中國婦女生活的轉變，始於甲午戰爭㈨。甲午戰後，男性思想家首先提倡廢除纏足、振興女學。繼之，女子學堂、不纏足會等增進女子智識的團體紛紛出現。到了辛亥革命前後，中國婦女運動已轉由覺醒的婦女本身來領導，不再依賴男性思想家的鼓吹和西方傳教士的督促，而且領導人物也有了強烈的男女平等思想。激烈者，已不再以相夫教子爲滿足，進而要求經濟、參政等各方面的權利㈩。辛亥革命期間，許多婦女參與革命行動，有的利用女性身份的便利從事掩護工作，有的發揮女性溫柔細心的天性以從事醫護工作，有的不讓鬚眉，捐募餉糈、鼓吹宣傳、運輸聯絡，甚至衝鋒陷陣，並有女子軍隊、女子醫護隊、女子勸募團的組織，幾乎各種革命活動都有女子參加。初期多爲知識婦女，辛亥以後，家庭婦女、女學生、女工等都有參加革命的行列㈡。民國元年，上海出現「女子參政同盟」，曾因爭取婦女參政權，上書孫大總統，不滿約法未能訂立男女平等之條文，並有在南京臨時參議院掌擊宋教仁之過激行動㈢。

民國八年五四愛國運動發生，人心振奮，奔騰澎湃。婦女界除參加愛國運動之外，也得到教育機會平等，北京大學、東南大學相繼招收女生。次年，浙江省憲正式列入男女教育費一律平等、廢止納妾等條款。十年，湖南省憲又容納了「湖南女界聯合會」之建議，加入女子參政、男女教育平等、男女職業機會平等、婚姻自主及遺產保管權等條款。另外有王昌國、吳家瑛、周天璞三位女性當選議員。到了民國十一年，婦女運動愈加蓬勃。夏季，在北京同時成立了「女權運動同盟會」和「中國女子參政協進會」。兩團體分別向北京參、衆兩院上書請願，要求在民法內添列女子參政權、教育平等權、女子遺產繼承權、禁止納妾等條款。雖然未獲採納，兩會會員並不稍餒，繼續奮鬥不懈，分派代表到各省組織分會，使婦運轉趨活躍。同年十月，「上海女權運動同盟會」成立，向北京參、衆兩院訴請廢除一切不平等的立法。不久，「四川民權運動女界大同盟」於十二年秋冬之間成立，時值四川草擬省憲，經「四川民權運動女界大同盟」全力爭取，川省憲法終於列入男女教育機會平等、女子參政權、財產繼承權、廢除納妾等條款。十三年一月，中國國民黨第一次全國代表大會發表宣言，其對內政綱第三條已款明白訂定：「確定婦女與男子地位之平等，並扶助其均等的發展。」㊂為中國婦女運動奠定下美好正確的基礎。

臺灣民報時常報導、敍述中國婦女運動進展的實況，並附加評論。如「中國婦女力爭關稅自主」一則新聞中，盛讚「中國婦女近來能眞實愛國矣」㊃。劍如「婦人參政運動」文中稱頌如下：

「我們看中國的婦人參政運動，比日本熱一點。如像廣東婦人參政運動，數千的老少婦人旗鼓堂堂行列市街，大表示威的態度，政府也沒有干涉，任他們主張。所以我們看這個樣子，中國婦人的氣魄，比日本婦人的氣魄還大。將來婦人的參政，恐怕會被中國婦人先實現了」㊄。

王敏川（錫舟）「希望智識階級婦女的奮起」說道：

「至於中國的婦女也非常的進步，像四川女權運動會所出的宣言『我們女子一面參與時局問題的解決，一面無忘我們自身人格的解放運動，纔得於智識上、法律上有男女眞正平等的人格，纔能盡我們解決時局的繼續責任』等話，豈不是大可激勵我們婦女的自覺嗎？然我們臺灣在今日也應該要有這樣的婦女出來活動，方才能助長社會的進步而沒有阻礙哪」㊅。

留學上海大學的臺灣女青年，於「中國婦女運動的狀況——望臺灣同胞快跳出『小姐式婦女運動』的界線」文中則說：

「中國婦女運動的發達，眞是臺灣女同胞所夢想不及的。……中國女子的自覺和努力，也不是我們臺灣『小姐式』的運動所能夠比及的。……中國婦女不但組織了『女子參政協會』、『女權運動同盟』，在各地方運動男女的平等，而且在湖南也曾經有選女省議員、女視學及女縣議員。……不但女學生們出來盡力奔走，最近女工們的熱烈的運動，更是我們臺灣女同胞——不，男同胞也是一樣的——望塵莫及的咧。他們不但開會宣傳，爲各種運動而被縛入監獄，捐軀犧牲的也並不是一次、兩次。在這裏我們就可以看出中國婦女運動是比我們臺灣較爲發達的，有許多的地方是我們所應該注意的」㊆。

「臺灣民報」第一百十五號，頁五，刊登了「國民政府重視女權，行政機關准用女職員」的消息。第一百二十號，頁一一至一二，即有玉鵑「隨感錄」感嘆道：

「中國國民政府令所屬各機關多採用女職員，並令各機關對男女職員須一律平等待遇，這兩項命令也已見諸實行。國民政府上下各機關已經添列上不少的女官吏、女職員了。……可是我們又不能不感受悲哀，當我們想到臺灣女同胞的時候。……願覺悟的女同胞們趕快起來從事於女子的解放運動。」

臺灣民報報導中國婦女運動團體時，往往詳細介紹其宣言、宗旨、組織大綱；對於婦女政治活動也盡量登載宣言、條文，如「中國婦女同志會宣言」、「北京發起中國女界聯合會」、「各界婦女聯合會爲時局告全國婦女書」等等㉖。報導國民政府提倡女權、任用女性公職人員，也都刊載全部令文。此外，許多留學中國的臺灣青年，受到中國婦女運動昂揚的感染，也時常在臺灣民報發表文章，論說其個人對婦女運動的觀點，提出臺灣婦女運動所應採行的方式和策略，其中以留學上海的玉鵑女士最熱心。另外還有旅居上海的若霞女士、留學廈門的張麗雲女士、旅居漳州的戴慧貞女士、留學嶺南的張月澄先生、留學上海南大的淚子、旅居汕頭的抱恨生等等。這些自然會激起臺灣知識份子對婦女運動的關心。

㈢日本本土思潮的影響

臺灣割讓日本統治，臺灣青年為了突破日本統治當局對臺胞教育上的歧視和限制，紛紛渡海到日本留學。這些留學生學成以後，大多返歸家鄉，貢獻鄉里，自然會將其在日本所接受的思想帶回臺灣。何況臺灣民報從民國九年七月十六日創刊發行「臺灣青年」，以迄於民國十六年（昭和二年，一九二七年）發行「臺灣民報」第一百六十六號止，都在日本東京發行。其編輯、執筆亦多為留日青年，故而日本本土的思潮、輿論、婦女運動等，理所當然地會對他們產生巨大強烈的激盪。

日本於中國清同治十一年（明治五年，一八七二年）公布學制後，就積極推行男女平等之義務教育。十三年（明治七年，一八七四年）成立東京女子師範學校。光緒十三年（明治二十年，一八八七年）又設立東京女子護校㉙。到了十六年（明治二十三年，一八九〇年）則頒布了不徵收學費的義務教育令，以便利推行義務教育㉚，使女子深受其惠，智識提高。臺灣知識分子非常羨慕日本女子教育的發達，「臺灣青年」中所談的婦女問題，多集中於女子教育問題。

日本女子教育普及，使日本婦女富於國家意識。奧村五百子在光緒二十七年（明治三十四年，一九〇一年）組織「愛國婦人會」，當日俄戰爭爆發（明治三十七年，一九〇四年）後，該會會員迅速擴展至五十萬人，從事救護傷兵、慰問死難將士家屬等工作㉑。但是日本政府却先後於明治二十三年（一八九〇）及三十三年（一九〇〇）兩次通令禁止婦女參加政治結社、參與政治性之會談、演說及擔任發起人㉒。使得日本婦女參政權受到壓抑。光緒三十三年十一月（明治四十年一月，一九〇八年）福田英子創刊「世界婦人」雜誌，以「喚醒婦人，增進婦女地位」爲宗旨，主張給予婦女自由參政的權利，廢除治安警察法第五條及民、刑法中不利於婦女的條例。同年日本議會開會，福田英子聯合幸德千代子等數百名先進女性，透過議員江原素六向議會請願，要求廢除禁止婦女參加政治結社、會談及演講之法令，未得結果㉓。民國元年（明治四十四年，一九一一年）平塚明子發行「青踏」雜誌，該雜誌雖是文藝性質，其發刊辭却宣稱要求開放女子高等教育，給予婦女參政權及發揮天賦才能之機會㉔。民國八年（大正八年，一九一九年）三月二十八日，組織「新婦人協會」，開始不斷地向議會請願給予婦女參政權。由於世界潮流的不可扼止，加上政友會欲以婦女參政問題爲政爭的工具和吸引民衆的策略，積極支持婦女參政運動，使日本的婦女運動在大正十年及十一年間達到高潮㉕。日本政府終於在民國十一年（大正十一年，一九二二年）正式廢除了治安警察法第五條禁止婦人參與政治結社、會談之法令。十二年（大正十二年，一九二三年）又出現了「婦人參政同盟」，該團體於次年十二月十三日改組爲「婦人參政獲得期成同盟會」，繼續爲爭取婦女選舉權而奮鬥㉖。十四年（大正十四年，一九二五年）五月，日本實業同志會領袖武藤山治的夫人千世子又聯合足立民子、河井八重子等十數名婦女在大阪成立「婦人同治俱樂部」，專致力於政治、教育的普及㉗

。這些都成了臺灣民報要求臺灣婦女奮起的榜樣。彭華英「臺灣有婦人的問題嗎？」說道：

「歐洲大戰結束後，內地上下受到歐美自由思想的影響，現在婦女也非常自覺，向男子要求開放婦女參政權運動，這是天下人已知的事實。去年東京有平塚氏一派的新婦人，組織『新婦人協會』，積極鼓動宣傳伸張女權。……本月臨時議會第一案，就是婦人解放問題，即提出改正不合文明社會、凌辱母體的禁止婦人政治結社之治安警察法第五條。新當選的議員認眞地接受了本提案，而將之列入二十一日的議程之中。……我臺灣雖然只是大海洋中的一座小孤島，這樣的問題不可以提出嗎？正如我們所相信，我們的生活方式和世界文明有關，不能與世界思潮隔離。當然在臺灣遲早也會發生這種問題，這是有識者不能不注意的事」㉖。

錫舟「日本婦人參政運動的活躍」報導評論說：

「六月二十二日日刊報東京婦人市政研究會及婦人聯盟，曩昔嘗有對全國的市部選出代議士，進問婦人參政權的實施期，得多數贊成回答。於近日擬開社招待贊成的多數議員，擇會場於帝國飯店，將大發其議論。似婦人有這樣見識，眞是令人難及。……不知我們臺灣婦女界視這事，却有如何的感想呢？」㉗

「臺灣民報」第七十號，社說，「沒有問題的臺灣婦女界」文中說：

「婦女問題的聲浪已撼遍天涯海角了，爲何這個問題在西洋鬧了幾百年，在中國鬧了十來年，在日本即鬧了幾十年，而獨臺灣却太平無事？而這於我臺灣是幸福呢？抑不幸呢？這樣想來實在不得不悲觀。」

另外「臺灣的婦女運動」文中也論道：

「最近……內地有女子參政權獲得運動，婦人聯合會、主婦會、處女會等婦人團體產生。主張與男子享有同等權利，運動非常積極盛行。本島婦女當然也希望有這個時代的覺醒」㉚。

此外，「普選背後之二問題」譯自於大阪每日新聞；「普選實施與婦女解放問題」一文則譯自衆議院議員星島二郎的時論，「婦人公民權案」爲日人市川生之論著等等㉛。在在表現出日本本土思潮、輿論影響之深厚。

㈣臺灣社會的變遷

臺灣自清咸豐八年（一八五八）天津條約開放通商以來，國際貿易迅速成長，與西方關係日益密切。治基督教長老會傳入臺灣以後，附帶傳入西式教育和醫療制度以及近代化的思想和科學，對臺灣的風俗習慣、生活方式發生了某些程度上的影響。其後沈葆楨巡訪臺灣，創設電信，購置輪船，興建西式砲臺；劉銘傳撫臺，銳意興辦各項新政，修建鐵路，改革稅制、幣制，爲臺灣近代化奠定下良好的基礎。凡此都促使臺灣社會緩進的變化㉜。

甲午戰敗，日本據臺，爲臺灣同胞帶來劇烈變動的感受。這種政治上的變動，深深傷害了臺灣同胞的心靈，不斷地反抗日本帝國主義者的統治。起初用武裝抗暴方式，後期採用政治、社會、文化運動的方式，從事抗日運動。而臺灣民報的鼓吹婦女政治運動，正可視爲宣傳非武裝抗日運動的一環。「臺灣民報」第九十四號，社說，「團體組織的必要」中呼籲道：

「臺灣人也最大多數是弱者，並且過著悲慘的生活。但是臺灣人還不會善用弱者唯一的武器——團結。看！臺灣沒有政治運動團體、勞働運動團體、婦女運動團體。」

紅農稿「婦女解放運動與民族解放運動」中說道：

「在這民族解放運動的怒濤中，我們不僅看見商人的勢力、工人的勢力、農民的勢力，我們而且看見臺灣的婦女亦由數百年的社會壓迫底下翻轉身來，聯合各種革命勢力，爲民族解放運動而奮鬥，同時亦爲自身利益、爲臺灣婦女解放運動而奮鬥了」[23]。

蔡江松「要解放臺灣的婦女，須打破現在結婚制度」文中論說道：

「自歐戰以後，把數百年來在帝國主義下呻吟的弱小民族，……拚命地將他們的重圍打開了一條血路，直向他們的光明前途猛進著。我們的臺灣，受了這種的刺激，這幾年文協、農組工會非常的發達，連久爲禮教束縛的炊事婦，也計較起來」[24]。

日本據臺以後，爲了消滅臺胞民族思想，養成「順良日本臣民」，並爲便利在臺官吏或從事其他公私業務之日本人，溝通臺日人民意見、思想起見，努力推行普通教育[25]。對於臺胞在傳統舊文化下養成的人物，極力壓抑，使其終生抑鬱不伸者甚多[26]。臺灣青年爲了突破日本統治當局在教育上的差別待遇，紛紛往日本、歐美、中國大陸留學。但是這些優秀的留學生學成回臺以後，非但不受重用，反而受到排斥[27]。有能力而無所發揮，不能使其能力獲得滿足的人，往往投身社會運動或願意接受社會運動的宣傳[28]。許多留日學生回國之後，獻身政治、社會、文化運動。而臺灣社會中也存在許多容易接受世界新思潮的因子，同時臺灣女子教育逐漸發達，加上日本有些學校來臺招生，鼓勵臺胞女子入學，提供種種優待條件[29]，使得臺灣留日女生漸漸增多。這些留日女生在日本有了參與婦女參政運動及女子教育制度改革運動的經驗㊵，回到臺灣，便成了臺灣婦女運動的先進㊶，也提醒了臺灣社會各界對婦女運動的重視。

日本治臺諸政策，向以經濟發展爲主。爲配合統治國之需要，乃先要使臺灣成爲日本所需的原料和糧食供應產地，再使臺灣變成日本工業製品的銷售市場，最後再成爲日本過剩資本的投資市場。爲此，日本據臺以後，就積極調查土地林野，統一幣制，建築海港、鐵路，設立金融機關，努力驅除英、美等外商資本，設立臺灣製糖會社壟斷糖業，成立臺北茶市統一作業，實施樟腦專賣。由政府津貼大阪商船會社，開闢對中國大陸與香港航線，獨佔臺灣對外海運和貿易。爲擴張輸出而努力促進各項農產品的大量生產，爲刺激輸入品的銷路，乃積極獎勵農業，以增進消費大衆的購買力。使得臺灣農業、農產加工，如製糖、鳳梨、製茶等食品加工業及煤、金等原料礦業，漸漸興起㊷。加速了臺灣社會變遷的步調。

其他如宣統元年（明治四十一年，一九〇九年）縱貫鐵路的完成，公路里程、脚踏車、汽車、卡車的快速增加，促進各地人們的往來、商業的成長及社會的流動。瘟疫的肅清，瘧疫、結核病的防治，水溝、自來水、垃圾等衞生業務的展開，糞便的處理，屠宰市場、墓地管理、飲食物的檢查，服務業的監督，公立醫院、公醫制度的推行，醫學專門學校的設立，留日學醫青年的大量增加並且回臺開業，以及因爲工業化的結果，將臺灣捲入第一次世界大戰前後的經濟循環中（大戰期中的景氣非凡及戰後的不景氣），深深影響到許多臺灣同胞的家計，使得臺灣同胞的生活發生變化。對於固有傳統文化能下一番檢討，對於新傳入的文化亦有勇氣接受㊸。譬如臺灣婦女放足和男子斷髮運動推行之順利㊹，是爲明證。

女工的增加，也顯示出婦女地位較諸傳統足不出戶的禮教束縛下，有了相當的變化。「臺灣民報」第一百三十五號，頁二至三，「臺灣的婦人運動」談到婦女就業情況如下：

「若論起臺灣的產業，還是屬後進，雖有新式的工場，而其一方面尚有家庭工業。例如帽子（林投製）、揀茶、竹籐、金銀紙（冥紙）、月桃、中國鞋等業，都要依靠家庭婦女生產的。其人數在九萬人以上。……若把現在直接工場內勞働的婦女人數說起來，大正十二年度則有一萬三百九十人。……」

到了民國二十年（昭和六年，一九三一年）臺灣工礦業女工人數到達一萬七千五百二十人；民國二十二年（昭和八年，一九三三年）則突破了二萬人[45]。許多敏感的知識份子，已經意識到婦女地位在改變之中，於是在臺灣民報中，主動地提出婦女運動問題，公開討論，並指引臺灣婦女運動的方向和策略。

三　臺灣民報中有關婦女政治運動之言論

臺灣民報中關於婦女運動的文字，就形式上而言，有論述（社說、專論）、報導（新聞、短評、專題報導）、戲劇、小說、文學批評等格式。就內容而言，涉及非常廣泛：包括參政、教育、財產處分、財產繼承、職業、養女、童養媳、人身買賣、社交、婚姻、聘金、女德等等，林林總總都在討論之列。本文僅就有關婦女政治運動的文字及其觀點討論如下：

㈠臺灣民報中關於婦女政治運動的文字

臺灣民報中有關婦女運動的論述共一百三十三篇，其中「臺灣青年」十三篇、「臺灣」十篇、「臺灣民報」一百零四篇、「臺灣新民報」六篇。內容談及婦女政治運動的論述有四十七篇，「臺灣青年」佔了三篇、「臺灣」兩篇、「臺灣民報」三十九篇、「臺灣新民報」三篇。其篇名、期號、作者列表如下：

有關婦女政治運動之論述	期號	時間	作者	備註
臺灣有婦人的問題嗎？	臺灣青年第一卷第二號	大正九年八月十五日	彭華英	留日青年
男女差別撤廢	臺灣青年第二卷第一號	大正十年一月十五日	黃璞君	臺中
婦人教育的理想	臺灣青年第二卷第一號	大正十年一月十五日	王金海	
婦人的覺醒	臺灣第四年第五號	大正十二年一月一日		
所望於臺灣新婦人者	臺灣第五年第一號	大正十三年四月十日	黃醒民	留日青年 黃呈聰之筆名
婦人參政運動	臺灣民報第一號	大正十二年四月十五日	劍如	留日青年
徹底的婦人解放運動	臺灣民報第三號	大正十二年五月十五日	劍如	
婦人問題	臺灣民報第七號	大正十二年九月一日	王鍾麟	留日青年
女子在社會上應處的地位	臺灣民報第八號	大正十二年十月十五日	呂今吾女士	湖南第一女師
婦人問題（上、下）	臺灣民報第十、第十一號	大正十二年十一月十一日、二十一日	王鍾麟	

女子與漢學的先聲	臺灣民報第十四號	大正十二年十二月二十一日		
我讀民報時事短評欄「女子與漢學的先聲」的一段後	臺灣民報第二卷第二號	大正十三年二月十一日	淚子	上海
女子漢學研究會徵求會員書	臺灣民報第二卷第五號	大正十三年三月二十一日	吳瑣雪	
今後婦人地位的改進	臺灣民報第二卷第十一號	大正十三年六月二十一日	王方淑女士	
婦人的自覺	臺灣民報第二卷第十一號	大正十三年六月二十一日	錫舟	王敏川之筆名留日青年
現代女性觀	臺灣民報第二卷第十九號	大正十三年十月一日	文杞	
普選背後之二問題	臺灣民報第三卷第五號	大正十四年二月十日	大阪每日新聞社說	錫舟譯
希望智識階級婦女的奮起	臺灣民報第三卷第八號	大正十四年三月十一日	錫舟	
普選實施與婦女解放問題	臺灣民報第三卷第十四號	大正十四年五月十一日	星島二郎	日本衆議院議員
沒有問題的臺灣婦女界	臺灣民報第七十號	大正十四年九月十三日	社說	
猛醒吧！黑甜鄉裏的女青年（上、下）	臺灣民報第九十三、九十四號	大正十五年二月十四日、二十一日	玉鵑	留學上海大學女生

團體組織的必要	臺灣民報第九十四號	大正十五年二月二十八日	社說	
臺灣婦女解放運動的先聲	臺灣民報第一百十七號	大正十五年八月八日	社說	
婦女有團結的必要	臺灣民報第一百十八號	大正十五年八月十五日		
隨感錄	臺灣民報第一百二十號	大正十五年八月二十九日	玉鵑	
中國婦女運動的狀況——望臺灣同胞快跳出「小姐式婦女運動」的界線	臺灣民報第一百二十一號	大正十五年九月五日	玉鵑	
一個臺灣女性的幾句話	臺灣民報第一百二十三號	大正十五年十二月十九日	玉鵑	
臺灣的婦人運動	臺灣民報第一百三十五號	大正十五年十二月十二日		
婦女運動的促進和婦女部的設立	臺灣民報第一百三十八號	昭和二年一月二日	玉鵑	
向那一條路？	臺灣民報第一百四十號	昭和二年一月十六日	郭華洲	
婦女運動的認識	臺灣民報第一百四十五號	昭和二年二月二十日	張月澄	留學廣東青年
敬告臺灣婦女	臺灣民報第一百五十八號	昭和二年五月二十二日	戴慧貞	漳州
日本婦人解放運動之經過（上、下）	臺灣民報第一百七十八、第一百七十九號	昭和二年十月十六日、二十三日	湯川盛	

勞働運動及婦人運動	臺灣民報第一百八十九號	昭和三年一月一日	
臺灣的婦女運動今年要展開嗎？	臺灣民報第一百九十號	昭和三年一月八日	
婦女運動者那裏去？須趕快開始運動	臺灣民報第二百零四號	昭和三年四月十五日	
婦選附和與婦女解放	臺灣民報第二百十七號	昭和三年七月十五日	韓石麟
臺灣婦女同胞們的政治、經濟、社會地位	臺灣民報第二百十八號	昭和三年七月二十三日	何芸芳
我們臺灣的婦女解放問題	臺灣民報第二百十九號	昭和三年七月二十九日	蔡敦曜 留日青年
婦女解放運動與民族解放運動	臺灣民報第二百二十號	昭和三年八月五日	紅農稿 廣東
臺灣婦女運動方法的考察	臺灣民報第二百二十一號	昭和三年八月十二日	潘擇祥
要解放臺灣的婦女須打破現在結婚制度	臺灣民報第二百二十二號	昭和三年八月十九日	蔡江松
臺灣婦女運動從那裏做起	臺灣民報第二百二十三號	昭和三年八月二十六日	紅農稿

給臺灣新進婦人的公開狀（上、下）	臺灣民報第二百八十九、第二百九十號	昭和四年十二月一日、八日	張月澄	
婦人解放之聲	臺灣新民報第三百三十七號	昭和五年十一月一日		
敬告臺灣婦女	臺灣新民報第三百四十一號	昭和五年十一月二十九日		
婦人公民權案	臺灣新民報第三百六十二號	昭和六年五月二日	市川生	日人

部分提到婦女問題之論述八篇，其中「臺灣青年」一篇、「臺灣民報」六篇、「臺灣新民報」一篇。談及婦女政治運動者六篇，「臺灣民報」佔了五篇、「臺灣新民報」一篇。茲列表於下：

部分提到婦女政治運動的論述	期號	時間	作者	備註
德模克拉西的實現	臺灣民報第八號	大正十二年十月十五日		
五年來的臺灣	臺灣民報第六十七號	大正十四年八月二十六日	蔡孝乾	
臺灣文化協會報告（下）	臺灣民報第八十號	大正十四年十一月二十二日		本表只標出有關婦女參政運動部分
臺灣解放運動的考察	臺灣民報第一百四十二號	昭和二年一月三十日		

轉換時期的文化運動(二)	臺灣民報第一百四十二號	昭和二年二月六日	蔡孝乾	本表只標出有關婦女參政運動部分
過去十年間臺灣各界的變遷	臺灣新民報第三百二十二號	昭和五年七月十六日		

用報導（包括短評、專題報導）來表達婦女問題的文字共一百三十六則。其中「臺灣民報」佔了一百十七則，「臺灣新民報」有十九則。報導臺灣婦女活動的共七十五則，「臺灣民報」佔了六十一則，「臺灣新民報」有十四則；其中涉及政治活動的有十八則，「臺灣民報」有十三則，「臺灣新民報」有五則。報導中國婦女活動的共三十二則，「臺灣民報」佔了三十則，「臺灣新民報」二則；涉及政治活動的有十三則，全部刊載在「臺灣民報」中。報導日本婦女活動的文字有十則，全部集中於「臺灣民報」，涉及政治運動的有四則。報導世界各國婦女活動的文字共十八則，其中「臺灣民報」佔了十七則，「臺灣新民報」有一則；涉及婦女政治活動的有十二則，「臺灣民報」十一則，「臺灣新民報」一則。茲分別列表如下：

有關臺灣婦女政治活動方面之報導	期號	時間	作者	備註
在東京臺灣人大會	臺灣民報第二號	大正十二年五月一日		
彰化設婦女共勵會	臺灣民報第三卷第七號	大正十四年三月一日		
婦女共勵會第一次例會	臺灣民報第三卷第十號	大正十四年四月一日		

彰化之婦女講習會	臺灣民報第六十八號	大正十四年八月三十日	
編輯餘話	臺灣民報第七十七號	大正十四年十一月一日	
婦女問題大講演	臺灣民報第一百十六號	大正十五年八月一日	
諸羅婦女協進會出現了	臺灣民報第一百十八號	大正十五年八月十五日	附章程
嘉義婦女問題演講會	臺灣民報第一百三十四號	大正十五年十二月五日	
基隆婦女問題講演會	臺灣民報第一百三十五號	大正十五年十二月十二日	
廣州臺灣學生的活動	臺灣民報第一百四十號	昭和二年一月十六日	
農民組合大甲支部大會舉行婦女部發會式	臺灣民報第一百九十九號	昭和三年三月十一日	
大肚婦人問題講演會	臺灣民報第二百號	昭和三年三月十八日	
婦人講演團一行單單就這麼結束了嗎？	臺灣民報第二百九十七號	昭和五年一月二十五日	
女浪人講演傍聽記	臺灣新民報第三百十號	昭和五年四月二十九日	日本激進婦人北村兼子講演

婦人智識階級團結——臺中婦人親睦會成立	臺灣新民報第三百三十三號	昭和五年十月四日		
於五一節當日鳳山妓女被檢束	臺灣新民報第三百六十四號	昭和六年五月十六日		妓女與農民組合鬥士往來
婦女青年會長爲何不許公選	臺灣新民報第三百六十九號	昭和六年六月二十日		
一新會發會式在青年會館婦女亦參加	臺灣新民報第四百零八號	昭和七年三月二十六日		

有關中國婦女政治運動之報導	期號	時間	作者	備註
女子參政協進會之緊急會	臺灣民報第四號	大正十二年七月十五日		
中國的婦女同志會宣言	臺灣民報第二卷第十二號	大正十三年七月一日		
北京發起中國女界聯合會	臺灣民報第三卷第十四號	大正十四年五月十一日		
青樓女子亦哭孫先生	臺灣民報第三卷第十七號	大正十四年六月十一日		
中國婦女會力爭關稅自主	臺灣民報第七十八號	大正十四年十一月八日		

各界婦女聯合會爲時局告全國婦女書	臺灣民報第八十五號	大正十四年十二月二十七日		附宣言、章程
瓊崖婦女之解放運動	臺灣民報第八十八號	大正十五年一月十七日		
中國女子參政協進會	臺灣民報第一百零一號	大正十五年四月十八日		
粵省婦女界贊助召集全國婦女會	臺灣民報第一百十三號	大正十五年七月十一日		
國民政府重視女權——行政機關准用女職員	臺灣民報第一百十五號	大正十五年七月二十五日		
革命軍中之娘子軍	臺灣民報第一百二十六號	大正十五年十月十日		
中國各地婦女節狀況	臺灣民報第一百五十二號	昭和二年四月十日		
中國革命與婦人（廖夢醒女士談）	臺灣民報第一百八十三號	昭和二年十一月二十日		

有關日本婦女政治活動之報導	期　號	時　間	作　者	備　註
日本婦人參政運動的活躍	臺灣民報第二卷第十三號	大正十三年七月二十一日	錫　舟	

婦人參政的問題	臺灣民報第三卷第二號	大正十四年一月十一日		
衆議院委員會可決婦人參政案	臺灣民報第三卷第十二號	大正十四年四月二十一日		
婦人同志俱樂部成立	臺灣民報第三卷第十六號			關西女子政治團體

有關世界各國婦女政治活動之報導	期號	時間	作者	備註
意國衆議院提出女子行政選舉	臺灣民報第八號	大正十二年十月十五日		
英國下院擴張婦人參政權	臺灣民報第二卷第五號	大正十三年三月二十一日		
國際無產婦人紀念日	臺灣民報第二卷第五號	大正十三年三月二十一日		
英國勞働黨內閣和婦人次官	臺灣民報第二卷第六號	大正十三年四月十一日		
英國婦人議員的增加	臺灣民報第二卷第六號	大正十三年四月十一日		
土耳其的婦人大臣	臺灣民報第二卷第六號	大正十三年四月十一日		

美國第一候補副總統	臺灣民報第二卷第二十三號	大正十三年十一月十一日		
英國婦女界之大規模的示威運動	臺灣民報第一百二十號	大正十五年八月二十九日		
將超過男子地位，英國之女權	臺灣民報第一百八十號	昭和二年十月三十日		
俄國革命紀念將使全國男女入黨	臺灣民報第一百八十三號	昭和二年十一月二十日		
英勞働內閣成立，閣員概爲勞働者出身，任用女大臣爲世界新紀錄	臺灣民報第二百六十五號	昭和四年六月十六日		
印度婦女參加非武力反抗，甘地夫人爲引率者	臺灣新民報第三百零七號	昭和五年四月五日		

以小說、戲劇方式表達婦女問題之篇章，共十三篇。和政治有關者兩篇，一是「臺娘悲史」，一是「巾幗英雄」，兩篇俱登載於「臺灣民報」㊻。以文學批評方式來表達婦女問題者共五篇，皆未涉及婦女政治問題。

綜觀上述，我們知道臺灣民報四個時期（即「臺灣青年」、「臺灣」、「臺灣民報」、「臺灣新民報」）中，以「臺灣民報」所發表有關婦女問題的文字最多。與臺灣婦女運動相對照，臺灣婦女運動最熱烈蓬勃的時期是民國十四年到十六年之間（大正十四年到昭和二年），可以明顯地反映出臺灣民報鼓吹婦女運動，對臺灣婦女界發生了相當肯定性的影響。

㈡臺灣民報對婦女政治運動的主張

由於臺灣政治環境特殊，臺灣民報並不鼓勵臺灣婦女要求參政。並且明白地指出臺灣同胞無論男女，都處在帝國主義的壓迫之下，沒有參政的可能。郭華洲「向那一條路？」中說道：

「老實說一句，現在臺人有沒有參政權？男也沒有，女也沒有」㊼。

何芸芳「臺灣婦女同胞的政治、經濟、社會地位」文中說：

「現在我們臺灣不但是女子沒有參政權於政治方面，就是所謂堂堂的男子亦同樣沒得參政權，所以在臺灣的我們男女同胞，確實沒有參政權」㊽。

張月澄「給臺灣新進婦人的公開狀」中說道：

「如同我這個被稱『同志』的人，與臺灣一般婦女在思想上、政治上、經濟上來說，恐怕是處於同樣的情況」㊾。

所以臺灣民報主張臺灣婦女政治運動必須要以奮起抵抗帝國主義的侵略爲最後宗旨。「臺灣民報」第一百十八號，頁四，「婦女們有團結的必要」文中論道：

「但是有人說，我們臺灣社會，男女尚不能夠和他民族立在同等地位，女子們要求什麼？……我們臺灣人的地位，雖然是比較低，若我們民衆不論男子，齊自覺起來，即就可以抵抗那不道德的強權之徒輩。……帝國主義已經不能使人類享受幸福，民衆惟一熱烈的要求，就是民衆政治的實現。而勞働者的解放，就是實現民衆政治的捷徑方法。」

紅農稿「婦女解放運動與民族解放運動」中云：

「××主義一日不消亡，民族亦無解放之可能。而婦女在全民族未達解放之前，是絕不能得到澈底解放的。所以現在之所謂婦女運動決不是狹義的『性』的戰爭，也不是澈底的參政運動。……臺灣婦女解放運動應努力於政治的革命，而不努力於甚麼男女的同權」(五〇)。

爲了達到政治運動的目的，臺灣民報鼓勵臺灣覺醒的知識婦女，結合同志，組織巨大有力的團體，從事活動。黃醒民「所望於新臺灣婦女者」文中說道：

「像這樣的水平運動，並非少數人力量所能完成，需要團體力量始能達成。臺灣有自覺的女性並非沒有，然而數量太少，不成力量。所以少數的自覺分子，做好先覺，來引導境遇相同的人。在這種情況下，新臺灣婦女的責任是很大的」(五一)。

張月澄「婦女運動的認識」中呼籲道：

「臺灣的女同胞呵！你們要發展你們的革命精神，提倡婦女解放運動。你們要一致團結起來，爲你們自身的利益而做猛烈的社會工作。你們要加倍努力，組織大規模、普遍的、有力量的團體。在最短的期間，促成你們解放的成功」(五二)。

臺灣民報不但主張婦女組織團體，而且堅持此團體之組織必須出於自動自發，不可受日本統治當局的操縱。對於「彰化婦女共勵會」及「諸羅婦女協進會」的設立，讚不絕口，給予極高的評價[33]。對日本統治當局壓抑彰化婦女共勵會的行動[34]，及女教員會由日本主管當局組成，則予斥責[35]。更利用戲劇「巾幗英雄」中，借女主角之口大罵日本校長不該控制校友會[36]。

婦女團體成立以後，則應當在全臺各地設立支部，彼此相通。一方面設立讀書會或研究會、講習會等等，購置新書籍、新雜誌以供會員閱覽，有時召集會員互相討論，有時延聘對於婦女問題有研究的人士專題演講，以充實教育自己。一方面組織講演團、劇團、活動寫眞隊，巡迴各地，以灌輸一般婦女智識。尤其是需要向女學生及女工運動，使其奮起。「臺灣民報」第一百十八號，頁五，「婦女有團結的必要」中說：

「我們臺灣婦女，若得組織很有鞏固的團體，更常向各處開講演會，或講習會，就可喚醒了一部分的有智識而沒有勇氣的婦女。若再講究普遍的和永遠的婦女教育方法，來灌輸平民婦女的智識，就連一般沒有受教育的婦女，也得受其感化，奮起做有人格的婦女了。」

玉鵑「一個臺灣女性的幾句話」云：

「我們極希望各地方的覺醒者，趕快聯絡起來，在各地設各地的婦女團體。又須於最短的時間中，努力建設全臺的團體。在我們這樣的團體中，一方面要教育我們的自身，一方面又須叫醒最大多數的女同胞。我們須設讀書會或研究會、講習會等等，購置新書籍、新雜誌，以供會員的閱覽。有時召集會員互相論究，有時請對於婦女問題有研究的人士講演。……我們又須向大部分的可憐的女同胞做極普遍的宣傳。……我們不但要注意女學生，我們尤須注意女工及各種最受壓迫的女性」[37]。

潘擇祥「臺灣婦女運動方法的一考察」中說道：

「最重要的就是女性自身以有覺醒的婦女知識階級做中心，糾合同志，組織巨大有力的團體。那時利用團體的力，在積極方面，開讀書會、體育會、講演會……以促進婦女智識發達。……消極方面，就要組織講演、劇團、活動寫眞隊巡廻各地」(五八)。

紅農稿「臺灣婦女運動從那裏作起」則說：

「我們現在能替他們組織的就是㈠受過普通教育的家庭婦女，㈡學校的女學生，㈢工廠裏的女工。……臺灣的女子，無論那一種女子，都缺乏正當的組織，我們當要分別他們的地位、情形，努力工作」(五九)。

臺灣民報還呼籲、勸導智識階級的婦女，出來講演(六〇)。對劉英、廖秋桂及諸羅婦女協進會許碧珊、黃文、黃秀文諸位女士登臺演講，都報以熱烈的讚美(六一)。

爲了加強婦女從事政治運動的能力，則一方面希望加強婦女政治教育，使婦女關心社會事實及政治問題；一面要求婦女努力研讀有系統的社會問題書籍，否則無從在政壇、社會上立足。王金海「婦人教育的理想」說：

「今日臺灣婦人能讀上三面報紙，注意世界上發生的重要大事的是很少的了。例如，很少婦人知道日美新協約所談何事？國際聯盟會議的內容是什麼？……婦人不必要接受政治教育是錯誤的議論。正如政治家們所標榜的，政治惟一的目的是改善國民的生活。政治就是如何提升國民的生活，而我們生活中許多事務和政治有關，砂糖稅變更直接影響日常生活，臺灣米的禁運、解禁都會影響到主婦的預算。……現在婦女實在缺乏經濟、政治的思想。……政治在生活中如此重要，婦人們確有注意的必要」[六二]。

王敏川「希望智識階級婦女的奮起」，文中呼籲婦女們要研究社會動態，才能爲社會服務。

「現在我要以滿懷的敬意，對於智識階級的婦女，提出左記的希望。(1)希望對於社會的狀態，時時下一番切實的研究。因爲有研究到明白的時候，就能有自覺，就能出社會分擔貢獻。……(4)宜有研究的精神。因爲學問是一切的基礎，若無學問，徒有熱心來做事，是不能急速奏效的。(5)更要關心政治，對於政治上有缺陷，能知所改革，於民衆生活也大有裨益」[六三]。

「臺灣民報」第一百十七號，社說「臺灣婦女解放運動的先聲」中論曰：

「又盼望婦女們，自去組讀書會，多讀些關於社會問題的有系統的書刊，研究些對付現社會的實際問題，以期思想的革新。」

另外還要求婦女們充分考察研究各國婦女運動史，瞭解其學說和運動的戰略和手段，作爲參考資料，並愼重研究臺灣婦女運動進行的方式和如何促進大衆的運動[六四]。

除了學習社會、政治各方面的知識，婦女們還要鍛鍊強健的體格、充沛的精神。這樣才能擔負起艱勞的政治運動。王方淑「今後婦人地位的改進」文中說：

「所以我主張我們亞洲婦女，效法歐洲婦女，先謀道德的修養、知能的啓發和體格的鍛鍊。……依一定的步驟，努力向我們認定的目標前進——前進」[六五]。

「臺灣民報」第一百十七號，社說「臺灣婦女運動的先聲」中曰：

「活潑的精神、強健的身體。……希望婦女們注意體育，獎勵適合於女子的各種運動，以造就爲社會耐得勞苦的體軀才好。」

蘇維霖「我的婦人觀」中說：

「訓練體育，……婦女被征服了幾千年了，體力不能發達。現在第一要務，就是同自然時常接觸，訓練精神、肉體，做奮鬥的基礎」(六六)。

「臺灣民報」第一百九十號，頁二，「臺灣婦女運動今年要展開嗎？」坦率承認以往婦女運動失敗的原因之一，就是婦女們的精神、體力不足，因此要訓練體力和精神。

「所謂能力不足，就是訓練精神缺乏，氣力缺少，應該補充能力的滿足。」

同時，婦女還要就業，一方面爲社會服務，吸取社會經驗，一方面求得經濟獨立。舊式婦女由於經濟不能獨立，只好蟄伏家中，與社會隔離。和社會絕緣的結果，使得受過教育的婦女不能活用其知識，又無法接受新知識，以致才智日低，也就無法從事各項政治、社會運動了。「臺灣的婦女運動今年要展開嗎？」明白指出，過去臺灣婦女運動失敗的第一個原因，就是婦女們經濟不獨立。

「臺灣婦女運動失敗的總原因，是係她們經濟不獨立。……所謂經濟不獨立，應該謀經濟的獨立。除學校外，宜須爲職業婦女」(六七)。

「臺灣民報」第一百二十九號，頁三，「婦女生計問題」也做了同樣的表示：

「而推想至今的婦女運動，沒有可誇的成績，……一部分也可以說是由婦女自己的生計的窮困所致了。因爲大多數的婦女沒有獨立的能力可以謀生，所以僅蟄伏在保守的家庭，沒有敢去活動於社會。……現在受過教育的人物，雖有想營求職業以自主，但現在的社會並沒有甚麼人肯替他們打算，所以連這少數的智識階級婦女，也不得不告失業了。」

黃石輝「婦女解放與社會前途」文中論道：

「原來婦女們受了經濟的束縛，已失去了活動的後盾，所以他們雖是不願意和社會絕緣，亦不得不含忍着而和社會絕緣了。……婦女們既和社會絕緣，那麼他們所得來的不過是學校裏頭那些死板的東西罷了。……所以我們要望婦女們能夠在社會上活動，取經濟的解放」㊅。

玉鵑女士「隨感錄」中非常羨慕中國政府對婦女開放公職。韓石麟「婦選附與和婦女解放」文中也很希望臺灣婦女能夠出任公職㊅。但是在臺灣的政治環境之下，各機關學校的公職、教師、首長、重要職位絕大多數是日本人㊇，臺灣男子尚且很難出任公職，何況是女子呢?所以只有不斷呼籲要求開放電報、電信局、郵政局、銀行、醫院、學校、圖書館等適合女子天性的職業了㊆。

臺灣婦女要從事政治運動，除了需具備政治、社會方面的學識，耐得勞苦的體力，獨立的經濟和組織巨大有力的團體之外，最後臺灣民報還提醒臺灣婦女，從事政治運動，必須和男子合作，才有前途。「臺灣民報」第一百四十二號，頁二，「臺灣解放運動的考察」中說：

「現在臺灣的解放運動，雖然有種種的形式。但是勿論婦女、無產者、有產者，都有一層共通的解放運動存在。就是在異民族的差別統治之下，全臺灣人都是站在被壓迫的地位。所以雖然有男女貧富之別，總是在這特別事情下的共同的解放運動，總要一致團結才是。」

玉鵑「婦女運動的促進與婦女部的設立」文中說道：

「我們曉得，在現在的社會中，婦女和大多數的同胞是被壓迫在同一壓迫物之下的，所以咱們的解放運動是應該一致的。……婦女們若非和被壓迫的男同胞聯起來，做共同的工作，即不但男子不能解放出來，女子也同樣的不能躍出生地獄」[72]。

潘擇祥「臺灣婦女運動方法中的考察」建議說：

「因為吾們臺灣婦女同胞，現在的境遇，一是與男性同樣被踏在××主義的鐵馬蹄下，不免說是翻不動的。……就是援助男性政治、社會、經濟各種運動。因為男性同胞能得解放，就是女性同胞能夠解放的前提啦」[73]。

四　結論

第一次世界大戰，促成俄、德、奧、土世界四大古老帝國的解體，民主共和制度代之而興，民族思潮瀰漫全球，而婦女參政運動也夾雜在這股潮流中，衝向世界各個角落。臺灣雖是海中孤島，並且在異族統治之下，也不免受到這股潮流的衝激，加上中國文化和日本輿論的影響，本身的社會變遷，而對婦女運動發生興趣。臺灣民報乃發表了一連串有關婦女問題的文字。由以上的討論，我們可以得到下列三點結論：

一、臺灣民報不斷地發表婦女運動的社說、專論和報導，鼓勵臺灣婦女奮起運動，指導臺灣婦女運動的策略和方針，促成了臺灣婦女的覺醒。民國十三年（大正十三年，一九二四年）至十六年間（昭和二年，一九二七年）臺灣婦女團體之成立（婦女漢文研習會、彰化婦女勵志會、諸羅婦女協進會）與婦女活動之蓬勃璀燦，不能不視爲臺灣民報鼓吹的效果。

二、臺灣志士鑒於臺灣環境的特殊，爲了鼓勵婦女一起參與抗日行列，而鼓勵婦女運動，並且指示臺灣婦女，必須以抵抗帝國主義做爲婦女運動的終極目標。這種結合民族主義和民主主義的婦女運動，以及臺灣民報宣傳鼓吹臺灣婦女運動的行爲，都可以視爲臺灣同胞非武裝抗日行動的一環。

三、婦女政治運動必須在民族主義的旗幟下進行，才有結果。也就是說只有在自己國家的保護之下，才有希望，否則一切都是鏡花水月。臺灣婦女運動在臺灣民報的宣傳鼓吹之下，一度呈現光明燦爛的景象。不久就如同其他的臺灣社會運動，受到日本統治當局的檢束壓制而沉寂了。但是無可否認的，臺灣民報不斷地鼓吹婦女運動，爲本省婦女奠下良好的基礎。光復後本省婦女能夠順利快速地接受、使用參政權，臺灣民報當年鼓吹婦女運動功不可沒。

註釋

㈠ 葉榮鐘等七人著：臺灣民族運動史，頁二八一。自立晚報叢書編輯委員會，民國六十年九月初版。
㈡ 劉在銓：「我國現行女工福利制度之研究」，頁五—八，論文，未刊本。
㈢ 方瑩：「女權運動的起源」，「中華婦女雜誌」一卷四期。見皮以書：中國婦女運動，頁二，婦聯畫刊社，民國六十二年一月初版。
㈣ 頌華：「英國婦女參政權之擴張」。見「東方雜誌」，第二十五卷第二十號，頁一五一—一六〇。
㈤ 原題是：「臺灣に婦人問題がめるか？」，見「臺灣青年」，第一卷第二號，頁六二。

⑥「臺灣民報」，第九十三號，頁一二。

⑦アスタ女士即Lady Astor，英國第一位女性國會議員。

⑧「臺灣民報」，第一號，頁一一。

⑨陳東原：中國婦女生活史，頁三一五，臺灣商務印書館，民國五十九年臺三版。

⑩鮑家麟：「辛亥革命時期的婦女思潮（一八九八—一九一一）」，中華學報，第一卷第一期，頁一一七。

⑪林維紅：「同盟會時代女革命志士的活動（一九〇五—一九一二）」，中華學報，第二卷第二期，頁一六八—九。

⑫談社英：婦運四十年，頁四，自印本。

⑬「革命文獻」，第八輯，頁三九，中國國民黨黨史編纂委員會，民國四十四年三月出版。

⑭「臺灣民報」，第七十八號，頁五。

⑮「臺灣民報」，第一號，頁一一。

⑯「臺灣民報」，第三卷第八號，頁一一。

⑰「臺灣民報」，第一百二十一號，頁一二。

⑱「臺灣民報」，第二卷第十二號，頁一一；「臺灣民報」第三卷第十四號，頁四；「臺灣民報」第八十五號，頁一三。

⑲「一億人の昭和史，日本人1，三代の女たち上，明治、大正編」，頁二五七，每日新聞社，一九八一年，二月版。

⑳王家通：「義務教育篇」，見劉焜輝編著：日本現行教育制度，頁一五二，臺灣商務印書館，民國六十年初版。及陳水逢：日本近代史，中華學術院日本研究所，民國五十七年五月初版。

㉑前引書「一億人の昭和史」，頁二四一。

㉒前引書「一億人の昭和史」，頁二五六—七；及「中國新女界雜誌」，第二號，頁一〇五，臺北幼獅書店重刊本，民國六十六年二月版。

㉓「中國新女界雜誌」，第二號，頁一〇六及一三四；又見前引書「一億人の昭和史」，頁一二六。

㉔前引「一億人の昭和史」，頁二四二；及陳水逢：日本近代史，頁四七四。

㉕ 湯川盛「日本婦女解放運動の經過」，見「臺灣民報」，第一百七十八號，頁一二；及韓石麟「婦選附與和婦女解放」引用藤田進一郎的評論，見「臺灣民報」，第二百十七號，頁一〇。

㉖ 前引書「一億人の昭和史」，頁二五六。

㉗ 「臺灣民報」，第三卷第十六號，頁四，「婦人同志俱樂部成立」。

㉘ 「臺灣青年」，第一卷第二號，頁六三。

㉙ 「臺灣民報」，第二卷第十三號，頁一〇—一一。

㉚ 原題是「臺灣の婦女運動」，「臺灣民報」，第一百八十八號，頁一〇。

㉛ 「臺灣民報」，第三卷第五號，頁六—七；「臺灣民報」，第三卷第十四號，頁七；「臺灣新民報」，第三百六十二號，頁一四。

㉜ 林衡道「臺灣近代化的開端」及賴永祥「基督教的傳播與臺灣的現代化」，上兩文俱見「臺灣研究研討會紀錄續集」頁一—二，臺灣大學文學院考古系，民國五十七年五月出版。

㉝ 「臺灣民報」，第二百二十號，頁八。

㉞ 「臺灣民報」，第二百二十二號，頁八。

㉟ 陳三郎：「日據時期臺灣的留日學生」（上），頁八，論文，未刊本。

㊱ 矢內原忠雄：日本帝國主義下之臺灣，陳茂源譯，頁一七六，臺灣省文獻會，民國四十一年六月版。

㊲ 「臺灣民報」，第七十三號，頁二，「人才的舉用策如何？」

㊳ 李長貴：社會運動學，大林出版社，民國六十八年十月版，頁一九。

㊴ 「臺灣青年」，第一卷，第二號，頁一〇—一二，日本清和女塾塾長山東泰「敬呈欲來京勉學之臺灣女子及其雙親各位」和「臺灣新民報」，第三百五十三號，頁五，「共愛女學招生歡迎臺灣女子入學」。

㊵ 見「臺灣民報」，第三卷第十四號，頁四，「世界要聞」。

㊶ 前引書「日據時期臺灣的留日學生」上，頁八〇。

(42) 張宗漢：光復前臺灣之工業化，頁二〇—二一，聯經出版社，民國六十九年五月版。

(43) 陳紹馨：臺灣的人口變遷與社會變遷，頁一〇七—一二五，聯經出版社，民國七十一年一月二版。

(44) 黃得時：「天然足會與斷髮不改裝運動」，見前引書「臺灣研究研討會紀錄續集」，頁四—六。

(45) 前引書，光復前臺灣之工業化，頁二二六。

(46) 「臺灣民報」，第二卷第二號，頁一五—一六及「臺灣民報」第二百十一號，頁九，和二百十二號，頁八。

(47) 「臺灣民報」，第一百四十號，頁一一。

(48) 「臺灣民報」，第二百十八號，頁九。

(49) 原題是「臺灣新進婦人への公開狀」，「臺灣民報」，第二百八十九號，頁一二。

(50) 「臺灣民報」，第二百二十號，頁八。

(51) 原題是「新臺灣婦人に望む」，「臺灣」，第五年第一號，頁五九。

(52) 「臺灣民報」，第一百四十五號，頁一一。

(53) 「臺灣民報」，第三卷第八號，頁一一，「希望知識階級婦女的奮起」；第一百二十三號，頁一二，「一個臺灣女性的幾句話」；第三卷第七號，頁六，「彰化設婦女共勵會」；第一百十八號，頁一三—一四，「諸羅婦女協進會出現了」。

(54) 「臺灣民報」，第三卷第十四號，頁九。

(55) 「臺灣民報」，第九十號，頁九。

(56) 「臺灣民報」，第二百十二號，頁八。

(57) 「臺灣民報」，第一百二十三號，頁一二。

(58) 「臺灣民報」，第二百二十一號，頁八。

(59) 「臺灣民報」，第二百二十三號，頁八。

(60) 「臺灣民報」，第七十七號，頁一二。

(61) 見「臺灣民報」，第一百十六號，頁九，「婦女問題大講演」；第一百十七號，頁八，「通霄大甲的婦女講演」；第一百十八號，頁一三，「諸羅婦女協進會出現了」；第一百二十三號，頁一二，「一個臺灣女性的幾句話」；第一百二十六號，頁八，「諸羅婦女懇親會」等篇。

(62) 「臺灣青年」，第二卷第一號，頁五八—五九。

(63) 「臺灣民報」，第三卷第八號，頁一一。

(64) 見「臺灣民報」，第一百九十號，頁二，「臺灣的婦女運動今年要展開嗎？」及第二百零四號，頁二，「婦女運動者那裏去，須趕快開始活動了」。

(65) 「臺灣民報」，第二卷第十一號，頁八。

(66) 「臺灣民報」，第二卷第十七號，頁一一。按：蘇維霖即蘇薌雨。

(67) 「臺灣民報」第一百九十號，頁二，「臺灣的婦女運動今年要展開嗎？」

(68) 「臺灣民報」，第一百四十號，頁一〇至一二。

(69) 「臺灣民報」，第一百二十號，頁一一—一二及第二百十七號，頁一〇。

(70) 王詩琅「臺灣史論」，見王詩琅著，張良譯編：王詩琅全集，卷四，下編，「政治上的差別待遇」，頁一五一，德馨室出版社，民國六十八年出版。

(71) 「臺灣民報」，第三號，頁一〇，「女子職業問題」；第一百二十九號，頁四，「婦女生計問題」；第二百十九號，頁八，蔡敦曜：「我們臺灣婦女解放問題」。

(72) 「臺灣民報」，第一百三十八號，頁一五。

(73) 「臺灣民報」，第二百二十一號，頁八。

（中華民國歷史與文化學術討論會，七十三年五月）

辛亥革命與知識婦女

戚世皓

一九一一年十月九日夜武昌新軍開鎗發難。雖然準備並未完全，連孫中山先生也認爲成功出於意外，但這次的鎗聲，畢竟推翻了中國數千年來的帝制政體，建立了中華民國。政治上的成功，實在是空前。隨着政體的改變，社會經濟狀況也發生改變，或者當更正確地說，自從一八九五年到一九一三年，十餘年間，中國的社會與政局，不斷地在動盪中。辛亥革命成功以後，諸如民主思想、共和政體、現代軍制、現代教育、興辦工商業、發展輿論等新觀念，混入了中國文化的潮流；逐漸受到知識階級與廣大群衆的吸收，造成不再能回復到禮教、傳統至上的社會。這是個巨大的社會革命，數位學者認爲這也是辛亥革命的偉大成就。它是中國二十世紀革命的第一高潮，一波一波地推動守舊的中國社會，走向更是民主平等、更加工業化和現代化的目標㈠。佔有全國人口一半的婦女，當然受到這巨大潮流的影響。本文的主題，即涉及辛亥期間，婦女參與的革命活動，以及在這社會革命中出現的幾位特出的知識婦女。

清末社會經濟的變動，對婦女平權影響很大的，可說是新紳士或新知識份子的出現，以及有資產階級——買辦、工、商業資本家、商人——的抬頭。一九〇五年廢科舉以後，社會上最有地位的人士不再是進士、舉人。即是這些官紳，也開始吸收新學識，加入新紳商的陣容。他們站在革新的領導地位上，選擇了一些西方思想，改變了一些傳統習俗。他們有經濟力量送女兒上學，緩性地改變社會，提高了女子的地位。參與辛亥革命的極少女子，知識程度比一般人高。直接地或間接地，紳商階級多少與基督教有些接觸，受到它的影響。基督教會對傳佈科學知識、提倡男女平等、創辦女校等的功績，是不可埋沒的。

當時激進的女權運動者，如「女界鐘」的作者金一，主張女子當享受下列的權利：㈠入學的權利。㈡交友的權利。㈢營業的權利。㈣掌握財產的權利。㈤出入自由的權利。㈥婚姻自由的權利。㈦參政的權利㊁。但是辛亥革命的前後，較有成果的僅是天足運動和興女學。

天足會(The Natural Feet Society)

在十九世紀下半葉，基督教傳教士卽積極提倡天足。他們視纏足爲有損健康的奇風異俗，不合情理，且違反上帝愛人之道。第一個天足會在一八七四年出現於厦門，爲倫敦傳教會(London Mission Society)的牧師約翰・麥克高望(Rev. John MacGowan)所組織；參加該會的有六十多名的女工，會上決定作全國性的宣傳。厦門另有位葉牧師，作「戒纏足論」，登在一八七八——一八七九年第十一卷的「萬國公報」上。其他地區的傳教士也努力推動天足運動㊂。據稱康有爲曾於一八八二年謀創不纏足會於廣東，但至一八九四年才組成。維新人士反對纏足，因覺得不纏足是強種強國的起點；所以女子的健康與國運有密切的關係。湖南紳士反對纏足一文，說得針針見血：

「夫今日之急務，必咸曰富家富國以新氣象，強種繁種以固其本。而不禁纏足，終無起點之術。何者？天生一人，卽有一職業以令自養，今二萬萬女子，嗷然待哺，重困男子，生計艱窘。家旣如此，國亦隨之。古者先王之治天下也，地無餘利，民無餘力。今蠶桑不興，地利荒矣。婦女失業，民力惰矣。若使舒其趾，鉅其足，則執業之人，可增一倍。土產物宜，各處稅務，亦增一倍。此利益之大何如也。……然此事猶小，若強種繁種之說，則實關人類之絕續，尤可憂危之極矣。聞西人強種之法，必令婦人皆習體操，而然其子膚革充盈，筋力雄健。今中國舉步難蹇，滯其血輪，故婦人多產難，生子多羸瘠。致令舉國之人潛消暗蝕。況加以貧夫難活其妻，恆多不娶，生聚失道，不堪問矣」㈣。

梁啓超（一八七三—一九二九）以不纏足為興女學的大前提。一八九六（光緒二十二）年在「時務報」發表的「變法通議」中女學章以「婦女不學為天下積弱之本，而纏足一日不變，則女學一日不立。」同年，維新派領導的戒纏足總會在上海成立，章程上說明入會者所生女子，不得纏足，凡入會者所生男子，不得娶纏足之女；慈禧太后也在一九〇二年下詔廢纏足，沿海及沿長江各省熱烈響應㈤。據說一時放足及不纏足者數百萬人。辛亥期間得上新學堂的女子，多半未纏足或是放足的。

興女學

興女學向為基督教傳教士的工作重心。來華傳教士常痛惜中國女子文盲衆多，可能二、三千女子中只有一、二個人稍識幾字，他們並認為卽是書香之家，因為女子不能參加科舉的緣故，女子在家塾求學，也好似兒戲。她們念的不過是幾篇女經，和些佛教經文㈥。祇有極少數天賦較高的女子，下了很大的決心，努力在家塾與男子親戚一起切磋之後，才是能詩能文。在十九世紀末葉之前，國人沒有開辦女子學校，所以女子求學的機會，也極其有限。

中國第一所女學堂，是由英國基督教婦女組織的東方女子教育協進社（Society for Promoting Female Education in the East）在一八四四年開設於浙江寧波㈦。一八五九年，美國的美以美派在福州開設一神學院。一八六五年，裨治文女士（Miss Eliza Bridgman）在北京開女校；此校日後併入燕京大學，開女子高等教育之先聲。一八八九年，中西女塾在上海招生㈧。其他在中等城市的教會，多半設有小學。至一九〇二年，教會學校女生的數目，達到四千三百七十三人，其中三千五百〇九人爲高等女學堂的學生㈨。

基督教會興學的目的，首先爲傳教，初期的女學堂，多設備簡陋，程度低淺，良家女子，不願過問；只有窮而不可謀生的家庭，接受了教士的禮物或津貼以後，才肯把女孩子送入教會學堂。外人不僅免費供給書籍、文具，並且供給衣着糧食㈩。傳教士也收留孤女或被遺棄的女孩。美國司徒雷登大使的母親，曾在一八七〇年代在此類學堂任教。她說學生並其家長，必須接受兩個條件：㈠女子不許纏足。㈡如家長代她們定婚，校方如不滿意，學校有拒絕的權柄㈡。教會學校的質與量，不斷提高，至辛亥革命前夕，教會學校所授的英文、數學、科學，頗受有志求學女士的歡迎。有些教會學校有貴族學校之譽，但他們的目標與方針，被當時政府當局及社會人士所接受。中西女塾在「萬國公報」的招生廣告，卽強調有知識的賢妻良母的價值：

「女子之爲學，豈不重哉！夫女而所適不得其人，其害不過一身而止，所娶若非良淑，則害且及於三世。蓋上而翁姑，中而夫婿，下而子女，均受其累。主中饋，事事咸賴其擘畫，而顧可不學無術之身處之乎？今（美國牧師林樂知）先生與（海淑德）監督，仰休上天與人善之意，創此盛舉，尤願明理之士，知女教之不可廢，凡有幼女俱令來塾讀書，此日能爲賢女，他日卽可爲賢婦賢母，而由滬上推行之行省，以及乎四海九洲，中國幸甚！女子幸甚！」㈢

美國長老會教士狄考文（Calvin Wilson Mateer），山東登州文會館（齊魯大學前身）的創辦人，也曾在「萬國公報」伸述女子受教育的兩大益處：

「㈠父母之智慧可以影響兒童之智慧。他認為『生子非特身之強弱，每肖其父母，即性之智愚，亦每肖其父母。』㈡母教可以影響幼兒智慧之發展。」㈢

此種論說，對思想較新的官員及維新派的學者影響頗大㈣。對興女學與推進女權不無小助。在推動男女平權方面來說，女學堂當然提高了女子的知識程度，為她們奠定了受高等教育的基礎，也為她們打開了找尋職業的門徑，但是基督教會更大的貢獻，可能是女傳教士的來華，打入了中國男子統治的舊式社會。凡女傳教士所至之地，她們向中國人作證，在許多地方女子的能力不亞於男子。她們的教育程度，時或低於男傳教士；但是在十九世紀末葉和二十世紀來華的女傳教士，多半有學士學位。女傳教士中，很多為獨身女子，她們自願選擇不結婚，熱心為社會服務。其他女傳教士則為牧師太太，在異國支持丈夫的傳教工作，並且給與家庭的安樂。所有的女傳教士都與男傳教士並肩工作，與社會接觸，出入自如，不受男子的歧視。這是中國罕見的現象。如此，這一批西方女子，當了中國將產生的新女性的模範(role models)㈤。

女傳教士中，女醫師的比例相當高，一九〇五年，基督教在華傳教士總數為三千四百四十五人，包括三百零一位醫師，醫師中則有九十四位女士，約佔醫師全數的百分之三十一㈥。

至於西洋醫藥醫術的輸入與教育，傳教士的貢獻也很大。在民國成立以前，西方醫學多由西洋傳教醫師在診所或小規模的醫院傳授。日後全亞洲聞名的北京協和醫院，一九〇六年在基督教會管理之下才粗具雛形。在一九一五年成立的中華醫藥會，它的前身是一八九〇年成立的中國傳教醫師協會（The China Medical Missionary Association）。二十五年後，它歡迎了初露頭角的中國西醫，改名為中華醫藥會，會員包括中、外籍西醫。諸凡翻譯醫科名詞、醫藥書籍、發表雜誌、召集學術性的討論會、推動衞生教育，在辛亥革命前後的西洋傳教醫師很是盡力㉗。在中國首先出現的專業婦女就是受了基督教熏陶的女醫師。

傳教士興女學爲了濟世，爲了訓練有知識的賢妻良母，教育下一代；這些目的跟中國傳統敬母重家庭教養相近，因此容易吸收。清政府學部於一九〇七（光緒三十三）年發表的女子師範學堂章程，即言興女學是「本於經訓，……蓋言王化始於正家，倘使女教不立，婦德不修，則是有妻而不能相夫，有母而不能訓子，家庭之教不誨，蒙養之本不端，教育所關，實非淺鮮，此先聖先王化民成俗所由，必以學爲先務也。」㉘女師範章程也鼓勵保留天足，明令逐漸取銷纏足。師範校訓爲傳統女德「貞靜順良慈淑端俊」，實是三從四德的延綿。以後清廷屢次通令各方預防「弊端」：不許女師範學生參加政治活動，不許登臺演戲，不許排隊遊行，那是證明清代末期的女子教育，乃抱極端的賢妻良母主義，並未脫離閨秀教育㉙。它的用意也在於防止革命的傳佈。雖然這種女子教育的範圍狹窄，但是袁世凱（一八五九—一九一六）任直隸總督時所設的天津女子師範，一九〇八（光緒三十四）年在北京成立的女子師範學堂（北京女高師前身），栽培了不少傑出的女子人才，功績也不當埋沒㉚。乃至於辛亥革命時上海的女子軍事團，多半是天津女子師範的學生。

清末國運消沉，人心思變，革命潮流的澎湃，已經不是清廷法令所能抑制。頒佈女子師範章程前兩年即一九〇五年，清廷發表的開學堂規則說女學不適中國國情。但在一八九八年，即有吳恒久捐款，在上海西門外創設務本女校，爲國人私人興辦女子學校的前驅㉛。與辛亥革命有密切關係而且歷史悠久者，則首推蔡元培（一八六七—一九四〇）等主辦的愛國女校。

愛國女學校於一九〇二年在上海成立。據參與人蔣維喬記錄：

「最初擬辦女學者，爲上虞經蓮三。適林少泉偕其妻及妹林宗素，自福州來滬，亦提倡女學。蔡孑民亦贊成之，因此偕其夫人黃仲玉，在白克路登賢里寓所，邀集諸人，開會討論。到會者經林二氏外，尚有吳彥復偕其女亞男、弱男、及其妾夏小正，陳夢坡（範）偕其女擷芬及二妾，復有韋增佩、增英兩姊妹。開會時蔡、林、陳三氏，均有演說。會畢，在里外空地攝影，而吳彥復夫人，憑窗望見之，肆口大罵，深不以其女參與此會爲然。未幾，薛錦琴女士到滬，蔣觀雲設席歡迎，乃請蔡夫人與林氏姑嫂作陪，而自身不敢入席作主人，蓋其時男女界限尚嚴，避嫌如此。壬寅（一九〇二年）之多，卽由蔣觀雲、宗仰提議，設立女校。蔡、林、陳、吳均列名發起，租校舍於登賢里，名曰愛國女學校，推蔣觀雲爲經理（當時尚無校長名稱），經常費由宗仰介紹邏迦陵女士獨任之。未幾，蔣觀雲赴日本，蔡孑民繼任經理，所有學生，卽發起人中之妻女，有因年齡長大，家務分心，不久退學者，故學生祇十人左右。……愛國女學校於是（一九〇三）年招收外來學生。……由是女學校學生亦漸增多。」㊂

愛國女學校初爲革命掩護，訓練女子暗殺及暴動。其他訓練革命女志士的尚有廣州壼德女子學校、擷芬女子學校等㊃。

蔡元培於一九〇七年離開愛國女校，然後旅歐四年，至辛亥革命成功後回國任教育部長。關於創辦愛國女學校的目的，蔡先生對該校學生在民國五年演講時說在滿清季年，是爲了革命，「至民國成立，改革之目的已達，……其精神不在提倡革命，而在養成完全之人格。」完全人格包括培養體育、智育、德育；蔡先生認爲這是男女都應有的薰陶。日後他極重視美育，覺得美育可以代替宗教。受了教育的女子，當求實用，當更能應付「家庭間固有之天職」㉔。但她的任務，不必限於賢妻良母，她可以「專誠學一事」，可以學習與女性心理相配的職業，如教育、科學、美術、實業等。然而蔡氏認爲女子不宜學算學、論理學，不當作裁判官；因爲女子感情易動，理智力不及男子（參見「養成優美高尚思想」）㉕。蔡氏研讀了西歐哲學，參照國外生活、國內辦教育的經驗，覺得這是適合二十世紀前葉中國國情的策略。蔡先生的意見是男女有別，並不是男女當不平等。

總之，在辛亥革命前夕，基督教會、清政府、維新派、革命派都注意婦女，提倡女學。雖然基督教會的第一任務是傳佈福音，但當時辦教育的傳教士明顯地表現了入世濟世的精神，配合中國社會需要，與國內有識人士抱同一宗旨教導女子養成健全的身體以強種，作賢妻良母，訓育後一代的新國民，力有餘者可以把活動範圍擴充至社會，助男子生產得利，也可以當教員辦教育。從現在的眼光看來，這種觀念忽略女子本身的知趣與權利，過分保守，但在十九、二十世紀之交，男女之分還是極嚴，中上階級女子出門還是稀事；把女子從關在閨秀當主婦的角色，升至有知識的賢妻良母，可與社會接觸的教育家，或從事其他職業，這是革命性的改變。加以那時受過教育的女子求學心切，而且個性堅強，常不惜犧牲以達到改造社會，建立強大的中國，以發揮自己的潛力，爲社會服務等目標。有的寧願追隨革命烈士秋瑾（一八七五—一九〇七），直接負起救國救民救種的責任；有的埋頭苦幹，在學業上拚命，獲得獎學金留學，以讀書及教育救國。辛亥革命期間的興學猶如爲女權運動撒了種子，讓婦女中特出的代表有露臉的機會。現當略述女子參加辛亥革命的活動，以及在革命前後活躍的幾位傑出女性。

女革命志士

辛亥期間直接參與革命活動的女子，約有兩百多位[26]。大概百來位參加曇花一現的女子軍。多數女革命志士是知識份子。她們活動的範圍，包括宣傳、革命教育、捐募、勤務、掩護聯絡、起義、運輸和偵探，這些活動，已由林維紅在「同盟會時代女革命志士的活動（一九〇五—一九一二）」一文中詳述[27]，這裏不必再贅。林氏雖盡心搜羅，從許多資料中披沙淘金，辛苦成文；深嘆「女志士對革命的貢獻，固掩而不彰，其姓名、事蹟亦因乏人記載，而難知其詳」[28]。現在筆者把涉獵到的女革命志士的生活資料，稍作分析，以便拋磚引玉，鼓勵學者繼續研討。

女子參加革命，很多因父兄、丈夫、或其他親戚的活動而牽及。現藏資料較富的是陳東原所稱爲「官太太」的。諸如黃興夫人徐宗漢[29]、廖仲愷夫人何香凝（一八八〇—一九七二）[30]、黃郛夫人沈亦雲（一八九四—一九七一）[31]、夏重民夫人鄧惠芳[32]、邵元冲夫人張默君（一八八四—一九六五）[33]、張繼夫人崔震華（一八八六—一九七一）[34]。出身低落的女子，如娼妓之類，史書上很難找到她們的名字。武昌起義時，有一位掩護志士，在警察局內咀吞黨人名單，以避走漏的女子，我們祇知道她是「鄭玉麟之外室揚州陳氏，……惜鄭氏終未與之偕老」[35]。

有些女士，因反抗父母之命的婚姻，或婚姻不幸，離家出走，參加革命工作；滿以爲革命成功後理想的社會能夠出現，這希望在一九一三年後全成泡影。她們謀生艱難，窮苦潦倒，甚至自殺以終殘生；有的「能詩善文才氣橫溢者竟淪爲女工」[36]；有的厭世出家。慈抄錄辛亥革命後出家的張馥眞（法名耀眞）的回憶，以饗讀者：

「前清末葉，國勢日衰，有識之士，奔走呼號，咸以創辦學校、解放纏足爲急務。上海金連三創天足會，吳懷玖辦務本女校於西門，楊白民辦城東女校於東門外，陳婉衍、童同雪兩女士辦宗孟女校於南門，以孟子主張『民爲貴』之說，蓋亦暗射民主之義。時予年十八，入宗孟女校讀書，每讀聶政、羅蘭夫人等事迹，未嘗不三復也。戊申（一九〇八年）春畢業，轉入師範，翌年因學費不繼，輟學家居，與姊氏做兒童帽，積累工資，以備求學之資糧。會『民呼報』被封閉，『民立報』繼起，予在曾任教員之范鳳仙先生勸勉下，推銷『民立報』，乃組織女子進行社，賃屋於南市榮福里八號，招致社員，共同奔走茶樓、酒肆、旅館、火車做推銷報紙工作。猶憶上海光復之晨，正吾儕送報到南火車站之時也，消息傳來，路人亦爲之欣喜。浙軍平日所看報紙，亦由吾儕交火車轉運。

「浙軍之攻南京也，姊氏林宗雪亦參加後勤工作。迨南京攻克，姊氏論及女權，或曰：『不盡義務，安有權利？吾儕男子能打仗，爾女子文弱瞠乎其後矣。』姊乃返滬申請滬軍都督，批准招致青年女子三十餘人訓練之，又請聯軍總司令徐紹楨（固卿）准許出發至南京會師北伐。未幾，南北講和，諸同志乃奉命復員，恢復其閨閣生涯。

「當時鑒於外人之經濟侵略，洋貨充滿市場，乃於壬子（一九一二年）新正募集資金四千金，於上海福州路青蓮閣茶社樓下租屋兩間，創辦了女子植權物產公司，推銷國貨。因洋貨充斥，國貨滯銷，爲維持營業起見，不得不兼銷洋貨。又因在租界內房租捐稅浩大，每月開支三百元，捐稅占十分之六，勉強支持一、二年之久，終於不免歇業。當時參加職務者有辛素貞、龔振儀、林宗雪（即吾姊，她依母姓）、顧振英、徐品均、黃惠英、尹霞娥、章秋寶、張隆隆、朱八妹、小玉等。雖是許多同志歡聚一堂，但日久事遷，總不免酒闌人散。同時接踵而起者有女子興業公司，是吳興俞家鈿女子主辦；有女子振業公司，亦係女同志所辦。不久均相繼停業」㊲。

上文所述散佈革命報章文件，似乎是革命女志士最普遍的工作，辛亥革命後沒有家庭經濟支援的女子，想行商謀生幾乎是不可能的；或許時代尚不能接受女業主的新角色。唐群英等在一九一二年闖入參議院，打碎議院玻璃窗，踢倒警兵，全國都認爲是不合女子的暴行；這種過激行爲對於女子參政運動，有損無益㊳。所以辛亥期間中國社會能接受的新女性，是有知識的賢妻良母，扶夫榮家。如果擴充母職至於教養照顧別人，知識婦女的職業範圍限於教育及醫業，學法律的鄭毓秀，是一個例外。

特出的知識婦女

鄭毓秀（一八九一——一九五九）

鄭毓秀生於廣東寶安縣。該地近香港，祖父在香港擁有大量地產，並且經營商業，管理輪船公司；但由於投機，毓秀約十歲時，祖父的產業失去大半㊴。父親似乎清末在戶部當中級官員㊵，常居北京，與母親失和；毓秀跟母親同住在廣州大家庭。祖母相當嚴格，但毓秀說她寵愛毓秀；因這個孫女聰慧過人，她堅強的意志，又酷似祖母。毓秀十一歲時，才被母親帶到北京住在父親家宅內。

毓秀自幼即任所欲爲，五、六歲時解去纏足帶，死也不讓人再綁上去；十四歲時自己寫信解除祖母跟她訂的婚約。她好些獨立的行爲，常受到母親的支持。母親識字，教她經文，也爲她講解女英雄花木蘭的故事；父親尚算開通，常憂國運，責清廷的無能，但不敢參加革命運動㊶；毓秀的哥哥似與革命團體有聯絡。毓秀反抗訂婚後去天津上中西女塾，也漸漸與革命黨人有了接觸。

那是約在一九〇七年，天津的中西女塾爲兩位美國女士負責。全校有四十多個學生，中有中國人，也有英美人。毓秀的英文進步很快，她也學會穿西服、戴帽子、用刀叉。她喜歡喝英國式的茶，茶中放糖、牛乳，吃奶油土司。但她不喜歡做禮拜等的宗教儀式，竟說服校長她行爲跟良心的指示就夠了，做禮拜的時間可以讓她多讀些書。於是校長允許她在星期日不上教堂，任她自由讀書㊷。毓秀在中西大概只躭了幾個月㊸。十六歲時她去日本神戶探望堂親，碰到姓王及姓吳的兩位同盟會會員。她就此參加同盟會的秘密會議，不久卽回國開始革命工作；主要的是傳遞消息㊹。

武昌起義後一、二月，毓秀在天津、北京之間運輸軍火。因有一位西歐外交官幫助她，又有幾位外國朋友爲她掩護，加以她本人交際花的生活方式，人家不疑心她爲革命黨人，所以她上下火車用箱子運軍火相當成功。自從參加革命工作以後，毓秀與她母親更加接近，不時受到母親的安慰。母親鼓勵她說女子革命可以改良婦女的命運，以後她們不會像她那樣的受到婆婆的虐待，丈夫的遺棄㊺。

後來鄭毓秀參加了策劃刺殺袁世凱的小團體，事未成。她遂加入李石曾主辦去法國的工讀學團。一九一四年抵法國，或許也得到汪精衞、陳璧君的協助，入法國巴黎大學學法律。因爲她能講一口流利的法語，一九一九年巴黎和會時她是中國代表團的聯絡官，處理新聞報導等事項；同時她也是在法中國學生的領袖，婦女運動的推動人。一九二五年鄭在巴黎大學榮獲法律博士學位，爲第一位中國女子享受此成就。在法期間遇到魏道明先生，他比毓秀後一年，在一九二六年，得到法律學位，兩人於一九二七年在上海結婚。雖然夫婦各有事業，有一位作傳者認爲鄭毓秀幫助她丈夫在官界起運㊻。這是她獨到之處。

石美玉（一八七三—一九五四）

鄭毓秀雖上過教會學堂，基督教義對她毫無影響。她的人生觀與大多數人相似：利用機會上進，她不怕冒險，敢努力，因此在事業上是當代女子中佼佼者。她家境可稱富裕，幼時得受教育機會，對後日的事業奠了基礎。環境較差的女子，常因教會人士的輔助而有受高等教育的機會。轟動一時的江西康、石兩位女醫師，卽由教會人士輔助去美國留學而得到醫學學位，歸國後以女傳教士身份，服務社會。

中國第一位女醫生不是石美玉（常用英文名 Mary Stone）或康成（Ida Kahn），而是浙江鄞縣的金韻梅（一八六四—一九三四）。她父親是位牧師，兩歲半時因得傳染病父母相繼而亡。美國傳教醫師馬卡克提和他的夫人（Dr. and Mrs. Mc Cartee）認她爲養女，送她去美國求學，於一八八五年在紐約女醫學院畢業，名列前茅；回亞洲後金醫師以女傳教士身份前後在中國厦門及日本神戶行醫，聲望頗著。在日本跟一位西班牙、葡萄牙混血的音樂家名叫須五番（de Silva）的結婚，生一子。但婚姻不美滿，於一九〇四年離婚。自一九〇七年至一九一五年，金醫師運用袁世凱所捐的銀兩萬兩，在天津開設護士學校。一九一五年以後獻身於慈善事業；另一說是去南、北美洲。金韻梅醫師也熱心宣傳女權，有中國的下田歌子之譽㊷。但她的生活似乎在中國社會的邊緣，未能與一般人溝通。

石美玉在中國服務的時期較長，但她的生活圈子也與常人不同，她的生活圈子是基督教會。她的祖上在太平天國之亂時家產盡失，父親教傳教士中文爲生，因此他信奉了基督教，而且成爲美以美會（Methodist）的傳教士。父親教母親識字，她好學，進步很快，不久卽任江西九江美以美小學校的校長。美玉幼時母親教她中國經典和基督教義，未纏足；據說美玉是中國中部第一個天足女子，她因此備受諷刺，親戚鄰居都爲她不能找到夫婿而擔憂，父親則爲她別有計畫。石先生十分欽佩女傳教士布希納醫師（Dr. Kate Bushnell），要女兒步布醫師的後塵，行醫救世；遂依布醫師的指示，上九江的羅利孫・費許女校(Rulison-

Fish Memorial School)[48]。一八九二年美以美會何姓女傳教士(Miss Gertrude Howe) 帶美玉去美國求學，同行者有康女士。

啓程赴美以前，石、康已獲得拜爾巴獎學金。此爲美國密西根州蒂脫老益 (Detroit) 名律師拜爾巴 (Levi Lewis Barbour 死於一九二五年)所設，目的爲訓練亞洲女子領導人物。拜爾巴認爲女子當有受高等教育的機會以培植清晰的理智和堅固的意志。她們特別的使命是使社會更進步，人類更自由，文化更高雅。初期得這獎學金赴美留學的過半是中國女子[49]。

石美玉抵美後卽入密西根大學醫學院，一八九六年得醫學學位。雖然她個子小，她修的是外科，當年回國，是爲阿奧華州(Iowa)美以美會所派遣的傳教士；教會協助她與同年學成的康醫師在江西九江開設醫院。開業維艱，她們初到時很少人來治病。但數次醫好不治之症後門庭若市，兩位女醫師不克應付。康醫師於一九○三年去南昌另設醫院，美以美會願派遣美國護士至九江，但石醫師覺得訓練中國人員，爲建立中國教會之道[50]。石女士在九江服務凡二十年，除每月看三、四千病人之外，她又開班訓練中國護士，翻譯醫書和護理教科書，並數度赴美捐款以擴充醫院。辛亥革命時石醫師與她訓練的護士爲傷兵服務，雖然她贊成革命，但因她是紅十字會醫師，她說她當處於中立地位，照顧所有軍人；雙方官兵都很敬重她[51]。

一九二○年石美玉因教義上與阿奧華州的美以美會爭論，辭去九江醫院職務，在上海自己組織貝說教會(Bethel Mission) 和貝說醫院附設護士學院，她所訓練的護士譽爲全國第一。來上海後，石醫師對傳佈福音的興趣日益濃厚，決意全心力奉獻於教會，她是中國第一位女牧師。後來她死於美國[52]。

曾家的幾位傑出女子

石家的家運，因在太平天國時受挫，家庭生活方式卽突然變化，脫離中國傳統而信奉基督教，可是平定太平天國的功臣曾國藩（一八一一—一八七二）在治家方面繼續崇奉禮教、恪守祖訓。然而曾國藩也看到國勢衰落，尤其是軍力疲弱，要防守國土、維護國禮，非輸入西洋堅船利砲、科學技能不可。曾文正公或許不能預料，門戶稍開以後，不但西洋的工業技術、科學知識，而且宗教信仰跟價值觀都會接踵而來；滴水成渠，不到一百年竟然大大改變他男女後裔的生活。

曾文正公自己的生活可說是相當簡單，每日早起掃屋、祭祖、讀書，在家時則盡力與親族里鄰周旋。家訓時常提起勤儉以免敗家。媳婦都需縫紉、下厨議酒食[23]。一八六八（同治七）年為年輕女輩定功課單如下：

早飯後	做小菜點心酒醬之類	食事
己午刻	紡花及績麻	衣事
中飯後	做針黹刺繡之類	細工
酉　刻（過二更後）	做男鞋女鞋或縫衣	粗工

「吾家男子於看讀寫作四字缺一不可，婦女於衣食粗細四字缺一不可。吾已教訓數年，總未做出一定規矩，自後每日立定功課，吾親自驗功。食事則每日驗一次，衣事則三日驗一次。紡者驗線子，績者驗鵝蛋。細工則五日驗一次，粗工則每月驗一次。每月須做成男鞋一雙，女鞋不驗」[24]。

依據文正公幼女曾紀芬（一八五二—一九四二）的年譜，曾家女子沒有下灶治餚饌，因為「每食皆在書齋」，針線工作是都做的。女孩子念書的課程，沿書香之家的通例。紀芬在一八六二年（同治元）年開始，與仲兄栗誠公從塾師鄧寅皆先生學。紀芬求學興趣濃厚，從不錯失任何尋求新知識的機會。紀芬十七歲時，「惠敏公長女廣璇許嫁於合肥李幼仙。其夫家欲其讀書，惠敏因逐日親爲講授綱鑑正史約，余輒從旁聽焉。其後惠敏無暇多講，乃自行點讀。署中有文正公構造之船廳，中貯製造局所作地球儀器極大，徑約六尺，余輩於是粗知地理。栗誠公夙好算學，爰以天元勾股開方卽近世所謂代數幾何者授余，頗能解悟，惠敏初授余珠算，自是始通筆算。然是時所用算法仍沿古式，非今日之法也。仲嫂郭夫人亦相從討論。文史讀書之樂，此時爲最」[五五]。而年輕時養成的求知興趣，始終如一，紀芬年老時仍看書，「讀日本下田歌子所著家政學而喜之」，並依中國國情斟酌損益後刻印贈閱[五六]。

曾紀芬在一八七五年結婚，婚事因丁憂和同治國喪延期，而且紀芬堅持不願以小轎出嫁，因此她結婚時已二十四歲[五七]。她嫁與湖南衡山聶緝槼（一八五五—一九一一）。聶科舉落第，因兩江總督左文襄公知遇，入上海製造局，一八八四年升爲總辦。其後官運興順，一八九〇年擢升爲上海道臺，一八九三年調任浙江臬臺，一八九九年署理江蘇巡撫，一九〇一年調補安徽巡撫，一九〇三年調補浙江巡撫。但是在一九〇五年因浙省銅元局舞弊案被清政府撤職，此後卽回湖南隱居，一九一一年去世[五八]。

據他兒子聶其杰的記錄，緝槼（仲芳公）主上海製造局時繼承曾文正公理洋務的政策：

「先是局中素無造後膛槍砲之設備。先君在局凡八年，任內造成保民鐵甲兵艦一只，此爲中國自製鐵甲兵艦之始。又仿英國阿姆司脫郎自升降式造成十二寸口徑大砲四尊，分裝於吳淞及大沽兩砲臺；此爲當時各國海防巨砲最大之口徑也。時所有之工程師爲英人彭托，全用中國工匠，造成世界最新之武器；其忠實與技術殊爲難得，此皆五十餘年前之事。……先君離局後，兵艦及大砲均未繼續。……曾文正公於咸豐季年即延攬科學專家自製輪船機器。金陵事定之後，籌設上海製造局招致天算科學人才，如李壬叔、徐雪村、華蘅芳等。後又設方言館訓練學生，延英人傅蘭雅君繙譯科學書籍。猶憶幼年時奉先慈命從傅夫人習英語。傅君時年近六十，白髮美髯，道貌巖巖，有中國儒者氣象。當時局中譯印科學工程書籍百餘種。先君離局後，傅君旋去；又數年，譯書之舉遂廢。憶在光緒二十五、六年，已見無線電，愛克司光兩書，以後遂無出版……」㊇。

聶緝槼既理洋務，與傳教士有接觸當不出意外。李提摩太（Richard Timothy）爲廣學會督辦任內，一八九五（光緒二十一）年聶捐款十元，一九〇二（光緒二十八）年捐款一千元㊈。聶對新工業也很有興趣。大概是他在上海道臺任內，開始投資於原是官商合辦的華新紡織新局，或許他借用了官資㊉。華新於一八八八年開工，是中國第二個紗廠，當時虧本；改組數次後改名爲恒豐紗廠，由緝槼的兒子其杰（雲臺）任總經理。恒豐不斷發展，自一九二〇年左右盈利頗可觀。後來因投資不當，向日本人借款，先爲救急，後來債務累積。聶家早在湖南購買大量湖田，修堤、施肥料、墾種辛苦，經營達十年，一九一一、二年有收穫，產米頗豐。田院名爲種福院，東西長十六華里，南北寬十華里，總面積五萬餘畝，有佃戶二千戶㊀。聶家既如此富有，當可以送子女出國留學，也可輔助曾寶蓀等親戚的教育費。

曾紀芬很能幹，丈夫聶緝槼去世後，從一九一一年至一九一八年分家時，她掌握聶崇德堂，是聶家之主，曾在上海開辦聶中丞公學以紀念她的丈夫㊁。一九一五年正月，紀芬「與其杰及兒婦同領洗於上海昆山路監理會……感於世事日非，實由人心陷溺之故，彌以爲欲教人心之迷惑當從愛人如己入手。」而她兼攝基督教和佛教的義理，「她戒殺放生，逢九持觀音齋。」㊃紀芬晚年身心愉快，一九四二年病逝於上海。

曾寶蓀（一八九四—一九七八）是曾紀芬的甥孫女。寶蓀的祖父紀鴻（一八四九—一八八一）是曾文正公幼子。紀鴻精通算學，又自己下苦功學英文，但因用功過度，得了肺病，加以考進士不第，一八八一年在北京鬱鬱而死，才三十三歲。紀鴻的夫人郭筠（一八四八—一九一六），字誦芬，號藝芳，祖籍湖北蘄水，父親郭沛霖（一八〇九—一八五九）守安徽定遠時因不敵太平軍而亡。

郭氏知書能文，結婚後繼續求學。她說：「我十九歲結婚，大部頭的書，如十三經注疏、御批通鑑等，都是到曾家來在文正公指導下才讀的。」郭氏也喜歡看報章雜誌、談政治時事[65]。郭氏管督子孫極嚴，或許她教導有方，兒子廣鈞（重伯公，寶蓀的父親）二十三歲就點了翰林。郭氏要求全家男女都認眞讀書，還要學外文，爲他們聘了日語家教。從她晚年立的「曾富原堂日程」中，可見她家訓的一般：

「一、男女皆知習一樣手藝。

二、男女皆應有獨自一人出遠門之才識。

三、男女皆應知儉樸，每月所入必要敷每月所出，人人自立一帳簿，寫算不錯。

四、男女自應俠義性成，不應行爲有虧。

五、男女皆應抱至公無私的心腸，外侮自不能入，而自強不求自至矣。

六、我家行之，一鄉風化則強，國之根基於此矣。」[66]

曾寶蓀很感激她的祖母：「因爲沒有祖母，我們孫輩的教育，就會毫無成就」[67]。

寶蓀的母親陳氏，是重伯公的第三位夫人，學問或許平平，但爲人溫柔敦厚，父親是一個極其維新的人。寶蓀說：「他對我的一生有三次大幫助，第一是不許纏足。……第二是不爲我幼時定婚。……第三件事是准我入基督教及出洋留學。」父親「很喜歡研究書法、詩詞、算學及廣學會所翻譯的外國科學諸如聲光化電等學門。」[68]所以曾家的學習方針是中西兼顧。雖然家庭習俗很是保守，儒家氣氛也甚濃厚，連佛教禮節都不許舉行，但是年輕一輩都聽到過外文，都學過些西方科學。

寶蓀四歲開蒙，讀千字文、詩經，也學英文、做體操。一九〇四年結束了家塾生活，進了上海基督教浸信會的晏摩氏女校。該校程度不高，常唱歌、做禮拜、彈風琴、做手工，念書的時間不多。念了幾個月，寶蓀卽轉至國人辦的上海西門務本學校，碰到了張默君，「她灌輸我的革命排滿思想不少。」寶蓀很喜歡務本，它的功課比晏摩氏強多了。但因祖母六旬大壽，全家都離滬向她拜壽，求學生涯就被打斷了。後寶蓀又上了一年杭州女師，成績優秀。數學老師陳伯原先生覺得她畢業後只當個小學教員可惜，當找個有深造的機會，就介紹她上英國聖公會辦的馮氏高等女學校 (Mary Vaughan High School) 。在校三年，一九〇九至一九一二年，竟是寶蓀生命的轉捩點[69]。

在課程上，寶蓀的英文進步得很快。學校裏宗教儀式很多，開始時寶蓀覺得它與中國傳統思想大有出入，這觀念因基督教老師的誠心待人而漸漸改變。當她上最高班並當學生領袖時，一次有學生的練習本被撕，犯者沒查出來，全校學生都被罰抄書，然後去院裏散步。寶蓀覺得這種責罰無理，出了一張小報紙反抗，對國事也帶革命思想。校長巴氏 (Miss Louise Barnes) 大起恐慌，有的教師覺得寶蓀當被開除。但校長與她單獨談話時卻流了淚，同她跪下禱告，並無怨言。寶蓀由此深深體會基督的愛心，她覺得巴氏的「學問並不很高，口才也不太好。……巴先生不過是一個『常人』，而基督的精神把她變成一個『非常人』」[70]。寶蓀就起了信教之意，後在辛亥年聖誕節於杭州聖公會受洗禮。雖然她沒有參加政治革命，卻完成了一個不能算小的家庭革命。以下是寶蓀的紀錄：

「要信教，在那時談何容易——第一，我家是數千年儒教的家庭，由宗聖夫子起到文正公、我祖父、我父親輩都是孔門弟子。第二，我祖母的父親蘄水郭沛霖公是在揚州受太平軍攻城殉節的，她老人家更是儒教的信徒，釋道尚且不信，何況耶教。第三，我們的親友，沒有一個『信洋教』的，出了一個女孩信耶穌教，簡直是貽笑鄉里。但我仔細地寫了一封信，說到我的心境苦悶，基督徒的愛心與力行，耶教與儒教並不衝突，而且可以振興我國的頹風，所以我想做一個基督徒來自救救人，請祖母與父親許可。我祖母是不很熱心，但我父親卻很願意考慮，並且提到明朝徐光啓的貢獻，不過，他要我先看幾本其他學派的書。其中包括達爾文的天演論，赫胥黎的群學，達爾文的物種原始論，亞當斯密的原富，另外還看幾本淺近的佛教書，但對於道教，卻無指示。看過這些書後，已經快到聖誕節了，就是那個聖誕我在杭州聖公會受洗」(十一)。

過了幾個月，寶蓀又向長輩作了個驚人的要求，她想出國求學。原來在一九一二年巴校長可以回國渡假，因她很器重寶蓀，就爲她寫信給在湖南的祖母、父親，要帶她出國深造。兩位大人都答應了，表叔聶雲臺也很贊成，並付了一部分的教育費(十二)。到英國後，寶蓀先在一所中學準備，然後在一九一三年九月入倫敦大學的西田學院（Westfield College）。本來打算學醫的，但因需時太長，改了主修生物，覺得仍可以達到科學救國的志願。一九一六年得理科學士學位，是第一位中國女生在英倫得此學位。又去劍橋、牛津修課，並回到倫敦念一年師範(十三)。

雖然時值第一次世界大戰，寶蓀歸心如箭，一意要在長沙辦女校。一九一七年回國時，已獲得英國熱心人士的經濟援助，後來又取得文正公祠房地爲校址，創辦了一所「純粹中國人支持的基督教學校」㉔。取名藝芳以紀念她的祖母。藝芳於一九一八年開始招生。曾寶蓀抱獨身主義，以全心敎養成千的桃李，培育中西文化兼顧、適合時代的新國民。大陸變色以後，曾女士於一九五〇年由香港來臺，繼續爲社會爲黨國服務，一九七八年逝世，享年八十有七。

結語

受了西方思想的影響，尤其是基督教會的活動，以及國內革命潮流的推動，極少數的女子能夠在辛亥前後，或直接參加革命活動，或在她們的生活上反對舊禮教的束縛，開闢女子生活的新途徑。她們的嘗試，雖然獲得新派男子的領導與支持，民族自覺心和愛國心是加強了；但是女子的力量過於薄弱，她們在軍事上與政治上的貢獻與收穫並不顯著。辛亥期間的社會革命，最成功的是天足會的繁滋，纏足女子逐漸絕跡；環境較好的女子，爭到了求學的機會。有的（如石美玉）受了教會的輔助、或是政治性團體的支持（如鄭毓秀）、或是家庭環境的許可（如曾寶蓀），不但得到高等教育，而且出洋留學。即使這些才能超衆，個性堅強的知識女子，她們受業發展的機會還是受了限制。因爲社會的變移是緩性的，外來的因素是由本國人挑選吸收後，才慢慢地混入「正流」。禮教統治，女子無才便是德的社會不可能霎眼間變成男女機會均等的社會，但是它是在改變。曾國藩的三代女裔，在儒教爲主的家庭中長大，但是她們有接觸新知識的機會。她們時或採取革命性的行動，但是她們作的是「發展性的」(evolutionary)改革，因此受到家庭與社會的接受。

辛亥前後，中國社會認爲女子的主要任務是當賢妻良母。卽使有職業，那當是教育下一代的工作的伸延——辦教育或當醫師，學法律的女子很少。在辛亥革命後十餘年開始當律師的鄭毓秀，一般人對她似乎尙是另眼看待。

辛亥革命時因受了社會進化論的影響，常說女子受教育的目的之一，是爲了「強種」。但實際上事業較成功的知識婦女，往往抱獨身主義。也許她們受了基督教女傳教士的影響，也許社會上尙不能容納做母親的職業婦女，婚姻與事業，對多半知識婦女來說還是魚與熊掌不能兼得。

因此有些作者說辛亥革命期間的婦女運動有名無實㉟。但話又說回來了，女權在辛亥革命時成就少，那是從今日回顧到辛亥革命，我們覺得二十世紀初期的中國女子仍是極受束縛。如果從一九一一年回顧千餘年來禮教及社會習俗對婦女的壓制，那末辛亥革命是女子發展史上燦爛的一頁，因爲從此以後婦女的足普遍地解放了。婦女有智力求學，婦女不再是附屬品，已爲知識階級公認；女子不再被關在閨閣中，有才能又有運氣的可以輔夫婿成業，也可以自己出門去探測廣大的世界。

註釋

㈠ *The Cambridge History of China*. vol. XI, Late Ch'ing, 1800–1911. pt. 2 (Cambridge University Press, 1980), pp. 463–464.

㈡ 李又寧、張玉法編，中國婦女史論文集，臺灣商務印書館出版，一九八一年，頁三二一。

㈢ 同上，頁一九〇～一九一。

㈣ 同上，頁一二三。

⑤ 鮑家麟編，中國婦女史論集，臺北牧童出版社，一九八〇年，頁二六九～二七一。

⑥ Margaret E.Burton, The education of women in China (Fleming H. Revell, 1911), p.24.

⑦ 中國婦女史論文集，頁三〇一。

⑧ Kenneth S. Latourette, A history of Christian missions in China (Russell and Russell, 1929), p. 450 and p. 633.

⑨ 陳東原，中國婦女生活史，上海商務印書館，一九二八，頁三四九。

⑩ Burton, p. 51.

⑪ John Leighton Stuart, Fifty years in China (Random House, 1954), p. 88.

⑫ 李又寧、張玉法編，近代中國女權運動史料，一八四二～一九一一，臺北傳記文學社，一九七五年，下册，頁九九五～九九六。

⑬ 王樹槐，外人與戊戌變法，中央研究院近史所，一九六五，頁二十二。

⑭ 同上，頁一一〇～一一二。

⑮ Charlotte Louise Beahan, "The woman's movement and nationalism in late Ch'ing China," Columbia University dissertation, 1976, pp. 58-61.

⑯ Latourette, p. 652.

⑰ 同上，頁六三八～六四〇，六五五。

⑱ 收入中國近代教育史資料，下册，一九六二年，頁八一〇～八一二。

⑲ 陳青之，中國教育史，上海商務印書館，一九三六年，頁六二二。

⑳ 北京女高師的畢業生有蘇雪林、江學珠、王亞權等。

㉑ 一九一〇年務本師範畢業生計二十三名，高等小學畢業生計二十二名，見時報，一九一〇年一月二十八日。

㉒ 「中國教育會之回憶」，辛亥革命，卷一，一九五七年，頁四八七～四八九。

(二三)陳東原，頁三五五～三五六。

(二四)蔡元培先生全集，臺灣商務印書館，一九六八年，頁七一四～七一六。

(二五)孫常煒，蔡元培先生的生平及其教育思想，臺灣商務印書館，一九六八年，頁八四～八七。

(二六)中國婦女史論文集，頁二四五。

(二七)林維紅，「同盟會時代女革命志士的活動」，同上，頁一二九～一七八。

(二八)同上，頁一二九。

(二九)馮自由，革命逸史，第三集，上海商務印書館，一九四五年，頁三三四～三三七。

(三〇)Biographical dictionary of Republican China, 4 vols. Columbia University Press, 1967-1971, II, PP. 67-68.

(三一)沈亦雲著有亦雲回憶，臺北傳記文學雜誌社，一九六八年。

(三二)中華民國開國五十年文獻，第一編第十四册，頁五五二～五五四。

(三三)李又寧編，近代中華婦女自敍詩文選第一輯，臺北聯經出版事業公司，一九八〇年，頁二三二～二三六。

(三四)同上，頁二五八～二六三。

(三五)辛亥革命資料，一九六一年，頁四八八。

(三六)中國婦女史論集，頁二九二～二九三。

(三七)「辛亥前後江浙婦女界的革命活動片斷」，辛亥革命回憶錄，卷六，一九六三年，頁七〇～七一。

(三八)陳東原，頁三六〇。

(三九)B. van Vovst, A girl from China (Soumay Tcheng),(Frederick A. Stokes, 1926), p.40. 這本雖說是史實性的傳記，但是有時形容過分。

(四〇)Biographical dictionary of Republican China, I, 278.

(四一)van Vorst, p. 105.

㊷ 同上，頁七七~八〇。

㊸ Biographical dictionary of Republican China, I, 278.

㊹ van Vorst, pp. 110-111.

㊺ 同上，頁一一三~一一四及一三五~一三六。

㊻ Biographical dictionary of Republican China, I, 280.

㊼ K. Chimin Wang and Wu Lien-teh, History of Chinese medicine, Shanghai, National Quarantine Service, 1936, pp. 488-489, 557-558. 近代中國女權運動史料下冊，頁一三八六~一三八八。

㊽ Burton, pp. 162-166. 235. 石美玉的母親得肺病早亡，父親在義和團之亂時喪身。

㊾ Ruth B. Bordin, "Levi Lewis Barbour--benefactor of University of Michigan women," Michigan Quarterly Review, winter 1963, pp. 36-40.

㊿ Biographical dictionary of Republican China, III, 128.

(五一) Burton, pp. 213-215.

(五二) Biographical dictionary of Republican China, III, 130.

(五三) 何貽焜，曾國藩評傳，臺北正中書局，一九六四年，頁四九九。

(五四) 近代中華婦女自敍詩文選，頁一九。

(五五) 同上，頁一九~二〇。

(五六) 同上，頁四二。

(五七) 同上，頁二五。

(五八) 恒豐紗廠的發生發展與改造，一九五八年，頁三，註三。

(五九) 聶其杰編，崇德老人紀念册，臺北文海出版社，一九六六年，頁二九六~二九七。

(六〇) 林治平編，近代中國與基督教論文集，臺北宇宙光出版社，一九八一年，頁二四四。

(六一) The Cambridge History of China, vol XI, pt. 2, pp. 454-455.

(六二) 恒豐紗廠，頁二八～三二。

(六三) 近代中華婦女自敍詩文選，頁四九。

(六四) 同上，頁七及四八。

(六五) 曾寶蓀回憶錄，香港基督教文藝出版社，一九七〇年，頁二～三。

(六六) 近代中華婦女自敍詩文，頁六三。

(六七) 曾寶蓀回憶錄，頁二。

(六八) 同上，頁一六～一七。

(六九) 同上，頁一四及二六～三〇。

(七〇) 同上，頁三二～三六。

(七一) 同上，頁三六～三七。

(七二) 同上，頁五〇～五一。

(七三) 同上，頁四五～四六及七三。

(七四) 同上，頁七二。

(七五) 參閱陳東原，頁三五七～三五八。

（中研院近史所編，辛亥革命研討會論文集，民國七十二年。）

民初的女子參政運動

王家儉

民初的女子參政運動不僅是中國女權發展史上的一件破天荒大事，即在整個漫長的中國史上，也是一個劃時代的創舉。隨着古老帝政的傾覆以及共和民國的肇建，中華婦女也同世界其他先進國家的婦女一樣，重新尋回迷失的自己，覺悟到她們本身的價值。而要求在政治法律社會上與男子一律平等；要求在中央及地方有選舉權與被選舉之權。無疑地，這是近代世界的一個新趨勢，也是人類社會的一項新發展。民初的女子參政運動前後爲時雖不及一載，可是在當時政治上却曾引起多次軒然大波，造成社會上的廣大震撼，對於我國日後女權的確立，具有深長的影響。

一　複雜的時代背景

任何的一項政治社會運動，都由長期的歷史孕育而成，且都常有鮮明的時代色彩。民初的女子參政運動，析論起來，實與清末女子教育的茁長具有密切的關係。清末的女子學校，初期多爲外國教會所創辦。其中約以一八四四年英國東方女子敎會協進社(Society For Promoting Female Education In the East)會員靄爾特稅女士(Miss Aldersey)在寧波所創的寧波女子學校爲最早。以後此類的學校日多，幾乎遍及於沿海各大都市。計自一八四七至一八六〇年間，五口設立者凡十一所；一八六四年，北京、天津各設一所；一八八一年，上海又有聖瑪利亞女學、中西女塾及清心女學之設立。根據美人林樂知(Young J. Allen)的統計，截至光緒二十八年（一九〇二）止，各地教會學校的學生共有一萬零一百五十八人，而其中的女生即有四千三百七十三人，約居全體學生的百分之四三強㈠。甲午戰後，私人捐貲興辦女學者繼起。其中以吳懷疚於一八九八年在上海所創辦的務本女學爲嚆矢。一九〇二年，革命黨人蔡元培又於上海創設愛國女學。至一九〇六年全國各大城市幾皆有此類的女子學校。同時，自庚子事變之後，清廷也以內外臣工的奏請，准許人民創設女校。一九〇七年，且正式設立女子師範學堂，而將女子教育納入新學制的正軌。雖言當時的女子教育仍以家庭爲主，但女子知識既開，思想層面自然廣濶㈡。尤其關係重大的是女子留學教育。自光緒七年（一八八一），即有四位中國女生爲美國教會友人携往該國受教，並先後獲得醫學學位。光緒三十三年（一九〇七），江蘇又曾派遣女生三人赴美留學㈢。但就其人數及影響而論，却遠不若日本。中國的留日女學生，在辛亥革命發生以前，僅於東京一地即有將近百人之多，在其他日本各地的尚未包括於內。她們因爲受到新環境與新風氣的刺激，思想大爲覺悟。先後發起「共愛會」及「中國留日女學生會」之類的組織，創辦「女子魂」、「中國新女界」以及「二十世紀之中國女界」等刊物。從事於女子教育與女子權利的宣傳，頗爲活躍。同時，還有人直接參加政治活動，如秋瑾即曾先後參加光復會與同盟會。而在民國初年領導女子參政運動的林宗素、唐羣英、張漢英與王昌國等也都是同盟會的初期會員㈣。其次是歐美新思潮的激盪。自五口通商以來，歐美自由平等及男女平權的新思想即不斷地輸入中土，再透過報紙雜誌的廣泛介紹，更是散播於各處。庚子後，更有獨立的女報出現。光緒廿八年（一九〇二），陳擷芬首於上海創辦「女報」，次年，丁初我、曾孟樸又於上海創辦「女界月刊」，陳以益創辦「新女子世界」，都是我國女報的先驅。光緒三十二年（一九〇六），秋瑾於上海創辦「中國女報」，次年，秋瑾於杭州就義，中國女報乃與新女子世界合併，易名爲「神州女報」，繼續出版㊄。不過，影響最大的還要算一九〇三年所出版的「女界鐘」。該書爲署名「愛自由者金一」所著，提倡男女平權，社交公開，要求女子求學、就業、婚姻自由，思想頗爲前進。「女界鐘」對於女子參政一事亦曾論及，謂「女子議政，在今日世界已不可而避矣！」但以在滿清專制之下，男子尚且未能干政，何況女子。故認爲女子應當從事革命，先破壞而後建設㊅。繼「女界鐘」出版以後，還有許多宣揚婦女解放的新小說出刊。從一九〇四至一九〇九年的五、六年間，最少有廿四種之多㊆。由於小說具有一種潛在的感人力量，流傳甚廣，故其影響尤爲深遠。如同挽瀾詞人的「法國女英雄彈詞」（一九〇四），即以演羅蘭夫人故事，喚醒醉夢中的婦女，期望她們與丈夫一同負起拯救中原的責任。鍾心青的「二十世紀女界文明燈彈詞」，所觸及的範圍更廣，舉凡禁纏足、創女校、反對童養媳等都有專章討論，藉期「挽回大局，扭轉乾坤」。至於專門寫有關女子參政問題的小說，則有思綺齋所著的「女子權」（一九〇七）。該書托理想之作，寫參政之路。主張不空喊男女平權，而要從培養女子的自治精神、自養能力着手，期其理想實現於四十年之後，在民初的女子參政運動中，頗爲一部分的婦女所接受㊇。再次是中國婦女的覺醒，由於清末民初時國難日深，時局丕變，一部分受過新式教育及西洋文化洗禮的婦女，逐漸體認到國家的興亡，女子亦應負有很大的責任。因此婦女的解放乃與政治運動形成爲她們奮鬥的雙重目標。自從八國聯軍之後，國內的報章雜誌，時常有婦女活動的消息。諸如光緒三十一年（一九〇五）中美工約風潮時，廣東、上海、蘇州、無錫各地所發動的抵制美貨運動；光緒三十三年（一九〇七），日俄簽定密約，瓜分東北勢力範圍，上海各界所發生的抗議活動；光緒三十四年（一九〇八），二辰丸案發生， 廣州及上海各地爲反對日輪私運軍火所爆發的抵制日貨運動 ；以及蘇州、常州爲收回蘇杭甬路權所作的保路運動等，都有廣大的婦女爲之推動㊈。除此之外，婦女們還參加同盟會，爲革命活動擔任宣傳、教育、捐募、勤務、掩護、聯絡、運輸、起義，乃至於偵探及暗殺的工作⑩。等到武昌起義發生，婦女們起而響應者更是風起雲湧，像是女子革命軍、女子北伐隊、女子軍事團、女子暗殺團同盟、女子經武練習隊、廣東女子敢死隊、廣東女子北伐炸彈隊、湖北婦女北伐隊、浙江女子北伐隊、女子赤十字救護隊、女子後援會、女子協濟會等。雖然僅有廣東女子北伐炸彈隊及女子赤十字會救護隊較爲成功，其他都是有名無實沒有什麼表現，誠如一位曾經參加過上海女子軍事團，並且一度擔任過團長的沈亦雲所說的：「我們一班人熱血有餘，貢獻極少。」㊀可是上述的女子活動畢竟爲以往所少見，對於鼓舞人心，激勵士氣，依然發生很大的作用㊂。此外，世界各地的女子參政運動也對民初的女子參政運動發生不少的影響。歐美各國的婦女爭取選舉權運動自十九世紀中葉即已熱烈展開，至十九世紀末葉及二十世紀之初，更是達於高潮。其中最引人注意的便是美國與英國。美國自一八六九年曾出現兩大女權組織，一爲「國家婦女選舉權協會（The National Women's Suffrage Association），一爲美國婦女選舉權協會（The Women's Suffrage Association）。一八九〇年，二者合併而成爲「全美婦女選舉權協會」 （The National American Women's Suffrage Association），勢力盛極一時。其他各州類似的組織尚多，其中尤以紐約爲最。諸如「政治平權會」（The Political Equalty Association）、「選舉平等會」（The Egual Franchise Society）、「婦女選舉黨」（The Women's Suffrage Party）等，眞是不一而足。流風所及，至二十世紀初年，全美已有華盛頓、加利福尼亞、阿勒岡、內窪達、康薩斯、威斯康辛五州通過議案，以待國會之批准。其他尚有十州爲新婦女選舉權黨（The New Women's Suffrage Party）勢力所瀰漫；十四個都市獲得名流社會的後援㊂。英國的女權運動發生的更早。一八五一年，開始提出於上議院，一八七〇年，開始提出於下議院，惟都因國會的反對而先後遭受否決。一九〇八年，又由議員斯坦卡氏之介紹，提出婦女參政法案於議會，終以二百七十一對九十二之多數通過下議院之第二讀會。不料一九一〇年進行三讀時，又遭否決。鑒於英國議會遲遲不予婦女參政權，自一九〇三年起，便有一種「好戰的參政運動」(A Militant Suffrage Movement) 出現，在有名的攀哥斯脫 (Emmeline Pankhurst) 母女領導之下，組織一個「女子社會政治聯合會 (The Women's Social and Political Union-WSPU) ，採取種種非法的暴力行動，以對男人所控制的國會施加壓力。除實行遊行示威、街頭演說之外，並採取絕食罷工(hungry strike)，擊碎商店門窗玻璃，以銷鏹水傾入郵箱等激烈手段。以致爲人斥之爲「女性的狂熱主義」(feminine fanaticism)。而後之史家亦稱二十世紀是一個充滿暴戾之氣 (Violence and angry) 的迷亂時代 (The distracted era) ㊃。這一些大西洋兩岸的女子參政活動，已足以使中國的女參政份子聞風鼓舞，躍躍欲試。再加以其後英國女子政治及社會聯合會的直接致電慰勉；萬國女子參政會會長的親來訪問，更使中國的女權運動者與世界的女權運動者聯爲一體，沆瀣一氣㊄。再者，廣州臨時省議會在民國元年三月的選舉中，居然有數位女性當選爲代議士，對於正在爭取參政權的女參政會份子，自然也是一個很大的鼓勵，而使她們增加了不少信心㊅。

二　女子參政團體的成立及其初期活動

我國近代的女權運動，含有雙重的遠大目標：一爲政治上的反滿革命，一爲社會上的男女平等。當滿清未曾推翻以前，君主專制盛行，男子尚無參政之權，更不論女子，自以進行反滿革命爲優先。可是一旦將滿清推翻，男子獲得參政權，婦女便應同樣的享有，以期打破過去的男女不平等。故女子新軍甫經解散，女子參政團體隨即接踵而起。不管是否像陳東原所說的；當她們組織軍隊時，即已存着共和告成後進而爭取政權的企求；或者她們於軍隊解散後才改過方向來從事參政運動㊆。但女子參政運動確亦爲歷史發展的必然趨勢。

民初的女子參政團體名稱頗爲繁多，如同神州女界參政同盟會、女子同盟會、神州女界共和協濟社、上海參政同志會、女子共和會、女子後援會、男女平權維持會、女國民會等。不過其中實以女子參政同志會、女子參政同盟會，與神州女界共和協濟社這三個團體最引人注目。女子參政同志會於一九一一年（宣統三年）十一月三十日（十月十日）成立於上海，由中國社會黨所發起。以普及女子之政治學識，養成女子之政治能力，獲得國民之完全參政權爲宗旨。並以改良女子教育方法，設立法政研究所，聘請講師補習法政知識；加入各種政治集會結社，呈請臨時政府要求參政；聯絡各國同志共作聲援爲手段。其會員分爲二類：一爲正式會員，專收十六歲以上，具有普通知識及正當職業之女子爲主體。二爲贊成會員，專收志同道合之男子爲旁助㊇。該會的主腦人物是江亢虎及林宗素。江亢虎是中國社會黨的創始人，對於女子教育向極留意，與上海女界亦有密切的關係㊈。林宗素福建人，曾留學於日本，就讀於下田歌子所創的東京實踐女學，參加過同盟會的活動，回國後任警鐘日報的副編輯。辛亥革命後，任女子參政同志會的主持人㊉。他們以爲共和之後，人民平等，女子參政在歐美已漸有效，中國女子自當不應後人。故特發起此一組織，作爲女子參政的憑藉。爲了達到此一目的，該會的活動最初頗爲積極。首先由林宗素代表女子參政同志會晉謁臨時大總統孫中山先生，陳述女子參政意願。當蒙中山先生面諭，俟國會正式成立，女子當有完全參政權。並承認中國社會黨女黨員，可代表全國女同胞之要求㊁。接着，中國社會黨又召開一次談話會，報告女子參政權及參政同志會成立的經過。強調女子參政應以預備政治學識爲必要，男女黨員當竭力維持法政講習所，庶免將來蹈名不符實之弊。同時並請陳布雷、劉翰、李懷霜、林宗素及盧梅村等演講社會主義。惟以次年同盟會員張漢英與唐羣英、王昌國等在南京發起「女子參政同盟會」，該會勢力分散，以後的活動遂不再顯著。女子參政同盟會成立於民國元年三月八日，以實行男女平權、普及教育、改良家庭習慣、禁止買賣妾媵、實行一夫一妻制度，和禁止無故離婚等爲宗旨，除南京本部外，並於各省成立支部，勢力頗爲可觀。後雖與神州女界共和協濟社一度合作，但不久又分道揚鑣各行其是，並擴大而成爲「中華民國婦女聯合會」㊂。

神州女界共和協濟社成立於民國元年三月十六日，該會由張昭漢（默君）與伍廷芳夫人所聯合發起。張昭漢時任上海神州女學校長，兼任上海女界協贊會的總幹事。當中山先生就職爲臨時大總統後，她曾兩次晉謁。一在民國元年二月一日，偕同程穎、唐羣英、陳鴻聖等四人，代表上海協贊總會及神州女界共和協濟社呈獻捐款五千餘元。同年二月十日，她又與程穎二人再度晉謁，呈獻捐款萬元。中山先生甚爲嘉許，特爲復函女界協贊會致謝。勗勉該會與神州女界共和協濟社「聯合爲一，擴充團體」，俾使相得益彰㊃。協贊會與協贊社本有合併之意，嗣得中山先生鼓勵，且以現實需要，乃決計擴大範圍，「聯合女界團體，組織大會」，而於三月三日正式以「神州女界共和協濟社」的名義，上書於孫大總統，提出女子參政的要求。由以下所言，可知該會成立的動機所在：

某等竊思，共和國既建設矣，國內必無不平等之人。男女平權，無俟辭費。此番改革，女子幸能克盡天職：或奔走呼號，捐募餉糈；或冒槍烟彈雨，救護軍士；或創立報章，發揮共和，鼓吹民氣；或投筆從戎，慷慨赴敵。無不血誠忿湧，視死如歸。俠腸毅力，莫讓鬚眉。其於祖國，愛而能助。此固神明華冑應具之美德，要亦先生數十年來苦心提倡，化人以道之所致也。

繼言該社當前所定之工作，擬從培養婦女本身之知識與能力着手。普及教育，研究法政，提倡實業，藉期「養成共和國高尚純全女國民爲宗旨」。再次則言，決定先行創辦女子法政學校及發行共和日報，以爲將來參政之預備，懇請大總統予以經費補助。最後尚請總統賜予贊成，於參議院存案，俾國會決議時，爲女界預留傍聽及參政一席，俾便數載之後，女子之政治知識既具，資格已滿，再行參政。「國計民生，人人有責，政界多才，罔間笄弁。倣歐美之雄圖，開東亞之曠典，惟先生宏此遠謨焉。」

此次聯名上書的婦女頗衆，大都爲京滬一帶名流顯宦、工商鉅子的夫人，以及婦女團體、女子學校的領導人物。如同伍廷芳夫人、唐露園夫人、張靜江（人傑）夫人、吳懷疚夫人、鍾文耀夫人以及吳芝瑛、程穎、張昭漢、陳鴻璧、唐羣英、張漢英、湯國梨、楊季威、陳擷芬、沈佩貞等都是一時知名之士。總計共達一百一十人，可謂聲勢浩大[24]。中山先生對之甚爲重視，除允撥五千元補助其辦理女子法政學校及共和日報外，並特優書褒勉。如言：

來書具悉，天賦人權，男女本非懸殊。平等大公，心同此理。自共和民國成立，特合全國以一致進行。女界多才，其入同盟會奔走國事百折不回者已與各省志士媲美。至若勇往從戎，同仇北伐。或投身赤十字會，不辭艱險；或慷慨助餉，鼓吹輿論，振起國民精神，更彰彰在人耳目。女子將來之有參政權，蓋所必至。貴社員等才學優美，並不遽求參政，而謀聯合全國女界，普及教育，研究法政，提倡實業，以協助國家進步。願力宏大，志慮高遠，深堪嘉尙。㈤

神州女界共和協濟社既獲孫大總統的大力支持，其活動乃更爲加強。三月五日，復發表宣言，重申男女平等之主張，呼籲女界努力自勉：

啓者，民國創業，世界風雲一變；共和成立，國民之責任彌重。我國女子自古習於深閨，國計民生，從不與聞。而今時移勢遷，無分男女，爲共和國之國民，即無論男女皆當盡共和國民之責任。我女同胞當如何奮自策勵，勉盡厥責！

繼述該社成立之經過及其動機：

邇者國內諸姑娣妹熱心創立會社，以爲國家之贊助者大不乏人，然都各樹一幟，各不聯絡。夫事分則力弱而難成，羣則力厚而易舉。我女界事業，乃屬初辦，尤當同擎共舉，庶事易成而進步速。同人等糾集群力，組織本社，合女界各團體，協力進行。以聯合全國女界，普及教育，研究法政，提倡實業，養成共和國完全高尙女同胞爲宗旨。

同時，並決定將其內部之組織擴大，於會長、副會長之下，設立六個部門，分別負責。㈠總務部——主持全社要務；㈡教育部——於各省設立女子小學、中學、高等學校；㈢法政部——創設女子完全法政學堂，爲參政之預備；㈣實業部——招集鉅資，與辦女子當敎之種種實業；㈤編輯部——刊行日報及雜誌；㈥財政部——經營本社之財政。署名此一宣言者爲臨時社長張昭漢（默君），及伍廷芳夫人。由此可見其理想之高遠，及規劃之宏大。

三月十六日，該社舉行大會，正式宣告成立。除由主席張昭漢報告會務，並有來賓十餘人演講，情況頗爲熱烈。在組織方面，此次的人事頗費一番功夫安排。名譽社長由孫中山夫人、伍廷芳夫人以及吳芝瑛、劉青俠四人擔任，而以孫夫人盧慕貞女士居首。社長則爲張昭漢與楊季威，教育部長爲錢新才與程穎，實業部長爲陳鴻璧與周鑄青，編輯部長爲唐羣英與湯國梨，法政部長爲陳漢英與任雪航，財政部長爲唐令鈴與粱卿，實在已盡各方延攬之能事。至於以臨時大總統夫人出任名譽社長，自對全國更有號召力量。

在這一次大會上發表演說的，以吳稚暉（敬恆）所講的「女子之應有參政權」，最爲精彩動人。他認爲男女本無所謂不平等，推測之，皆由一般父兄無意中所造成。因女子體質弱者多，故爲父兄者所愛惜，不令其任費心力之事。以後相沿成習，遂視女子爲無能，而養成男子專利之性。又以爲參政之事爲「不必爭而必有之事」。試觀革命事業，不十年而卒底於成，故女子之有參政權必有此一日。「而要知今日民國既創，無論男女皆當自存主人翁之心，既主人翁矣，則安有不顧問家事者乎？……」不過，吳氏也以爲女子應當多加學習，以作參政的準備。同時並勸女子參政至議會而止，「勿作官吏」，蓋以女子所要求者「非以爲官吏之貴，乃盡主人翁之天職耳。」㊅

尤其值得注意的是，在這次大會上，大多數的人都特別強調「要求參政權，須堅忍，不可浮躁。」而主張採取和平漸進的方式，以策進行。可是，不料却因臨時約法的公布，明顯的對於婦女參政加以限制，而引起了一連串的政治風波。

三　第一次參議院請願之受挫

武漢起義後，各省代表原於十月十三日（十二月三日）議決一個「臨時政府組織大綱」，作爲成立臨時政府的張本。該一大綱僅有廿一條，關於人權等規定，皆闕而不詳。兼之又有「國會召集限期六個月」的規定，在時間上亦有所不及，故不得不提前加以修訂。於是大總統乃於民國元年一月三十日將「中華民國臨時組織法草案」，咨送臨時參議院。該草案共有五十五條，較之臨時政府組織法頗爲完備。其有關人權部分，在第二章第五條內，亦有「人民一律平等」的明白規定。不料當臨時參議院將此一草案修訂，而以「中華民國臨時約法」之名義，經由孫大總統於三月十一日公布時，却將「人民一律平等」一條改爲：「中華民國人民一律平等，無種族、階級、宗教之區別。」㉗神州女界共和協濟社中人，原期將女子參政之事，由總統贊成之後，咨送參議院存案，「俾國會決議時爲女界預留旁聽及參政一席」，以俟數載後，女子之政治知識已具，資格已滿，再爲實施。不虞，參議院却竟將此一希望抹煞，乃頓使她們大感失望，因而不得不起而力爭。

此次奮起力爭的是由協濟社中一些激進份子所組成的「女子參政會」，或「女子參政同盟會」。其中最主要的人物計有唐羣英、張義英、張昭漢、王昌國、徐清、陳鴻璧、林宗素、蔡慧、胡堅、張嘉蓉、童文姮、裘貴仙、周文潔、程穎、岳㘿、施瑞山、周其永、葛文媛、沈佩貞、李俊英、張雀賓、沈明範、陳瑛、王道宏、李思賢與吳木蘭等二十六人。她們所採取的第一個辦法，便是再度上書於孫大總統，表示異議。她們認爲：

㈠中華民國臨時約法雖屬臨時性質，却與憲法具有同等之效力，亦卽將來成文憲法之張本。國家組織，人民與政府之權利義務，豈可輕易出之。苟有疵戾，實非國家之福。

㈡第二章，第五條云「中華民國人民一律平等」，已明言凡爲中華人民均須平等，何必再加種族、階級、宗教等「解釋之語」？否則卽難免有「狹小條文」之意。

㈢查我國於種族、階級及宗教之外，尚有男女不平等之事。「列舉」既有未賅，則不如僅以「概括」的規定爲愈。

㈣竊以立法者之意，「既以一律平等之言欺人耳目，復懷鄙吝之見而爲限制之辭。」是則司馬昭之心，路人皆知，毋庸置疑。

㈤夫女子之要求參政，已一再上書於參議院，求其將女子與男子列爲一律平等，並明白規定於臨時約法之中。今參議院「不獨不爲積極的規定，反而積極的取消。」是顯欲與女界爲意氣之爭，而不服求義理之正。女界豈能緘默！

因此，她們乃要求參議院對於約法第五條再加修訂：或者删去「無種族階級宗教之區別」一語，以爲將來憲法上預留餘地；或者於種族、階級、宗教之間，添入「男女」二字以昭公允。參議院可就以上二者任擇其一。同時她們也希望大總統引用約法第五十五條之規定，「約法增修之事，有臨時大總統之提議。」將此議咨送參議院。㉖

書上，孫大總統尚未及批覆，女子參政同盟的代表們便開始採取另一行動，再向參議院請願，並因此而與參議院衝突。根據各方的報導，其情形約如下述：

三月十九日，唐羣英、張漢英等十餘人，以會客爲名進入參議院議場，要求准將女子參政權列入約法之內。當經議長林森婉言解釋，告以現在約法乃係臨時性質，關於女子參政權問題最好俟國會成立後再議。唐等不服，仍與林激辯不已。並以「惡言抵觸，大肆咆哮。」最後不歡而散，未獲結果。

三月二十日九時，唐羣英等又到參議院，求見林議長，未能如願，極表憤怒。於是乃採取暴力手段，擊破參議院玻璃窗等物，歷時五六小時方爲散去。其間有一警衛企圖向前阻止，爲諸女踢倒於地。

三月二十一日，唐等再結隊赴參議院，以該院已採防範措施，戒備森嚴，不能入內。乃轉往總統府再度求見孫大總統，請將此案向參議院提出。孫大總統當即允許代向參議院斡旋，並令其二位女公子金琰、金琬陪同前往。適以此時北京某報代表陳紹儀正在總統府，亦自願與之偕往。參議院至此方允女子參政同盟會再提一呈，以便考慮。

三月二十五、六日，女參政代表爲爭取支援，又曾前往總統府，求見新任國務總理唐紹儀，惟兩次均未能得見。

三月三十日，唐羣英又率女同志數人闖入參議院，堅請修改臨時約法，「大肆咆哮，勢將用武。」議長急喚衛兵戒備。唐等始悻悻而去，臨行尚有人聲言：「若不容許，必訴武力。」不過經歷此番衝突之後，參議院之態度已大爲改變，由同情而決意反對㊷。於是，第一次參議院之請願，至此遂陷入僵局。

竊以女子參政同盟份子之意，本擬憑藉孫大總統的同情與支持，會員的一再請願，一舉而使南京臨時參議院將臨時約法中對於女子參政不利的條文加以修訂。不料，事與願違，反而愈鬧愈僵，終未達成目的。此固由於問題複雜，不易解決。然亦與時局具有相當的關係。一以中山先生已於二月十三日向參議院辭職，薦袁自代，行將於四月一日解任，自然未便再向參議院多所提案。再以臨時參議院將於不久之後北遷，行色匆匆，亦無意將此問題多所討論。更何況當時的輿論對於女子參政一事，反對者多於贊成者㉚。臨時參議院對於民意自亦不能置而不顧。再者，卽令當時若干同情女子參政的人士，亦對女子參政同盟會之採用暴力行動，覺得稍嫌操切。如在當時的上海時報便曾發表評論，認爲此事儘可從容討論，不必急於求成。其進銳者，其退速，「宜持之以漸，而守之以固。」㉛甫從歐洲返滬的章行嚴（士釗）夫人吳弱男女士，也隱約的對之不以爲然。認爲中國婦女的參政程度畢竟不足。她說：「試問二萬萬女子中，能解參政作何意者，能有幾人？」故「今日女子非不得參政之爲患，而不知所以參政之爲患；非男子吝參政權不與之爲患，而女子獲參政權如石田不可耕之爲患。」因此，她建議吾國之女同胞應先謀教育普及，然後再徐言參政。並言：「參政之原則無可反對，參政之條件則不可不自嚴也。」㉜唯一值得告慰的是，全英的急進女子參政團——女子社會政治聯合會，却居然於此時自萬里之外，來電慰問。勉其開「世界女子之新紀元，作全球文明各國之模範。」㉝無形之中給予中國女子參政同盟份子以莫大的鼓舞。而遠在北方的順天時報，也有人對於女子表示同情。認爲彼等雖於一時不能爭到參政之權，可是由於男女平權之說日甚一日，將來女子參政權亦可能出現於中國，社會之進化，殊難預料㉞。

四　女子參政權之論戰

光復後的婦女各種活動，已經引起言論界的日益重視。除密切地注意其發展之外，並對婦女未來之地位有所論及。尤以革命黨人于右任等在上海所創的民立報，經常出現此類消息。大聲昌言「將來世界女國民得干政，或自中華始。」「二十世紀共和民國之舞臺，儘有一席地為女國民立足，凡我二萬萬女同胞其共勉之。」[35]該報記者徐血兒尤先後為文，力申男女平權之說。指出男女不平等乃中國最大之惡習，扶植女子使與男子立於平等之地位，實係「天經地義所宜然而無可訾議之舉。」因此呼籲女界賢哲先進，宜有根本的倡導，而拯救我二萬萬同胞於劫運[36]。民國元年三月，當英國婦女因要求參政不遂而發生暴動之時，適我國女界亦正為參政問題向參議院請願。於是又有署名為「少白」者，於該報發表評論。謂吾國女子今亦要求參政權，女子之可否參政及能否參政，吾不具論，所欲言者，則女子之境遇極為黑暗。近以思想之發達，而要求參政權力之平等。吾輩論此，當以「愼重之態度，緻密之研究。不可徒以冷笑置之，使其不平益甚，而以纖弱謀暴動，以禍社會也。」[37]不過，該社之中也有人對於婦女同情，而對女子應否參政及能否參政表示懷疑。如署名為「空海」者，即曾公然提出此一問題。他說，女子要求參政，雖為中國數千年來未有之創舉，古今中西之一大變動，凡治人類學、社會學、政治學、法律學者皆不可不急加注意。但女子之是否宜有參政權，實不能令人無疑。接着他乃舉出三點疑問：第一，不得不考察男女之程度。第二，不得不研究男女之特性。第三，不得不計及社會之秩序。他以為就第一點而論，當前女子之知識能力殊嫌不足，故不宜有參政權。就第二點而論，男子居外，女子居內，特性不同，出於天演，不可違反。就第三點而論，國家得以生存發達，在於社會秩序鞏固，而家庭又為社會的基礎，必有以維持家庭生活，而後始可使社會秩序鞏固。如果女子參政，勢必導致社會秩序的紊亂，而「人道亦幾乎熄矣。」[37]

此論一出，隨即引起婦女界的廣大回響。十餘日間，反駁者與同情者，連篇累牘，紛至沓來，計不下數十函㊳。同情者可以張紉蘭、張孝芬、李淨業等爲代表；反駁者可以楊季威、朱綸、姚蕙、陳喚興、張漢英等爲代表。張紉蘭本身即爲婦女之一，而又曾遊學於所謂「最講平等自由之美國」，且間涉獵乎「近世各國法政之概要」。因此，她的支持頓使空海之說爲之一壯。她說她實在不敢盲從於上海參政諸人之後，「以逞其炎炎不慚之大言，而演其光怪陸離，非中非西，非男非女，非僧非尼之異象。」因爲在她看來，女子應盡之天職，實較男子爲尤繁且重。一切家政，朝夕兢兢，夜以繼日，猶恐不足，尚有何暇，以與肉食者角逐於政治之林？故不用說女子之知識程度不足，不宜於參政；即令人人讀書識字，可與男子平等，亦不可有參政權。再者，以往僅有男子從政，已使政治烏煙瘴氣，若再益以女子，「狐媚蠅營，愈出愈奇。」將來之害，豈可勝言！因此，實不如仍以男治外女治內爲愈㊴。可是由於反駁派方面的楊季威是上海神州女學的教務長，陳喚興爲留美的醫生，張漢英爲留日的師範生，又係同盟會員，自亦不甘示弱。她們不僅對於空海的三點懷疑，分別從生理、心理、社會習俗、歷史實例，以及法理人情、時代趨勢等方面，逐條駁斥。並對張紉蘭之身爲女子，非特於參政運動不加支持，反而提出相反的論調，亦覺憤慨。張漢英在答覆張紉蘭的公開信中如此表示：她說當此女權頹落積重難返之餘，「攄同舟共濟之心，以復天職人權之舊，猶懼爲積威所劫，艱鉅難勝。今乃各騁舌端，互相訾謫，沉沉女界，寧復有光明之一日耶！」㊵

這一次論戰固然是以空海的三點懷疑爲中心，可是也由此而引起婦女界本身之爭論。其一是：女子之品德與參政關係。張紉蘭、張孝芬、李淨業等都對上海若干女子之私德不檢，奇裝異服，表示不滿。對於所謂「無夫主義」，他們尤其深惡痛絕。謂其破壞人倫道德，莫此爲甚。張孝芬並直接指出參政同盟會中亦有人在。李淨業也問道：「以如此之人格，而欲倡導英美未行之大事，得不爲齒冷乎！」[41]於此可見，傳統的道德觀念在一般新女性的心目之中，是何等的根深蒂固，受到重視。其次是女子參政與做官問題。學而優則仕本是中國的古老傳統，但官場中的鉤心鬥角，鑽營奔競，常予人以政治是罪惡的印象。以爲男子做官尚可，女子決不適於此道。吳稚暉嘗勸女子可做議員，不可做官。章兆彥、章兆廉在上海創辦女子進德會，不僅不要女子做官，甚至連「做議員」亦列爲禁條[42]。在這一次的辯論之中，李淨義反對女子做官最烈，斥之爲「好釣虛名，圖營私便。」具有以官爲樂的劣根性。又說女子參政權之爭，幾與昔之「爭誥命」無二。今者共和既立，公僕之名已爲天經地義，女界之有志者，可作可爲之事正多，「又何必斤斤與男子爭此權，必獲之而後爲得乎！」[43]

這一次以民立報爲壇坫的女子參政論戰，自民國元年二月廿八日空海發表三點懷疑開始，到三月廿四日李淨業之反參政一文刊出爲止，前後計有一月之久。針鋒相對，辯論激烈，實爲往昔所未有，誠可謂民初女子參政運動史上一件大事。不僅反應女子參政與反參政之爭，也可看出傳統思想與近代思想的矛盾。平情而論，此次反對女子參政者的論據殊嫌不足，而贊成女子參政者的反駁，却顯得振振有詞。蓋因天賦人權，男女平等之說，既爲世界所公認，則女子之應有參政權，實難加以否認。尤其是在中國，專制既然傾覆，民國又已建立，則女子之起而要求參政實爲理所當然之事。誠如張漢英之所言：「吾國政治革命既導於前，社會革命自踵於後。」[44]至如張紉蘭、張孝芬等人所指之私德問題，言之固屬正確。但女子生活浪漫者畢竟不多，決不能因少數人私德之不檢而剝奪全部婦女的參政權。再如女子之應否做官問題，也值得探討。很顯然的參政權與做官爲二件不同的事，要求參政並不一定要求做官。同時，女子做官後，政治亦並非必然地變得更壞。吳稚暉雖曾勸告女子不可做官，但對女子做官即會使政治產生不良後果之說，却斥爲「謬論」㊵。他如李淨業所說要求參政權即是熱心想做官。男子既可做官，女子做官有何不妥？女子做官如係發揮才智爲社會服務，又何至於使倫紀破壞？凡此均可看出反對女子參政者仍爲傳統思想及世俗觀念所囿，對於女子在新時代中所扮演的角色，尚無一個正確的瞭解。不僅一般的男子如此，即使受過新式教育或留學國外的女子亦不能避免。

五　同盟會內部之爭議及女子參政會之分化

㈠同盟會內部關於女子參政之爭議：雖然女子參政同盟會在第一次參議院請願時，慘遭敗北，而輿論界對於女子參政的意見又極紛歧，可是若干積極份子却並未因此而氣餒。誠如她們在復英倫女子政治及社會聯合會的電文中所說的：「誓以死力達目的，速改約法條文。不達目的，決不停止。」㊻同年四月初八日，各省同志在南京召開聯合大會，由唐羣英報告開會宗旨，張漢英宣布政綱，王昌國演講教育平等，吳木蘭講女子一時不能參政的理由。其他上海同志會等處的代表蔡漢俠、周其永、王浩宏、李堅復等亦相繼發言。前北伐隊司令沈佩貞並力言女界應破除成見，聯絡各國團體，以收競爭之實效。最後始由王昌國宣布閉會，發表宣言。聲明「本會成立，必須達到女子參政之目的而後止。」㊼會後他們隨即聯袂北上，爲爭取女子參政權再作努力。不意到了八月間，竟因同盟會內部對於女子參政之事意見不一，而引起兩次的糾紛。

一在八月十三日，是日午後一時同盟會本部開會選舉國民黨事務所幹事，女會員唐羣英、王昌國、沈慕貞等亦到會。以五黨合併宣言政綱中將前同盟會主張男女平權一條删除，大興問罪之師。宣布該一政綱未經女會員認可，決不承認。同時，王昌國則直至前臺扭打主席宋教仁。謂其「太看女子不起，今日特為二萬萬女同胞出氣。」宋氏答稱：「此係全體會員決議，非主席一人所得而私！」王又大罵，以致會場秩序大亂。後經張繼勸解，允候孫中山先生到會，再行商辦，各女會員始行離去[48]。

一在八月廿五日，是日國民黨在北京湖廣會館召開五黨（同盟會、統一共和黨、國民共進會、國民公會、共和實進會）合併大會，並歡迎孫中山先生，選舉理事，仍由宋教仁主席。不意女會員唐羣英等又因國民黨綱無男女平權一條，辜負昔日女同盟會員之苦心為辭，對於宋教仁加以毆打。唐羣英並於同時發表演說，謂國民黨政綱中删除主張男女平等一條，實為蔑視女界，亦即喪失同盟會舊有之精神。因此要求鄭重道歉，並於政綱中加入此條。是時主席一職已由張繼臨時代理，乃將此議付衆表決。結果，以贊成者僅止少數而無效。[49]

當唐羣英毆打宋教仁之消息傳出後，一時輿論大感驚異。某報記者且以「新紅樓夢」為題，繪聲繪影對於宋氏譏諷備至[50]。實則在宋氏「代草國民黨之大政見」內，雖無女子參政之語，但在第八「振興教育」一條裡却明言：「亟應振興法政教育、工商教育、中學教育、中小學師範教育及女子教育，以增進女子知識，發達女權。」[51]可是由於同盟會此時將與他黨合併，而同盟會的「主張男女平權」一條，又為當時的他黨所難容。為了「適應社會積習，減少不必要之阻力，」實惟有出於妥協之一途。宋氏手腕靈活，具有政治家調和之能力，不意竟為其同鄉女將不諒解，殊為始料所不及[52]。尤有進者，不僅宋教仁如此，即國民黨之二大領袖孫中山及黃克強兩先生，亦覺女子參政權宜暫作緩圖。在中山先生親筆寫給同盟會女同志的一封信中，便曾爲宋敎仁辯護。指出：「黨綱刪去男女平權一條，乃多數男子之公意，非少數可挽回。君等專以一二理事人爲難，無益也。」[53]於國民黨成立大會演說時，他又以爲此時國家多故，險象環生，「男女平權，惟當暫緩提出。」黨人如不同心協力，鞏固民國，男子亦將無參政權，何況女子？何論平權？女同志應從基本做起，發起女子團體，提倡教育，使女界知識普及，決不要依賴男子，代爲出力，以免爲男子所用[54]。黃克強早年曾於湖南開辦女學，對於婦女向表同情，但此時也以爲女子參政宜從根本解決，「即女子有參政之知識者也。」因特勉以實業敎育養成女子獨立之生活，預作參政的基礎。結語並言：「人類進化，男女平等，故參預政治，爲人類之天賦人權，不能軒輊於其間。」[55]

㈡女子參政會之分化：前曾言及，南北議和之後，女子之參政團體成立者頗多。民國元年之初，張昭漢、唐羣英等爲擴大組織，協力進行，因而有神州女界共和協濟社（後刪去共和二字）之產生。嗣以參議院於修訂臨時約法時，將女子參政權加以限制，一部分急進份子乃另組女子參政同盟會，繼續奮鬥。神州女界協濟社至是乃呈現明顯的分裂：一主緩進，不亟亟於參政權的爭取，僅從女子之敎育、生產等方面着手，藉期培養女子參政之知識與能力，而爲未來參政之準備。一主急進，主張爭取立法與敎育生產同時並進，要求參議院於憲法制定前，將女子之參政權加入於臨時約法之內。緩進派可以神州女界協濟社的領袖張昭漢（默君）及楊季威等爲代表；急進派的領袖則有女子參政同盟會的唐羣英、張漢英、王昌國、吳木蘭、沈佩貞等人。雖然她們大部都是湖南人，而且又是同盟會的會員，可是對於女子參政的思想與態度却是互異，實爲一堪值玩味的問題。分析起來，自與其家世、敎育、天性以及環境具有密切的關係。張昭漢是湖南湘鄉人，出生於官宦之家，書香門第。父曾督辦兩江學務，母善長詩文，自幼即受良好的古典薰陶。其後又先後肄業於上海的務本女校師範科、聖約瑟女子書院文科，接受新式的教育。頗能中西兼通，新舊交融。辛亥前經黃克強介紹，參加同盟會活動。革命後協助蘇州光復，創辦江蘇大漢報，出任上海女界協贊會總幹事，與唐羣英創立神州女界共和協進會，設立神州女學，發刊神州女報，可見其才幹與理想[36]。可是自從她出長神州女學後，她的態度却日趨於穩健。雖曾列名於女子參政同盟會，並未參與其活動。此固由於其校務繁忙，但亦以其思想與女子參政同盟會諸人有所不同。激進派的領袖唐羣英等却屬於另一類型。唐羣英是湖南衡山人，張漢英、王昌國是醴陵人，她們都是清末時期由湖南省保送到日本的留學生。唐羣英與張漢英在東京實踐女學堂的師範科，王昌國在同一學校的工藝科。當時年齡都是廿八、九歲[37]，可見所受其鄉土的影響較深。當一九〇五年同盟會在東京成立時，唐羣英即與林宗素、張漢英、吳木蘭、王昌國等加入，唐羣英、吳木蘭並學製炸彈。辛亥革命發生後，唐羣英與張漢英又組女子後援會，吳木蘭等則組女子經武同盟會及同盟女子經武練習隊、中華女子競進會。均曾活躍於一時。唐羣英為人亢爽，短而微胖；張漢英體格岸偉，個性剛強；二人志同道合，形影不離，相處最佳。從他們的表現，可以看出明顯的湖南性格，是即「凡事認定一個目標，勇往直前，不計成敗，不稍更改」。故這種性格也有人稱之為「不信邪」的「騾子脾氣」[38]。沈佩貞是浙江人，也是同盟會會員，辛亥時曾組女子尚武學會，擔任女子北伐隊司令，性直體健，與唐羣英、林宗雪（女子北伐隊長）號稱為力爭參政權的「女三傑」[39]。

緩進派與急進派的對立，等到萬國女子參政同盟會(The International Woman Suffrage Association)美籍會長嘉德夫人(Miss Carries Chapman Catt)訪華時更為明顯。嘉德夫人一行，於民國元年八月卅一日自菲律賓啓程前來中國，先後訪問上海、南京、天津、北京各地，至九月底始行離去。先後在華幾達匝月，所至皆與解古柏斯博士（荷蘭支部長）、斐恒夫人（秘書）發表演說，深受中國女界的廣泛歡迎㉔。可是，緩進派與急進派對其反應，却不相同。張昭漢對於嘉德夫人之說力加讚美且表同意。認爲「中國現尚爲一極新之共和國，財政困難，教育落後，女子極宜協助政府，以求應付，至於參政問題『尚屬一小部分』。」又以爲吾國現正面臨一個四萬萬同胞之存亡關頭，土地雖大，然四邊告警，滿藏蒙皆危急，「國土不能保全，則人人雖有參政能力，亦無所用之」。故吾人極應爲國出力，克盡吾人之義務，然後始可再得權利。嘉德夫人言中國女子欲爭參政第一要提倡女子教育，「予最爲佩服」。今以少數有智識女子與多數有知識男子相比，本覺自慚。「故吾人宜反躬自省，從根本上着手，養成實力能力。凡男子所知者，吾女子無不知；男子所能者，女子無不能。則要求參政，男子亦無所藉口。」最後並謂，嘉德夫人所言，英國要求參政，以激烈爲手段，美國出於和平。故英國所得者甚少，而美國則大著成效。此一先例，實可作爲吾女同胞「最良之模範」㉖。可是相反的，急進派對於嘉德夫人之言却不如張昭漢那麼熱烈響應。沈佩貞雖對嘉德夫人等推行教育，發達實業，養成女子獨立謀生之能力，不完全仰賴男子之說，表示同意。但也以爲民國之成立，女子亦曾貢獻其力量，並非全屬男子之功。「去歲革命時，既未嘗以我等爲女子，而摒於革命同志之外。豈今日共和告成，我等女子即不能享受共和之幸福耶！」又以爲如果今日不能速達參政之目的，即當對男人採取一種手段。即：「未結婚者，停止十年不與男子結婚；已結婚者，亦十年不與男子交言。」傅文郁也說：黃克強先生前言女子參政宜從根本解決，即女子有參政之知識是也。斯言固善，可是今日外國新來之三代表何嘗不從根本解決而有參政之知識？乃要求已廿年之久，今日尚無影響。以此推之，我等即如黃先生所言，效果不過如是。況我等今日即欲從根本解決，而一言法政學堂，阻之者即謂：「女子尚無參政權，何得遽學法政！」欲先得參政權，而後學法政，又不可。然則「我等女子不將終古無參政權耶！」故我等今日之所以積極進行者，實欲於憲法未定以前，早作運動，冀收效果。否則，若憲法既定，我等雖欲運動，深恐已遲[62]。

由上所述，可見兩派各有立場，各有理想。一主採取美式，一主採取英式，殊難謂其孰是孰非。然而無論如何，她們對於女子參政權的發展，都有一定程度的推進作用。

六　第二次參議院請願及其遭受否決

自從女界聯合會於四月在南京成立，並決定北遷後，女子的參政運動即發展到另一階段。由於此時的活動中心，已由京滬而轉移至平津，北方風氣較爲保守，進行益發困難。六月間，參議院擬定選舉權法草案，規定男子若干歲有選舉權與被選舉權，而置女子於不顧，即是對女子參政的一個明顯打擊。雖經唐羣英等人上書力爭，並由八位國民黨及民社籍的參議員平剛、林森、劉成禺、歐陽振聲、張伯烈、劉彥、彭允彝、李國珍的介紹，可是到了七月二十日參議院討論國會組織法時，却依然未曾受到應有的重視。除了一位河南籍的代表杜潛於論及蒙藏人的選舉權時，附帶將女子參政權之事提出，並以該一問題不在討論範圍，而作罷論以外，其他人根本即未注意[63]。及至國會組織法及參議員選舉法先後公布，都明白地規定，僅有中華民國的男子始有選舉權與被選舉權，而女子則付諸闕如[64]。八月十五日，北方女子聯合會代表張壽松又曾向參議院請願，要求該院於國會選舉法內加入女子得有選舉權與被選舉權一條，惟參議院則以在南京時，此一問題業已提出於大會，並經議決俟國會成立後再行解決。今者國會尚未成立，該院實不能以其要求，重行討論(六五)。廣東省臨時省議會內的女代議士們，對於參議院的決議，尤表不滿。咸謂參議院此舉顯爲壓抑女界。廣東省於民國成立後即予婦女以參政權，絕不應昨是而今非，再行剝奪。故於九月十八日的省議會中，特向參議院要求修正(六六)。經過婦女界的再三請求，參議院始允將唐羣英之請願案列入議程，而於十一月初六日進行研討。在此次討論會中，贊成女子參政者計有彭允彝、陳家鼎、覃振（均湖南籍），以及江辛（安徽籍）等四人，反對女子參政權計有王鑫潤（甘肅籍）、杜潛（河南籍）、李素（山西籍）、李槃（直隸籍）、李國珍（江西籍）等五人，幾可謂旗鼓相當，贊成者以爲在理論上女子宜有參政權，與約法並無違背之處；反對者以爲此案在南京時業已議決，俟國會成立時再議，此時實不應再行提出。雙方唇槍舌劍，熱烈爭辯，會場秩序曾經二次混亂。最後始由吉林籍代表楊策提請表決。結果，贊成者僅有六票，以致第二次參議院之請願又遭否決，急進派的活動再度觸礁(六七)。從表面上看來，此次的爭論，贊成者似以南方人爲多，而反對者多爲北方人。實則由表決結果，亦可知不贊成者實居絕大多數，而無南北之差別。在這些人裡面，頑固守舊之徒固不在少數，而開明與遠見之士亦甚多。彼等雖亦同情婦女，認其應有參政之權。但總以爲其知識能力不足，時間尚未成熟。例如河南籍的代表杜潛，便曾在討論國會組織法時認爲婦女應有選舉權。但在討論唐羣英請願案時，却持反對的態度。湖南籍的代表彭允彝，於討論唐羣英請願案時，一再發言，對於女子選舉權問題加以支持，然亦謂時間恐有遲速問題(六八)。此種知識分子的心態，亦可由萬國女子參政會代表在中國所獲得的一種觀感看得出來。嘉德夫人等幾乎一致認爲，中國的男子是愛好公理與自由的，對於女子參政之事，非僅不加阻止，反而力加援助，此實爲世界各國（包括歐洲在內）之所無者。因而預言：「中國女子或可先於世界爭得參政之權，爲各國所不及」㊄。我國儒家的教育原以人文與人本爲基礎，中國知識份子的此種開明達變而不固執成見的思想實乃由於其長期薰陶漸染，不知其然而然者。中國男子之不堅決反對女子參政或可由此作一詮解。

陳東原於其「中國婦女生活史」一書裡說，民國初年的女子參政同盟在向參議院請願失敗後，旋即歸於平靜，實則並非如此㊆。三十餘年來，中國的女子參政運動，非獨未曾停頓，且一直呈現波浪狀的方式進行。經過民國元年的高潮，而有第二次革命後的消沈；再經民國六年的起伏，而有民國八年五四時期的高峯。民國十二年，北京公布的新憲法，雖無女子參政和男女平等的明文，可是至民國十七年北伐完成後，女子參政運動却又擡頭。民國二十年五月，召開國民會議，制定訓政時期約法，已允婦女有選舉權與被選舉權，雖仍等待憲政時期方可享受，但是女子參政總算實施有期，光明在望㊇。民國三十六年，中華民國憲法公布，除於第二章第七條內規定：「中華民國人民無分男女、宗教、種族、階級、黨派，在法律上一律平等外，並特於國民大會及立法院中，訂有婦女保障名額。環顧世界各國，婦女參政權之獲得，或歷百餘年，或歷數十年㊈，而中國婦女却僅於三十五年內即可與世界各國並駕齊驅，此固由於世界潮流之發展，婦女知識之進步，要亦與中國國民黨領袖人物之開明融通，同情婦女，贊助女權，並以政黨的組織力量予以支持，具有密切的關係㊉。

七　結論

女子參政運動，基本上是一個社會運動，我國過去二千年的社會是個以男權爲中心的社會，一切經濟、法律、道德、教育等，無不掌握於男子之手，對於兩造的觀念，無處不存尊卑高下的二重標準。而相沿既久，婦女亦安於現狀，深信不疑。及至近代以來，由於時代的變遷，思想的發達，「人」的正確概念亦漸爲多數人所認知。而人與人之間的相互關係也有了新的改變。於是一般知識婦女方因自覺意識的產生，起而要求女性的解放，蔚成近代的一股新興的潮流。

我國由於在滿族專制的高壓政策之下，漢人得不到平等與自由，清末婦女的解放運動，也以反滿洲及反專制爲前題。至於女子本身的種種權利，僅不過限於反纏足、反蓄妾以及要求教育及繼承權之類的問題，對於參政之事並未涉及。及至革命成功，滿清推翻，政治革命獲得初步的勝利。婦女們方將參政權的要求提出，因而引起政治上的軒然大波。民國成立以後，政治革命雖然成功，但社會革命則尚待開始。而社會革命却較政治革命困難不啻倍蓰。蓋以任何社會均有其歷代相傳下來的各種風俗、信仰、生活習慣乃至若干心理的成見，此牽彼連，盤根錯節，絕非於旦夕之間所可改變㉔。我國的社會在長期封建制度的桎梏之下，男尊女卑的觀念本已牢不可破，兼以婦女本身受教育者太少，智識不足，而且又無獨立謀生的能力，故欲打破男女不平的界限，實爲艱難萬端。何況民初「擬男主義」的盛行㉕，急進派的憑藉暴力，也使一般男子望而生畏。因之不僅社會人士多不贊同，即在民初三十五個主要的政黨之中，將「男女平權」列入政綱的亦惟有同盟會、統一國民黨及中華民國競進會三黨㉖。不過民初的女子參政運動亦有其歷史的價值。它至少可以使世人知道中國女子不再像從前那樣的馴服，並且已能唾棄千年的陳舊陋習，而成爲啓蒙時代的先驅㉗。五四運動以後，新文化與新思想迅速的蔓延，所有的舊道德、舊習慣、舊信仰、舊禮教均受到極大的打擊與破壞，因而在社會思想方面發生一次空前的突破，故從事婦女參政運動的人，也不再限於少數的中上流貴婦及受過國內外高等教育的婦女，而逐漸地擴及於多數的女界。可是由於彼時影響社會變革最大的產業革命尚未發生，社會基本結構依然如故，廣大的婦女仍然蟄伏於農村之中而無受教育的機會。所以男女平權即使日後規定於憲法之內，所謂婦女參政，也還是限於整個婦女羣中的少數而已㈥。

註釋

㈠ 原載林樂知著，「五大洲女俗通考」第十集。此處轉自陳東原「中國婦女生活史」（河洛圖書出版社刊），頁三四九—三五〇。

㈡ 李又寧、張玉法合編「中國婦女史論文集」（臺北商務刊），頁三四三—三四五，俞慶棠「三十五年來中國之女子教育」。

㈢ See, Y. C. Wang, Chinese Intellectuals And The West (Rainbow Bridge Co.),pp. 49, 378，按已知此四人中有康愛德及石美玉二人，見陳東原「中國婦女生活史」，頁三五〇。

㈣ 黃福慶：「清末留日學生」（中研院近史所專刊㉞），頁五八—五九、一九三、二六六；林維紅：「同盟會時代女革命志士的活動」，載於牧童出版社刊，鮑家麟編：「中國婦女史論集」，頁二六四—三八六。按日本女權雖不發達，但亦有人從事倡導，如當時梁啓超在日本所刊的清議報上便曾轉載不少日本學者談論女權的文章，對於留日女生自然不無影響。見李又寧、張玉法合編「近代中國女權運動史料」（傳記文學）上册，頁三五五—三七六。

㈤ 戈公振：「中國報學史」（學生書店），頁一三二。按據張玉法教授的研究，在辛亥起義前，鼓吹女權的報紙共有四七種，見張著「清季的革命團體」（中研院近史所專刊(32)）頁八〇—八一。

㈥ 參見陳東原：「中國婦女生活史」，頁三三三—三三九。

㈦ 見前引鮑家麟文，頁二八七—二八八，附表。惟據阿英所編之「晚清小說史」，尚可補入許多。

(八) 阿英，「晚淸小說史」（香港太平書局），頁一〇四—一一二。

(九) 參考郭廷以：「近代中國史事日誌」第二冊，頁一二九四、一三〇一、一三〇三；張存武：「中美工約風潮」（中硏院近史所專刊⒀），頁一二八—一三三；鮑家麟：「辛亥革命時期的婦女思想」（中國婦女史論集），頁二六六—二六七。

(一〇) 林維紅：「同盟會時代女革命志士的活動」（中國婦女史論文集，商務印書館，頁一二九—二四五）。

(一一) 沈亦雲：「亦雲回憶」（傳記文學社刊），頁六二。

(一二) Mary Wright (ed.),China In Revolution, The first phase 1900-1913 (1968),pp. 33-35.

(一三) 參看「東方雜誌」八卷十號，錢智修：「美國婦女要求選舉權之進步」(譯自美國世界雜誌)；New Illustrated Columbia Encyclopedia,Vol. 24 (1981),p. 7399 "Woman Suffrage".

(一四) Encyclopedia Britannica, Vol x (1974), p.731 "Woman Suffrage"; North China Herald, July 6, 1912, p. 9 "Home politics (June 29); G. M. Trevelyan, British History in the Nineteenth Century and After (1782-1919)(London 1971), p. 433.

(一五) 參看民國元年三月廿九日民立報，頁六，以及九月二日、四日、五日、八日、廿七日民立報。

(一六) 參考民國元年四月九日民立報，頁八；民國元年四月十日順天時報，按此三人爲李佩蘭、倫耀華及汪兆鏘。惟據談社英：「婦運四十年」，頁六五—六六，廣東臨時省議會當選之代議士計有十人，即莊漢翹、廖冰筠、鄧愛明（惠芳）、張沅、吳桂娥、易粵英、文翔鳳、李佩蘭、梁慕貞、倫耀華，而無汪兆鏘在內。

(一七) 陳東原，頁三五四。

(一八) 見宣統三年（辛亥）十月十日民立報，頁五。

(一九) Biographical Dictionary of Republican China, Columbia University Press,1967, Vol.I, p. 340, Chiang Kang-hu.

(二〇) 林維紅，頁二八〇。

(二一) 宣統三年（辛亥）十一月二十日民立報，頁三。

㉒民國元年一月十七日民立報，頁六；民國元年四月十日時報。按林宗素此時亦參加女子參政同盟會。

㉓分見臨時政府公報第六號及國父全集（民國六二年，黨史會）冊三，頁二〇一，民國元年二月十日「復女界協贊會嘉慰捐助軍需函」。

㉔民國元年三月三日民立報，頁一〇；榮朝申輯：「締造共和之英雄尺牘」（文海刊）第二冊，頁四〇四，「神州女界共和協濟社致孫大總統函」。

㉕民國元年三月四日民立報，頁一〇。

㉖民國元年三月五日民立報，頁一〇；三月二十日民立報，頁一〇。

㉗參看許師愼編：「國父當選臨時大總統實錄」（國史館刊）上册，頁一七五—一八一。

㉘民國元年三月廿三日民立報，頁七，「附女子參政會上孫大總統書」。

㉙按當時各報對於此事之記載頗有出入，即同一報紙前後之報導亦有矛盾。玆特略加整理，作一綜合敍述。參考「民立報」民國元年三月二十日，頁三；二十一日，頁三；二十三日，頁三、頁七；二十四日，頁六；二十八日，頁三；三十一日，頁三。「上海時報」民國元年三月二十二、二十三日。「順天時報」民國元年三月二十四日。

㉚參看民國元年三月二十四日，時報社論：「女子參政問題」。

㉛民國元年三月二十八日，時報，時評二。

㉜民國元年三月二十九日，民立報，頁六。

㉝民國元年三月二十九日，民立報，頁六。

㉞民國元年三月二十四日，民立報「南京特電」。

㉟辛亥年九月二十六日（一九一一、十一、十六），民立報，頁四，「大陸春秋」。

㊱民國元年一月四日，「民立報」，頁六，「上海春秋」，徐血兒：「男女平權說」；二月三日，頁四，「大陸春秋」，徐血兒：「敬告女同胞」。

㊲民國元年二月二十八日，「民立報」，頁二，「社論三」。

㊳ 民國元年三月十四日，「民立報」，頁二，空海：「爲女子參政權問題記者之宣告」。

㊴ 民國元年三月九日，「民立報」，頁二，「張紉蘭女士來函」。

㊵ 民國元年三月二十一日，「民立報」，頁一二，「張漢英復張紉蘭女士書」，又見榮朝申輯：「締造共和英雄尺牘」（文海刊）卷八，頁三二—三七。

㊶ 參見民國元年三月九日，「民立報」，頁二；榮朝申，卷八，頁三〇—三一，四〇—四三。按當時參政同盟中，以林宗素最受批評，李淨業謂其在日讀書時年未二十，而已三易其夫。可見其私生活之浪漫。

㊷ 分見辛亥年十一月二十二日，「民立報」，頁五；民國元年三月七日，「民立報」，頁八。

㊸ 榮朝申，卷八，頁四〇—四一。

㊹ 同右書，頁三四下。

㊺ 民國元年三月二十日，「民立報」，頁一〇。

㊻ 民國元年三月二十九日，「民立報」，頁六。

㊼ 民國元年四月十二日，「民立報」，頁八，「女參政團演說熱」。

㊽ 民國元年八月十八日，「民立報」，頁二。

㊾ 民國元年八月三十一日，「民立報」，頁六。按是年八月三十一日杭州之「浙江女子參政同盟會」亦致電北京國民黨，爲刪除男女平權一條向之抗議。並要求速爲更正，免爲女界之公敵（民國元年八月三十一日民立報，頁五）。

㊿ 民國元年八月二十九日，「時報」、「時評二」。

(51) 宋漁父（吳相湘編中國現代史叢書第一輯），頁一三—一四。

(52) 李劍農：「最近三十年政治史」（學生書局），頁二五九；吳相湘：「宋敎仁」（文星叢刊53），頁二〇三—二〇四。按此次毆打宋敎仁之唐羣英、張漢英及王昌國等皆爲湖南人。

(53) 國父全集（黨史會刊），册三，頁二五一。

(54) 民國元年八月三十一日，「民立報」，頁六；國父全集册三，頁二五一。

(五五) 民國元年九月二十五日「民立報」，頁七，湖南女界歡迎會，黃氏演說。

(五六) 張默君：「大凝堂集」（中華書局）自傳；革命人物誌第五集，張默君先生事略。

(五七) 參看李又寧、張玉法輯：「近代中國女權運動史料」下册，頁一二六六—一二六七、一二七六。

(五八) 張益弘：「發揚湖南精神」（湖南文獻一卷四期）；李少陵：「江西老表和湖南騾子」（湖南文獻三卷一期）；張朋園：「中國現代化的區域研究——湖南省」，頁三三九。

(五九) 楊績蓀，頁三三四。實則林宗雪並未參與參政權的爭取，此可能涉及林宗雪欲辦蠶桑學堂，圖佔南京公園，聲名受損有關（見民國元年三月七日，民立報，頁一二）。林維紅，頁二八〇、三〇七、三一七、三三三。

(六〇) 關於嘉德夫人的訪華活動，可以參看民國元年九月二日、四日、五日、十日及二十七日「民立報」。

(六一) 民國元年九月五日「民立報」，頁一〇，神州女界協濟社，「張園歡迎會」。

(六二) 民國元年九月二十七日「民立報」，頁七，北京女參政歡迎會致詞。

(六三) 參看民國元年八月政府公報，參議院四二次會議記錄。

(六四) 分見民國元年八月政府公報，頁五六、六二；九月份政府公報，頁二二一。

(六五) 參見民國元年八月二十六日「民立報」，頁七。

(六六) 見民國元年九月二十九日「民立報」，頁八。甚至有人要以「手槍炸彈」對付議員（見民國元年十月二十七日民立報）。

(六七) 民國元年十一月十三日「民立報」，頁六；十一月十八日，頁五。

(六八) 參看註六三、六七。

(六九) 民國元年九月五日「民立報」，頁一〇。

(七〇) 陳東原，頁三六〇—三六一。

(七一) 東方雜誌一九卷一八號，頁八六—八八，高山：「中國的女權運動」。

(七二) 各國婦女獲得參政權之時間不一：紐西蘭，一八九三；澳洲，一九〇三；芬蘭，一九〇六；挪威，一九一三；丹麥，一九一五；瑞典、荷蘭，一九一七；英、法、德、奧、波蘭、匈牙利，一九一八；西班牙、美國，一九一九（以上資料參看東方雜誌一九卷一八號，頁八三—八四，仕魯：「婦女參政運動的過去及現在」）；日本，一九四六；中國，一九四七。

㉓ 民國十三年中國國民黨改組，將男女平權一條重又列入政綱，並在全國代表大會宣言中聲明：「在法律上、經濟上、教育上、社會上確認男女平等之原則，助進女權之發展。」抗戰勝利後，制定憲法，對於男女平權之規定，大體根據此一原則，足見政黨之力量大於個人及小的團體（第一次全代宣言見黨史會藏鉛印本，按此處所根據者爲胡春惠編：「民國憲政運動」（正中書局），頁六二四）。國民黨領袖孫中山、黃克強、胡漢民、陳其美等均贊成女權。

㉔ Bertrand Russell, What Makes A Social System? Good or Bad，東方雜誌一九卷一八號，頁一三，朱樸譯：「社會制度論」。

㉕ 郭箴一：「中國婦女問題」（商務），頁二〇二。

㉖ 中國現代史論集第四輯，頁三九—四〇，張玉法：「民初政黨的調查與分析」。

㉗ 陳東原，頁三六一；郭箴一，頁二〇四。

㉘ 影響社會變遷的因素甚多，諸如工藝技術、意識價值、競爭與衝突、政治體系、經濟制度以及社會結構等都很重要。見蔡文輝「社會變遷」（三民書局），頁二二三—四三。

（國立臺灣師範大學歷史學報，第十一期，七十二年六月）

中國婦女史論文集. 第二輯 ／ 李又寧, 張玉法
編. -- 初版 -- 臺北市：臺灣商務, 1988[民 77]
面： 公分

ISBN 957-05-1797-2（平裝）

1. 婦女－中國－論文, 講詞等

544.507 92007582

中國婦女史論文集　第二輯

定價新臺幣 400 元

編　　者　李又寧　張玉法
校 對 者　吳瑞華　洪蓓華
發 行 人　王　學　哲
出 版 者
印 刷 所　臺灣商務印書館股份有限公司
臺北市 10036 重慶南路 1 段 37 號
電話：(02)23116118 · 23115538
傳真：(02)23710274 · 23701091
讀者服務專線：0800056196
E-mail：cptw@ms12.hinet.net
郵政劃撥：0000165 － 1 號
出版事業登記證：局版北市業字第 993 號

· 1988 年 5 月初版第一次印刷
· 2003 年 6 月初版第二次印刷

ISBN 957-05-1797-2（平裝） 56445031